U0120656

清代學術名著叢刊

［清］郝懿行 撰 楊一波 校點

爾雅義疏

中

上海古籍出版社

爾雅郭注義疏上之三

釋訓弟三

訓者，《釋詁》云：「道也。」道謂言説之，詁與言皆道也。不同者，《詩·關雎詁訓傳》正義云：「訓者，道也，道物之貌，以告人也。」故《爾雅·序篇》云：「《釋詁》《釋言》通古今之字，古與今異言也。《釋訓》言形貌也。」然則《釋訓》云者，多形容寫貌之詞，故重文疊字，累載於篇。「子子孫孫」以下，則又略釋《詩》義，諧於古音。「抑密秩清」以下，復取斷文零句，詮釋終篇。《釋文》引張揖《雜字》云：「訓者，謂字有意義也。」蓋「訓」之一字，兼意、義二端，「明明、斤斤」之類爲釋義，「子子孫孫」之類爲釋意，意、義合而爲「訓」。訓之爲言順也，順其意義而道之，故以《釋訓》名篇。

明明、斤斤，察也。皆聰明鑒察。

察者，《釋詁》云：「審也。」《釋言》云：「清也。」清、審皆明晰之義。

明明者，《詩·大明》《常武》傳竝云：「察也。」《常武》正義引舍人曰：「明明，言其明甚。」孫炎曰：「明明，性理之察也。」

斤者，《釋文》云：「樊居覲反。」是樊光讀「斤」爲「僅」。《釋名》云：「斤，謹也。」是斤有明審之義。故《漢書·律曆志》云：「斤者，明也。」《詩·執競》傳：「斤斤，明察也。」《爾雅》釋文引舍人云：「斤斤，物精詳之察。」孫炎云：「斤斤，重慎之察也。」

條條、秩秩，智也。皆智思深長。

智者，《釋言》云：「哲，智也。」《釋名》云：「智，知也，無所不知也。」

條者，《釋文》云：「舍人本作攸攸。沈亦音條。」按：「條」从攸聲，古音相近。「條」兼暢達、分理諸義，皆與「智」近。《廣雅》云：「條條，亂也。」亂訓治，治理義亦爲智矣。

秩者，《詩·小戎》傳：「秩秩，有知也。」《巧言》傳：「秩秩，進知也。」《賓之初筵》箋：「秩秩，知也。」「知」俱音「智」，義本《爾雅》。《斯干》傳云：「秩秩，流行也。」此篇下云「秩秩，清也」，義皆相近。

穆穆、肅肅，敬也。皆容儀謹敬。

「敬也」已見《釋詁》。

穆者，「睦」之假音也。《説文》云：「睦，敬和也。」《史記・司馬相如傳》云：「旼旼睦睦。」《集解》引《漢書音義》曰：「睦，敬。」本於《爾雅》也。經典俱借「穆」爲「睦」。《釋詁》云：「穆穆，美也。」又訓敬者，「敬」與「美」「善」義近，故《説文》「敬」从苟；「苟」从羊省，「羊」與「美」「善」同意，是其義也。

肅者，《説文》云：「持事振敬也。」《樂記》云：「肅肅，敬也。」按：肅肅猶修修也。修飾、修治皆與「敬」義近。《魯語》云：「吾冀而朝夕修我。」韋昭注：「修，儆也。」修儆猶肅敬。「肅」「修」聲轉，古音相近。《文選・思玄賦》舊注云：「修，善也。」修訓善，與穆訓美同意。

諸諸、便便，辯也。皆言辭辯給。

辯者，《説文》云：「治也。」治有理正、分別之義，與「辨」通用。故《玉藻》注云：「辯，猶正也，別也。」「辯」，从言，故有口材者稱「辯給」。《廣雅》云：「辯，慧也。」言便捷巧慧也。「辯」與「平」古音近。平亦正也，治也。故《書》「平章百姓」，《詩・采菽》正義引《書》傳作「辯章百姓」。馮相氏注云：「辯秩東作，辯秩南譌，今《書》『辯』，皆作『平』。」是「平」「辯」通。

諸者，《説文》云：「辯也。」《一切經音義》廿四引《蒼頡篇》云：「諸，非一也。」《聲類》云：「諸，詞之總也。」《廣雅》云：「諸，衆也。」然則衆多、非一與「辯」義近。諸之爲言者也。《説文》云：「者，別事詞也。」「別」與「辯」又聲轉義同矣。

便者，「諞」之假音也。《説文》云：「諞，便巧言也。」引《周書》曰：「戔戔善諞言。」《論語》曰：「友諞佞。」然則諸諸者，事之辯也；諞諞者，言之辯也。通作「平」。《詩·采菽》傳：「平平，辯治也。」《正義》引服虔云：「平平，辯治不絶之貌。」又通作「便」。「平平」，《釋文》引《韓詩》作「便便」，云：「閒雅之貌。」按：「閒」與「嫻」同。嫻雅亦謂便習於事也。《論語》：「便便言。」鄭注：「言，辯貌。」「友諞佞」，作「友便佞」。鄭注：「便，辯也，謂佞而辯也。」是「便便」單言亦爲「辯」矣。

肅肅、翼翼，恭也。皆恭敬。

「肅肅」，上文云「敬也」，翼、恭竝訓敬，已見《釋詁》。

廱廱、優優，和也。皆和樂。

和者，《説文》作「咊」，云：「調也。」通作「和」。《謚法》云：「和，會也。」《説文》云：「咊，相膺也。」聲相膺咊，義亦通矣。

廱者，《説文》以爲「辟廱」字。《王制》注云：「辟，明。廱，和也。」省作「雝」，又省作「邕」，或作「雍」，又別作「噰」。《文選·笙賦》注引《爾雅》作「雍雍，和也」，《四子講德論》注又作「邕邕，和也」。《釋詁》云：「噰噰，音聲和也。」《一切經音義》廿五引《廣雅》云：「庸，和也。」是「庸」「廱」同。《詩·酌》及《長發》傳竝云：「龍，和也。」「龍」「廱」義又同也。

優者，「憂」之假音也。《説文》云：「憂，和之行也。」引《詩》：「布政憂憂。」通作「優」。今《詩》作「敷政優優」，毛傳用《爾雅》。

兢兢、繩繩，戒也。皆戒慎。

《説文》云：「戒，警也。从廾持戈，以戒不虞。」《方言》云：「戒，備也。」《大僕》注云：「故書戒爲駭。」按：駭訓驚，驚亦警矣。

兢者，《説文》作「兢」，云：「敬也。」敬亦警。故《詩·小旻》傳：「兢兢，戒也。」《雲漢》傳：「兢兢，恐也。」恐亦戒也。借作「矜」。《雲漢》及《左氏·宣十六年》釋文竝云：

「兢，本作矜。」《文選・韋孟諷諫詩》云：「矜矜元王。」李善注：「矜矜，戒也。」

繩者，《釋文》云：「本或作憴。」宋本正作「憴」。然「憴」乃或體字，當依經典作「繩」。《詩・螽斯》傳：「繩繩，戒慎也。」《下武》傳：「繩，戒也。」《漢書・禮樂志》云：「繩繩意變。」《淮南・繆稱》篇云：「末世繩繩乎，惟恐失仁義。」俱本《爾雅》。

戰戰、蹌蹌，動也。皆恐動趨步。

動者，《釋詁》云：「作也。」

戰者，《釋詁》云：「懼也。」「戰」蓋「顫」之假音。《說文》云：「顫，頭不正也。」《玉篇》云：「顫，動也。」《廣韻》云：「四支寒動。」是「戰」當作「顫」，經典假借作「戰」耳。

蹌者，《說文》云：「動也。」與「蹡」同，云：「蹡，行貌。」《廣雅》云：「鏘鏘，走也。」《詩・猗嗟》傳：「蹌，巧趨貌。」趨、走皆動，是「蹡」與「蹌」同。《曲禮》云「士蹌蹌」，亦謂趨走行動之貌也。《釋文》云：「蹌，本又作鶬，或作鏘。」竝音同假借字。

晏晏、溫溫，柔也。皆和柔。

柔者，《釋詁》云：「安也。」「柔」與「剛」反，凡柔順、柔和皆安靜之義，故《詩・烝民》

箋：「柔，濡〔一〕毳同「脆」也。」

晏者，「宴」之叚借也。《説文》云：「宴，安也。」與「柔」同訓。通作「晏」。晏晏猶安安。故《釋名》云：「安，晏也，晏晏然，和喜無動懼也。」《詩・氓》傳：「晏晏，和柔也。」

温者，《説文》「㬈」字解云：「安㬈温也。」㬈温猶温煖，安即柔字之訓。故《詩・小宛》傳：「温温，和柔貌。」《抑》傳：「温温，寬柔也。」按：「温」「潤」「濡」「柔」竝聲相轉，其義皆相近。

業業、翹翹，危也。皆縣〔二〕危。

《説文》云：「危，在高而懼也。」《釋名》云：「危，阢也，阢阢不固之言也。」

業者，《釋詁》云：「大也。」物高大則近危。故《詩・雲漢》《召旻》傳、箋竝云：「業業，危也。」《長發》傳：「業，危也。」《常武》傳：「業業然，動也。」震動亦危懼之意。

翹者，《説文》以爲尾長毛，又縣也，舉也，皆有高義。故《詩・鴟鴞》傳：「翹翹，危

〔一〕「濡」上《十三經注疏》本《烝民》箋有「猶」字。

〔二〕縣，《爾雅》宋刊十行本作「懸」。

也。」《廣雅》云：「翹翹，衆也。」衆多亦近危殆。又云：「嶢嶢，危也。」「嶢」「翹」聲義同。

惴惴、憢憢，懼也。皆危懼。

惴者，《説文》云：「憂懼也。」引《詩》：「惴惴其慄。」

憢者，「嘵」之或體也。《釋文》：「憢，本又作嘵。」《説文》：「嘵，懼也。」引《詩》：「唯予音之嘵嘵。」

番番、矯矯，勇也。皆壯勇之貌。

勇者，《説文》云：「气也。」《釋名》云：「勇，踴也，遇敵踴躍，欲擊之也。」《謚法》云：「勝敵壯志曰勇。」

番者，「皤」字之省也。皤本老人白，以其老而猶健，因爲勇貌。故《書》：「番番良士，旅力既愆。」《史記・秦紀》作「黄髮番番」。《正義》曰：「音婆，字當作皤皤。」《廣韵》云：「顲顲，勇舞貌。」「舞」當作「武」。《説文》同「皤」，是也。經典俱通作「番」，故《詩・崧高》傳：「番番，勇武貌也。」

矯者，《中庸》注：「强貌。」《詩・泮水》箋：「矯矯，武貌。」通作「蹻」。《詩》「蹻蹻王之造」，傳：「蹻蹻，武貌。」「其馬蹻蹻」，傳：「彊盛也。」是「蹻」「蟜」通。《爾雅》釋文引舍人云：「蟜蟜，得勝之勇也。」

桓桓、烈烈，威也。皆嚴猛之貌。

威者，《謚法》云：「猛以彊果曰威。」《詩·常棣》及《巧言》傳竝云：「威，畏也。」按：「威」與「君」古音近，君尊嚴可畏也。

桓者，「狟」之假借也。《説文》引《周書》曰：「尚狟狟。」《玉篇》云：「狟，武皃也，威也。今作『桓』。」《謚法》云：「辟土服遠曰桓。」《詩·桓》箋云：「桓桓，有威武之武王。」《泮水》傳云：「桓桓，威武貌。」《長發》傳云：「桓，大也。」「大」與「威」亦義相成也。

烈者，火猛也，猛之威也。《左氏·昭廿年傳》云：「夫火烈，民望而畏之。」畏即威。故《長發》傳云：「烈烈，威也。」《釋詁》云：「烈，業也。」業又訓大，與桓訓大近。《釋詁》「大」與「君」同義，「君」與「威」同音，故訓威之字亦訓大。

洸洸、赳赳，武也。皆果毅之貌。

武者，《謚法》云：「剛彊理直曰武；克定禍亂曰武。」是「武」兼二義，經典多主後義。故《釋名》云：「武，舞也，征伐動行，如物鼓舞也。」

洸者，聲借之字，古無正體。《釋文》云：「洸，舍人本作僙。」然「僙」亦或體。《鹽鐵論・繇役》篇引《詩》作「武夫潢潢」。《玉篇》作「趪」，云：「胡光切。」引《西京賦》曰：「猛虡趪趪，謂作力皃。」又「趪趪，武皃」。是「趪趪」與「赳赳」字俱从走。《玉篇》似近之。經典俱借作「洸」。《詩・谷風》傳：「洸洸，武也。」《江漢》傳：「洸洸，武貌。」按：洸之言橫也。橫有武義，故《樂記》云：「橫以立武。」「橫」，古音與「光」同，其字亦通。「黃」从芡聲，「芡」，古「光」字也，故从黃之字，或變从光。《說文》「兕觵」，俗作「兕觥」；《釋言》「桄充」，亦作「橫充」，皆其證矣。

赳者，《說文》云：「輕勁有才力也。」《詩・兔罝》傳：「赳赳，武貌。」《後漢書・桓榮傳》注引作「糾糾武夫」，假借字也。

藹藹、濟濟，止也。皆賢士盛多之容止。

「止」有二義。《詩》云：「人而無止。」毛傳以爲止息，鄭箋以爲容止，二義俱通。

藹者，《釋木》云：「蕡，藹。」郭注：「樹實繁茂菴藹。」是「藹」本衆多之義，故《詩・卷阿》傳：「藹藹，猶濟濟也。」

濟者，《釋言》云：「成也。」成有止義。故《詩·載馳》傳云：「濟，止也。」是「濟」單文爲止息，重文則爲衆多。故《詩·文王》傳云：「濟濟，多威儀也。」《正義》引孫炎曰：「濟濟，多士之容止也。」是皆以「多」兼「止」爲義。

悠悠、洋洋，思也。皆憂思。

悠者，《釋詁》云：「思也。」重文亦然。故《詩·巧言》箋：「悠悠，思也。」洋者，《釋詁》云：「多也。」重文借爲多思貌也。故《中庸》注：「洋洋，人想思其傍僾之貌。」邢疏引《詩》「中心養養」，養養猶洋洋矣。

蹶蹶、踖踖，敏也。皆便速敏捷。

《說文》云：「敏，疾也。」《釋名》云：「敏，閔也，進敘無否滯之言也，故汝潁言敏如閔也。」按：言敏如閔，今音則然，古讀「敏」如「每」也。

蹶者，《釋詁》云：「動也。」「動」與「敏」義近。故《詩·蟋蟀》傳云：「蹶蹶，動而敏於事。」兼《釋詁》《釋訓》爲說也。《曲禮》云：「足毋蹶。」鄭注：「蹶，行遽貌。」遽亦疾行之義也。

踖者，《説文》云：「長脛行也。」按：「長脛」蓋以況疾行之狀。《詩·楚茨》傳：「踖踖，言爨竈有容也。」「有容」亦謂敏於趨事之説。

薨薨、增增，衆也。皆衆夥之貌。

薨者，《詩·螽斯》傳：「薨薨，衆多也。」《爾雅》釋文引顧舍人本作「雄雄」，其義亦同。

增者，《詩·閟宫》傳：「增增，衆也。」聲轉爲「溱」。《無羊》傳云：「溱溱，衆也。」按：《詩》「溱與洧」，《説文》作「潧與洧」，即「增」「溱」聲轉字通之證。

烝烝、遂遂，作也。皆物盛興作之貌。

作者，《釋詁》云：「動，作也。」作猶起也，興也。

烝者，《釋詁》云「進也」，「衆也」。《詩·泮水》傳：「烝烝，厚也。」箋云：「烝烝，猶進進也。」「進」包「作」義，「厚」兼「衆」義，言衆人皆作也。

遂者，往也，進也，故亦爲「作」。《祭義》注：「陶陶遂遂，相隨行之貌。」行亦作矣。

委委、佗佗，美也。皆佳麗美豔之貌。

委者，《釋文》云：「諸儒本竝作禕，於宜反。舍人云：『禕禕者，心之美。』」今按：「禕」，从衣，非，舍人蓋本《釋詁》「禕，美」而爲説也。《釋文》又云：「佗，本〔一〕或作它字，音徒河反。顧舍人引《詩》釋云：『禕禕它它，如山如河。』謝羊兒反。」《詩》正義引李巡曰：「委委、佗佗，寬容之美也。」邢疏引「寬」作「皆」。孫炎曰：「委委，行之美；佗佗，長之美。」《釋文》引《韓詩》云：「德之美貌。」按：毛傳云：「委委者，行可委曲縱迹也。」佗佗者，德平易也。是韓、毛竝言德美，其義同。諸家則言貌美，與韓、毛異。《隸釋》八載《衛尉衡方碑》云：「禕隋在公。」「禕隋」即「委佗」之聲借。《爾雅》謝嶠「佗」羊兒反，則讀如「移」。《詩》：「委蛇委蛇。」《釋文》引《韓詩》作「逶迆」，毛傳：「委蛇，行可從迹也。」與《君子偕老》傳「行可委曲縱迹」義同。《説文》：「逶迆，衺去之皃。」是《韓詩》之「逶迆」即委蛇，《羔羊》之「委蛇」又即委佗。「佗」亦「它」之聲借。《衡方碑》之「禕隋」亦聲借也。「蛇」即「它」之或體。它有曲長之義，故毛傳以「委」爲曲，孫炎以「佗」爲長。古讀「佗」「迆」「蛇」俱同聲，故同訓。

〔一〕本，原誤「木」，據楊胡本、《經解》本改。

忯忯、惕惕，愛也。《詩》云：「心焉惕惕。」《韓詩》以爲悦人，故言愛也。忯忯，未詳。

忯者，《説文》云：「愛也。从氏聲。」《釋文》云：「郭徒啟反，與愷悌音同。」是郭借音兼借義也。又云：「顧舍人渠支反。」則與《説文》同。又云：「李余之反。忯忯，和適之愛也。」則與「怡怡」音義同。《漢書·敘傳》云：「媞媞公主。」孟康注：「媞，音題。媞媞，愛也。」按：《説文》「媞」，或从氏作「蚳」，與《爾雅》「忯」字之音近，故孟康借引「音題」，則與郭同。顔師古不知而非之，謬矣。

惕者，《説文》訓敬，經典無訓愛者，《詩·防有鵲巢》傳以爲惕惕猶忉忉，亦不訓愛。郭引《韓詩》以爲悦人，蓋借「惕惕」爲懌懌也。「惕」，从易聲，與「懌」音近。「懌」「悦」見《釋詁》。

偁偁、格格，舉也。皆舉持物。

舉者，《説文》「从手，與聲」，云：「對舉也。」

偁者，《釋言》云：「舉也。」《説文》云：「揚也。」揚亦舉也。

格者，《説文》云：「木長皃。」《一切經音義》十三引《蒼頡篇》云：「格，椸架也。」是格有枝格、揚起之義。故李巡注《釋天》「攝提格」，云：「格，起也。」「起」與「舉」義近，格格猶揭揭也。《莊子·胠篋》篇釋文引《三蒼》云：「揭，舉也。」《文選·過秦論》注引《埤蒼》云：「揭，立舉也。」按：立舉之義與竭同。《説文》云：「竭，負舉也。」

戴者，《説文》云：「分物得增益曰戴。」《玉篇》云：「戴，在首也。」是戴訓增益，戴物於首，即增益之義。戴之言載，乘載物亦增益其上也。故《釋名》「載」「戴」互訓。然則戴於上，即載於下矣。

蓁蓁、孽孽，戴也。皆頭戴物。

蓁者，《説文》云：「艸盛皃。」《玉篇》云：「衆也。」《詩・桃夭》傳：「蓁蓁，至盛貌。」通作「溱溱」。故《無羊》傳、箋以「溱溱」爲衆多。又轉爲「增增」，上文「增增，衆也」。增益即戴之訓矣。

孽者，「𨍭」之假音也。《詩・碩人》傳：「孽孽，盛飾。」《釋文》引《韓詩》作「𨍭，長貌」。《説文》：「𨍭，載高皃。」載即戴也。是《韓詩》之「𨍭」爲正體，「孽」爲假借矣。「高」「長」又與「戴」義近。

懕懕、媞媞，安也。皆好人安詳之容。

安者，《釋詁》云「止也」，「定也」。

懕者，《説文》云：「安也。」引《詩》：「懕懕夜飲。」省作「厭」。《釋詁》豫訓厭，豫亦安。故《詩·湛露》傳：「厭厭，安也。」《小戎》傳：「厭厭，安静也。」聲借爲「愔〔一〕」。《湛露》釋文引《韓詩》作「愔愔，和悦之貌」。《列女傳》二引《詩》亦作「愔愔良人」。《一切經音義》十七引《聲類》云：「愔，和静貌也。」《三蒼》云：「愔愔，性和也。」

媞者，《説文》云：「諦也。」《楚辭·怨世》篇引《詩》作「好人媞媞」。通作「提」。《葛屨》傳：「提提，安諦也。」《正義》引孫炎曰：「提提，行步之安也。」又通作「徥」。《説文》云：「徥徥，行皃。」故孫炎以爲行步之安，義本《説文》也。又借作「折」。《檀弓》注：「折折，安舒貌。」亦引《詩》「好人提提」。

祁祁、遲遲，徐也。皆安徐。

徐者，《説文》云：「安行也。」徐之言舒，與「安」義近。故《莊子·應帝王》篇釋文引司馬彪云：「徐徐，安隱貌。」

祁者，聲借之字，疑當作「徥」。《方言》云：「徥，行也。」《説文》：「徥徥，行皃。」必

〔一〕愔，原誤「[illegible]」，楊胡本同，據《經解》本改。

作重文，疑本《爾雅》。經典俱借作「祁」。《詩·采蘩》傳：「祁祁，舒遲也。」《大田》傳：「祁祁，徐也。」《韓奕》傳：「祁祁，徐靚也。」又借作「伎」。《小弁》傳：「伎伎，舒貌。」「舒」與「徐」同。是「伎」「祁」俱「徥」之通借。「徥」，从是聲；「祁」，从示聲。《左傳》「提彌明」，《公羊》作「祁彌明」，《史記》作「示眯明」，皆古字聲借之證也。

遲者，《說文》云：「徐行也。」《詩·谷風》傳：「遲遲，舒行貌。」《七月》傳：「遲遲，舒緩也。」舒即徐矣。

丕丕、簡簡，大也。皆多大。

「丕」「簡」《釋詁》竝訓大，重文亦然。《書》：「丕丕基。」《詩·執競》傳：「簡簡，大也。」《正義》引李巡曰：「簡簡，降福之大也。」

存存、萌萌，在也。萌萌未見所出。

在者，《釋詁》云：「存也。」存又爲在，互相通也。《易·繫辭》云：「成性存存。」萌者，「簡」字之譌也。《說文》云：「簡，存也。从心，簡省聲。讀若簡。」然則《書》「迪簡在王庭」，《論語》「簡在帝心」，皆借「簡」爲簡。《說文》「簡存」即簡在矣。《玉篇·

心部》既從《説文》作「懵」，而云「或作萌」，又音「萌」。《草部》正作「萌，莫耕切」，引《爾雅》云：「萌萌，在也。」又云：「懵，同萌，本或作萌。」《廣韵·耕》《登》二部引《爾雅》亦俱作「萌」，而云：「本亦作萌，又作懵。」與《玉篇》同。《釋文》因之，亦云：「萌，字或作萌。郭武耕反，施亡朋反。」此皆「萌」字之音，而非「懵」字之讀。且「懵」「萌」音讀不同，不知何時讀「懵」爲「萌」，因而字變爲「萌」。蓋自郭氏已然，其誤久矣。

懋懋、慔慔，勉也。皆自强勉〔一〕。

勉者，已見《釋詁》。

懋者，《釋文》云「古茂字」，非也。《釋詁》：「茂，勉也。」「茂」乃「懋」之假借，非古今字。《説文》：「懋，勉也。」是矣。

慔者，《説文》云：「勉也。」《釋文》：「慔，亦作慕。」亦假借也。「懋」「慔」一聲之轉。《方言》云：「侔莫，强也。」亦與「懋」「慔」之聲相轉。

〔一〕强勉，《爾雅》宋刊十行本作「勉强」。

庸庸、慅慅，勞也。皆劬勞也。

「庸，勞也」已見《釋詁》。庸訓功，功亦勞。《荀子·大略》篇云：「庸庸勞勞。」是其義也。

慅者，《説文》云：「動也。」「動」「勞」義近。《詩》：「勞心慅兮。」邢疏引「勞人草草」。毛傳：「草草，勞心也。」是草草即慅慅。「慅」有「草」音。故《爾雅》釋文云：「慅，郭騷，草、蕭三音。」然則《詩》「予羽譙譙，予尾翛翛」，亦皆勞敝之義。「翛」本作「消」，蓋亦「慅慅」之聲借。

赫赫、躍躍，迅也。皆盛疾之貌。

迅者，《釋詁》云：「疾也。」

赫者，《釋文》云：「郭音釋。舍人本作奭，失石反。」《説文》：「奭，盛也。」是「奭」「赫」音義同。《詩·常武》傳：「赫赫然，盛也。」《正義》引孫炎曰：「赫赫，顯著之迅。」郭云「盛疾之貌」，與孫義同。赫本訓盛，以其盛極，又兼迅疾爲義也。

躍者，《詩》「躍躍毚兔」之「躍」，《釋文》音「他麻反」。《説文》云：「躍，迅也。从翟聲。」《爾雅》釋文「躍，余斫反」，非矣。又云：「躍，樊本作濯。」引《詩》釋云：「濯濯厥靈。」是樊光以「濯」與「赫」義近。濯濯，光明盛大也。

綽綽、爰爰，緩也。皆寬緩也。悠悠、偁偁、丕丕、簡簡、存存、懋懋、庸庸、綽綽盡重語。

「舒，緩」「寬，綽」竝見《釋言》。《說文》「綽」「緩」互訓，義本《爾雅》。《詩·淇奧》傳亦云：「綽，緩也。」

爰者，《詩·兔爰》傳：「爰爰，緩意。」《一切經音義》廿三引《韓詩》云：「爰，發蹤之貌也。」按：《釋詁》：「爰」兼「曰」「于」「於」三義，皆引聲之緩也。《韓詩》「爰」謂發蹤，「蹤」與「縱」同，蓋行步之緩也。

坎坎、壿壿，喜也。皆鼓舞歡〔一〕喜。

坎者，「竷」之假音也。《說文》云：「竷，繇也，舞也。」引《詩》：「竷竷舞我。」《玉篇》云：「竷，和悅之響也。」今作「坎」。按：《詩》之「坎坎」竝主聲言，《伐木》篇「坎坎」言鼓，「蹲蹲」言舞，分晰甚明，《說文》二「舞」字俱誤。《伐木》釋文引作「舞，曲也」，「曲」字

〔一〕歡，《爾雅》宋刊十行本作「懽」。

亦衍。其云「𧥄，繇」，蓋本《釋詁》以「繇」爲喜。是《説文》「𧥄，繇」即《爾雅》「坎，喜」。《玉篇》本此，故云：「𧥄，和悦之響。」和悦即喜，響即鼓聲。《伐木》箋：「爲我擊鼓坎坎然。」亦其義矣。

壿者，《説文》云：「舞也。」引《詩》曰：「壿壿舞我。」《爾雅》釋文引舍人云：「壿，舞貌。」又引《説文》「舞」上有「士」字，衍也。「壿」，今《詩》作「蹲」，假借字也。毛傳同舍人。

瞿瞿、休休，儉也。皆良士節儉。

儉者，斂也。《賈子·道術》篇云：「廣較自斂謂之儉。」《説文》云：「儉，約也。」約亦收斂之義。

瞿者，驚顧貌。

休者，《釋詁》云「息也」，「美也」。美亦樂，息亦止，止節甘樂爲儉。故《詩·蟋蟀》傳云：「瞿瞿然顧禮義也。休休，樂道之心。」《正義》引李巡曰：「皆良士顧禮節之儉也。」顧以瞿言，節以休言，其義較郭注爲精密。

旭旭、蹻蹻，憍也。皆小人得志憍蹇之貌。

憍者，《玉篇》云：「逸也。」《廣韻》云：「恣也。」經典通作「驕」。旭者，蓋「慉」之假音。《詩》：「不我能慉。」鄭箋：「慉，驕也。」義本《爾雅》。《釋文》：「慉，許六反，毛：『興也。』《說文》：『起也。』」按：「起」與「興」同。興訓爲善，與「驕」義近。是毛、許與鄭箋合。《詩》正義未達，反以毛傳「慉，興」爲非，又以《爾雅》不訓慉爲驕，均失檢也。聲借爲「旭」。《漢書・揚雄傳》云：「嘻嘻旭旭。」《集注》：「旭旭，自得之貌。」又借爲「好」。《詩》：「驕人好好。」鄭箋：「好好，喜讒言之人也。」《匏有苦葉》釋文：「旭，《說文》讀若『好』，《字林》呼老反。」《爾雅》釋文：「旭，郭呼老反。」「呼老」即「好」字之音矣。

蹻者，《詩・板》傳云：「蹻蹻，驕貌。」《正義》引孫炎曰：「謂驕慢之貌。」《說文》云：「舉足行高也。」

夢夢、訰訰，亂也。皆闇亂。

亂者，《釋名》云：「渾也。」按：渾謂渾渾無分別，渾渾猶惛惛，不燎慧之言也。

夢者，《說文》云：「不明也。」不明即亂。故《詩・抑》傳云：「夢夢，亂也。」《正義》引孫炎曰：「夢夢，昏昏之亂也。」《正月》釋文引《韓詩》云：「夢夢，惡貌也。」音轉字變又作「芒芒」。《文選・歎逝賦》云：「何視天之芒芒。」李善注：「芒芒，猶夢夢也。」訰者，「諄」之或體也。《詩・抑》釋文：「諄，字又作訰。」《爾雅》釋文：「訰，或作諄。」《説文》云：「諄，告曉之孰也。」與煩亂義近。通作「啍」。《莊子・胠篋》篇云：「啍啍已亂天下矣。」别作「忳」。《中庸》注云：「肫肫，讀如『誨爾忳忳』之『忳』。」又别作「訰」。《玉篇・心部》「忳」，云：「悶也，亂也。」《言部》「訰」，云：「亂也。」别有「諄」字，與《説文》同訓。是《玉篇》分「諄」「訰」爲二，《説文》但有「諄」字。《方言》云：「諄憎，所疾也。宋、魯凡[一]相惡謂之諄憎，若秦、晉言可惡矣。」《玉篇》本之而云：「諄，可惡也。」以「諄」爲可惡，亦猶《韓詩》以「夢」爲惡貌。「惡」與「亂」義近。故《爾雅》釋文引顧舍人云：「夢夢、訰訰，煩懣亂也。」《楚辭・惜誦》篇云：「中悶瞀之忳忳。」《荀子・哀公》篇云：「繆繆肫肫。」竝與「諄諄」同。

懪懪、邈邈，悶也。皆煩悶。

悶者，《説文》云：「懣也。」「懣，煩也。」

[一] 凡，原誤「卂」，楊胡本同，據《方言》改。

㦊者，「㬥」之或體也。《釋文》：「㦊，本又作㬥，蒲卓反，又布卓反。」引《說文》云：「大呼也。自冤也。」今《說文》及《玉篇》「冤」俱作「勉」，又脱上「也」字，竝誤矣。《漢書·東方朔傳》云：「舍人不勝痛，呼㬥。」《集注》：「㬥，自冤痛之聲也。」今人痛甚，則稱「阿㬥」，與《說文》合。《玉篇》始收「㦊」字，云：「煩悶也。」蓋本郭注爲説耳。

邈者，「藐」之或體也。《釋詁》：「藐藐，美也。」「美」「悶」以聲轉爲義。《詩·抑》傳：「藐藐然，不入也。」箋云：「藐藐然，忽略。」《正義》引舍人曰：「藐藐，憂悶也。」《荀子·哀公》篇：「繆繆肫肫。」按：「繆」「邈」聲轉。楊倞注讀「繆」爲「膠」，失之。

儚儚、洄洄，惛也。皆迷惛。

惛者，《說文》云：「不憭也。」與「怋」同，云：「怓也。」《詩·民勞》傳：「惛怓，大亂也。」

儚者，「儂」之或體。《說文》云：「儂，惛也。」與「儚」同，云：「不明也。」《釋文》：「儚，字或作懜。孫亡崩、亡冰二反。」然則「儚」爲或體，「懜」亦聲借。「儂」字經典不用，故借「懜」與「儚」爲之耳。

洄者，亦假借也。《玉篇》作「佪」，云：「佪佪，惛也。」然「佪」亦或體。《釋文》引郭《音義》云：「洄，本或作褘，音韋。」《説文》引《爾雅》作「褘褘襀襀」。是「褘褘」即「佪佪」之聲借。然則「襀襀」亦即「憒憒」之聲借也。《説文》及《蒼頡篇》竝云：「憒，亂也。」亂亦惛也。《楚辭・逢尤》篇云：「心煩憒兮意無聊。」「憒」通作「潰」。《詩・召旻》傳：「潰潰，亂也。」據《説文》所引，則知《爾雅》當有「潰潰」二字，今脱去之。段氏玉裁據《潛夫論》云「佪佪潰潰」，蓋用《爾雅》文，可證矣。

版版、盪盪，僻也。皆邪僻。

《説文》云：「僻，从旁牽也。」按：从旁牽引，所以偏衺。經典「僻」與「辟」通。故《賈子・道術》篇云：「襲常緣道謂之道，反道爲辟。」

版者，《詩・板》傳：「板板，反也。」反即僻。故《緇衣》注：「板板，辟也。」《爾雅》釋文引李巡云：「版版者，失道之僻也。」

盪者，《釋文》作「蕩」，引李云：「蕩蕩者，弗思之僻也。」《詩・蕩》正義引孫炎曰：「蕩蕩，法度廢壞之僻。」按：蕩蕩，放縱之意，故云「法度廢壞」，又無涯涘貌，故云「弗思之僻」。

爞爞、炎炎，薰也。皆旱熱薰炙人。

薰者，《釋文》作「熏」，云：「本亦作燻，或作薰。」蓋「薰」假借，「燻」俗體，作「熏」爲正。《説文》云：「熏，火煙上出也。」《詩·雲漢》傳：「熏，灼也。」

爞者，亦俗體也。《詩》作「蟲」而讀若「同」。《釋文》引《韓詩》作「烔」，音徒冬反。是「烔」爲本字，雖借爲「蟲」，仍讀爲「烔」。《爾雅》釋文：「郭從韓音，又直忠反，讀如本音。」非矣。毛傳：「蟲蟲而熱。」《華嚴經音義》下引《韓詩傳》：「烔，謂燒草傅火焰盛也。」是「烔烔」與「炎炎」義近。《説文》云：「炎，火光上也。」《雲漢》傳：「炎炎，熱氣也。」《書》：「無若火始燄燄。」亦與「炎炎」音義同。

居居、究究，惡也。皆相憎惡。

惡者，《説文》作「亞」，云：「醜也。」與「諲」同，云：「相毀也。一曰畏諲。」按：畏諲即憎惡之義也。

居者，《説文》云：「蹲也。」「蹲，居也。」「居」與「踞」同。此居居猶倨倨，不遜之意。故《詩·羔裘》傳：「居居，懷惡不相親比之貌。」《正義》引李巡曰：「居居，不狎習之惡。」《釋文》：「居，又音據。」即「倨」字之音矣。

究者，《釋言》云：「窮也。」「究」「居」聲轉爲義，故《羔裘》傳：「究究，猶居居也。」《正義》引孫炎曰：「究究，窮極人之惡。」本《釋言》爲説也。

仇仇、敖敖，傲也。皆傲慢賢者。

傲者，《説文》云：「倨也。」與「奡」同，云：「嫚也。」引《虞書》曰：「若丹絑奡。」「讀若『傲』」。今《書》正作「傲」，古字通也。

仇者，《釋詁》云：「匹也。」《廣雅》云：「惡也。」《左傳》：「怨耦曰仇。」是仇兼「怨」「惡」二義。故《釋文》引舍人云：「仇仇，無倫理之貌。」《詩・正月》傳：「仇仇，猶謷謷也。」

敖者，與「謷」同。《釋文》：「敖，本又作謷。又作嚻，同。五高反。」按：「楚有莫敖」，《淮南・修務》篇作「莫嚻」。《詩》：「讒口嚻嚻。」《釋文》引《韓詩》作「嗸嗸」，《潛夫論・賢難》篇作「敖敖」，《孟子・萬章》及《盡心》篇注竝以「嚻嚻」爲自得無欲，蓋亦借爲「敖敖」也。是「敖」「嗸」「謷」「嚻」古俱通用。「嗸」即「謷」字之省，「嚻」乃「謷」字之借。故《詩・板》傳：「嚻嚻，猶謷謷也。」《説文》云：「謷，不省人言也。」然則《爾雅》「敖」當作「謷」。《釋文》引舍人本「傲」作「毀」，釋云：「謷謷，衆口毀人之貌。李同。」是皆「敖」

作「謷」。「傲」作「毀」，則謷謷、仇仇俱讒毀人之貌，故毛傳云：「仇仇，猶謷謷也。」

佌佌、瑣瑣，小也。皆才器細陋。

佌者，《説文》作「佌」，云：「小貌。」引《詩》曰：「佌佌彼有屋。」今《詩》作「佌」。《正月》傳云：「佌佌，小也。」《釋文》「佌，音徙」，《爾雅》釋文郭音亦然，蓋「佌」从囟聲，「佌」「瑣」聲轉，此古音也。顧音「此」，謝音「紫」，則皆今音。又引舍人云：「形容小貌。」然則「佌」以形貌言，「瑣」以才器言，郭注似失之矣。

瑣者，《詩·節南山》傳：「瑣瑣，小貌。」《正義》引舍人曰：「瑣瑣，計謀褊淺之貌。」按：「瑣兮尾兮」，瑣亦訓小，是單文亦然。

悄悄、慘慘，愠也。皆賢人愁恨。

愠者，《説文》云：「怒也。」與「慰」同，云：「安也。一曰恚怒也。」《詩·車舝》傳：「慰，安也。」《釋文》作「慰，怨也」。引《韓詩》「慰」作「愠」，「愠，恚也」。是《説文》「慰」字，義兼韓、毛。「慰」「愠」聲相轉也。

悄者，《説文》云：「憂也。」《詩·柏舟》傳亦云：「悄悄，憂貌。」「憂」「愠」義相成，

「悄」、「慘」聲相轉也。

慘者，《釋詁》云：「憂也。」《詩・抑》正義引李巡曰：「慘慘，憂怒之愠。」兼《詁》《訓》爲説也。戴氏震云：「《詩》中『慘慘』皆懆懆。」按：《説文》：「懆，愁不安也。从喿聲。」當音七倒切。《詩・正月》傳：「慘慘，猶戚戚也。」「戚」，古音近「造」，與「懆」聲合，是毛正讀「慘」爲「懆」。《北山》釋文：「慘，字亦作懆。」《五經文字》：「我心懆懆，《抑》詩作我心慘慘。」是「慘」「懆」二字古通用。「懆」「悄」雙聲兼疊韻，於義又通。餘詳《釋詁》。

痯痯、瘐瘐，病也。皆賢人失志，懷憂病也。

《釋詁》云：「瘉、鰥，病也。」此作「瘐」「痯」，俱聲借之字。

痯者，當作「悹」。《説文》云：「悹，憂也。」憂亦病。故《詩・杕杜》傳：「痯痯，罷貌。」邢疏引《板》傳：「管管，無所依也。」《廣韻》引作「悹悹，無所依」。是「悹」「管」同。「管」爲借聲，「痯」爲或體矣。

瘐者，《釋文》云：「本今作庾。」是「庾」爲正體，別作「瘐」。《漢書・宣帝紀》云：「瘐死獄中。」蘇林注：「瘐，病也。囚徒病，律名爲瘐。」顏師古注：「瘐，音庾，字或作瘉。」《詩·正月》傳：「瘉，病也。」

殷殷、惸惸、忉忉、慱慱、欽欽、京京、忡忡、惙惙、怲怲、奕奕，憂也。此皆作者歌事，以詠心憂。

憂者，《說文》作「𢝊」，云：「愁也。」經典通作「憂」。

殷者，《釋文》作「慇」。《說文》：「慇，痛也。」省作「殷」。《詩·北門》云：「憂心殷殷。」《正月》作「憂心慇慇」。是「慇」爲正體，「殷」乃假借。又借爲「隱」。《詩》：「如有隱憂。」毛傳：「隱，痛也。」是隱憂即慇憂。《爾雅》釋文引樊光慇，於謹反，即「隱」字之音。《詩》釋文亦有此音，從樊光讀也。古讀「殷」聲如「衣」。《說文》：「㥯，痛聲也。」「㥯」「慇」聲轉義同矣。

惸者，《說文》引《詩》：「煢煢在宂。」《文選·寡婦賦》注引《韓詩》作「惸惸余在疚」，《毛詩》及《周禮·大祝》注竝作「嬛嬛」。《詩·正月》又作「惸惸」，傳云：「惸惸，憂意也。」「惸」蓋「㥳」之或體。《說文》：「㝶，驚辭也。」或从心作「㥳」，隸又變爲「惸」耳。《說文》別有「㥦」字，云：「憂也。」《龍龕手鑑》云：「㥦，音瓊。」是「㥦」「惸」音義又同矣。

忉忉、慱慱者，《詩·甫田》及《素冠》傳竝云：「憂勞也。」

欽欽、京京者，《詩·晨風》傳：「思望之心中欽欽然。」《正月》傳：「京京，憂不去也。」

忡忡、惙惙者，《説文》竝云：「憂也。」《詩·草蟲》傳：「忡忡，猶衝衝也。惙惙，憂也。」

怲怲、奕奕者，《説文》云：「怲，憂也。」《詩·頍弁》傳：「怲怲，憂盛滿也。奕奕然，無所薄也。」

按：「奕」「京」《釋詁》竝訓大也。毛云：「奕奕，無所薄。」「京京，憂不去。」亦兼「大」義而言也。「慱慱」蓋「摶摶」之别體也。《文選·思玄賦》云：「志摶摶以應懸兮。」言憂思摶聚不解也。「欽欽」蓋「唫唫」之假音也。呻吟、愁歎，義亦爲憂。「唫」「欽」古字通用。《説文·日部》「㬎」字解云：「讀若唫。」「唫」當即《爾雅》「欽欽」之正文矣。「忉」字，《説文》所無。《詩·甫田》傳：「怛怛，猶忉忉也。」是「忉」「怛」聲轉義同。《説文》：「怛，憯也。」是其義。

畇畇，田也。言墾辟也。

此下十句，皆釋《雅》《頌》言農之事。田者，言治田也。

昀者，「均」之或體也。《釋文》引《字林》云：「均均，田也。」《夏小正》云：「農率均田。」《釋詁》云：「均，易也。」《孟子》：「易其田疇。」是均以平治爲義。釋文：「昀，沈居賓反。」音義兩得矣。《詩·信南山》作「昀昀」，《均人》注引作「畇畇」，竝「均均」之異文。賈疏以爲均田，得之。《爾雅》釋文：「昀，本或作畇。郭音巡，又羊倫反。」竝非矣。又引《蒼頡篇》云：「墾耕也。」郭注本毛傳。

畟畟，耜也。言嚴利。

耜者，《說文》作「相」，云：「臿也。」「枱」云：「耒耑也。」畟者，《說文》云：「治稼畟畟進也。」《詩·良耜》傳：「畟畟，猶測測也。」箋云：「測測，以利善之耜。」《正義》引舍人曰：「畟畟，耜入地之貌。」《爾雅》釋文：「畟，字或作稷。」按：「稷」从畟聲，「稷」有疾義，與「利」亦近。

郝郝，耕也。言土解。

郝郝者，《詩》作「澤澤」，竝假借字也。《載芟》箋云：「耕之則澤澤然解散。」《釋文》：「澤澤，音釋釋。注同。《爾雅》作郝，音同。」此音是也。「釋」「澤」古字通。《夏小正》云：「農及雪澤。」《管子·乘馬》篇作「農耕及雪釋」。《詩》正義引《爾雅》作「釋釋」，又引舍人曰：「釋釋，猶藿藿，解散之意。」按：《爾雅》釋文：「郝又呼各反。」「呼各」與「藿」音近，蓋舍人本作「郝郝，猶藿藿」，後人因《毛詩》作「澤澤」，遂妄改舍人作「釋釋」耳。

繹繹，生也。言種調。

《釋詁》云：「繹，陳也。」陳有布列之義。故《詩·載芟》正義引舍人曰：「穀皆生之貌。」是繹繹言生達之狀。《詩》借作「驛驛」，其義同。

穟穟，苗也。言茂好也。

穟者，《説文》云：「禾采之皃。」引《詩》曰：「禾穎穟穟。」《生民》傳云：「穟穟，苗好美也。」與《爾雅》合。《爾雅》釋文引《説文》作「禾垂之貌」，蓋誤。

綿綿，穮也。言芸精。

穮者，今登萊人謂鉏田爲「報」，「報」，即「穮」字之音。《説文》：「穮，槈鉏田也。」據

《詩》釋文。引《春秋傳》曰：「是穮是衮。」《左・昭元年傳》文。《詩》：「綿綿其麃。」《釋文》引《韓詩》作「民民」，云：「衆貌麃芸也。」毛傳作「麃，耘也。」「耘」「芸」「麃」「穮」古俱通用，「綿」「民」古音同也。《釋文》：「麃，《字書》作穮。」是《爾雅》及《詩》正文作「麃」，今從宋本作「穮」。《詩》正義引孫炎曰：「綿綿言詳密也。」郭璞曰：「芸不息也。」所引郭注與今異。

挃挃，穫也。刈禾聲。

《說文》云：「穫，刈穀也。」《詩・大東》傳：「穫，艾也。」「艾」與「刈」同。挃者，《良耜》傳：「挃挃，穫聲也。」《正義》引孫炎與毛同。《說文》云：「穫，禾聲也。」通作「銍」。《詩・臣工》傳：「銍，穫也。」《說文》：「銍，穫禾短鐮也。」《釋名》云：「銍銍，斷禾穗聲也。」是銍銍即挃挃。以聲言則曰「挃」，以器言則曰「銍」矣。

栗栗，衆也。積聚緻。

栗者，《聘義》云：「縝密以栗。」《詩》：「積之栗栗。」毛傳：「栗栗，衆多也。」《正義》引李巡曰：「栗栗，積聚之衆也。」《說文》兩引《詩》，俱作「𥢶之秩秩」，解云：「𥢶，積禾也。」「秩，積也。」是秩秩爲積之多，與「栗」聲近義同，古字通用。故《公羊·哀二年傳》：「戰于栗。」《釋文》：「栗，一本作秩。」是「秩」「栗」通。《説文》「秩秩」即栗栗，亦其證矣。

溞溞，淅也。洮米聲。

淅者，《説文》云：「汏米也。」

溞者，《詩》作「叟」，毛傳：「叟叟，聲也。」《釋文》：「叟，字又作溲，濤米聲也。」然則《詩》及《爾雅》正文當作「溲」，《毛詩》古文省作「叟」，《爾雅》今又變作「溞」耳。《生民》正義以「溞」「叟」爲古今字，得之。《釋文》：「叟，所留反。《爾雅》作『溞』，音同。」是也。又云「郭音騷」，則非矣。溲之爲言滫也。滫，米泔也。《内則》注云：「秦人溲曰滫。」然則米泔水謂之「滫」，淅米聲謂之「溲」，二字聲轉亦義近。

烰烰，烝也。氣出盛。

烝者，《説文》云：「火气上行也。」

烰者，云：「烝也。」引《詩》：「烝之烰烰。」聲借作「浮」。《生民》傳云：「浮浮，氣也。」《正義》引孫炎曰：「烰烰，炊之氣。」《爾雅》釋文：「烰，吕、郭竝音浮，又符彪反。」按：「音浮」之「浮」，當作「孚」。《説文》「烰，从孚聲」，郭音本於吕忱，吕忱本於《説文》也。

俅俅，服也。謂戴弁服。

此下四句，釋《雅》《頌》言祭祀之事。「俅，戴也」已見《釋言》。服亦爲戴，故郭注「謂戴弁服」。《詩·絲衣》傳：「俅俅，恭順貌。」亦謂戴弁之容。

峨峨，祭也。謂執圭璋助祭。

峨謂嵯峨。《詩·棫樸》傳：「峨峨，盛壯也。」箋云：「奉璋之儀峨峨然。」《正義》引舍人曰：「峨峨，奉璋之貌。」《釋文》：「峨，本又作俄。」叚借字耳。

鍠鍠，樂也。鐘鼓音。

鍠者，《説文》云：「鐘聲也。」引《詩》：「鐘鼓鍠鍠。」《漢書·禮樂志》及《風俗通》引

《詩》亦作「鍠」，今作「喤」。《執競》傳：「喤喤，和也。」《正義》引舍人曰：「喤喤，鐘鼓之樂也。」按：舍人「喤」當作「鍠」。《毛詩》借作「喤」。《爾雅》別作「韹」，即「喤」之或體。《説文》「吟」或从音，作「訡」，亦「喤」作「韹」之例。《釋文》：「韹，又作鍠。」是「鍠」爲正體，今从宋本作「鍠」。

穰穰，福也。言饒多。

穰者，《説文》以爲黍粱。又「秧」字解云：「禾苗秧穰也。」是「穰」兼二義。秧穰猶穰穰。故《玉篇》云：「穰，黍穰也，豐也，衆多也。」兼包《説文》二義而言也。《詩·執競》傳：「穰穰，衆也。」《正義》引舍人曰：「穰穰，衆多之貌也。」又云：「某氏引此《詩》，明穰穰是福豐之貌也。」按：福之言富。故《祭統》云：「福者，備也。備者，百順之名也。」是福有衆多之意，與「穰」義同。此「福」字當別解，某氏得之。

子子孫孫，引無極也。世世昌盛，長無窮。

引者，《釋詁》云：「長也。」《詩·楚茨》箋：「願子孫勿廢而長行之。」《正義》引舍人曰：「子孫長行美道，引無極也。」

顒顒、卬卬，君之德也。道君人者之德望。

自此以下，但解作《詩》興喻之義，不釋《詩》文。此《卷阿》文，傳、箋及《正義》引孫炎皆有説。

丁丁、嚶嚶，相切直也。丁丁，斫木聲。嚶嚶，兩鳥鳴。以喻朋友切磋相正。

切者，《説文》云：「刌也。」直者，《曲禮》注：「正也。」丁丁、嚶嚶者，《詩·伐木》傳：「丁丁，伐木聲也。」箋云：「嚶嚶，兩鳥聲也。」郭注本毛、鄭，言伐木、鳥鳴音聲互荅，皆有朋友相切正之義，故以爲喻。《文選·遊西池詩》注引《韓詩》云：「《伐木》廢，朋友之道缺。勞者歌其事，詩人伐木，自苦其事，故以爲文。」《毛詩序》亦云：「《伐木》廢則朋友缺矣。」然則《詩》爲朋友而作，故以「相切直」爲言耳。

藹藹、萋萋，臣盡力也。梧桐茂，賢士衆；地極化，臣竭忠。噰噰、喈喈，民協服也。鳳皇應德鳴相和，百姓懷附興頌歌。

「藹藹」已見上文；「噰噰」已詳《釋詁》，此又釋興喻之義也。藹者，《説文》云：「臣盡力之美。」「萋，艸盛。」《文選·藉田賦》注引《韓詩》薛君《章句》云：「萋萋，盛也。」

《詩·卷阿》正義引舍人曰：「藹藹，賢士之貌。萋萋，梧桐之貌。」孫炎曰：「言衆臣竭力，則地極其化，梧桐盛也。」孫義本毛傳，郭義與孫同。「噰噰」《詩》作「雝雝」「喈喈」，《詩》言鳳皇鳴聲，《爾雅》以爲譬況之詞。故鄭箋本之而云：「菶菶萋萋，喻君德盛也。雝雝喈喈，喻民臣和協。」然因民服而致鳳鳴，故毛傳云：「天下和洽，則鳳皇樂德。」《詩》與《爾雅》義相成也。

佻佻、契契，愈遐急也。賦役不均，小國困竭；賢人憂歎，遠益切急。

佻者，《釋言》云：「偷也。」偷薄、輕佻皆行動之狀。故《詩·大東》傳云：「佻佻，獨行貌。」《釋文》引《韓詩》作「嬥嬥，往來貌」。《文選·魏都賦》注引《爾雅》亦作「嬥嬥」。是「嬥」「佻」音義同。从兆、从翟之字，古多通用。《守祧》注云：「故書祧作濯。」亦其證也。嬥訓好貌，與「佻」義亦近。《詩》蓋言公子輕薄，素不任事，而今行役，道路悠遠，故憂愈急也。《爾雅》釋文：「佻佻，獨行歎息也。」於毛傳下增「歎息」二字，深得《詩》意矣。

契者，《大東》傳：「契契，憂苦也。」《擊鼓》傳：「契闊，勤苦也。」二義亦近。「契」字本當作「栔」而訓刻，故《釋詁》以「契」爲絕，郭注以爲「刻斷物」。然則「契契」者，本刻木之聲,役人勤苦,夜作不休,故寤寐歎息,契契而憂也。《方言》六説此《詩》云:「杼、柚,作也。東齊土作謂之杼,木作謂之柚。」是則土、木竝興,工作不息,詩人所以憂歎也。《楚辭·惜賢》篇云:「孰契契而委棟兮。」亦得詩人之恉。

宴宴、粲粲,尼居息也。盛飾宴安,近處優閑。

尼者,「昵」字之省,與「暱」同。《釋詁》云:「暱,近也。」宴者,與「燕」同。《釋文》:「燕,字又作宴。」今作「宴」,從宋本也。《詩·北山》傳:「燕燕,安息貌。」

粲者,《大東》傳:「粲粲,鮮盛貌。」箋云:「京師人衣服鮮潔而逸豫。」《文選·鸚鵡賦》注引《韓詩》作「采采衣服」。薛君曰:「采采,盛貌也。」與毛傳同。「采」「粲」聲相轉也。此二條以遠近對文爲義,言役使不均,居遠者急切,處近者優閒,見政役之不本於公旬也。

哀哀、悽悽,懷報德也。悲苦征役,思所生也。

哀者,《説文》云:「閔也。」《詩·蓼莪》箋:「哀哀者,恨不得終養父母,報其生長已之苦悽者。」《説文》云：「痛也。」「悽悽」於《詩》無見，故《釋文》云：「悽，郭本或作萋。」邵氏《正義》引《詩·杕杜》云：「其葉萋萋。」下云：「憂我父母，興喻之義與《蓼莪》同，故皆爲懷報德也。」按：臧氏《經義雜記》十八云：「此經注俱用韵，郭注『征役』當爲『役征』，方與下句『思所生』韵。」

儵儵、嘒嘒，罹禍毒也。悼王道穢塞，羡蟬鳴自得，傷己失所遭讒賊。

「罹，憂」已見《釋詁》，「罹，毒」又見《釋言》。儵者，《釋文》云：「樊本作攸。」引《詩》：「攸攸我里。」今《詩》作「悠悠我里」。毛傳：「悠悠，憂也。」是樊光作「攸」者，「悠」字之省。或作「儵」者，「儵」與「儵」形相亂。「儵」「悠」音同，又俱从攸聲，故假借通用。然則儵儵即悠悠，毛傳悠訓爲憂，《爾雅》罹亦訓憂，其義正同。郭注訓罹爲遭，失其義也。《釋文》：「儵，郭徒的反。」又失音也。郭蓋以「儵」爲踧，據《詩》「踧踧周道，鞠爲茂草」而言，故云「悼王道穢塞」。今以樊本作「攸」，於義爲長也。「鳴蜩嘒嘒」，《小弁》篇文。爲憂讒而作，故言「我獨于罹」，即此云「罹禍毒」矣。

晏晏、旦旦，悔爽忒也。傷見棄絶，恨士失也。

「爽，差也，忒也」見《釋言[一]》，「晏晏」見上文。《詩·氓》傳云：「晏晏，和柔也。」旦者，「悬」字之省。《説文》云：「怛，憯也。从心，旦聲。或从心在旦下。」引《詩》：「信誓悬悬。」《爾雅》釋文：「旦，本或作悬。」然則悬悬，憯痛之意，故鄭箋：「言其懇惻欵誠。」《正義》：定本云：『旦旦，猶怛怛。』」竝與《説文》合。

皋皋、琄琄，刺素食也。譏無功德，尸寵禄也。

皋者，「浩」之假音也。《釋文》：「皋，樊本作浩，古老反。」是《爾雅》樊光作「浩浩」，後人據《毛詩》改爲「皋皋」耳。然「皋」「浩」古通用。《説文》：「皋，告之也。」《樂師》云：「詔來瞽皋舞。」鄭衆注：「皋，當爲告。」是「皋」「告」通。「浩」，从告聲，亦可作「皋」。《左氏·定四年經》云：「盟于皋鼬。」《公羊》作「浩油」，是其證也。《詩·召旻》傳：「皋皋，頑不知道也。」《正義》引舍人曰：「皋皋，不治之貌。」按：皋有緩義，《左傳·哀廿一年》「魯人之皋」，是也。浩浩，廣大貌。《王制》云：「用有餘曰浩。」是「浩」

〔一〕言，原誤「詁」，楊胡本、《經解》本同，據文意改。

「皋」義通，舍人與毛傳亦同。《詩》正義引某氏曰：「無德而空食禄也。」又與「刺素食」義合矣。

琄者，《詩・大東》傳：「鞙鞙，玉貌。」《釋文》：「鞙，字或作琄。」《正義》引某氏云：「琄琄，無德而佩。」然則佩以表德，無德而佩，亦爲空食矣。

懽懽、愮愮，憂無告也。賢者憂懼，無所訴也。

《説文》「懽」字下引《爾雅》曰：「懽懽、愮愮，憂無告也。」《玉篇》《廣韵》「悹」字下云：「悹悹，憂無告也。」是「悹」「懽」音義同。古从雚、从官之字亦通用，故《説文》「逭」或作「爟」，即其例也。通作「灌」。《詩・板》傳：「灌灌，猶欵欵也。」《爾雅》釋文：「灌，本或作懽。」今從宋本作「懽」，與《説文》合也。

愮者，《玉篇》云：「憂也。」引《詩》曰：「憂心愮愮。」通作「揺」。《釋文》：「愮，本又作揺。」《詩・黍離》傳：「揺揺，憂無所愬。」又通作「遥」。《釋文》：「愮，樊本作遥。」《詩・雄雉》云：「悠悠我思。」《説苑・辨物》篇作「遥遥我思」。《釋詁》云：「繇，憂也。」「繇」、「愮」音義同，「遥」「悠」聲又近。悠悠亦憂也。又通作「恌」。《釋文》：「與愮同。」

憲憲、洩洩，制法則也。佐興虐政，設教令也。

「憲憲」「洩洩」俱聲借之字。《釋詁》憲雖訓法，與此義别。《詩·板》傳云：「憲憲，猶欣欣也。泄泄，猶沓沓也。」箋云：「女無憲憲然，無沓沓然，爲之制法度，達其意以成其惡。」《正義》引李巡曰：「皆惡黨爲制法則也。」孫炎曰：「厲王方虐，諂臣竝爲制作法令。」「洩」，《釋文》與《詩》同作「泄」，《説文》作「詍」，又作「呭」，云：「多言也。」引《詩》亦作「詍」「呭」二體。又云：「沓，語多沓沓也。」是「呭呭」與「沓沓」義同，故《孟子》言「猶」矣。

謔謔、謞謞，崇讒慝也。樂禍助虐，增譖惡也。

謔者，《釋詁》云：「戲謔也。」謞者，當作「熇」。《説文》云：「火熱也。」引《詩》：「多將熇熇。」《爾雅》本亦作「熇」，故《釋文》「謞謞」下别出「熇」字，是即古本作「熇」之證。陸德明不察，以爲本今無此字，非也。《詩·板》傳云：「謔謔然喜樂，熇熇然熾盛也。」《正義》引舍人曰：「謔謔、謞謞皆盛烈貌。」孫炎曰：「厲王暴虐，大臣謔謔然喜，謞謞然盛，以興讒慝也。」是孫炎、舍人竝與毛傳義合，益知《爾雅》古本與《詩》同作「熇熇」矣。《釋文》又云：「慝，謝切得反，『切』字誤，疑作『他』。」諸儒竝女陟反。言隱匿其情以飾非。」蓋「慝」，諸儒作「匿」，唯謝嶠讀如字是。

翕翕、訿訿，莫供職也。賢者陵替奸黨熾，背公恤私曠職事。

翕者，《釋詁》云：「合也。」訿者，《説文》云：「不思稱意也。」引《詩》：「翕翕訿訿。」《小旻》傳云：「潝潝然患其上，訿訿然不思稱其上。」《釋文》引《韓詩》云：「不善之貌。」《正義》引李巡曰：「君闇蔽，臣子莫親其職。」《召旻》傳云：「訿訿，窳不供事也。」《釋文》引《説文》：「窳，嬾也。」今《説文》無。然則「翕翕」者，小人黨與之合；「訿訿」者，惰窳之態，此所以曠厥官也。《漢書・劉向傳》作「歙歙、訿訿」，《荀子・修身》篇作「噏噏、呰呰」，竝字異而義同。

速速、蹙蹙，惟逑鞫也。陋人專祿國侵削，賢士永哀念窮迫。

惟者，《釋詁》云：「思也。」逑者，與「求」同。《釋文》引郭云：「迫也。」《字林》云：「斂聚也。」鞫者，《釋言》云：「窮也。」速者，《玉藻》注：「遬，猶蹙蹙也。」《詩・正月》傳：「蔌蔌，陋也。」「蔌」蓋「遬」之或體。「遬」，籀文「速」字也。《後漢書・蔡邕傳》注引《毛詩》作「速速方穀」，云：「《韓詩》亦同。」《楚辭・逢紛》篇云：「船速速而不吾親。」王逸注：「速速，不親附貌。」然則速速與蹙蹙皆爲褊急之意，故毛傳以「蔌蔌」爲陋。《詩·節南山》箋：「蹙蹙，縮小之貌。」《士相見禮》注：「蹙，猶促也。」郭注以「國侵削」爲蹙，於義亦通。

抑抑，密也。威儀審諦。秩秩，清也。德音清泠。

密者，《釋詁》云：「静也。」清者，《說文》云：「腹也。」《詩》「威儀抑抑」，「德音秩秩」，鄭箋用《爾雅》。毛於《抑》傳「抑抑」亦用《爾雅》。《假樂》傳：「抑抑，美也。秩秩，有常也。」不同者，毛以「抑」與「懿」同，故訓美。《楚語》引《抑》詩作「懿」。「秩，常也」見《釋詁》。皆毛傳所本也。又「秩秩，智也」，見此篇上文。「智」與「清」義亦近。《書》云：「汝作秩宗。」下云：「直哉惟清。」是秩有清義也。「抑」言「密」者，《詩·賓之初筵》傳：「抑抑，慎密也。」《抑》正義引舍人曰：「威儀静密也。」静密、慎密二義竝與美近。「美」「密」聲相轉也。

粤夆，掣曳也。謂牽拕。

掣者，《說文》作「瘳」，云：「引縱曰瘳。」通作「摯」。《廣雅》云：「摯，引也。」《玉篇》：「摯與⿸广摯同。」「曳」者，《説文》：「臾曳也。」「臾曳」蓋亦牽引之言也。

甹夆者，蓋「⿰彳甹⿰彳夆」之省。《説文》「⿰彳甹」「⿰彳夆」竝云：「使也。」又云：「甹，使也。」聲借爲「荓蜂」。《詩・小毖》傳：「荓蜂，⿸广摯曳也。」《正義》引孫炎曰：「謂相掣曳入於惡也。」《文選・海賦》云：「或掣掣洩洩於裸人之國。」掣洩即掣曳。《海外西經》云：「并封，其狀如彘，前後有首。」《大荒西經》又作「屏蓬，左右有首」。蓋「屏蓬」與「荓蜂」俱字之假音，其義則同。又借爲「併⿱逢金」。《潛夫論・慎微》篇引《詩》作「莫與併⿱逢金」。

朔，北方也。謂幽朔。

北者，《説文》云：「菲也。从二人相背。」然則北之言背也。《詩》云：「言樹之背。」背即北也。《尚書大傳》云：「北方者，何也？伏方也，萬物之方伏。」《書》「宅朔方」，《史記・五帝紀》作「居北方」；「平在朔易」，作「便在伏物」，皆其義也。

朔者，蘇也。《説文》云：「朔，月一日始蘇也。」是「朔」兼「始」「蘇」二義。又訓北者，萬物終於北方，而亦始於北方，如死而復蘇也。故《堯典》正義引舍人曰：「朔，盡也。北方萬物盡，故言朔也。」李巡曰：「萬物盡於北方，蘇而復生，故言北方。」亦兼「始」「蘇」二義也。

不俟，不來也。不可待，是不復來。不遹，不蹟也。言不循軌跡也。

不來者，《詩·采薇》傳：「來，至也。」

俟者，《説文》作「竢」，引《詩》曰：「不竢不來。」或从彳作「徯」。今通作「俟」。俟，待也。

蹟者，與「迹」同。《説文》云：「迹，步處也。」或从足、責，作「蹟」。《詩·沔水》傳：「不蹟，不循道也。」

遹者，《釋詁》云：「循也。」《釋言》云：「述也。」馬瑞辰曰：「《説文》引《詩》竢字从來，矣聲。疑《詩》古本作『我行不竢』。」「竢」與「俟」通。故《爾雅》作「不俟」而以「不來」釋之。今《詩》作「我行不來」者，「竢」字脱其半耳。《爾雅》釋經，俱經字在上，此以「不來」釋「不俟」，非以「不俟」釋「不來」也。又「不遹，不蹟也」。「遹」，古「述」字。「述」「術」字通。此釋《詩》「報我不術」，非釋《詩》「念彼不蹟」也。亦經字在上。

不徹，不道也。徹亦道也。勿念，勿忘也。勿念，念也。

徹者，通也，達也。通、達皆道路之名，故云「徹亦道也」。徹之言轍，有軌轍可循。

《釋文》「徹，直列反」，則讀如「轍」。《玉篇》「徹兼丑列、直列二音也」。不徹者，《詩》：「天命不徹。」毛傳：「徹，道也。」鄭箋：「不道者，言王不循天之政教。」勿者，與「無」同。無念者，《詩》：「無念爾祖。」傳：「無念，念也。」《孝經》釋文引鄭注：「無念，無忘也。」按：「無」，古讀如「模」。模猶摹也。無念者，心中思念，手中揣摹，故曰「無念」，非反言之詞。

蕿、諼，忘也。 義見《伯兮》《考槃〔一〕》詩。

忘者，《說文》云：「不識也。」不識言不省記也。

蕿者，「蘐」字之省。《說文》作「藼」，或作「蘐」。又作「萱」，云：「令人忘憂艸也。」引《詩》：「焉得藼艸。」今《詩》借作「諼」。《伯兮》傳云：「諼草，令人忘憂。」《爾雅》釋文引作「蕿草，令人善忘」。《玉篇》：「令人善忘憂草。」疑毛傳今本「忘」上脫「善」字，《爾雅》釋文「忘」下脫「憂」字也。

諼者，《詩·淇奧》傳及《考槃》箋竝云：「諼，忘也。」「諼」即「蕿」字之假音。

〔一〕 槃，《爾雅》宋刊十行本作「盤」。

每有，雖也。《詩》曰：「每有良朋。」辭之雖也。

雖者，語詞也。《玉篇》云：「詞兩設也。」

每有者，《詩·常棣》箋用《爾雅》，是「每有」連文。其單文亦爲雖。故《詩·皇皇者華》傳：「每，雖也。」《莊子·庚桑楚》篇云：「每發而不當。」《釋文》引《爾雅》亦云：「每，雖也。」

饎，酒食也。猶今云「饎饌」，皆一語而兼通。

饎者，《説文》云：「酒食也。」《詩·天保》《泂酌》傳同。《爾雅》釋文引《字林》云：「熟食也。」《士虞禮》及《特牲饋食禮》注竝云：「炊黍稷曰饎。」是饎本炊食之名，但酒、食同類，故《爾雅》連言。郭云「一語而兼通」，得其義矣。《釋文》又云：「饎，舍人本作喜。釋云：古曰饎。」按：舍人之意，蓋謂「饎」借爲喜，故以本字釋之。《詩·七月》正義引李巡曰：「得酒食則歡喜也。」是李巡本亦作「喜」，因而以「喜」爲釋，則非矣。《毛詩》亦作「喜」，故鄭於《七月》及《甫田》《大田》箋竝云：「喜，讀爲饎。饎，酒食也。」本《爾雅》，義與舍人同。

舞號，雩也。雩之祭，舞者吁嗟而請雨。

雩者，《説文》云：「夏祭樂于赤帝，以祈甘雨也。或从羽，作䨱。雩，羽舞也。」羽舞者，《舞師》云：「教皇舞，帥而舞旱暵[一]之事。」鄭衆注：「皇舞，蒙羽舞。」是許所本。此「雩」有「舞」之證。

號者，《説文》云：「呼也。」《月令》云：「大雩帝。」鄭注：「雩，吁嗟求雨之祭也。」《公羊・桓五年》注：「使童男女各八人，舞而呼雩，故謂之雩。」然則雩之言吁，此「雩」有「號」之證。故《釋文》引孫炎云：「雩之祭，有舞有號。」是矣。

暨，不及也。《公羊傳》曰：「及，我欲之，暨，不得已。」「暨不得已」，是不得及。

《釋詁》云：「及、暨，與也。」是暨即及矣。又言「不及」者，郭引《公羊・隱元年傳》而釋之云：「『暨，不得已』，是不得及。」《文選・赭白馬賦》及《文賦》注竝引《爾雅》作「暨，及也」。或「及」上脱「不」字，抑或所引即《釋詁》文，蓋「暨」之一字包「及」與「不及」二義也。《説文》：「暨，日頗見也。」頗見謂不全見，亦會不及之意。

〔一〕暵，原誤「嘆」，據楊胡本、《經解》本改。

蠢，不遜也。蠢動爲惡，不謙遜也。

遜者，「愻」之假借也。《說文》云：「愻，順也。」引《唐書》曰：「五品不愻。」今通作「遜」。

蠢者，《釋詁》云「作也」，「動也」。然則蠢爲妄動，故不遜順。《楚辭·惜賢》篇云：「夷蠢蠢之溷濁。」王逸注：「蠢蠢，無禮義貌也。」與不遜義合。

「如切如磋」，道學也。骨象須切磋而爲器，人須學問以成德。「如琢如磨」，自脩也。玉石之被雕磨，猶人之〔一〕自脩飾。「瑟兮僩兮」，恂慄也。恒戰竦。「赫兮烜兮」，威儀也。貌光宣。「有斐君子，終不可諼兮」，斐，文貌。道盛德至善，民之不能忘也。常思詠。

此釋《詩·淇奧》之文，《禮記·大學》述之。切、磋、琢、磨者，《釋器》云：「骨謂之切，象謂之磋，玉謂之琢，石謂之磨。」毛傳本《爾雅》而申之云：「道其學而成也，聽其規

〔一〕之，《爾雅》宋刊十行本無。

諫以自脩，如玉石之見琢磨也。」《大學》注云：「道，猶言也。」《正義》曰：「初習謂之學，重習謂之脩。」瑟、僩、赫、烜者，毛傳云：「瑟，矜莊貌。僩，寬大也。赫，有明德赫赫然。咺，威儀容止宣著也。」《釋文》引《韓詩》云：「僩，美貌。」《説文》云：「武貌。」「咺」，《韓詩》作「宣」。宣，顯也。《爾雅》釋文：「烜者，光明宣著。」《説文》引《詩》作「愃」，云：「寬嫺心腹皃。」然則《詩》本作「愃」，《韓詩》省作「宣」，《爾雅》作「煊」，《毛詩》假借作「咺」耳。恂慄者，《大學》注云：「恂，字或作峻，讀如『嚴峻』之『峻』，言其容貌嚴栗也。」斐者，《詩》借作「匪」。毛傳云：「文章貌。」《釋文》引《韓詩》作「邲，美貌也」。「諼，忘也」已見上文。《大學》注云：「民不能忘，以其意誠而德著也。」

「既微且尰」，骭瘍爲微，腫足爲尰。骭，腳脛。瘍，創。

微者，《釋文》云：「《字書》作癥。《三蒼》云：『足創。』」尰者，《説文》作「瘇」，云：「脛气足腫。」引《詩》：「既微且瘇。」籀文作「尰」。骭者，《説文》云：「骹也。」「骹，脛也。」「腫，癰也。」《詩·巧言》箋：「此人居下溼之地，故生微腫之疾。」《正義》引孫炎曰：「皆水溼之疾也。」按：「微」本脛創之名。《論衡·言毒》篇云：「微者，疾謂之邊，其治用蜜與丹。蜜丹陽物，以類治之也。邊者，陽氣所爲，流毒所加也。」是「微」一名

「邊」。本淫熱之氣，流毒所生，治法以芻丹蜜塗。今人亦用芻丹、礬、麻油塗腫創，古之遺法也。

「是刈是鑊」，鑊，煮之也。煮葛爲絺綌。

刈者，《説文》作「乂」，云：「芟艸也。」或从刀，作「刈」。鑊者，《詩》作「濩」，假借字也。《説文》：「鑊，鑴也。」「鑴，鬹也。」《淮南·説山》篇注：「無足曰鑊。」蓋鼎、鑊皆煮器，惟有足、無足爲異耳。《詩·葛覃》釋文引《韓詩》云：「刈，取也。」「濩，瀹也。」《正義》引舍人曰：「是刈，刈取之。是濩，煮治之。」孫炎曰：「煮葛以爲絺綌。」《正義》又云：「以煮之於濩，故曰濩煮，非訓濩爲煮。」此言是也。然則刈亦芟草之器，因而名「芟」爲「刈」，且刈與鑊配，竝是器名。故《齊語》云：「挾其槍、刈、耨、鎛。」韋昭注：「刈，鐮也。」《方言》云：「刈鉤。」《説文》「鉤」作「劬」，云：「鐮也。」知「刈」本器名矣。

「履帝武敏」，武，迹也；敏，拇也。拇迹，大指處。

「履帝武敏」者，《詩·生民》傳：「履，踐也。帝，高辛氏之帝也。武，迹。敏，疾也。從於帝，而見於天，將事齊敏也。」毛依《爾雅》以武爲迹，而不以敏爲拇，師説之異也。

鄭箋：「帝，上帝也。敏，拇也。祀郊禖之時，時則有大神之迹，姜嫄履之，足不能滿履其拇指之處。」《正義》引孫炎曰：「拇迹，大指處。」郭義與孫同。《爾雅》釋文：「敏，舍人本作畝。」釋云：「古者姜嫄履天帝之迹於畎畝之中，而生后稷。」按：「敏」「畝」形近，隸書「畝」作「畆」，似「敏」。「畆」「拇」聲同，古讀音皆如「弭」。臧氏《爾雅漢注》疑舍人是「拇」作「畆」，恐非也。《釋文》自明耳。《史記·周本紀》：「姜原出野，見巨人迹，心忻然悦，欲踐之。」是舍人及鄭箋所本。

「張仲孝友」，周宣王時賢臣。善父母爲孝，善兄弟爲友。

《詩·六月》正義引李巡云：「張，姓。仲，字。其人孝，故稱孝友。」《賈子·道術》篇云：「子愛利親謂之孝，兄敬愛弟謂之友。」《釋名》云：「孝，好也，愛好父母如所説好也。」《孝經説》曰：「孝，畜也。畜，養也。友，有也，相保有也。」然則孝友曰善，謂心誠有好之。《詩》傳用《爾雅》。

「有客宿宿」，言再宿也。「有客信信」，言四宿也。再宿爲信，重言之，故知四宿。

宿者，久也，言留止於此時久也。信者，申也，言已宿留又重申也。《詩·有客》傳云：「一宿曰宿。再宿曰信。」本莊三年《左傳》文。然則信乃再宿，宿僅一宿也。《爾雅》因重文而倍言之，故宿宿言再宿，信信言四宿也。

美女爲媛，所以結好媛。美士爲彦。人所彦詠。

美者，「媄」之省。《説文》云：「色好也。」經典通作「美」。媛者，《説文》云：「美女也。人所援也。」《詩·君子偕老》箋：「媛者，邦人所依倚，以爲媛助也。」「媛」與「援」同。故《正義》引孫炎曰：「君子之援助。」《釋文》引《韓詩》「媛」作「援」。援，取也。「取」疑「助」之形譌耳。

彦者，《説文》云：「美士有文，人所言也。」《詩·羔裘》正義引舍人曰：「國有美士，爲人所言道。」郭云「人所彦詠」，其義同。「彦」，《釋文》作「喭」，而云「本今作彦」，則其字通。

「其虚其徐」，威儀容止也。雍容都雅之貌。

《詩·北風》作「其虚其邪」。《釋文》：「邪，音餘，又音徐。《爾雅》作徐。」是「邪」本「徐」之假音。故毛傳：「虚，虚也。」《釋文》「一本作虚徐」，得之。鄭箋：「邪，讀如徐，言威儀虚徐寬仁者。」《正義》引孫炎曰：「虚徐，威儀謙退也。」然則虚徐猶舒徐。郭云「都雅」，於古音俱疊韵。

「猗嗟名兮」，目上爲名。眉眼之閒。

《詩·猗嗟》傳本此。《玉篇》引《詩》云：「猗嗟顯兮，顯，眉目閒也。」本亦作「名」。《文選·西京賦》薛綜注：「眳，眉睫之閒。」《檀弓》云：「子夏喪其子而喪其明。」《冀州從事郭君碑》云：「卜商號咷，喪子失名。」是「名」與「明」通。《詩》本借「名」爲「明」，故下句云「美目清兮」。毛傳：「目下爲清。」則知目上爲明，正以「清」「明」對文，爲《爾雅》補義也。《正義》引孫炎解「名」字云：「目上平博。」按：平博之義亦與明爲近。

「式微式微」者，微乎微者也。言至微。

「微」義已見《釋詁》。《孫子·虚實》篇云：「微乎微微，至於無形。」語意本此。《詩·式微》箋用《爾雅》云：「式，發聲也。」毛傳「式，用」，雖本《釋言》，但《詩》本不取「式」爲義，故以發聲之詞言之，鄭義爲長。

「之子」者，是子也。庈所詠。

子者，庈其人之詞。「之」爲語助，又訓爲是。《詩〔一〕・漢廣》箋用《爾雅》。《正義》引李巡曰：「之子者，論五方之言是子也。」按：是猶此也，崽也。《方言》云：「崽者，子也。崽即崽，音「枲」。湘沅之會，凡言是子者謂之崽，若東齊言子矣。」聲如「宰」。今按：膠萊閒人謂「崽子」爲「宰子」，即「此子」之聲轉。又轉爲「只」。《詩・南山有臺》箋：「只之言是也。」《樛木》釋文：「只，猶是也。」然則「樂只君子」猶言樂是君子矣。

「徒御不驚」，輦者也。步挽輦車。

輦者，人輓車也。徒，步行也。御，御馬也。本各爲一事，《詩・黍苗》詳之。此輦者專釋「徒」字，故《車攻》傳：「徒，輦也。」蓋言此「徒」即是輦者，非但步行，亦容輓車在內，與《黍苗》異。此釋「徒」，不釋「御」，「輦」上無「徒」字，文省爾。

〔一〕詩，原誤「時」，楊胡本同，據《經解》本改。

襢裼，肉袒也。脱衣而見體。

襢者，《説文》作「膻」，云：「肉膻也。」引《詩》：「膻裼暴虎。」今《詩》作「襢」。《大叔于田》釋文：「襢，本又作袒。」「袒」亦假借字也。《説文》「袒」訓衣縫解，今作「綻」。又云：「但，裼也。」「裼，袒也。」「袒」當作「但」。《詩》正義引李巡曰：「襢裼，脱衣見體曰肉袒。」孫炎曰：「袒，去裼衣。」郭注本李巡。

暴虎，徒搏也。空手執也。

搏者，《説文》云：「索持也。」《詩》「搏獸于敖」，言手執持之也。暴者，搏也。「搏」「暴」古音相近。《匡謬正俗》云：「暴有薄音。」是也。《詩·大叔于田》傳：「暴虎，空手以搏之。」《正義》引舍人曰：「無兵，空手搏之。」竝以「空手」釋「徒搏」也。《小旻》傳：「徒搏曰暴虎。」即用《爾雅》文。

馮河，徒涉也。無舟楫。

馮者，「淜」之假音也。《説文》：「淜，無舟渡河也。」《玉篇》：「徒涉曰淜，今馮字。」

《詩・小旻》傳：「徒涉曰馮河。」《正義》引李巡曰：「無舟而渡水曰徒涉。」與《說文》合。此「馮」字正解，毛傳以「馮，陵」爲訓，未免望文生義。

籧篨，口柔也。 籧篨之疾不能俛，口柔之人視人顔色，常亦不伏，因以名云。

此及下文「柔」字，依《說文》竝當作「脜」，云：「面和也。讀若柔。」《玉篇》正作「脜」，云：「柔色以蘊之，是以今爲柔字。」籧篨者，《說文》云：「粗竹席也。」《詩・新臺》傳：「籧篨，不能俯者。」箋云：「籧篨，口柔，常觀人顔色而爲之辭，故不能俯者也。」《正義》引李巡云：「籧篨，巧言好辭，以口饒人，是謂口柔。」《爾雅》釋文引舍人曰：「籧篨，巧言也。」又引孫、郭義同，是諸家皆不殊。今按：以戚施爲比推之，籧篨即[illegible]簷也。其名爲「簟」，其體偃蹇，其文便旋，以言語悦人者似之，故以爲「口柔」之喻。

戚施，面柔也。 戚施之疾不能仰，面柔之人常俯似之，亦以名云。

戚施者，聲借之字。《說文》作「䵴䵷」，云：「詹諸也。」引《詩》：「得此䵴䵷。」《御覽》引《韓詩》薛君云：「戚施蟾蜍，喻醜惡。」《玉篇》又作「[illegible][illegible]，面柔也」。《爾雅》釋文引《字書》作「規[illegible]」。俱字之別體也。

面柔者，《釋文》引舍人曰：「令色誘人。」李曰：「和顔悦色以誘人，是謂面柔也。」又引孫、郭義同。按：《晉語》云：「戚施不可使仰。」蓋喻醜惡之人，見人慙俛，有如含垢蒙羞，故曰「面柔」。《詩·新臺》傳用《晉語》，箋用《爾雅》。《説文》義本《韓詩》，與諸家異，其喻醜惡則同。

夸毗，體柔也。屈己卑身，以柔順人也。

夸，胯也。毗，臍也。體柔之人，其足便辟，其躬卑屈，前俛爲恭，故曰「夸毗」。《詩·板》傳用《爾雅》。箋云：「其無夸毗，以形體順從之。」《爾雅》釋文引舍人曰：「卑身屈己也。」李、孫、郭云：「屈己卑身，以柔順人也。」「夸毗」，字書作「舿䠩」，《廣韵》又作「舿舭」，俱字之别體。

婆娑，舞也。舞者之容。

《説文》：「舞，樂也。古文舞，从羽、亡。」按：从羽，舞所執也。「亡」與「無」古通用。「舞」，从無聲也。

婆者，《説文》作「媻」，云：「奢也。娑，舞也。」引《詩》：「市也媻娑。」毛傳用《爾雅》。《正義》引李巡曰：「婆娑，盤辟舞也。」孫炎曰：「舞者之容，婆娑然。」《文選・神女賦》注：「婆娑，猶媻姍也。」按：媻姍猶般旋也，「般」「旋」「婆」「娑」俱字之疊韵。

辟〔一〕，拊心也。謂椎胸也。

辟者，假音，當作「擗」，《説文》云：「兩手擊也。从卑聲。」借作「辟」，或加手作「擗」。《玉篇》引《詩》：「寤擗有摽。」《爾雅》釋文因云：「辟，字宜作擗。」引《詩》與《玉篇》同。不知「擗」蓋「擘」之或體。故《柏舟》釋文：「辟，本又作擘。」然「擘」字亦假音，若作「擗」，則音義俱得矣。拊者，拍也。拍亦擊也。故《問喪》云：「發胸擊心。」又云：「擊胸傷心。」《喪大記》云：「扱衽拊心。」是「拊」「擊」義同。《問喪》又云：「辟踴哭泣。」鄭注：「辟，拊心也。」與《柏舟》傳同。

矜、憐，撫掩之也。撫掩，猶撫拍，謂慰恤也。

《釋詁》云：「煤、憐，愛也。」「煤」與「憮」同。《説文》云：「憮，愛也。」「撫掩」當作

〔一〕辟，《爾雅》宋刊十行本作「擗」。

「憮俺」。《方言》云：「憮俺、憐，愛也。」又云：「亟、憐、憮俺，愛也。」又云：「憮、矜、憐，哀也。」是亟憐即矜憐，聲相轉。「矜、憐，憮俺」，《方言》俱本《爾雅》。「憮俺」作「撫掩」，乃古字通借，郭氏望文生義，以爲「撫掩猶撫拍」，失之矣。

緎，羔裘之縫也。縫飾羔皮之名。

緎者，《説文》作「黬」，云：「羔裘之縫。」《玉篇》同，云：「亦䩐字。」《革部》云：「䩐羔裘縫，亦作緎。」今按：「緎」「䩐」竝或體也。《詩・羔羊》傳：「緎，縫也。」《釋文》引孫炎云：「緎縫之界域。」《正義》曰：「縫合羔羊皮爲裘。縫即皮之界緎，因名裘縫爲緎。五緎既爲縫，則五紽、五總亦爲縫也。」

殿屎，呻也。呻吟之聲。

呻者，《説文》云：「吟也。」殿屎者，《説文》作「唸吚」，云：「呻也。」《詩・板》傳：「呻吟也。」《正義》引孫炎曰：「人愁苦呻吟之聲也。」《爾雅》釋文：「殿屎，或作歙㕧，又作㱡㽷。」竝俗體字也。

幬謂之帳。今江東亦謂帳爲幬。

幬、帳者，《說文》云：「帳，張也。」「幬，禪帳也。」《文選·寡婦賦》注引《纂要》曰：「在上曰帳，在旁曰帷，單帳曰幬。」《詩》借作「裯」，《小星》箋云：「裯，牀帳也。」《爾雅》釋文：「幬，本又作㡓。」

侜張，誑也。《書》曰：「無或侜張爲幻。」幻惑欺誑人者。

誑者，《說文》云：「欺也。」侜者，云：「有廱蔽也。」引《詩》：「誰侜予美。」《防有鵲巢》傳用《爾雅》。郭引《書·無逸》「譸張」作「侜張」。《正義》引孫炎曰：「眩惑誑欺人也。」郭義與孫同。

誰昔，昔也。誰，發語辭。

昔者，《玉篇》云：「往也，久也，昨也。」

誰昔者，《詩》：「誰昔然矣。」鄭箋用《爾雅》。按：《釋詁》云：「疇、孰，誰也。」故「誰昔」或爲「疇昔」。《檀弓》云：「疇昔之夜。」鄭注：「疇，發聲也。」是郭義所本。但

「疇」「誰」出詁訓，各有意義，非比「邾婁」「於越」，祇爲發聲之詞，鄭、郭胥失之。

不辰，不時也。辰亦時也。

辰者，《詩》傳、箋竝云：「時也。」「我辰安在」，「我生不辰」，皆言生不逢時。

凡曲者爲罶。《毛詩》傳曰：「罶，曲梁也。」凡以薄〔一〕爲魚笱者，名爲「罶」。

曲者，薄也。以曲薄爲魚梁，故曰「曲梁」。郭引《詩·魚麗》傳文，詳見《釋器》。

鬼之爲言歸也。《尸子》曰：「古者謂死人爲歸人。」

歸者，還其家也。生，寄也；死，歸也。故《列子·天瑞》篇云：「鬼，歸也。」又云：「古者謂死人爲歸人。」《説文》云：「人所歸爲鬼。」《左氏·昭七年傳》云：「鬼有所歸，乃不爲厲。」《禮運》注：「鬼者，精魂所歸。」皆與此義合。

〔一〕薄，《爾雅》宋刊十行本作「簙」。

爾雅郭注義疏上之四

釋親弟四

《釋名》云：「親，襯也，言相隱襯也。」《說文》云：「親，至也。」《一切經音義》九引《蒼頡篇》云：「親，愛也，近也。」然則親愛至近，無如父母，故親始於父母。《禮記·奔喪》及《問喪》注竝云：「親，父母也。」《公羊·莊卅二年傳》：「君親無將。」注亦云：「親謂父母。」是父母稱「親」之義也。《穀梁·隱元年傳》：「親，親之道也。」《詩》云：「戚戚兄弟。」是兄弟稱「親」之義也。《郊特牲》及《哀公問》竝云：「親之也者，親之也。」是夫婦稱「親」之義也。《左氏·昭廿五年傳》云：「爲父子、兄弟、姑姊、甥舅、昏媾、姻亞，以象天明。」杜預注以「六親」爲釋。《正義》曰：「六親謂父子、兄弟、夫婦也。」此篇首「宗族」，次「母黨」，次「妻黨」，次「婚姻」，皆親屬也，故總曰《釋親》。

父爲考，母爲妣。《禮記》曰：「生曰父、母、妻，死曰考、妣、嬪。」今世學者從之。按：《尚書》曰

「大傷厥考心」，「事厥考厥長」，「聰聽祖考之彝訓」，「如喪考妣」。《公羊傳》曰：「惠公者何？隱之考也。仲子者何？桓之母也。」《蒼頡篇》曰：「考妣延年。」《書》曰：「嬪于虞。」《詩》曰：「聿嬪于京。」《周禮》有「九嬪」之官，明此非死生之異稱矣。其義猶今謂兄爲晜，妹爲媦，即是此例也。

此釋父母之異稱也。考者，《釋詁》云：「成也。」妣者，《說文》云：「殁母也。」《曲禮》云：「生曰父曰母，死曰考曰妣。」鄭注：「考，成也，言其德行之成也。妣之言媲也，媲於考也。」然則考妣者，父母之異稱。《曲禮》雖云存殁異號，若通言之，則生存亦稱考妣，終殁亦稱父母。故《士喪禮》云：「哀子某爲其父某甫筮宅。」又云：「卜葬其父某甫。」是終殁稱父母之例也。《方言》云：「南楚瀑涯之閒，謂婦妣曰母姼，音「多」。稱婦考曰父姼。」郭注：「古者通以考妣爲生存之稱。」此注引《蒼頡篇》「考妣延年」，是生存稱考妣之例也。

父之考爲王父，父之妣爲王母。加王者，尊之也〔一〕。王父之考爲曾祖王父，王父之妣爲曾祖王母。曾猶重也。曾祖王父之考爲高祖王父，曾祖王父之妣爲

〔一〕 也，《爾雅》宋刊十行本無。

高祖王母。高者，言最在上。

此從父母推而上之，至於高曾祖，以親由父母起，故還從父母稱之也。《釋名》云：「父，甫也，始生己也。母，冒也，含生己也。」是親由父母之義。又云：「祖，祚也，祚物先也。又謂之王父。王，暀也，家中所歸暀也。王母亦如之。」然則祖父母而曰「王」者，王，大也，君也，尊上之稱，故王父母亦曰「大父母」也。曾者，重也。《說文》云：「曾，益也。」與「增」同。《釋名》云：「曾祖從下推上，祖位轉增益也。」高者，尊崇之稱。《釋名》云：「高祖，高，皋也，最在上，皋韜諸下也。」《曲禮》云：「祭王父曰皇祖考，王母曰皇祖妣。」變文言「皇」者，鄭注：「更設尊號，尊神異於人也。皇，君也。」然則「皇」「王」皆「大」「君」之稱，其義亦同。《祭法》又以曾祖王父爲皇考，高祖王父爲顯考。《曲禮》所言，祭時之尊號；《祭法》所說廟制之殊稱，皆非常義所施。是至於存殁通稱，則以《爾雅》爲正焉。

父之世父、叔父爲從祖祖父，父之世母、叔母爲從祖祖母。從祖而别，世統異故。

父之晜弟，先生爲世父，後生爲叔父。世有爲嫡者，嗣世統故也。

此又推言父之伯叔兄弟也。《釋名》云：「父之世叔父母曰從祖父母，言從己親祖別而下也，亦言隨從己祖以爲名也。」《檀弓》注云：「敬姜者，康子從祖母。」《魯語》云：「公父文伯之母，季康子之從祖叔母也。」韋昭注：「祖父昆弟之妻也。」然則準是而言，父之世父當爲從祖伯父；父之叔父當爲從祖叔父，《爾雅》文畧，《魯語》則詳矣。又言「世父」「叔父」者，《釋名》云：「父之兄曰世父，言爲嫡統繼世也。又曰伯父。伯，把也，把持家政也。父之弟曰仲父。仲，中也，位在中也。仲父之弟曰叔父。叔，少也。叔父之弟曰季父。季，癸也，甲乙之次，癸最在下，季亦然也。」然則《爾雅》不言「仲父」「季父」者，亦畧之如從祖父之例。世父、叔父俱有父名者，《喪服傳》曰：「世父、叔父何以期也？與尊者一體也。」𥡢者，《説文》云：「周人謂兄曰𥡢。」《玉篇》省作「罤」，《爾雅》又作「𥡢」，《釋文》：「本亦作昆，下同。」

男子先生爲兄，後生爲弟。男子謂女子先生爲姊，後生爲妹。父之姊妹爲姑。

此釋兄弟姑姊妹之親也。姑與世父、叔父尊同而別言之者，以與姊妹同類故也。兄弟者，《釋名》云：「兄，荒也。荒，大也。故青徐人謂兄爲荒也。弟，第也，相次第而生也。」《白虎通》云：「兄者，況也，況父法也。弟者，悌也，心順行篤也。」姊妹者，女兄弟也。異其稱者，别之也。《釋名》云：「姊，積也，猶日始出積時多而明也。妹，昧也，猶日始入歷時少尚昧也。」《白虎通》云：「姊者，恣也。妹者，末也。」按：《詩》云：「遂及伯姊。」是女子亦謂女子先生爲姊。《爾雅》畧舉一邊耳。

姑者，《釋名》云：「父之姊妹曰姑。姑，故也，言於己爲久故之人也。」《詩·泉水》正義引孫炎曰：「故之言古，尊老之名也。」《左氏·襄十二年》正義引樊光曰：「《春秋傳》云：姑姊妹。」按：《襄廿一年傳》有「公姑姊」，《列女傳》有「梁節姑妹」。然則古人謂父姊爲姑姊，父妹爲姑妹，今人省文，故單稱「姑」，《爾雅》不言者，亦畧之。

父之從父晜弟爲從祖父，父之從祖晜弟爲族父。族父之子相謂爲族晜弟，族晜弟之子相謂爲親同姓。同姓之親無服屬。兄之子、弟之子相謂爲從父晜弟。從父而别。

云「父之從父晜弟」者，是即父之世父、叔父之子也。當爲從父，而言從祖父者，言從祖而别也。亦猶父之世父、叔父爲從祖祖父之例也。《御覽》五百一十三引作「父之從父昆弟爲從伯叔」。按：「從伯叔」，古無此稱，蓋誤耳。《喪服·小功章》亦云：「從祖父母。」《通典》九十二引馬融云：「從祖祖父之子，是父之從父昆弟也。」

云「父之從祖𡧍弟」者，是即從祖父之子也。「族父」亦當爲「族祖父」，如下文「族祖母」之例。《御覽》引亦作「族父」。《喪服》云：「從祖昆弟。」鄭注：「父之從父昆弟之子。」《通典》引馬融云：「謂曾祖孫也。於己爲再從昆弟，同出曾祖，故言從祖昆弟。」《緦麻三月章》云：「族父母，族昆弟。」《通典》引馬融云：「族父，從祖昆弟之親也。」賈疏云：「族父母者，己之父從祖昆弟也。族昆弟者，己之三從兄弟也。」按：謂之「族」者，《白虎通》云：「族者，湊也，聚也，謂恩愛相流湊也。」

云「族𡧍弟之子相謂爲親同姓」者，是四從兄弟同出高祖者也。《大傳》云：「四世而緦，服之窮也。」又云：「絶族無移服。」鄭注：「族昆弟之子不相爲服。」是則所謂「親同姓」也。《賈子·六術》篇云：「六親始曰父，父有二子，二子爲昆弟，昆弟又有子，子從父而昆弟，故爲從父昆弟。從父昆弟又有子，子從祖而昆弟，故爲從祖昆弟。從祖昆弟又有子，子從曾祖而昆弟，故爲從曾祖昆弟。從曾祖昆弟又有子，子爲族兄弟。備於六，此之謂六親。」按：此以從曾祖昆弟當《爾雅》「族𡧍弟」，以族兄弟當《爾雅》「親同姓」，其義自明矣。

云「兄、弟之子相謂爲從父𡧍弟」者，此覆釋上文之義也。《喪服·大功章》云：「從父昆弟。」鄭注：「世父、叔父之子也。」

子之子爲孫，孫猶後也。孫之子爲曾孫，曾猶重也。曾孫之子爲玄孫，玄者，言親屬微昧也。玄孫之子爲來孫，言有往來之親。來孫之子爲晜孫，晜，後也。《汲冢竹書》曰：「不窋之晜孫。」晜孫之子爲仍孫，仍亦重也。仍孫之子爲雲孫。言輕遠如浮雲。

此釋子孫之異名也。《釋名》云：「子，孳也，相生蕃孳也。孫，遜也，遜遁在後生也。」按：「孫」亦遠孫之通稱。《詩》：「后稷之孫，實維大王。」是也。

曾孫者，《釋名》云：「義如曾祖也。」按：「曾孫」又遠孫之通稱。《詩》：「曾孫篤之。」鄭箋：「曾猶重也。自孫之子而下，事先祖皆稱曾孫。」孔疏引《哀二年・左傳》云：「曾孫蒯聵，敢告皇祖文王、烈祖康叔。」是其義也。

玄孫者，《釋名》云：「玄，懸也，上懸於高祖，最在下也。」《説文》：「玄，幽遠也。」

來孫者，《釋名》云：「此在無服之外，其意疏遠，呼之乃來也。」按：此説「來」字似望文生義。來之言離也，離亦遠也。下文謂「出之子爲離孫」，「離」「來」音義同耳。

晜孫者，《釋名》云：「昆，貫也，恩情轉遠，以禮貫連之耳。」按：「晜孫」亦遠孫之通稱。《左氏·昭十六年傳》云：「孔張君之昆孫。」據孔張是鄭穆公之曾孫，今云「昆孫」，則亦通名。郭本《釋言》「昆，後」，是矣。

仍孫者，《釋名》云：「以禮仍有之耳，恩意實遠也。」按：此説「仍」字亦非，郭訓重，是也，其義如曾孫矣。「仍孫」或稱「耳孫」，「耳」「仍」音相轉也。

雲孫者，《釋名》云：「言去已遠如浮雲也。」按：「雲」，古文作「云」。《廣雅》云：「云，遠也。」然則雲孫謂遠孫，猶言裔孫也。「如浮雲」之説，亦望文生義矣。

王父之姊妹爲王姑，曾祖王父之姊妹爲曾祖王姑，高祖王父之姊妹爲高祖王姑。父之從父姊妹爲從祖姑，父之從祖姊妹爲族祖姑。

王姑者，從王父而得尊稱也。《喪服·緦麻章》謂之「父之姑」，是也。「曾祖王姑」「高祖王姑」其義竝同。「父之從父姊妹爲從祖姑」，其義與「父之從父晜弟爲從祖父」同。「父之從祖姊妹爲族祖姑」，其義與「父之從祖晜弟爲族父」同。

父之從父晜弟之母爲從祖王母，父之從祖晜弟之母爲族祖王母。父之兄妻爲世母,父之弟妻爲叔母。父之從父晜弟之妻爲從祖母,父之從祖晜弟之妻爲族祖母。

父之從父晜弟之母者,是即父之世母、叔母也。上云「從祖祖母」,此言「從祖王母」,一耳。「父之從祖晜弟之母」是即族父之母也。謂爲「族祖王母」即族祖祖母也。父之兄妻爲世母,弟妻爲叔母者,《喪服》傳云:「世母、叔母何以亦期也?以名服也。」《大傳》云:「服術有六,三曰名。」鄭注:「名世母、叔母之屬也。」按:此二母亦稱伯母、叔母,故《雜記》云:「伯母、叔母,疏衰,踴不絶地。」是也。父之從父晜弟之妻爲從祖母者,上云「父之從父晜弟爲從祖父」,故其妻爲從祖母也。父之從祖晜弟之妻爲族祖母者,上云「父之從祖晜弟爲族父」,故其妻爲族祖母也。本爲族母,言祖者,亦如從母言從祖母之例。

父之從祖祖父爲族曾王父,父之從祖祖母爲族曾王母。

族曾王父母即己之從曾祖父母也。《喪服·緦麻三月章》:「族曾祖父母。」鄭注:「曾祖昆弟之親也。」賈疏:「己之曾祖親兄弟也。」

父之妾爲庶母。

庶者，衆也。庶母猶言諸母也。妾者，《釋名》云：「接也，以賤見接遇也。庶，摭也，拾摭之也，謂拾摭微賤待遇之也。」《喪服·緦麻三月章》云：「士爲庶母。」傳曰：「何以緦也？以名服也。大夫以上爲庶母無服。」

祖，王父也。晜，兄也。今江東人通言晜。

此覆釋上文之義。上云：「父之考爲王父。」《喪服》謂之「祖父母」，即王父母也。「晜，兄」已見《釋言》「昆，後也」下。

宗族題上事也。宋本此二字進在前，非，今從唐石經改正，下俱放此。謂之「宗族」者，宗，尊也，主也。族，湊也，聚也。然則父之黨謂宗族，不言父黨者，母妻異姓故别稱黨，父族同姓，故總言「宗族」也。

母之考爲外王父，母之妣爲外王母。母之王考爲外曾王父，母之王妣爲外曾王母。異姓故言外。

言「外」者，所以别於父族也。外王父母，《喪服・小功五月章》云：「爲外祖父母。」傳曰：「何以小功也？以尊加也。」賈疏云：「外親之服，不過緦麻，以祖是尊名，故加至小功。」《通典》引馬融云：「母之父母也。本服緦，以母所至尊，加服小功，故曰以尊加。」按：《檀弓》云：「或曰外祖母也，故爲之服。」鄭注：「外祖母，小功也。」然則外曾王父母，禮不爲制服，故畧之。

母之晜弟爲舅，母之從父晜弟爲從舅。

舅者，《詩・渭陽》正義引孫炎曰：「舅之言舊，尊長之稱。」《喪服・緦麻三月章》云「舅」，傳曰：「何以緦？從服也。」鄭注：「從於母而服之。」按：「母之從父晜弟爲從舅」，此於禮無服。《開元禮》謂之「堂舅」也。

母之姊妹爲從母，從母之男子爲從母晜弟，其女子子爲從母姊妹。

從母者，猶宗族之中有從父，言從母而得尊稱也。《檀弓》云：「從母之夫。」言從母有服，其夫無服也。《喪服・小功章》云：「從母，丈夫、婦人報。」傳曰：「何以小功也？以名加也。外親之服皆緦也。」按：異姓服不過緦，以有母名，故加重也。然則舅與從母尊同，而服異者，以從母與母同類，尤親，故順母之心而加之也。知者，從母有母名，舅無父名也。云「從母晜弟」「從母姊妹」者，以從母有母名，故子亦有晜弟姊妹之名也。《喪服·緦麻三月章》云：「從母昆弟。」傳曰：「何以緦也？以名服也。」《左氏·襄廿三年傳》云：「穆姜之姨子也。」杜預注：「穆姜姨母之子，與穆姜爲姨昆弟。」《正義》云：「據父言之，謂之姨；據子言之，當謂之從母。但子效父語，亦呼爲姨。」按：《釋名》云：「母之姊妹曰姨。」傳言「姨子」，知時已有姨母之稱，緣父呼姨，故子呼曰「姨母」，雖不合《爾雅》及《禮》經之言，時俗稱謂亦尚未巨失也。後世踵之，遂有姨兄弟、姨姊妹之稱矣。

母黨亦題上事也。黨猶所也，以皆母所屬。《大傳》云：「從服有屬從。」鄭注：「子爲母之黨。」本《爾雅》爲言也。

妻之父爲外舅，妻之母爲外姑。「謂我舅者，吾謂之甥」，然則亦宜呼壻爲甥。《孟子》曰：「帝館甥於貳室。」是也[一]。

[一] 也，《爾雅》宋刊十行本無。

舅、姑皆尊老之稱，加「外」者，別之也。《釋名》云：「外舅、外姑言妻從外來，謂至己家爲婦，故反以此義稱之。夫妻，匹敵之義也。」《坊記》云：「壻親迎，見於舅姑，舅姑承子以授壻。」鄭注：「舅姑，妻之父母也。」《喪服・緦麻三月章》云：「妻之父母。」傳曰：「何以緦？從服也。」鄭注：「從於妻而服之。」《服問》云：「有從重而輕，爲妻之父母。」鄭注：「妻齊衰而夫從緦麻，不降一等。」言非服差。

姑之子爲甥，舅之子爲甥，妻之晜弟爲甥，姊妹之夫爲甥。四人體敵，故更相爲甥。甥猶生也，今人相呼蓋依此。

此因妻黨，而并及外親敵體者之稱也。《喪服・緦麻三月章》云：「姑之子。」鄭注：「外兄弟也。」傳曰：「何以緦？報之也。」又云：「舅之子。」鄭注：「內兄弟。」傳曰：「何以緦？從服也。」《釋名》云：「妻之晜弟曰外甥。其姊妹女也，來歸己，內爲妻，故其男爲外姓之甥。甥者，生也。他姓子本生於外，不得如其女來在己內也。」按：妻之晜弟者，婚兄弟也。姊妹之夫者，媚兄弟也。《檀弓》云：「申詳之哭言思。」鄭注：「言思，子游之子，申詳妻之昆弟。」然則申詳爲言思。姊妹之夫也，有相哭之禮，無相服之道，故《喪服》篇無文。此四「甥」字竝「生」之聲借。據郭注及《釋名》知古來有此稱，今所不行。又按:《左傳》有「騅甥」「珇甥」「養甥」「陰飴甥」。恐亦借「甥」爲「生」,所未詳。

妻之姊妹同出爲姨。同出謂俱已嫁。《詩》曰:「邢侯之姨。」女子謂姊妹之夫爲私。《詩》曰:「譚公維私。」

姨者,《左氏·莊十年傳》:「蔡侯曰:『吾姨也。』」據蔡侯、息侯同娶陳,是夫於妻之姊妹,互相謂姨也。《釋名》云:「妻之姊妹曰姨。姨,弟也,言與己妻相長弟也。」《說文》云:「妻之女弟,同出爲姨。」變「姊妹」爲「女弟」者,蓋古之媵女取於姪娣,姊爲妻,則娣爲妾。同事一夫,是謂同出。《詩·碩人》及《左傳》正義竝引孫炎曰:「同出,俱已嫁也。」然則此有二義:據《詩》《左傳》,「同出」謂各自行嫁;據《說文》《釋名》,「同出」謂共事一夫。二義俱通,《詩》及《左氏》於義爲長。

私者,《釋名》云:「姊妹互相謂夫曰私,言於其夫兄弟之中,此人與己姊妹有恩私也。」《詩》正義引孫炎曰:「私,無正親之言。」按:《雜記》云:「吾子之外私某。」是私無正親,凡有恩私皆得稱之。

男子謂姊妹之子爲出。《公羊傳》曰：「蓋舅出。」女子謂晜弟之子爲姪。《左傳》曰：「姪其從姑。」謂出之子爲離孫，謂姪之子爲歸孫。女子子之子爲外孫。

出者，《釋名》云：「姊妹之子曰出。出嫁於異姓，而生之也。」郭引《公羊·襄五年傳》又云：「蓋欲立其出也。」又《文十四年傳》云：「接菑，晉出也。貜且，齊出也。」皆本《爾雅》。何休注以出爲外孫，誤矣。

姪者，《説文》云：「兄之女也。」《釋名》云：「姑謂兄弟之女爲姪。姪，迭也，共行事夫，更迭進御也。」《公羊·成二年傳》云：「蕭同姪子者。」是皆以「姪」專指女子子而言。郭引《左氏·僖十五年傳》云：「姪其從姑，姪謂子圉。」則義得兼男子而言。故《喪服·大功章》云：「姪丈夫、婦人，報。」鄭注：「爲姪，男女服同。」是女子於晜弟之子，男女均稱爲姪也。

謂「出之子爲離孫」者，離猶遠也。《釋名》云：「言遠離己也。」按：「離孫」亦曰「彌甥」。《左氏·哀廿三年傳》云：「以肥之得備彌甥。」杜預注：「彌，遠也。康子父之舅氏，故稱彌甥。」又謂之從孫甥。《哀廿五年傳》云：「太叔疾之從孫甥也。」杜注：「姊妹之孫謂從孫甥，與孫同列。」《正義》曰：「男子謂兄弟之孫爲從孫，故謂姊妹之孫爲從孫甥。」按：今人省略，「從孫甥」直曰「孫甥」矣。

謂「姪之子爲歸孫」者，《釋名》云：「婦人謂嫁曰歸。姪子列，故其所生爲孫也。」鄭

《駁五經異義》云：「婦人歸宗，女子雖適人，字猶繫姓，明不與父兄爲異族。」然則歸有二義，以服制推之，鄭義爲長。《喪服·緦麻三月章》云：「父之姑。」鄭注：「歸孫爲祖父之姊妹。」是其義也。

「女子子之子爲外孫」者，與「外舅」「外姑」其義同也。《緦麻三月章》云：「外孫。」賈疏曰：「以女出外適而生，故云外孫。」《春秋·僖五年經》云：「杞伯姬來朝其子。」何休注：「禮，外孫初冠，有朝外祖之道。」

女子同出，謂先生爲姒，後生爲娣。同出謂俱嫁事一夫。《公羊傳》曰：「諸侯娶一國，二國往媵之，以姪娣從。娣者何？弟也。」此其義也。

姒者，姊也。《列女傳》有「魯公乘姒」，是子皮之姊。「姊」「姒」聲近義同也。娣者，《說文》云：「女弟也。」《易》：「反歸以娣。」《詩》：「諸娣從之。」毛傳：「諸侯一取九女，二國媵之。諸娣，衆妾也。」按：「娣」「姒」即衆妾相謂之詞，不關嫡夫人在內。其嫡夫人則禮稱「女君」。《易》云：「其君之袂，不如其娣之袂良。」是其義也。然則女子同出，郭知爲「俱嫁事一夫」者，《左氏·成十一年》正義引孫炎云：「同出謂俱嫁事一夫也。」是郭所本。《方言》云：「自家而出謂之嫁，由女而出爲嫁也。」正與此義合。

女子謂兄之妻爲嫂，弟之妻爲婦。猶今言新婦是也。

嫂者，《説文》云：「兄妻也。」《釋名》云：「嫂，叟也。叟，老者稱也。」婦者，《説文》云：「服也。从女，持帚灑埽也。」然則婦爲卑服之稱，嫂是尊老之號。其男子於兄弟之妻稱號亦同，獨舉女子者，從其類也。嫂、婦女子相爲服，男子不相爲服，以遠別也。

長婦謂稚婦爲娣婦，娣婦謂長婦爲姒婦。今相呼先後，或云「妯娌」。

稚者，幼禾也。稚婦名以此。然則幼者爲「稚婦」，長者當爲「穉婦」，故《釋名》云：「青徐人謂長婦曰穉長。禾苗先生者曰穉，取名於此也。」是「穉」「稚」對言。此「稚」「長」對言者，互相明也。娣、姒加「婦」者，别於女子同出之稱也。《釋名》云：「少婦謂長婦曰姒，言其先來，己所當法似也。長婦謂少婦曰娣。娣，弟也，己後來也。或曰，先後，以來先後弟之也。」《喪服·小功章》云：「娣姒婦，報。」傳曰：「娣姒婦者，弟長也。」以弟長解娣姒，知娣是弟，姒是長也。鄭注：「娣姒婦者，兄弟之妻相名也。」今按：對文稱娣姒，散文娣亦稱姒。故《左氏·成十一年傳》云：「聲伯之母不聘，穆姜曰：『吾不以妾爲姒。』」據聲伯母是宣公弟叔肸之妻。又《昭廿八年傳》云：「長叔姒生男。」據叔向嫂謂叔向之妻。是皆娣亦稱姒之例也。賈逵、鄭康成、杜預竝云：「兄弟之妻相謂爲姒。」孔穎達於《成十一年》正義據《左氏》二文準諸《爾雅》，以爲娣姒之名，止言身之長稚，不計夫之長幼，於義亦通也。娣姒猶言先後。《史記·封禪書》云：「先後宛若。」《集解》：「孟康曰：『兄弟妻相謂先後。』」按：亦言「妯娌」。《方言》云：「築娌，匹也。」郭注：「今關西兄弟婦相呼爲築娌。」《廣雅》云：「妯娌、娣姒，先後也。」然則「妯娌」「先後」竝「娣姒」之通名。古今方俗語雖不同，要皆爲匹敵之義，《左傳》《爾雅》可互相證明耳。

妻黨

婦稱夫之父曰舅，稱夫之母曰姑。姑舅在則曰君舅、君姑，没則曰先舅、先姑。《國語》曰：「吾聞之先姑。」謂夫之庶母爲少姑。

舅、姑者，《釋名》云：「夫之父曰舅。舅，久也。久，老稱也。夫之母曰姑，亦言故也。」《白虎通》云：「稱夫之父母謂之舅姑何？尊如父，而非父者，舅也；親如母，而非母者，姑也。」《魯語》云：「古之嫁者，不及舅姑，謂之不幸。夫婦學於舅姑者，禮也。」

君舅、君姑者，《説文》引《漢律》曰：「婦告威姑。」按：古讀「君」如「威」，威姑即君姑也。《士昏禮》云：「敢奠嘉菜于皇舅某子，敢告于皇姑某氏。」鄭注：「皇，君也。」然則「君」謂之「皇」者，「君」「皇」同訓，存殁異稱也。

先舅、先姑者，《魯語》：「公父文伯之母曰：吾聞之先姑。又曰：吾聞之先子。」韋昭注：「先子，先舅。」然則以先舅爲先子，蓋從其夫稱也。謂「夫之庶母爲少姑」者，因夫有母名，故婦有姑名也。

夫之兄爲兄公，今俗呼兄鍾〔一〕，語之轉耳。夫之弟爲叔，夫之姊爲女公，夫之女弟爲女妹。今謂之女妹是也。

兄公者，《釋名》云：「夫之兄曰公。公，君也。君，尊稱也。俗閒曰兄章。章，灼也。章灼敬奉之也。」又曰：「兄伀。言是己所敬忌，見之怔忪，自肅齊也。俗或謂舅曰章，又曰伀，亦如之也。」按：《玉篇》云：「伀，職容切。」「妐，之容切。夫之兄也。」是「妐」「伀」音同。又云：「嫜夫之父母也。」是「嫜」「章」義同。俗謂「舅姑」爲「姑嫜」。又曰「兄章」者，「章」「鍾」聲轉，「鍾」「伀」聲同也。《爾雅》釋文作「兄妐，音鍾。本今作公」。然則「兄公」當讀爲「兄鍾」。郭注欲顯其音讀，故借「鍾」爲「妐」耳。

〔一〕 鍾，《爾雅》宋刊十行本作「鐘」。

夫之弟爲叔者，《釋名》云：「叔，少也，幼者稱也。叔亦俶也，見嫂俶然卻退也。」

夫之姊爲女公者，女公與兄公義同。

夫之女弟爲女妹者，「女妹」當作「女叔」，與夫弟爲叔之義同也。《昏義》云：「和於室人。」鄭注：「室人謂女妐、女叔諸婦也。」《正義》曰：「女妐謂壻之姊也，女叔謂壻之妹。」然則《爾雅》及郭注「女妹」竝「女叔」之誤。賴有《昏義》注可以正之。所以「叔」誤爲「妹」者，「叔」字俗書作「[illegible][一]」或變作「[illegible][二]」，與草書「妹」字形近，因而致譌矣。

子之妻爲婦，長婦爲嫡婦，衆爲[三]庶婦。

婦，子婦也。《白虎通》云：「婦者，服也，以禮屈服。」又云：「服於家事，事人者也。」嫡婦、庶婦者，嫡，正也；庶，衆也。《内則》謂之「冢婦」「介婦」，義亦同也。《士昏禮·記》云：「庶婦則使人醮之。」鄭注：「適婦酌之以醴，尊之；庶婦酌之以酒，卑之。」

[一] [illegible]，原誤「叔」，楊胡本同，據《經解》本改。

[二] [illegible]，原誤「妹」，楊胡本同，據《經解》本改。

[三] 爲上《爾雅》宋刊十行本有「婦」字。

女子子之夫爲壻。

夫者，《白虎通》云：「扶也，以道扶接也。」壻者，《説文》云：「夫也。」徐鍇《通論》云：「壻者，胥也。胥，有才智之稱也。」《方言》云：「東齊之閒壻謂之倩。」郭注：「言可借倩也。」今俗呼女壻爲卒便是也。」按：「卒」「便」合聲爲「倩」。倩亦美稱。《廣韵》云：「倩，利也。」

壻之父爲姻，婦之父爲婚。

《説文》云：「姻，壻家也。女之所因，故曰姻。」「婚，婦家也。禮，娶婦以昏時，婦人陰也，故曰婚。」《釋名》云：「婦之父曰婚，言壻親迎用昏，又恒以昏夜成禮也。壻之父曰姻。姻，因也，女往因媒也。」按：《白虎通》：「婦人因夫而成，故曰姻。」「因夫」之説，於義爲長。

父之黨爲宗族，母與妻之黨爲兄弟。

此總釋三黨之稱號也。父黨爲宗族者，即《大傳》云：「同姓從宗，合族屬。」是也。

母與妻黨爲兄弟者，即《大傳》云：「異姓主名，治際會。」是也。母黨兄弟，若舅之子爲內兄弟；妻黨兄弟，若妻之𡚸弟爲婚兄弟，皆有兄弟之名。故《曾子問》云：「某之子有父母之喪，不得嗣爲兄弟。」《大司徒》：「三曰聯兄弟。」鄭注：「兄弟，昏姻嫁娶也。」鄭知「兄弟」爲「婚姻」者，以上云「族墳墓」，是同宗，明此兄弟是外親，故賈疏引此文而云：「兄弟之名，施於外親爲正。」是其義也。古者兄弟與𡚸弟別，此篇宗族皆稱「𡚸弟」，是矣。然宗族亦有稱「兄弟」者，若《曾子問》云：「宗兄宗弟。」《喪服傳》云：「小功以下爲兄弟。」母黨亦有稱「𡚸弟」者，若上文云：「從母之子爲從母𡚸弟。」皆其證也。《詩》：「兄弟無遠。」鄭箋：「兄弟，父之黨，母之黨。」此則父黨、母黨俱稱兄弟也。又知兄弟、𡚸弟其實皆通名矣。

婦之父母、壻之父母相謂爲婚姻。兩壻相謂爲亞。《詩》曰：「瑣瑣姻亞。」今江東人呼同門爲「僚壻」。

上文已云：「壻之父爲姻，婦之父〔一〕爲婚。」此又兼言「母」者，嫌與父異稱，故覆釋

〔一〕婦之父，原誤「父之婦」，楊胡本同，據《經解》本改。

之也。據《士昏禮》壻有見婦之父母之禮。又據《曾子問》「父喪稱父，母喪稱母」。是婚姻兩家父母，皆相接見，通慶弔，既彼此通問，則必有其禮與其詞也。云「兩家父母相謂爲婚姻」者，「婚」「姻」二字實亦通稱。故《詩》云：「婚姻之故。」《士昏禮》云：「某以得爲外婚姻。」是皆以「婚」「姻」通舉爲文也。

亞者，《釋名》云：「兩壻相謂曰亞。言一人取姊，一人取妹，相亞次也。又竝來至女氏門，姊夫在前，妹夫在後，亦相亞也。又曰友壻，言相親友也。」按：「友壻」，即郭云「僚壻」，其義同。

婦之黨爲婚兄弟，壻之黨爲姻兄弟。古者皆謂婚姻爲兄弟。

此申言婚姻之黨，皆爲兄弟也。不言母黨，明其義同。《詩》云：「宴爾新昏，如兄如弟。」婚兄弟也。《穀梁·宣十年傳》云：「公娶齊。齊繇以爲兄弟反之。」姻兄弟也。

嬪，婦也。《書》曰：「嬪于虞。」

嬪者，《詩·大明》傳及《周禮·序官》「九嬪」注竝云：「嬪，婦也。」《大宰》注：「嬪，婦人之美稱也。」《曲禮》注：「嬪，婦人有法度者之稱也。」竝與《爾雅》合。《說文》「嬪」

「婦」竝云：「服也。」嬪訓服者，「嬪」與「賓」同。《釋詁》云：「賓，服也。」《釋名》云：「嬪，賓也。」《大宰》注：「嬪，故書作賓。」

謂我舅者，吾謂之甥也。

男子謂姊妹之子爲「出」，又謂「甥」者，甥之言生，與「出」同義。故《釋名》云：「舅謂姊妹之子曰甥。甥亦生也，出配他男而生，故其制字男旁作生。」按：上文云「舅姑之子」「妻之晜弟」「姊妹之夫」，俱相爲甥，彼謂敵體，此則同名而異實也。《喪服傳》云：「甥者何也？謂吾舅者，吾謂之甥。何以緦也？報之也。」然則妻之父謂外舅，壻亦爲甥，其服以緦，亦與舅爲甥同。

婚姻

爾雅郭注義疏中之一

釋宮弟五

《釋名》云：「宮，穹也，屋見於垣上，穹隆然也。室，實也，人物實滿其中也。」《易·繫辭》云：「上古穴居而野處，後世聖人易之以宮室，上棟下宇，以待風雨。」此篇所釋，上至梁桴，下窮瓴甋，旁及連簃，別爲臺榭，以至扆序、位宁、途路、隄梁，靡不依類而釋之。事繫於「宮」，故總曰《釋宮》。

宮謂之室，室謂之宮。皆所以通古今之異語，明同實而兩名。

《說文》云：「宮，室也。」「室，實也。从宀、从至。至，所止也。」《考工記·匠人》云：「室中度以几，宮中度以尋。」此是對文，至於散文則通。故《詩·定之方中》傳：「室，猶宮也。」《楚辭·招魂》篇注：「宮，猶室也。」古者宗廟亦稱宮室。《公羊·文十三年傳》：「魯公稱世室，羣公稱宮。」《詩》云：「公侯之宮。」又云：「宗室牖下。」皆宗廟也。貴賤皆稱宮室。故《詩·斯干序》云：「宣王考室也。」《内則》云：「由命士以上，父子皆異宫。」《詩》云：「入此室處。」又云：「上入執宫功。」《爾雅》釋文：「古者貴賤同稱宫，秦、漢以來惟王者所居稱宫焉。」《書·泰誓》正義引李巡與郭同。

牖户之閒謂之扆，窗東、户西也。《禮》云：「斧扆者，以其所在處名之。」其内謂之家。今人稱「家」，義出於此。東西牆謂之序。所以序别内外。

《釋名》云：「扆，倚也，在後所依倚也。」《書》：「設黼扆、綴衣。牖閒南嚮。」不言「户」者，省文耳。牖閒即牖户之閒。故《正義》引李巡曰：「謂牖之東、户之西爲扆。」《覲禮》云：「天子設斧依于户牖之閒。」鄭注：「依，如今綈素屏風也。」《明堂位》注：「斧依爲斧文屏風，於户牖之閒。」《釋器》云：「斧謂之黼。」是「黼」與「斧」，「扆」與「依」竝音同字通也。石經《尚書》殘碑作「黼衣」，即「扆」字之省。《魏書·李謐明堂制度論》引鄭氏《禮圖》説扆制曰：「縱廣八尺，畫斧文於其上，今之屏風也。」然則屏風與扆形制同。但屏風不畫爲異。古者屏風通名爲「依」。故《詩》：「既登乃依。」鄭箋《公劉》：「既登堂，負依而立。」《士虞禮·記》云：「佐食無事，則出户負依南面。」是皆屏風稱「依」，依即扆也。唯天子畫斧文於上，故獨名「黼扆」耳。

家者，《説文》云：「居也。」居，處也。「其内謂之家」者，内謂牖户以内也。《詩·緜》正義引李巡曰：「謂門以内也。門即户。」不言「牖」者，亦省文也。

序者，《説文》云：「東西牆也。」《書·顧命》正義引孫炎曰：「堂東西牆，所以別序内外也。」《御覽》一百八十五引舍人曰：「殿東西堂，序尊卑處。」按：東西堂即東西廂，義見下文。舍人本「牆」蓋作「廂」，故《書》正義及《文選》《後漢書》注、《御覽》竝引《爾雅》作「東西廂」，從舍人本也。郭從孫炎本作「牆」，與《説文》合。

西南隅謂之奥，室中隱奥之處。西北隅謂之屋漏，《詩》曰：「尚不媿于屋漏。」其義未詳。東北隅謂之宧，宧見《禮》，亦未詳。東南隅謂之窔。《禮》曰：「埽室聚窔。」窔亦隱闇。

奥者，《説文》云：「宛也。」《繫傳》：「宛，深也。」室之西南隅。」《釋名》云：「室中西南隅曰奥，不見户明，所在祕奥也。」《論語》皇侃疏云：「奥，内也，謂室中西南角，室向東南開户，西南安牖，牖内隱奥無事，恒尊者所居之處也。」《書·堯典》正義引孫炎云：「室中隱奥之處也。」郭注同。《釋文》：「奥，本或作隩。」

屋漏者，《釋名》云：「西北隅曰屋漏。禮，每有親死者，輒撤屋之西北隅，薪以爨竈煑沐，供諸喪用。時若值雨則漏，遂以名之也。」《御覽》一百八十八引舍人曰：「古者徹屋西北庰以炊浴，汲者訖而復之，故謂之屋漏也。」《詩·抑》箋云：「屋，小帳也。漏，隱也。禮，祭於奥既畢，改設饌於西北隅，而庰隱之處，此祭之末也。」按：《釋言》云：「庰、陋，隱也。」「陋」「漏」聲同，是鄭所本。《正義》引孫炎曰：「屋漏者，當室之白，日光所漏入。」然則諸家之説，劉熙、孫炎以漏射爲義；鄭君、舍人主庰隱爲言。金鶚《屋漏解》云：「屋之西北隅有向，向北出牖也，日光自牖中漏入，故名屋漏。不得如鄭破屋爲幄及借《釋言》漏隱爲説。」余按：借「漏」爲「陋」，鄭義爲長。

宧者，《説文》云：「養也。室之東北隅，食所居。」按：「宧」與「頤」同。《釋詁》頤訓養也。云「食所居」者，古人庖廚、食閣皆在室之東北隅，以迎養氣。故《御覽》引舍人曰：「東北陽氣始起，萬物所養，故謂之宧。」《釋文》引李巡義與舍人同。郭云：「宧見《禮》」者，今未聞。《曲禮》正義引孫炎云：「宧，日側之明。」蓋日在西南爲昃，反照東北隅而益明。是孫義乃謂宧之所在，正當日昃之明，非即以明訓宧。《正義》誤會而便以「宧」爲明，則謬矣。

窔者，《説文》作「窅」，云：「户樞聲也。室之東南隅。」《穴部》「窔」云：「窅窔，深也。」是「窅」，《爾雅》假借作「窔」。故《釋名》云：「東南隅曰窔。窔，幽也，亦取幽冥也。」與《説文》合。《爾雅》釋文从宀作「宎」，誤矣。郭引《既夕禮》云：「埽室聚諸窔。」

《釋文》誤，與《爾雅》同。別作「穾」。《漢書·敘傳》云：「守穾奥之熒燭。」應劭註引《爾雅》：「東南隅謂之穾。」又或作「穾」。《御覽》引舍人曰：「東方萬物生，蟄蟲必出，「必」「畢」同。無不由户穾。」是舍人本「窔」作「穾」。據「穾」「穾」二字俱从穴，可知「窔」古本正作「窔」。

柣謂之閾，閾，門限。棖謂之楔，門兩旁木。楣謂之梁，門户上橫梁。樞謂之椳。門户扉樞。樞達北方謂之落時，門持樞者，或達北檼以爲固也。落時謂之戺。道二名也。

閾者，《説文》云：「門榍也。」「榍，限也。」經典「榍」通作「柣」。《詩·丰》正義引孫炎曰：「柣，門限也。」按：「榍」，从屑聲，古音同「切」。《爾雅》釋文：「柣，郭千結反。」即「切」字之音。古謂門限爲「切」。故《考工記·輪人》鄭衆注：「眼，讀如限切之限。」限切即門限也。《漢書·外戚傳》云：「切皆銅沓黄金塗。」《集注》以「切」爲門限。「切」通作「砌」。《廣雅》云：「柣，砌也。」《匡謬正俗》云：「俗謂門限爲門蒨，蒨是柣聲之轉耳。」然則「柣」「切」聲同，「切」「蒨」聲轉。今登萊人亦有「門蒨」之言矣。

棖者，《釋文》及《詩》正義引李巡曰：「棖，謂梱上兩旁木。」《玉藻》云：「大夫中棖與闑之閒。」鄭注：「棖，門楔也。」《論語》皇侃疏云：「門左右兩楗邊各豎一木，名之爲棖。棖以禦，車過恐觸門也。」然則棖訓爲觸。《文選・祭古冢文》注：「南人以物觸物爲棖。」是其義也。楔者，《説文》「櫼」「楔」互訓，《繫傳》引《爾雅》而申之云：「即今府署大門脱限者，兩旁斜柱兩木於橛之耑。」是也。據《繫傳》説，是楔訓爲柱，其音當先結切，如禮家「楔齒」之讀，而義亦如之。《釋文》：「楔，古黠反，讀如『楔荆桃』之『楔』。」恐非矣。

楣者，《説文》作「𣖬」，云：「門樞之横梁。」《繫傳》云：「門楣，横木，門上樞鼻所附，或亦連兩鼻爲之，以冒門楣也。」按：《説文》以「楣」爲梠，即下文「檐謂之樀」，其門上之𣖬，横木爲孔以貫樞。𣖬之言冒，冒在門上。今登萊謂之「門梁」，江浙謂之「門龍」，皆是此物。經典「𣖬」俱作「楣」。故《公食大夫禮》云：「公當楣北鄉。」《喪服四制》云：「高宗諒闇。」注「諒」古作「梁」。鄭注竝云：「楣，謂之梁。」是許、鄭義異，《釋文》兩存其字，故云：「楣，忘悲反，又云或作𣖬，亡報反。」「𣖬」「楣」聲亦相轉。

樞者，《説文》云：「户樞也。」又云：「門樞謂之椳。」《淮南・原道》篇注：「樞，本也。」《御覽》一百八十四引孫炎曰：「門户扇樞開，可依蔽爲椳也。」然則椳之言偎，偎薆亦依隱之義。

樞達北方者，户在東南，其持樞之木，或達於北方者名「落時」。落之言絡，連綴之意。郭云「達北檼以爲固」者，檼復屋棟也。

戺者，《説文》「戺」，本或作「⿰阝巳」，同音「俟」。《玉篇》：「⿰阝巳，牀巳切，砌也。」引《爾雅》曰：「落時謂之⿰阝巳。」「⿰阝巳，亦作戺。」按：⿰阝巳訓砌，蓋别一義。《釋文》：「戺，或作扈。」

垝謂之坫，在堂隅。坫，端也。牆謂之墉。《書》曰：「既勤垣墉。」

垝者，《説文》云：「毁垣也。」是「垣」亦名「垝」。《釋文》：「垝，本又作庋。」按：庋，閣也，置也，音義與祭山曰庪縣之「庪」同。坫者，《説文》云：「屏也。」屏猶障也，累土以爲障蔽也。《禮》：「坫有五。」《明堂位》云：「反坫出尊。」此反爵之坫也。又云：「崇坫康圭。」此亢圭之坫也。二「坫」皆在廟中兩楹之間。《既夕・記》云：「設棜于東堂下，南順，齊于坫。」《士冠禮》云：「執以待于西坫南。」鄭注：「坫，在堂角。」此二「坫」皆在堂之東西隅。《内則》説閣之制云：「士于坫一。」此庋食之坫近於庖廚，當在室之東北隅。《爾雅》「垝謂之坫」，實兼諸義而言，郭氏但主「堂隅之坫」，疏矣。云「坫，端也」者，《釋文》「端」作「墆」，「達結、達計二反」，云：「高貌也。或作端，丁果反，本或作端。」《説文》云：「牆，垣蔽也。」「墉，城垣也。」以「城」爲墉者，《易》之「高墉」，《詩》之「崇墉」，義皆訓城。故《詩・皇矣》《良耜》傳竝云：「墉，城也。」省作「庸」。《崧高》傳：

「庸，城也。」按：城雖墉之一訓，但「墉」實牆之通名。故《詩·行露》傳及《士冠》《士昏禮》注竝云：「墉，牆也。」《書》：「既勤垣墉。」《詩》：「何以穿我墉。」俱汎説牆垣，不指城垣而言。故《釋名》云：「牆，障也，所以自障蔽也。墉，容也，所以蔽隱形容也。」《書大傳》云：「天子賁庸。」鄭注：「牆，謂之庸。」庸亦墉矣。

鏝謂之杇，泥鏝。椹謂之榩，斫木櫍也。地謂之黝，黑飾地也。牆謂之堊。白飾牆也。

鏝者，《説文》云：「鐵杇也。」或从木作「槾」，云：「杇也。」「杇，所以涂也。秦謂之杇，關東謂之槾。」按：鏝，古蓋用木，後世以鐵，今謂之「泥匙」。《釋文》引李巡云：「泥鏝，一名杇，塗工之作具。」是也。「杇」，本作「烏」，《釋文》又音「胡」。然則「鏝杇」猶言「模餬」，亦言「漫畫」，俱一聲之轉。《釋文》：「鏝，又作墁。」經典「杇」或作「圬」。《左氏·襄卅一年傳》云：「圬人以時塓館宫室。」「塓」「墁」亦聲相轉。

椹者，斫木櫍也。榩者，《詩》云：「方斲是虔。」鄭箋用《爾雅》正義引孫炎曰：「椹，斲材質也。」郭與孫同。《文選·擣衣詩》注引《爾雅》作「砧謂之虔」。「砧」「榩」俱俗體字。「質」作「櫍」，亦俗體也。

黝者，《説文》云：「微青黑色。」引《爾雅》文。聲借作「幽」，見《釋器》「黑謂之黝」下。

堊者，《説文》云：「白涂也。」《釋名》云：「堊，亞音「惡」。也，次也，先泥之，次以白灰飾之也。」《一切經音義》十一引《蒼頡篇》云：「堊，白土也。」按：飾牆古用白土，或用白灰，宗廟用蜃灰。故《掌蜃》注：「謂飾牆使白之蜃也。」賈疏：「白盛主於宗廟堊牆也。」

樴謂之杙，橜也。在牆者謂之楎，《禮記》曰：「不敢縣於夫之楎箷。」在地者謂之臬，即門橜也。大者謂之栱，長者謂之閣。別杙所在長、短之名。

「杙」，當作「弋」。《説文》「弋」「橜」互訓。《詩·兔罝》正義引李巡云：「杙，謂橜也。」是郭所本。樴者，《説文》云：「弋也。」《周禮·牛人》注：「職，讀爲樴。樴，謂之杙，可以繫牛。」《左氏·襄十七年傳》云：「以杙抉其傷。」按：《説文》云：「弋象析木衺鋭箸形。」故傳言「抉傷」，《禮》言「繫牛」，皆以其形鋭，可椓於地。《爾雅》以爲木橜之通名。故《内則》正義引李巡曰：「樴，謂橜杙也。」《釋文》：「樴，音特，又之力反。」《玉篇》亦兼二音。

楎者，郭引《内則》云：「不敢縣於夫之楎箷。」鄭注：「楎，杙也。」《正義》曰：「植曰楎，横曰椸。」然則楎植於牆即「杙」之别名。故《考工記·匠人》注引《爾雅》作「在牆者謂之杙」。杙即楎矣。

臬者，《説文》以爲「射準的」，是臬植於地，與《爾雅》合。郭以爲門橜，則與「闑」同。胡培翬曰：「臬，與《匠人》之槷同，鄭注：『槷，古文臬。』謂於平地之中，樹八尺之臬，以規識日景，非門中之闑。鄭氏《考工記》注甚明。《爾雅》既云『在地者謂之臬』，又云『橜謂之闑』，是『臬』與『闑』殊。郭氏以門橜釋臬，則謬矣。」

栱者，《御覽》三百卅七引《埤蒼》云：「栱，大弋也。」《文選·景福殿賦》云：「欒栱夭蟜而交結。」李善注：「栱欒類而曲也。夭蟜，欒栱長壯之貌。」然則栱之言拱，柱上科栱，所以拱持梁棟。故《廣韵》云：「枓，柱上方木也。」《帝範·審官》篇注引《爾雅》注曰：「栱，杙也。大者謂之栱，枓也。」

閣者，即下文云：「所以止扉者也。」又《内則》注：「閣，以板爲之，庋食物也。」是庋物之閣與止扉之閣皆長木，故二者同名。

闍謂之臺，積土四方。有木者謂之榭。臺上起屋。

《釋言》云：「闍，臺也。」臺有城臺、門臺。《詩·出其東門》傳云：「闍，城臺也。」《禮器》云：「天子諸侯臺門。」鄭注：「闍者，謂之臺。」是門臺、城臺俱名「闍」矣。《詩》釋文引孫炎云：「積土如水渚，所以望氣祥也。」《月令》及《禮器》注竝「闍」下有「者」字，疑此脱去之。

榭者，謂臺上架木爲屋，名之爲「榭」。古無「榭」字，借「謝」爲之。《左氏·宣十六年經》：「成周宣榭火。」《釋文》：「榭，正作謝。」《穀梁》及《禮運》釋文竝云：「榭，本作謝。」皆其證也。《書·泰誓》正義引李巡曰：「臺積土爲之，所以觀望也。臺上有屋謂之榭。」郭注本李巡，其云「積土四方」者，據下文云：「四方而高曰臺也。」又云：「無室曰榭。」彼「榭」謂堂埠，此謂臺上起屋，所以不同。

雞棲於弋爲榤，鑿垣而棲爲塒。今寒鄉穿牆棲雞。皆見《詩》。

「榤」，當作「桀」。弋即橛也。今田家村落或椓弋於壁，或聚柴於庭。《齊民要術》云：「雞棲，據地爲籠，籠内作棧。」是其象也。

塒者，《説文》及《詩·君子于役》傳俱用《爾雅》。《正義》引李巡曰：「别雞所棲之名。寒鄉鑿牆爲雞作棲曰塒。」按：今人家棲雞亦爾。

植謂之傳，傳謂之突。户持鎖[一]植也。見《埤蒼》。

植者，《説文》云：「户植也。」《淮南·本經》篇云：「縣聯房植。」高誘注：「植，户植也。」《墨子·非儒》篇云：「争門關抉植。」然則植爲立木，所以鍵門持鎖。古人門外閉訖，中植一木，加鎖其上，所以𡍮歫兩邊，固其鍵閉。其木植，故謂之「植」。又可傳移，故謂之「傳」，傳之言轉也。又謂之「突」。《釋文》：「本或作楱。」蓋或體字，依義當作「突」，謂其突然立也。其制如今匱櫝中閒立木，及官署門閒皆有之。《一切經音義》引《三蒼》云：「户旁柱曰植。」《説文繫傳》以爲横鍵所穿木，是矣。

宎廇謂之梁，屋大梁也。其上楹謂之梲，侏儒柱也。閞謂之槉，柱上欂[二]也。亦名「枅」，又曰「楮」。栭謂之楶，即櫨也。棟謂之桴，屋櫋。桷謂之榱，屋椽。桷直而遂謂之閲，謂五架屋際，椽正相當。直不受檐謂之交，謂五架屋際，椽不直，上檐交於櫋上。檐謂之

[一] 鎖，《爾雅》宋刊十行本作「鏁」。
[二] 欂，《爾雅》宋刊十行本作「欂」。

楠〔一〕。屋梠。

梁者，屋之大梁。宗者，《説文》云：「棟也。」引《爾雅》文。又云：「㽌，中庭也。」《玉篇》云：「屋㽌也。」又作「霤」。《釋名》云：「中央曰中霤。古者複穴後室之霤，當今之棟下直室之中。」然則「㽌」爲中央之名，「宗」本棟名，宗㽌中央斯謂之「梁」。《説文》以「棟」訓宗，非以「宗」爲梁也。又《釋名》云：「㮰，或謂之望，言高可望也。或謂之棟。」是「棟」一名「望」。「望」「宗」聲同，望即宗矣。

楹者，柱也。棁者，《明堂位》正義引李巡曰：「梁上短柱也。一作棳。」《玉篇》云：「棳，梁上楹也。」「棁」同「棳」。《釋名》云：「棳儒，梁上短柱也。棳儒猶侏儒，短，故以名之也。」《淮南・主術》篇注：「侏儒，梁上戴蹲跪人也。」《禮器》注用《爾雅》。《正義》引孫炎云：「梁上侏儒柱。」郭義同。

閞者，《説文》云：「門欂櫨也。」《玉篇》作「㭊」，云：「門柱上欂櫨也。亦作閞。」是《説文》「門」下脱「柱上」二字，當以《玉篇》訂正之。楔者，《玉篇》云：「㭊也。」《御覽》一百八十八引《爾雅》作「笄謂之疾」。蓋「㭊」「枅」形近，「枅」「笄」聲同，所以致譌。疾亦

〔一〕楠，原誤「楠」，楊胡本同，據《爾雅》宋刊十行本、《經解》本改。

槉耳。又引舍人曰：「朱儒下小方木。」今按：「下」，當作「上」，字之誤也。《説文繫傳》云：「斗上承棟者，横之似笄。」然則笄即枅也。郭又曰「榙」者，本《三蒼》。榙亦沓也，杜頭交處，横小方木令上下合，故謂之「沓」。作「榙」，亦或體也。

栭者，《説文》云：「屋枅上標也。」引《爾雅》曰：「栭謂之榕。」又云：「榕，欂櫨也。」《禮器》及《明堂位》正義引李巡云：「栭，謂欂櫨也，一名楶，皆謂斗栱也。」然則楶與槉本一物而兩名。楶言其標，則槉言其本，謂之「斗栱」者，言方木似斗形而拱承屋棟。故《釋名》云：「斗在欒兩頭，如斗也，斗負上員檼也。」《爾雅》釋文：「楶，音節。舊本及《論語》《禮記》皆作節。」《禮器》正義引孫炎作「節」，李巡作「楶」，郭本从李巡。

棟者，《説文》云：「極也。極，棟也。」《釋名》云：「棟，中也，居屋之中也。」按：極亦訓中，故「棟」「極」二字《説文》互訓。桴者，《説文》：「棟名。」郭云「屋檼」者，今人名「棟」曰「檼」，或曰「脊檼」。《釋名》云：「檼，隱也，所以隱桷也。」然則檼之言隱，即知桴之言浮，浮，高出，在上之言也。

桷者，《説文》云：「榱也。椽方曰桷。」引《春秋·莊廿四年傳》曰：「刻桓宮之桷。」《穀梁》釋文：「方曰桷，圓曰椽。」《釋名》云：「桷，确也，其形細而疏确也。或謂之椽，椽，傳也，相傳次而布列也。或謂之榱，在檼旁下列，衰衰然垂也。」《説文》云：「秦名爲屋椽，周謂之榱，齊、魯謂之桷。」《帝範·審官》篇注引《爾雅》注曰：「桷，椽也。一曰屋角斜枋，一曰梠也。」所引蓋舊注之文，與孫、郭異。「梠」又檐名，以爲桷，非也。

閲、交者，别椽長、短之名也。椽之長而直達於檐者名「閲」。閲，歷也，言歷於檐前也。其短而不直達於檐者名「交」。交，接也，言接於棟上也。郭云「五架屋」者，《鄉射記》注云：「是制五架之屋也。正中曰棟，次曰楣，前曰庪。」今按：五架之制通乎上下，唯堂有廣狹，椽有長短，《爾雅》因别其名耳。

檐者，《説文》云：「㮰也。」「㮰，梠也。」「梠，楣也。」「楣，秦名屋櫋聯也，齊謂之檐，楚謂之梠。」《特牲饋食禮》疏引孫炎云：「謂室梠。周人謂之梠，齊人謂之檐。」《淮南·本經》篇云：「縣聯房植，橑檐榱題。」高誘注：「縣聯，聯受雀頭箸桷者，一曰辟帶也。橑，檐橑也。」檐，屋垂也。《釋名》云：「檐，接也，接屋前後也。梠，旅也，連旅旅也。或謂之櫋，櫋，緜也，緜連榱頭使齊平也。上入曰爵頭，形似爵頭也。楣，眉也，近前各兩，若面之有眉也。」然則楣、㮰、梠、橑、櫋聯、爵頭皆檐也，但隨所在而異名耳。

樀者，《説文》云：「户樀也。」引《爾雅》曰：「檐謂之樀。」「讀若滴。」《門部》又云：「𨷯，謂之樀。樀，廟門也。」段氏注據徐鍇本「檐謂之樀」下有「樀朝門」三字，謂「檐」「𨷯」形異而義别。今按：「𨷯」「檐」異文。徐本之「樀朝門」三字當有脱誤。邵氏《正義》疑以下文「閍謂之門」之異文，非也。

容謂之防。形如今牀頭小曲屏風，唱射者所以自防隱。見《周禮》。

郭云「容」「見《周禮》」者，《射人》云：「王三獲三容。」鄭衆注：「容者，乏也，待獲者所蔽也。」《鄉射禮》云：「乏參侯道。」鄭注：「容，謂之乏，所以爲獲者御矢也。」是皆郭義所本。但《爾雅》方釋宫室，與射無關。《荀子·正論》篇云：「居則設張容，負依而坐。」楊倞注引此文。及郭注而申之云：「言施此容於户牖閒，負之而坐也。」是「容」與「扆」同。扆爲屏風，容唯小曲爲異，《爾雅》「容謂之防」正指此言。古人坐處皆有容飾，故車有「童容」，所以障蔽其車；居設「張容」，所以防衞其室。「張」與「帳」同。容即今之圍屏，其形小曲射者之容，蓋亦放此。《鄉射禮》注「容謂之乏」，此云「容謂之防」，「防」「乏」異名，殆非同物。郭不據《荀子》而援《周禮》，蓋爲失矣。

連謂之簃。堂樓閣邊小屋，今呼之「簃廚」，連觀也。

「簃」，當作「移」，《説文》云：「禾相倚移也。」按：倚移猶延施，皆相連及之意。《逸周書·作雒》篇云：「設移旅楹。」孔晁注：「承屋曰移。」然則《爾雅》古本作「移」，魏晉以後始加竹爲「簃」。故《御覽》一百八十四引《通俗文》云：「連閣曰簃。」郭云「簃廚，連觀」，竝據時驗而言，知魏晉人始有「簃」字也。《釋文》：「簃，丈知反。」則與「誃」同。《說文》：「誃，離別也。周景王作洛陽誃臺。」徐鍇《繫傳》即引《爾雅》此注爲釋，但離別與連義差遠，「簃」字古本作「移」，當讀如字。

屋上薄謂之筄。屋笮。

薄即簾也，以葦爲之，或以竹屋上薄亦然。謂之筄者，《玉篇》云：「筄，屋危也。」屋棟爲危，以至高而得名。郭云「屋笮」者，《說文》：「笮，迫也。在瓦之下棼上。」《釋名》云：「笮，迮也，編竹相連迫迮也。」《匠人》注云：「重屋複笮也。」蓋凡屋皆有笮，重屋故複笮矣。

兩階閒謂之鄉，人君南鄉，當階閒。中庭之左右謂之位，羣臣之列位也。門屏之閒謂之宁，人君視朝所宁立處。屏謂之樹。小牆當門中。

兩階者，堂之東西階也。人君嚮明而治，當兩階閒而南鄉，因謂之「鄉」。《郊特牲》

云：「君之南鄉，荅陽之義也。」《文選·魏都賦》云：「肅肅階闢。」李善注引《爾雅》曰：「兩階閒曰闢，許亮反。」是「闢」、「鄉」同。

中庭者，《聘禮》云：「公揖入，立于中庭。」又云：「擯者，退中庭。」皆舉中以表左右也。位者，《説文》云：「列中庭之左右，謂之位。」本《爾雅》文，增一「列」字，其義尤明也。左右猶東西羣臣列位處，位即所立之位。古者君臣皆立。《論語》：「東帶立於朝。」《曲禮》：「天子當依而立。」《小宗伯》注：「古者立、位同字。古文《春秋經》『公即位』爲『公即立』也。」金鶚《求古録》云：「三朝惟内朝有堂階。」則庭指内朝路寢庭也。凡言「庭」，皆廟寢堂下。《聘禮》「中庭」謂廟堂下之庭。《燕禮》「中庭」謂路寢堂下之庭。若治朝、外朝皆無堂，則亦無庭，而名之曰「廷」，所謂「朝廷」也。「庭」與「廷」有别，治朝、外朝既無庭，則所謂「中庭之左右曰位」者，必内朝矣。

宁者，《釋名》云：「宁，佇也，將見君所佇立定氣之處也。」《曲禮》云：「天子當宁而立。」《正義》引李巡曰：「門屏之閒謂正，門内兩塾閒名曰宁。」孫炎曰：「門内屏外，人君視朝所宁立處也。」《正義》又云：「諸侯内屏，在路門之内。天子外屏，在路門之外，而近應門。」金鶚駁之云：「天子外屏，此言出於《禮緯》，鄭注《禮記》引其説，未可信也。

太微垣有屏，四星在端門内，此天子内屏之象也。」又云：「凡門皆有屏，惟臯門無之，應門内有屏，故宁在門屏之閒。門即應門也。」今按：外屏之説，亦見《淮南書》，金氏駁之，是矣。又人臣朝位，古亦名「宁」。《詩》云：「俟我于箸。」《左氏·昭十一年傳》云：「朝有箸定。」《周語》云：「大夫士日恪位箸。」毛傳及韋昭注俱用《爾雅》。是「箸」「宁」通。

屏者，《説文》云：「屏蔽也。」《釋名》云：「屏，自障屏也。」《一切經音義》廿引《蒼頡篇》云：「屏，牆也。」是屏以土爲牆，即今之照壁。故《論語》皇侃疏云：「今黄閣用板爲郭，古者未必用板，或用土。」《御覽》一百八十五引舍人曰：「以垣當門蔽爲樹。」《曲禮》正義引李巡云：「垣當門自蔽名曰樹。」《郊特牲》云：「臺門而旅樹。」鄭注：「樹所以蔽行道。」又引管氏：「樹塞，門塞猶蔽也。」《淮南·主術》篇云：「天子外屏，所以自障。」高誘注：「屏，樹垣也。」引《爾雅》曰：「門内之垣，謂之樹。」此所引非本文，蓋亦駁「外屏」之説耳。《明堂位》注用《爾雅》而云：「今桴思也。」按：《釋名》云：「罘罳，在門外。」又云：「蕭牆，在門内。蕭，肅也，臣將入於此，自肅敬之處也。」是蕭牆即屏。劉熙以爲非，即罘罳，與鄭異也。《吴語》云：「越王入，命夫人，王背屏。」是寢門内亦有屏矣。

閍謂之門。《詩》曰：「祝祭于祊。」

門，廟門也。閍，《説文》作「鬃」，或作「祊」，云：「門内祭先祖，所以徬徨。」《詩·楚茨》傳：「祊，門内也。」箋云：「孝子不知神之所在，故使祝博求之。平生門内之旁，待賓客之處。」然則祊在門内。《禮器》云：「爲祊乎外。」蓋以門内對廟中爲外耳。鄭以祊爲繹祭。《郊特牲》注：「遂，謂祊之禮，宜於廟門外之西堂。」此二注似皆失之。祊與繹本二祭，祊又不在廟門外也。《左氏·襄廿四年》正義引李巡曰：「祊，故廟門名也。」孫炎曰：「祝祭于祊，謂廟門也。」按：《郊特牲》：「索祭祝於祊。」注云：「廟門曰祊。」《正義》以爲《釋宫》文，《禮器》正義亦引《釋宫》「廟門謂之祊」。《郊特牲》：「祊之於東方。」《正義》又引《釋宫》云：「門謂之祊。」脱「廟」字。參以李、孫二注，竝以「廟門」釋祊，疑《爾雅》古本當作「廟門謂之祊」，賴有注疏可證。惟《左傳》正義引《爾雅》與今本同，或後人據今本改耳。

正門謂之應門。朝門。

應門者，《詩·緜》傳云：「王之正門曰應門。」毛知惟王曰「應門」者，以《書》言「康王朝諸侯於應門之内」，而《明堂位》言「庫門，天子臯門。雉門，天子應門」。明天子曰

「皋」「應」，諸侯曰「庫」「雉」也。正門者，正猶中也，言應門居内外之中，明皋門爲外門，路門爲内門也。知應門爲朝門者，以君每日視朝在應門内、路門外，其地爲正朝。故《匠人》注：「應門謂朝門也。」《詩・緜》正義引孫炎與鄭注同。箋云：「諸侯門曰皋、應，天子加以庫、雉。」《明堂位》注又云：「天子五門：皋、庫、雉、應、路。魯有庫、雉、路，則諸侯三門與？」今按：鄭於箋、注，説已不同，參以諸家，説又互異。「諸侯三門」既無成文，「天子五門」亦無明證，故戴氏震《考工記補注》據《明堂位》及《詩・緜》傳斷以「天子之門不聞有庫、雉，諸侯之門不聞有皋、應」，又云：「天子、諸侯皆三朝三門。」其説甚的，可以匡鄭之失矣。

觀謂之闕。宫門雙闕。

闕者，《説文》云：「門觀也。」觀者，《釋名》云：「觀，觀也，於上觀望也。闕，闕也，在門兩旁，中央闕然爲道也。」《詩・子衿》正義引孫炎曰：「宫門雙闕，舊章懸焉，使民觀之，因謂之觀。」今按：《詩》言「城闕」，孫必知此闕在宫門者，以城闕無觀，宫闕有觀，是爲異耳。故《禮運》言祭蠟事畢，仲尼出遊於觀之上。鄭注：「觀，闕也。」蓋蠟饗之禮兼祭宗廟，廟在雉門内，觀設門兩旁，故出遊其上。《春秋・定二年》：「雉門及兩觀災。」雉門即宮門，觀在門旁，故災及之。然則諸侯之闕在雉門，即知天子之闕在應門矣。《穀梁·桓三年傳》云：「禮，送女，母不出祭門，諸母、兄弟不出闕門。」祭門謂廟門，則闕門謂宮門也。

宮中之門謂之闈，謂相通小門也。其小者謂之閨。小閨謂之閤[一]。大小異名。衖門謂之閎。《左傳》曰：「盟諸僖閎。」閎，衖頭門。

闈者，《說文》云：「宮中之門也。」《周禮·保氏》注：「闈，宮中之巷門。」《左氏·閔二年傳》：「賊公於武闈。」杜預注：「宮中小門謂之闈。」《哀十四年》正義引孫炎曰：「宮中相通小門也。」《後漢書·陰皇后紀》《宦者傳》注引《爾雅》之「門」竝作「小門」。必知闈爲小門者，以《哀十四年·左傳》：「攻闈與大門。」對「大門」言，知闈爲小門也。《士虞禮·記》注：「闈門如今東西掖門。」是漢「掖門」即古「闈門」矣。《匠人》注：「廟中之門曰闈。」《士冠禮》注：「婦人入廟由闈門。」《雜記》云：「夫人至，入自闈門。」是闈門便婦人出入，因知宮中、廟中俱有闈門也。

[一] 閤，《爾雅》宋刊十行本作「閣」。

閨者，《説文》云：「特立之户，上圜下方，有似圭。」《儒行》云：「篳門圭窬。」鄭注：「圭窬，門旁窬也。穿牆爲之如圭矣。」是「圭」「閨」同。《公羊・宣六年傳》：「有人荷畚自閨而出者。」又云：「入其大門，入其閨。」是閨爲小門也。「閣」當作「閤」。《説文》云：「門旁户也。」按：閨爲特立之户，不在門旁。其閤必云「門旁」不特立者，以閤又小於閨耳。《公羊・宣六年》疏引李巡曰：「皆門户大小之異。」言於小之中又分大小也。古者「閨」「閤」連言，多不分别。故《楚辭・逢尤》篇注：「閨，閤也。」《漢書・汲黯傳》：「卧閨閤内不出。」《漢書》無「閨」字，此从《史記》。《文翁傳》：「教令出入閨閤。」《公孫弘傳》：「開東閤以延賢人。」《集注》：「閤者，小門也，東向開之。」是則閤有東西，隨所在以爲名。後世輔臣延登謂之「入閤」，或稱「閤下」，義本於此，作「閣」，非。

衖者，《説文》作「䢽」，云：「里中道。从䢼，从共。皆在邑中所共也。」篆文作「巷」，「䢽，巷門也」。按：下云「宫中衖謂之壼」，郭注：「巷閤閒道。」是閨、閤旁有道，通名「閎」，不獨里中爲然。故《左氏・成十七年傳》云：「蒙衣乘輦而入於閎。」《正義》引孫炎曰：「衖，舍閒道也。」李巡曰：「閎，衖頭門也。」是宫中衖亦名「閎」，因而廟中門亦名「閎」。《左氏・襄十一年傳》：「乃盟諸僖閎。」杜預注：「僖，宫之門。」《逸周書・皇門》

篇云：「周公格左闈門。」孔晁注：「路寢左門也。」是宫廟門皆名「闈」。又《左氏·昭廿年傳》：「及閎中。」杜注：「閎，曲門中。」據上文言「郭門」，是「郭門」亦名「閎」。《文選·魏都賦》注引《爾雅》曰：「閎，巷門也，一曰閎門，中所從出入也。」蓋本《爾雅》舊注。

門側之堂謂之塾。夾門堂也。

塾者，《詩·緇衣》正義引《白虎通》云：「所以必有塾何？欲以飾門，因取其名。明臣下當見於君，必熟思其事也。」《學記》云：「古之教者，家有塾。」《書大傳》云：「上老平明坐於右塾，庶老坐於左塾。」《書·顧命》有左、右塾，《士冠禮》有東、西塾。《緇衣》傳云：「基，門塾之基。」《匠人》注云：「門堂，門側之堂。」是自天子以至士、庶皆有塾也。一門凡四塾，外塾皆南鄉，内塾皆北鄉，夾門東西，因謂之「東堂」「西堂」，故《緇衣》正義引孫炎曰：「夾，門堂也。」錢氏《荅問》以《説文》無「塾」字而云：「墪即塾也。」但「墪」爲射臬之名，「塾」是門堂之號，施用既異，名義亦殊。且「塾」字由來已久，或者經典「塾」字古止作「孰」，取孰思其事之義，如《白虎通》所云，後人加土作「塾」耳。

橛謂之闑。門闑。闔謂之扉。《公羊傳》曰：「齒箸〔一〕於門闔。」所以止扉謂之閎。門辟旁長橛也。《左傳》曰：「高其閈閎。」閎，長杙，即門橛也。

闑者，《曲禮》云：「由闑右。」《士冠禮》云：「布席於門中闑西。」鄭注竝以「門橛」爲釋。橛是竪木設於門中，其旁曰「棖」，其中曰「闑」。《玉藻》云：「大夫中棖與闑之閒。」蓋門中閒竪一短木，東曰「闑東」，西曰「闑西」。「闑」，古文作「槷」。見《士冠禮》注。所以門必設棖與闑者，以爲尊卑出入中閒及兩旁之節制。知槷爲竪木者，《莊子·達生》篇云：「吾處身也，若厥株拘。」《釋文》引李云：「厥，竪也。」「厥」即「橛」之省文，知橛爲竪木矣。《説文》以「橛」爲門梱，《廣雅》亦云：「橛，闑朱也。」「朱」與「梱」同。是皆郭注所本，循文考義，胥失之矣。梱是門限，横木爲之；闑是門橛，竪木爲之。説者多誤，惟《禮》鄭注得之。

闔謂之扉者，《説文》云：「闔，門扉也。」「扇，扉也。」「扉，户扇也。」《左氏·襄十八〔二〕年傳》云：「以枚數闔。」《廿八年傳》云：「子尾抽桷，擊扉三。」杜預注：「扉，門闔

〔一〕箸，《爾雅》宋刊十行本作「著」。

〔二〕八，原誤「七」，楊胡本、《經解》本同，據《十三經注疏》本《春秋左傳正義》改。

也。」是闔、扉皆謂門扇。《月令》注云：「用木曰闔，用竹葦曰扇。」蓋對文則別，散則通也。

閣者，《説文》云：「所以止扉也。」上云「杙長者謂之閣」，此閣以長木爲之，各施於門扇兩旁，以止其走扇，故郭云：「門辟旁長橛也。」《釋文》「閣」作「閎」，云：「本亦作閣。」又云：「郭注本無此字。」蓋陸德明據誤本作「閎」，反以作「閣」爲非。郭引《襄卅一年傳》云：「高其閈閎。」《釋文》亦據誤本作「閎」，而反議作「閣」者爲穿鑿，此皆謬也。《玉篇》引《爾雅》作「閣」。《廣韵》引作「閎」，與陸本同。

瓴甋謂之甓。甂甎也。今江東呼「瓴甓」。

甓者，《説文》云：「令甓也。」引《詩》：「中唐有甓。」《防有鵲巢》正義引李巡曰：「瓴甋，一名甓。」《爾雅》釋文引《詩》傳作「令適」。按：《説文》亦作「令適」，見《土部》「墼」字解，與《詩》傳同。後人傳寫作「瓴」，瓴，瓶名，非瓦名也。墼與甓皆今之甎，但墼未燒爲異耳。《匠人》注云：「堂涂，謂階前，若今令甓裓也。」賈疏：「漢時名堂涂爲令甓裓。令甓則今之甎也，裓則甎道也。」

宫中衖謂之壼，巷閤閒道。廟中路謂之唐，《詩》曰：「中唐有甓。」堂途謂之陳。堂下至門徑也。

壼者，《説文》作「𡇼」，云：「宫中道。」引《詩》：「室家之𡇼。」《巷伯》正義引孫炎曰：「巷舍閒道也。」毛傳云「壼廣」，鄭箋云「梱緻」，竝與《爾雅》不合。《爾雅》釋文：「壼，郭、吕竝立屯反，或作韋。」按：作「韋」及「立屯」之讀俱不可解，或有誤字。

唐者，《詩・防有鵲巢》傳：「堂塗也。」《正義》引李巡曰：「唐，廟中路名。」《逸周書・作雒》篇云：「隄唐山廧。」孔晁注：「唐，中庭道。」《文選・西都賦》注引如淳曰：「唐，庭也。」《甘泉賦》云：「平原唐其壇曼。」李善注引鄧展曰：「唐，道也。」是原野之道亦通名「唐」矣。又《周語》云：「陂唐汙庳。」《晏子・問下》篇云：「治唐園。」是「唐」又爲蓄水之名，俗加土作「塘」。與《爾雅》異也。

陳者，《詩・何人斯》傳：「堂塗也。」《釋名》云：「言賓主相迎陳列之處也。」《詩》正義引孫炎曰：「堂塗，堂下至門之徑也。」《鄉飲酒禮》注云：「三揖者：將進揖，當陳揖，當碑揖。」是陳在堂下，因有「下陳」之名。《晏子・諫上》篇云：「辟拂三千，謝於下陳。」蓋言屏退之，謝於堂下而去也。古者狗馬之屬以爲庭實，故曰「充下陳」；婢妾卑賤與庭實同，故亦曰「充下陳」，俱本《爾雅》也。堂途者，《詩》傳作「堂塗」，《考工記・匠人》

作「堂涂」，鄭注引《爾雅》亦作「堂涂」，竝叚借字。「途」，或體字也。

路、旅，途也。途即道也。路、場、猷、行，道也。博説「道」之異名。

途者，《釋名》云：「涂，度也，人所由得通度也。」旅者，《郊特牲》云：「旅樹。」鄭注：「旅，道也。」按：《釋詁》：「旅，陳也。」此以「堂途」爲陳，陳既爲途，故旅亦爲途矣。路、場者，《説文》云：「道，所行道也。路，道也。場，祭神道也。」《詩》：「町畽鹿場。」《説文》云：「田踐處曰町。畽，禽獸所踐處也。」然則鹿場即鹿之蹊徑。《方言》六有「蟥場」及「蚍蜉」「犂鼠」之「場」，皆謂其所居途徑耳。猷者，《説文》作「䌛」，云：「行䌛徑也。」通作「繇」。《釋詁》云：「繇，道也。」又通作「猶」。《詩·采芑》傳：「猶，道也。」「猶」與「猷」同。行者，《詩》「行露」「周行」之類，傳、箋竝訓道。《書》云：「日月之行。」即日月之道也。《詩》云：「有夷之行。」即有夷之道也。本以行道爲行，因而道亦爲行也。

一達謂之道路，長道。二達謂之歧旁，歧道旁出也。三達謂之劇旁，今南陽冠軍樂鄉數道交錯，俗呼之「五劇鄉」。四達謂之衢，交道四出。五達謂之康，《史記》所謂「康莊之衢」。六達謂之莊，《左傳》曰：「得慶氏之木，百車於莊。」七達謂之劇驂，三道交復有一歧出者，今〔一〕北海劇縣有此道。八達謂之崇期，四道交出。九達謂之逵。四道交出，復有旁通。

達者，徹也，通也，出也，至也。道路者，《説文》云：「一達謂之道。」無「路」字。道、路一也。《釋名》云：「道一達曰道路。道，蹈也，路，露也，言人所踐蹈而露見也。」按：《遂人》云：「澮上有道。」「川上有路。」鄭注：「道容二軌，路容三軌。」是路大於道。蓋對文則别，散則通也。又彼注言其廣，此云「長」者，以「一達」言旁無歧出，故直云「長」矣。

歧旁者，《釋名》云：「物兩爲歧，在邊曰旁。此道並出似之也。」按：歧猶枝也。木别生曰「枝」，道别出曰「歧」，「歧」與「枝」俱在旁，故曰「歧旁」也。《釋文》云：「歧，樊本作跂，音支。」是「跂」「枝」音義同。

劇旁者，《釋名》云：「古者列樹以表道，道有夾溝以通水潦，恒見修治，此道旁轉

〔一〕今，原誤「者」，楊胡本同，據《爾雅》宋刊十行本、《經解》本改。

多，用功稍劇也。」《詩・兔罝》正義引孫炎云：「旁出歧多故曰劇。」按：劇者，甚也。言此道歧多，旁出轉甚也，即《列子・説符》篇云：「歧路之中又有歧焉。」

衢者，《説文》用《爾雅》。《釋名》云：「齊、魯閒謂四齒杷爲欋，欋杷地則有四處，此道似之也。」《公羊・定八年》疏引李巡云：「四達各有所至曰衢。」孫氏曰：「交通四出。」是也。按：衢爲四道交錯。故《周禮・保氏》注〔一〕「五馭」，云：「舞交衢。」《大戴禮・子張問入官》篇云：「六馬之離，必於四面之衢。」郭氏注《中山經》云：「言樹枝交錯相重五出，有象衢路也。」《楚辭・天問》篇注：「九交道曰衢。」《淮南・繆稱》篇注云：「道六通謂之衢。」《荀子・勸學》篇注：「衢道，兩道也。今秦俗猶以兩爲衢。」然則衢無定名。據《楚辭》《淮南》注，是道四達以上通謂之「衢」。《荀子》注又以「兩道」爲衢。「衢」與「歧」聲轉，疑秦人讀「歧」如「衢」，因而以兩爲衢耳。《楚辭》「九衢」蓋直以「衢」爲道之通名，非《爾雅》義也。

康者，《釋名》云：「康，昌也。昌，盛也，車步併列竝用之，言充盛也。」《詩》正義引孫炎云：「康，樂也，交會樂道也。」按：康有廣大之義，故五穀竝登謂之「康年」，五途竝

〔一〕注，原誤「説」，楊胡本、《經解》本同，據《十三經注疏》本《周禮正義》改。

出謂之「康衢」。《列子·仲尼》篇云：「堯遊康衢。」《晏子·諫上》篇云：「公驅及之康內。」皆與《爾雅》合。

莊者，《釋名》云：「莊，裝也，裝其上使高也。」孫炎云：「莊，盛也，道煩盛。」《初學記》引「煩」作「繁」。按：莊之言壯，壯亦大也。《史記》云：「開第康莊之衢。」亦言其衢路之大耳。郭引襄廿八年《左傳》文，杜預注以「莊」爲六軌之道，非也。《正義》曰：「注《爾雅》者皆以爲六道旁出。」此蓋舊注之文。

劇驂者，《釋名》云：「驂馬有四耳，今此道有七，比於劇也。」孫炎云：「三道交復有一岐出者。」《初學記》廿四引云：「驂馬有四，今此有七，比之方驂劇。」所引亦孫炎注，與《釋名》同。方驂劇者，方，併也，劇，甚也，言比之併驂尤甚也。

崇期者，《釋名》云：「崇，充也，道多所通，人充滿其上，如共期也。」《初學記》引孫炎曰：「崇，多也，多道會期於此。」按：崇亦高也，與逵同義。期猶其也，崇其猶逵師矣。

逵者，《説文》作「馗」，云：「九達道也。似龜背，故謂之馗。馗，高也。」或作「逵」。《釋名》云：「齊、魯謂道多爲逵師，此形然也。」《左氏·隱十一年》注云：「逵，道方九軌也。」《正義》引李巡注《爾雅》亦取「竝軌」之義。是杜注本李巡。今按：「經涂九軌」雖出《考工記》，然「九軌」言其廣，「九達」則以縱横交午爲言，義各不同。《文選》注引《韓詩章句》以「中馗」爲九交之道，可知李巡注非也。《左傳》於鄭國每言逵，蓋其國多此道爾。

室中謂之時，堂上謂之行，堂下謂之步，門外謂之趨，中庭謂之走，大路謂之奔。此皆人行步趨走之處，因以名云。

時者，《玉篇》作「跱」，引《爾雅》曰：「室中謂之跱。跱，止也。」《説文》「峙」云：「躇也。」《玉篇》云：「止不前也。」是「峙」「跱」同，與「時」聲近，其字可通。蓋室中迫隘，行宜安舒。故《曲禮》云：「室中不翔。」即峙躇不前之意。「峙躇」與「踟躕」同。

行者，《釋名》云：「兩腳進曰行。行，抗也，抗足而前也。」《説文》云：「行，人之步趨也。」按：「行」「步」「趨」「走」四者異名而同實，其義互訓，散文俱通。《爾雅》對文，故隨在異稱也。《曲禮》云：「堂上接武。」鄭注：「武，迹也。迹相接，謂每移足半躡之。中人之迹尺二寸。」按：堂上地稍闊，可容舉足而行，「接武」即行容之度也。

步者，《説文》云：「行也。」《釋名》云：「徐行曰步。步，捕也，如有所司捕，務安詳也。」《爾雅》邢疏引《白虎通》云：「人踐三尺，法天、地、人，再舉足曰步，備陰陽也。」《曲禮》云：「堂下布武。」鄭注：「布武，謂每移足各自成迹，不相躡。」按：堂下地又益闊，可容舉足徐行。步武即行步之節也。《淮南·人閒》篇云：「夫走者，人之所以爲疾也；步者，人之所以爲遲也。」是步爲徐行。《韓詩外傳》云：「齊桓公出遊，遇一丈夫，裒衣應步。」然則步之名，非獨施於堂下矣。

趨者，《説文》云：「走也。」《釋名》云：「疾行曰趨。趨，赴也，赴所期也。」《左氏·成十六年傳》云：「免胄而趨風，言疾行之容也。」故《曲禮》云：「帷薄之外不趨。」鄭注：「行而張足曰趨。」按：張開其足，爲便於疾趨。《樂師》注云：「趨，謂於朝廷。」是朝廷以趨爲敬。又《公羊·僖十年傳》云：「吾夜者夢夫人趨而來。」然則趨之名，亦非獨施於門外矣。

奔、走者，《説文》云：「走，趨也。」「奔，走也。」是皆互訓，亦散文通也。《釋名》云：「疾趨曰走。走，奏也，促有所奏至也。奔，變也，有急變奔赴之也。」按：禮，唯親喪言「奔」。日行百里，見星止舍，明其速疾。至於中庭言「走」，則《左氏·襄卅年傳》云：「使走問諸朝。」《釋文》以爲走，速疾之意，其説是也。然經典多「奔」「走」連文，《詩》：「駿奔走在廟。」廟中非大路，亦可言奔矣。

隄謂之梁。即橋也。或曰石絶水者爲「梁」。見《詩》傳。石杠謂之徛。聚石水中，以爲步渡彴也。《孟子》曰：「歲十月徒杠成。」或曰今之石橋。

隄者，《説文》云：「唐也。」俗作「塘」。《玉篇》云：「隄，塘也，橋也。」《一切經音義》二引李巡曰：「隄，防也，障也。」按：「隄」本積土防水之名。梁亦爲隄，以偃水。故《周語》云：「川不梁。」又云：「十月成梁。」《説文》：「梁，水橋也。」「橋，水梁也。」郭知隄即橋者，《釋地》注：「梁，隄也。」孫炎曰：「梁，水橋也。」義本《説文》。又曰「石絶水爲梁」者，《詩・有狐》傳文。因知隄、梁無論土、石，皆可爲矣。

徛者，《説文》云：「舉脛有渡也。」《釋文》引作「舉腳有度」。《玉篇》：「舉足以渡也。」《廣雅》云：「徛，步橋也。」是「徛」本渡水之名，因以爲步橋名。《説文》「榷」字解云：「水上横木以渡。」徐鍇《繫傳》：「此即今所謂水彴橋也。」《爾雅》謂之「石杠」，亦曰「略彴」。《漢書・武帝紀》注同。今按：榷以木爲之，與石杠别，徐鍇誤矣。郭引《孟子》「徒杠」，又曰「今石橋」者，孫奭疏引《説文》云：「石矼，石橋也。」是郭所本。今本《説文》脱去「矼」字矣。馬瑞辰説「石杠，今南方謂之石步」。

室有東西廂曰廟，夾室前堂。無東西廂有室曰寢，但有大室。無室曰榭。榭即今堂埕。四方而高曰臺，陝而脩曲曰樓。脩，長也。

「廂」當作「箱」。《後漢書·虞詡傳》注引《埤蒼》云：「箱，序也。字或作廂。」廟者，《說文》云：「尊先祖皃也。」《釋名》云：「廟，貌也，先祖形貌所在也。」按：廟之制，中爲大室，東西序之外爲夾室，夾室之前小堂爲東西廂，亦謂之東西堂。《公羊·宣十六年》疏引李巡曰：「室有東西廂謂宗廟，殿有東西小堂也。」孫炎云：「夾室前堂。」是郭注所本。廟所以有箱者，箱之言相，相謂左右助勴也。故《公食大夫禮》注：「箱，俟事之處。」《覲禮·記》注：「東箱，東夾之前相翔待事之處。」《文選·爲賈謐作贈陸機詩》注引《爾雅》「廟」作「廊」，蓋字形之誤。又引舍人曰：「殿有東西小堂也。」與李巡同。

寢者，《說文》作「寑」，云：「卧也。」《釋名》云：「寢，寑也，所寑息也。」按：「寢」本卧息之名，又以爲室名。故《隸僕》注云：「五寢，五廟之寢也。前曰廟，後曰寢。」《月令》正義云：「廟是接神之處，其處尊，故在前。寢，衣冠所藏之處，對廟爲卑，故在後。」按：寢之制，但有大室，而無左右夾室，故無東西廂。

榭者，《月令》正義引李巡云：「但有大殿，無室，名曰榭。」《書·大誓》正義引孫炎曰：「榭，但有堂也。」《宣十六年·左傳》注以「榭」爲屋歇前。《正義》云：「歇前者，無壁也，如今廳事也。」按：廳事即堂皇。《漢書·胡建傳》云：「列坐堂皇上。」《集注》：

「室無四壁曰皇。」然則「無四壁」是無室但有堂，故杜預謂「屋歇前」矣。上文云「有木者謂之榭」，謂「臺上起屋」，與此異也。

臺者，《説文》云：「觀四方而高者。」於《爾雅》上增一「觀」字。觀即闕也。臺、觀同類，但觀缺中央，臺如削成而四方，以是爲異。其高則相等，故《説文》「高」字解云：「象臺觀高之形。」是臺、觀俱稱「高」。故《釋名》云：「臺，持也，築土堅高，能自勝持也。」《淮南·本經》篇注：「積土高丈曰臺。」然則臺之高不過一丈矣。

樓者，《説文》云：「重屋也。」《釋名》云：「樓，言牖户之閒諸射孔婁婁然也。」按：婁，空也。「射孔婁婁」即《説文》「廔」，云：「屋麗廔也。」《玉篇》「麗」云：「麗廔綺窗。」然則樓之言婁，又言廔也。門户洞達，窗牖交通，足資登眺。故《月令》云：「可以居高明。」鄭注：「高明，謂樓觀也。」《孟子》：「館於上宫。」注云：「上宫，樓也。」是樓最高而在上。《爾雅》不言「高」者，蒙「臺」文也。云「陝而脩曲」者，言屋之形勢陝隘脩長而迴曲，異於臺之四方也。《類聚》六十三引「陝」作「俠」，蓋叚借字。或「陝」俗作「狹」，缺脱其旁，因作「俠」耳。

爾雅郭注義疏中之二

釋器弟六

器者，《說文》云：「皿也。」「械」字解云：「一曰器之總名，一曰有盛爲械、無盛爲器。」按：「器」「械」通名耳。故《禮·大傳》云：「異器械。」鄭注：「器械，禮樂之器及甲兵也。」《少儀》云：「不度民械，不訾重器。」鄭注：「民械，民家之器用。」是「器」「械」古通名，今但以兵仗爲械矣。此篇所釋皆正名辨物，依類象形，至於豆、籩、旄、虡，禮樂之事而略載於篇者，以皆器皿之屬也。若乃衣服、飲食，非可以器言，而雜見兹篇者，以本器用之原也。《禮器》云：「宮室之量，器皿之度。」故《釋器》次於《釋宮》。

木豆謂之豆。豆，禮器也。竹豆謂之籩。籩亦禮器。瓦豆謂之登。即膏登也。

豆者，《說文》云：「古食肉器也。」《梓人》云：「食一豆肉，中人之食也。」是豆爲肉器。此文「豆」當作「梪」。《說文》云：「木豆謂之梪。」《釋文》：「豆，本又作梪。」是也。

其形，則《三禮圖》云：「口圜，徑尺，墨漆，飾朱，中大夫以上畫以雲氣，諸侯以象，天子以玉。」皆謂飾其口也。其質則皆用木，其高通蓋一尺。其受實，則《旅人》注云：「豆實四升。」是也。其中柄謂之校，其足跗謂之鐙。《祭統》云：「夫人薦豆執校，執醴授之執鐙。」鄭注：「校，豆中央直者也。鐙，豆下跗也。」其飾，則《明堂位》云：「夏后氏以楬豆，殷玉豆，周獻豆。」鄭注：「楬，無異物之飾也。獻，疏刻之。」按：《周禮·外宗》云：「佐王后薦玉豆。」是則周亦玉豆也。

籩者，《說文》云：「竹豆也。」《籩人》注云：「籩，竹器如豆者，其容實皆四升。」按：籩口有緣。故《士喪禮》云「毼豆兩」，「兩籩，無縢」。鄭注：「縢，緣也。」《士虞禮·記》注：「豆不楬，籩有縢。」是則豆、籩之用，吉凶異施也。籩、豆同類，用不單行，故單言豆者，即可統籩，《詩·楚茨》云：「爲豆孔庶。」是也。其單言籩者，亦可概豆，《周語》云：「品其百籩。」是也。

登者，叚借字也。俗作「登」，《說文》作「𤼷」，或云無是字，經典俱作「登」，通作「鐙」。故《釋文》云：「登，本又作鐙。」《公食大夫禮》云：「大羹湇〔一〕不和，實于鐙。」鄭

〔一〕湇，原誤「涪」，據楊胡本、《經解》本改。

注：「瓦豆謂之鐙。」是即《爾雅》作「鐙」之本也。《詩·生民》傳：「木曰豆，瓦曰登。豆，薦菹醢也。登，大羹也。」《正義》曰：「太古之羹以質，故以瓦器盛之。」郭云「即膏登也」者，蓋特舉類以曉人，非禮器之登即然膏之登也。今北方瓦登猶存禮器遺象，登之容實亦與豆同。「豆」是大名，分別言之爲木、竹、瓦，總統言之俱曰「豆」。

盎謂之缶。盆也。甌瓿謂之瓵。瓿甊，小甖，長沙謂之「瓵」。康瓠謂之甈。瓠，壺也。賈誼曰：「寶康瓠。」是也。

缶者，《詩·宛丘》正義引孫炎曰：「缶，瓦器。」《說文》云：「瓦器，所以盛酒漿，秦人鼓之以節謌。象形。」按：缶盛酒者，《易》：「樽酒簋貳用缶。」是也。以節謌者，《易》「不鼓缶而歌」，《詩》「坎其擊缶」，是也。《左氏·襄九年》「宋災」，《傳》云：「具綆缶，備水器。」是缶又汲水之器也。其受實，則《禮器》云：「五獻之尊，門外缶。」鄭注：「缶，大小未聞。」韋昭《魯語》注云：「缶，庾也。」按：《陶人》云：「庾實二觳。」觳即斛。是缶爲二斛。賈疏引《聘禮·記》云：「十六斗曰籔。」注云：「今文籔爲逾。逾即庾也。」是缶又爲十六斗。《小爾雅》云：「籔二有半謂之缶。」宋咸注：「缶，四斛也。」是又爲四十斗。然則缶之大小，迄無定論。故鄭云「未聞」矣。盎者，《說文》云：「盆也。」「盆，盎也。」《急就篇》以缶、盆、盎竝稱，實一物。其形則《急就篇》注：「大腹而斂口。」按：「缶」象篆文「缶」之形，口微斂而腹大，正如今之汲水罐也。《左氏·襄九年》正義引《爾雅》作「罌謂之缶」。《説文》：「罌，缶也。」是《爾雅》「盎」一作「罌」，疑許君所見即作「罌」矣。

甌瓿者，《説文》云：「甌，小盆也。」「瓿，甂也。」「甂，似小瓿，大口而卑，用食。」然則甌瓿蓋盆盎之小者，其形微庳，其口甚大，其名亦謂之「缶」。故《方言》云：「缶謂之瓿甋，音「偶」。罃甀謂之盎，其小者謂之升甌。」《説文》云：「錇，小缶也。」《玉篇》：「錇，亦作瓿。」是「瓿」「錇」同，「甌」「瓿」、「盆」「盎」聲俱相轉，故古通名矣。瓴者，《説文》云：「甌瓿謂之瓴。」本《爾雅》。《玉篇》云：「瓴，小罌也。」本郭注。其瓴之大小，則《史記·貨殖傳》集解引孫叔然云：「瓴，瓦器，受斗六升。」

甈者，《説文》云：「康瓠，破罌。」許知爲「破罌」者，《廣雅》云：「甈，裂也。」《法言·先知》篇云：「甄陶天下者，其在和乎？剛則甈，柔則坯。」是「甈」爲破裂之名。《周禮·牧人》注：「故書毁爲甈。」杜子春云：「甈，當爲毁。」皆《説文》所本也。《釋文》云：「康，《埤蒼》作㼹，《字林》作甈。口光反。李本〔一〕作光。」按：光猶廣也，大也。李巡蓋

〔一〕本，原誤「木」，據楊胡本、《經解》本改。

以光瓠爲大瓠。故《史記》索隱引李巡云：「康，謂大瓠也。」《文選·弔屈原文》注引李巡曰：「大瓠，瓢也。」郭云「瓠，壺」，與李義異，故注《方言》遂云：「《爾雅》瓻，康壺，而《方言》以爲盆，未詳也。」《爾雅》此文皆言瓦器，李巡以康瓠謂大瓢，失之，當以郭義爲長。

斪斸謂之定。鋤屬。斫謂之鐯。钁也。斛謂之疀。皆古鍬、鍤字。

《說文》云斪、斸「斫也」，又云：「欘，斫也。齊謂之鎡其。」《車人》注引《爾雅》作「句欘謂之定」，是句欘即斪斸矣。定者，《釋文》引李巡云：「斪斸，鋤也。」「定」，鋤別名。《御覽》八百廿三引舍人注同。《釋名》云：「鋤，助也，去穢助苗長也。齊人謂其柄曰橿，橿然正直也；頭曰鶴，似鶴頭也。」又云：「槈，似鋤偃薅禾也。鎛亦鋤田器也。鎛，迫也，迫地去草也。」然則「鎛」「槈」皆鋤之異名。故《呂覽·任地》篇云：「槈柄尺，此其度也。其槈六寸，所以開稼也。」高誘注：「槈所以芸苗也。刃廣六寸，所以入苗閒也。」《廣雅》云：「定謂之槈。」

斫者，與「斸」聲轉，其義則同。鐯者，「櫡」之或體也。《說文》本《爾雅》作「斫謂之櫡」，又作「䃴」，云：「斫也。」《釋文》：「鐯，字又作櫡。」郭云「钁也」者，《淮南·精神》篇

注：「钁，斫也，音矍。」《廣雅》云：「橴謂之钁。」《説文》云：「钁，大鉏也。」「鉏，立薅所用也。」然則「橴」與「定」皆鉏名，但定傴薅所用，故其柄短，橴立薅所用，其柄長，故云「钁，大鉏矣」。

𣂁者，《説文》云：「利也。」引《爾雅》曰：「𣂁謂之疀。」「古田器也。」又云：「疀，𣂁也。」郭云「皆古鍬、鍤字」，可知「鍬」「鍤」今字。《文選·祭古冢文》注引《爾雅》作「鍬謂之鍤」矣。「鍬」蓋俗字，「鍤」亦借聲。故《釋名》云：「鍤，插也，插地起土也。或曰銷。銷，削也，能有所穿削也。」按：「銷」即「鍬」之聲轉叚借字也。「鍤」當作「臿」。故《方言》云：「臿，燕之東北朝鮮洌水之閒謂之𣂁。」然則「𣂁」「疀」本雙聲字。郭注《方言》「𣂁，湯料反」，非矣。今燕、齊閒以插地起土者爲「鐵鍬」，與《方言》合，登、萊閒謂之「钁頭」，蓋古今異名耳。又按：《有司徹》注：「挑謂之歃。」疑「𣂁」「疀」之異文，而義又別。

緵罟謂之九罭。九罭，魚罔也。今之百囊罟，是亦謂之「䍡」，今江東謂之「緵」。嫠婦之笱謂之罶。《毛詩》傳曰：「罶，曲梁也。」謂以薄〔一〕爲魚笱。罺謂之汕。今之撩罟。篧謂之

〔一〕 薄，《爾雅》宋刊十行本作「簿」。

罩。捕魚籠也。 椮謂之涔。今之作「椮」者，聚積柴木於水中，魚得寒，入其裹藏隱，因以薄〔一〕圍捕取之。

罶者，《説文》云：「庖犧所結繩以漁。」九罭者，《詩》毛傳云：「九罭，緵罟，小魚之網也。」《正義》引孫炎曰：「九罭，謂魚之所入有九囊也。」按：囊所以持魚，即今之網口。罭之言域也，所以囊括爲界域。緵之言總也。《孟子》所謂「數罟」，言其網目細密，故毛以爲小魚之網。《御覽》八百卅四引《韓詩》曰：「九罭，取蝦芘也。」《文選·西京賦》云：「布九罭，摷鯤鮞。」與韓、毛義合。李善注：「罭與緎古字通。」按：「罭」「緎」俱非古字，蓋《文選》本作「緎」，今從《詩》改作「罭」矣。

笱者，《説文》云：「曲竹捕魚笱也。」「罶，曲梁，寡婦之笱，魚所留也。」《釋訓》云：「凡曲者爲罶。」《詩·魚麗》正義引孫炎曰：「罶，曲梁，其功易，故謂之寡婦之笱。」今按：孫義未免望文生訓。蓋「寡」「婦」二字合聲爲「笱」，「嫠」「婦」二字合聲爲「罶」，正如「不來」爲「貍」，「終葵」爲「椎」，古人作反語往往如此，孫炎以義求之，鑿矣。今河上人曲竹爲笱，其口可入而不可出。故《淮南·兵略》篇云：「發笱門。」是其制也。

〔一〕薄，《爾雅》宋刊十行本作「簿」。

罺者，「樔」之或體也。《詩・南有嘉魚》傳：「汕，汕樔也。」箋云：「樔者，今之撩罟也。」是「罺」，古作「樔」，或作「罺」。《御覽》引舍人曰：「以薄罺魚曰罺者也。」《詩》正義引李巡曰：「汕以薄汕魚。」孫炎曰：「今之撩罟。」按：撩罟，今謂之「抄網」也。汕者，《説文》以爲「魚游水皃」，引《詩》：「烝然汕汕。」與《爾雅》異也。

篧者，「籗」之或體也。《説文》作「籱」，或省作「籗」，云：「罩魚者也。」「罩，捕魚器也。」《詩》傳云：「罩罩，篧也。」《正義》引李巡曰：「篧，編細竹以爲罩捕魚也。」孫炎曰：「今楚罩也。」然則罩以竹爲之，無竹則以荆，故謂之「楚罩」。今按：此義亦非。蓋「楚」「罩」二字合聲爲「篧」也。今魚罩皆以竹，形似雞罩，漁人以手抑按於水中以取魚。故《淮南・説林》篇云：「罩者，抑之。」抑即按也。

槮者，「糝」之誤字也。《釋文》：「槮，《爾雅》舊文并《詩》傳竝米旁作，《小爾雅》木旁作，郭因改米從木。」《詩・潛》釋文大意同。按：毛傳：「潛，糝也。」然則「槮」，古本作「糝」。故《御覽》引舍人曰：「以米投水中，養魚爲涔也。」《詩》正義引李巡同，唯「米」作「木」爲異。今萊陽人編楚爲篙笓，沈之水底，投米其中，候魚入食，舉而取之，是即《爾雅》所謂「糝」也。後人不知「糝」字之義，改米從木，因生積柴之説。故《詩》正義引孫炎曰：「積柴養魚曰槮。」是郭注本孫炎，特暢其説。陸德明謂郭始改米从木，非也。

「槮」乃「罧」之叚音。《説文》云：「罧，積柴水中以聚魚也。」《淮南・説林》篇云：「罧者扣舟。」高誘注：「罧者，以柴積水中以取魚，魚聞擊舟聲，藏柴下，壅而取之。」然則《説文》「罧」字義本《淮南》，而非《爾雅》之義。《爾雅》自以作「槮」爲是矣。涔者，「潛」之叚音也。《毛詩》作「潛」，《韓詩》作「涔」，故《釋文》引《韓詩》云：「涔，魚池。」《小爾雅》作「橬」，云：「橬，槮也。」今亦改作「潛」矣，《釋文》可證。

鳥罟謂之羅，謂羅絡之。兔罟謂之罝，罝猶遮也，見《詩》。麋罟謂之罞，冒其頭也。彘罟謂之羉，羉，幕也。魚罟謂之罛。最大罟也，今江東云。繴謂之罿。罿，罬也。罬謂之罦。罦，覆車也。今之翻車也。有兩轅，中施罥以捕鳥。展轉相解，廣異語。

《説文》云：「罟，网也。」「羅，以絲罟鳥也。古者芒氏初作羅。」《詩・兔爰》傳：「鳥網爲羅。」《正義》引李巡曰：「鳥飛，張網以羅之。」按：《方言》云：「羅謂之離，離謂之羅。」是「羅」「離」聲轉義同。故《詩》：「魚網之設，鴻則離之。」離即羅矣。

罝者，《説文》云：「兔网也。」《詩・兔罝》正義引李巡曰：「兔自作徑路，張罝捕之也。」按：罝之言阻也。兔性狡而善逸，張者必於要路阻之也。《説文》：「䍖，兔罟也。」是「罝」又名「䍖」。「䍖」省作「罘」。《月令》注：「獸罟曰罝罘。」是也。顧氏炎武《日知録》云：「得兔忘蹏。蹏，古罤字，通《玉篇》：「罤，徒犂切，兔罔。」兔罥也。」然則「罤」又「罝」之異名矣。

罞者，冒也。郭云「冒其頭」，蓋網麋者必罥其角也。《御覽》八百卅二引舍人曰：「麋有難制，張罞也。」《釋文》：「罞，本或作茅，又音蒙。」蓋「茅」叚借，「蒙」聲轉也。

羉者，郭云「幕也」，謂幕絡之。《釋文》：「羉，又莫潘反。」此音是也。「羉」「幕」一聲之轉。《釋文》又云：「羉，本或作罠，亡巾反。」「罠」「羉」亦聲轉也。網兔者，必罥其足。《孟子》云：「又從而招之。」趙岐注：「招，罥也。」亦謂罥其足也。《文選·吴都賦》云：「罠蹏連網。」劉逵注：「罠，麋網。」《廣雅》云：「罠，兔罟。」《説文》又云：「罠，釣也。」其不同如此。張協《七命》云：「布飛羉，張脩罠。」李善注引《爾雅》云：「羉，或作罠。」又云：「羉，或爲羅。」按：「羉」音力端反，則與「羅」聲轉。《御覽》引舍人曰：「彘剛惡齕人，故張網而羅之也。」然則舍人本「羉」，蓋作「羅」矣。

罛者，《魯語》云：「講罛罶。」《説文》云：「魚罟也。」《詩·碩人》正義引李巡曰：「魚罟，捕魚具也。」郭云「最大罟」者，以上云「緵罟」是其小者，此罛最大，故別言之。

繴者，《説文》用《爾雅》。又云：「罿，罬也。罬，捕鳥覆車也。」俱本《爾雅》。「罿罬」讀若「衝拙」，亦聲相轉也。《詩·兔爰》釋文引《韓詩》云：「施羅於車上曰罿。」

罦者，《説文》作「罬」，或作「罦」，云：「覆車也。」引《詩》：「雉離于罬。」《詩》正義引孫炎曰：「覆車，網可以掩兔者也。一物五名，方言異也。」郭云「今翻車，有兩轅，中施罥」者，《月令》正義引孫炎云：「覆車是兩轅網。」

絢謂之救。救絲以爲絢，或曰亦「罥」名。

絢者，《説文》云：「纑繩絢也。讀若鳩。」《玉篇》云：「又音衢，屨頭飾也。」《周禮・屨人》「青句」注云：「絢謂之拘，著舄屨之頭，以爲行戒。」《士冠禮》「青絢」注云：「絢之言拘也，以爲行戒，狀如刀衣鼻，在屨頭。」然則鄭本《爾雅》作「絢謂之拘」。「拘」「救」聲轉。郭本作「絢謂之救」，「救」蓋借聲。救之言糾也，糾繚斂聚之意。《穀梁・襄廿七年傳》云：「織絢邯鄲。」是絢，織絲爲之也。《爾雅》釋文：「絢，苦侯、其俱二音。」郭蓋苦侯反，與「救」相韵。「絢」「拘」竝从句聲，古讀「句」若「鉤」，此皆以聲爲義也。郭引或説「亦罥名」，蓋舊注之文。

律謂之分。律管可以分氣。

王氏紹蘭爲余言「律謂之分」，此與上句皆「罥」名也。「律」乃「率」之借音，「分」蓋

「紛」之省文。「律」「率」古字通。《説文》云：「率，捕鳥畢也。」「分」與「紛」其音同。《羽獵賦》：「青雲爲紛。」《内則》云：「左佩紛帨。」是「則」「紛」亦通名。「率」謂之「紛」，蓋省文作「分」耳。郭注望文生訓，其義非也。

大版謂之業。築牆版也。繩之謂之縮之。縮者，約束之。《詩》曰：「縮版以載。」

《説文》云：「版，判也。」「業，大版也。所以飾縣鐘鼓，捷業如鋸齒，以白畫之，象其鉏鋙相承也。」《釋名》云：「筍上之板曰業，刻爲牙，捷業如鋸齒也。」《詩·靈臺》及《有瞽》傳竝云：「業，大版也。」《正義》引孫炎曰：「業，所以飾栒，刻版捷業如鋸齒也。」《明堂位》注：「簨以大版爲之，謂之業。」是鄭、許、孫、劉諸家俱本毛傳，以《爾雅》之「業」爲樂縣之飾。築牆版，經典皆無業名。郭以下句相連，定爲築牆版，失其義矣。

繩者，《説文》云：「索也。」縮者，《釋詁》云：「貉縮，綸也。」是綸即繩，繩即縮也。《詩·緜》正義引孫炎曰：「繩束築版謂之縮。」《檀弓》注：「斬版，謂斷其縮也。」引《詩》：「縮版以載。」蓋斬斷其束版之繩，故曰斷其縮也。《詩·緜》傳用《爾雅》，作「乘謂之縮」，鄭箋：「乘，當作縮。」《正義》引作「繩謂之縮」。是《爾雅》古本蓋如此，今本兩「之」

字衍，宜據以訂正。汪氏中《知新記》云：「注訓縮爲約束，非也。古人謂縮爲直，《禮記》『古者冠縮縫』，《孟子》書『自反而縮』，是也。繩所以爲直，故謂之縮。」

彝、卣、罍，器也。皆盛酒尊。「彝」，其總名。小罍謂之坎。罍形似壺，大者受一斛。

器者，當篇之總名，獨於此言「器」者，尊彝，禮器莫尚，故獨擅器名也。彝者，《說文》云：「宗廟常器也。」《小宗伯》：「辨六彝之名物，以待果將。」「果」讀爲「祼」。六彝者，雞彝、鳥彝、斝彝、黄彝、虎彝、蜼彝也。《序官》「司尊彝」注：「鬱鬯曰彝。」賈疏云：「同是酒器，但盛鬱鬯與酒不同，故異其名。」然則尊彝，祼神之器，故專器名。《明堂位》正義云：「彝，法也，與餘尊爲法，故稱彝。」是其義也。

卣者，《詩》：「秬鬯一卣。」毛傳：「卣，器。」《左氏・僖廿八年》正義引李巡曰：「卣，鬯之器也。」然則卣亦鬯器，以非祼時所用，故次於彝。《鬯人》云：「廟用修。」鄭注：「脩，讀曰卣。卣，中尊，謂獻象之屬。」《司尊彝》釋文：「卣，本亦作攸。」然則「攸」與「脩」皆「卣」之通借矣。

罍者，《詩・泂酌》傳：「祭器也。」《說文》作「櫑」，云：「龜目酒尊，刻木作雲雷象，象施不窮也。」或从缶作「罍」。按：「櫑」，从木，則以木爲之。故《詩・卷耳》正義曰：

「《禮圖》依制度云：『刻木爲之。』《韓詩》説言士以梓。」是也。「罍」，从缶，則以瓦爲之。故《瓬人》云：「社壝用大罍。」鄭注：「大罍，瓦罍。」是也。然亦有金、玉爲之者。《卷耳》正義引《異義・罍制》：「《韓詩》説，金罍，大夫器也。天子以玉，諸侯大夫皆以金，士以梓。《毛詩》説，金罍，酒器也，諸臣之所酢。人君以黄金飾尊，大一碩，金飾，龜目，蓋刻爲雲雷之象。」又云：「雖尊卑飾異，皆得畫雲雷之形，以其名罍，取於雲雷故也。」又云：「毛説言『大一碩』，《禮圖》亦云『大一斛』，則大小之制，尊卑同也。」邢疏引《禮圖》云：「六彝爲上，受三斗；六尊爲中，受五斗；六罍爲下，受一斛。」《左傳》正義引孫炎曰：「尊彝爲上，罍爲下，卣居中也。」按：此篇下云：「卣，中尊也。」卣既居中，故知彝爲上，罍爲下。

坎者，坑也，猶言空也。樂器有箜篌，一曰「坎侯」，一曰「空侯」，名「罍」之意，蓋亦取中空爲義也。《易・坎》云：「尊酒簋貳用缶。」是坎有酒器之象。《詩・蓼莪》正義引孫炎曰：「酒罇也。」是坎爲酒罇，言小於罍，則受實不及一斛。

衣裗謂之視。衣縷也。齊人謂之「攣」，或曰袿衣之飾。黼領謂之襮。繡刺黼文以褗領。緣謂之純。衣緣飾也。袕謂之裧。衣開孔也。衣眥謂之襟。交領。衱謂之裾。衣後裾也。衿謂之袸。衣小帶。佩衿謂之褑。佩玉之帶上屬。執衽謂之袺。持衣上衽。扱衽謂之襭。扱衣上衽於帶。衣蔽前謂之襜。今蔽膝也。婦人之禕謂之縭。縭，緌也。即今之香纓也。禕邪交落，帶繫於體，因名爲「禕」。緌，繫也。裳削幅謂之襥。削殺其幅，深衣之裳。

此釋衣裳之制。裗者，「流」之或體也。《釋文》：「裗，本又作流。」《玉藻》云：「齊如流。」鄭注：「衣之齊如水之流。」是也。䙈者，郭云：「衣縷。」《釋文》：「縷，又作褸。」《方言》云：「褸謂之衽。」衽即衣襟。《釋名》云：「衽，襜也，在旁襜襜然也。」然則裗䙈猶言流曳，皆謂衣衽下垂，流移摇曳之貌，故云「在旁襜襜然也」。云「齊人謂之攣」者，「攣」「裗」聲相轉。

襮者，《説文》云：「黼領也。」引《詩》：「素衣朱襮。」《揚之水》傳：「襮，領也。」《正義》引孫炎曰：「繡刺黼文以褗領。」《郊特牲》注：「繡黼丹朱，以爲中衣領緣也。」是中衣領以黼文爲緣。褗即緣也。孫炎以「繡」爲刺，《詩》箋及《郊特牲》注竝以「繡」爲綃。綃，綺屬也。以綃爲領，義本《魯詩》，見《士昏禮》「宵衣」注。

緣者，《説文》云：「衣純也。」純者，《曲禮》注：「純，緣也。」《玉藻》注：「緣，飾邊也。」按：飾邊者，《深衣》云：「純袂、緣、純邊，廣各寸半。」鄭注：「純，謂緣之也。緣，緆也。緣邊，衣裳之側，廣各寸半。」《釋文》引鄭注《既夕禮》云：「飾衣領袂口曰純，裳邊側曰綼，下曰緆也。」是則衣裳皆有純，但言衣純，足以包之。又冠屨亦有純。《玉藻》云：「縞冠素紕。」鄭注：「紕，緣邊也。」《士冠禮》云：「黑屨青絇繶純。」鄭注：「純，緣也。」是則冠屨之緣，亦皆曰「純」。《爾雅》所言主謂衣純耳。

袕者，郭讀與「穴」同，故云「衣開孔」。《釋文》「一音術」，則與郭異。褮者，《說文》云：「鬼衣。」又《鬼部》「魃」云：「鬼服也。」引《韓詩傳》曰：「鄭交甫逢二女魃服。」是魃即褮矣。《玉篇》：「褮，衣開孔。又鬼衣也。」「袕，鬼衣也。」按：雜書言鬼衣無縫，《爾雅》方釋人衣，何故此句忽言鬼服？許、郭所言二文又無旁證，其義疑也。

眥者，《說文》云：「目匡也。」衣有眥者，《淮南·齊俗》篇云：「隅眥之削。」蓋削殺衣領以爲斜形，下屬於襟，若目眥然也。洪頤煊云：「經典無衣眥之名，眥疑前字形譌。以《說文》前作歬，與眥相近。」又據《釋名》「襟交於前」及《公羊·哀十四年傳》「涕沾袍」注「袍，衣前襟也」而爲說，義亦可通。襟者，《說文》作「裣」，云：「交衽也。」《玉篇》云：「交裣，衣領也。」通作「襟」。《釋名》云：「襟，禁也，交於前所以禁禦風寒也。」又通作「衿」。《方言》云：「衿謂之交。」郭注：「衣交領也。」《詩·子衿》傳：「青衿，青領也。」《正義》引李巡曰：「衣眥，衣領之襟。」孫炎曰：「襟，交領也。」《顏氏家訓·書證》篇云：「古者斜領，下連於衿，故謂領爲衿。」然則此當言「衣眥謂之領」，以領屬於襟，因言「襟」矣。

袚者，《玉篇》云：「裾也。」「裾，衣袌也。袌，步報切，《説文》作「袍」，誤。」「袌，衣前襟也。」《説文》：「袌，褱也。」衣之前裣可懷抱物，故謂之「裾」。裾，言物可居也。裾名「袚」者，《方言》：「袚謂之褗。」郭注：「即衣領也。」「刼」「偃」兩音。戴氏震《疏證》云：「袚、袷古通用。」《禮・玉藻》注：「袷，曲領也。」《深衣》注：「交領也。」今按：《玉篇》：「袚，又衣領。」然則「袚」爲本字，「袷」爲通借。領屬於裣，裣、裾同物，廣異名耳。「裾」「裣」「袷」「袚」俱聲相轉也。《方言》又云：「袿謂之裾。」「袿」「裾」聲亦相轉。郭注與此注竝云：「衣後裾也。」《釋名》：「裾，倨也，倨倨然直。亦言在後常見踞也。」此蓋郭注所本，其説非矣，當據《玉篇》訂正之。

衿者，當作「紟」，《説文》云：「紟，衣系也。籀文作絵。」《玉篇》：「衿，亦作紟，結帶也。」按：經典「紟」「衿」通用。故《詩・東山》傳：「施衿結帨。」《内則》「衿纓」注：「衿，猶結也。」《漢書・楊雄傳》注：「衿音衿系之衿。」皆借「衿」爲紟也。「紟」「衿」義又相通。故《釋名》云：「衿亦禁也，禁使不得解散也。」袸者，郭云「衣小帶」，《玉篇》云「褰脬衣」，《廣韻》與郭同。《釋文》：「袸，郭辭見反，孫音荐。」

褑者，《釋文》引《埤蒼》云：「佩絞也。」《玉篇》云：「佩裣也。」「裣」當作「絵」。《方言》

云：「佩紟謂之裎。」郭注：「所以系玉佩帶也。」按：凡佩皆有系，不獨玉佩，故《釋名》云：「佩，倍也，言其非一物，有倍貳也。有珠，有玉，有容刀，有帨巾，有觿之屬也。」《說文》：「綎，系綬也。」然則綎即裎也，「裎」「綎」俱「褑」之異名。

袺、襭者，《詩·芣苢》傳：「袺，執衽也。扱衽曰襭。」《正義》引孫炎曰：「持衣上衽。」李巡曰：「扱衣上衽於帶。」郭注同孫、李。《說文》云：「以衣衽扱物謂之襭。」「襭」，或从手作「擷」。然則扱衽者，謂以衽收取物，故《龍龕手鑑》一云：「襭，以衣衽盛物。」是也。扱訓收。《曲禮》云：「以箕自鄉而扱之。」鄭注以「扱」爲收，云：「扱，讀曰吸。」此音是也。《爾雅》釋文「扱，楚洽反」，失之矣。《說文》「趿」云：「進足有所拾取也。」「拾」本作「襭」，誤，此从《玉篇》。引《爾雅》曰：「趿謂之襭。」疑《爾雅》上脱「讀若」二字。「趿」當作「扱」，形之誤也。「扱」，从及聲，「扱」「襭」聲轉，「楚洽」音非。

襜者，《詩·采緑》傳用《爾雅》。《正義》引李巡曰：「衣蔽前，衣蔽厀也。」《方言》云：「蔽厀，江淮之閒謂之褘，或謂之祓，魏、宋、南楚之閒謂之大巾，自關東西謂之蔽厀，齊、魯之郊謂之衻。」昌詹反。「衻」即「襜」之或體也。作「幨」，亦或體。《釋名》云：「韠，蔽膝也。」「又曰跪襜，跪時襜襜然張也。」《方言》又云：「絜襦謂之蔽厀。」是皆「襜」之異名也。其形制，則《說文》云：「韠，韍也，所以蔽前，以韋，下廣二尺，上廣一尺，其頸五寸。一命緼韠，再命赤韠。」皆本《玉藻》文。

禕者，《説文》以爲「蔽厀」，《方言》以爲「禕」即襜也。婦人有襜者，《詩》：「不盈一襜。」《釋名》云：「韠，所以蔽膝前也。婦人蔽膝亦如之。」是婦人之禕即蔽膝。郭以爲香纓，誤矣。《説文》「幃，囊也。」郭蓋誤以「幃」爲禕。縭者，《詩·東山》傳：「縭，婦人之禕也。母戒女，施衿結帨。」《士昏禮·記》文。《正義》引孫炎曰：「禕，帨巾也。」是孫、毛同以「結帨」即結縭。知帨爲巾者，以《内則》云：「左佩紛帨。」然蔽厀亦名「巾」者，《方言》以「蔽厀」爲大巾，《釋名》亦云：「婦人蔽膝，齊人謂之巨巾，田家婦女出至田野以覆其頭，故因以爲名也。」然則婦人之禕既以蔽厀，又以覆頭。今青州婦人以巾覆者〔一〕，其遺象也。登州婦人絡頭用首帕，其女子嫁時以絳巾覆首，謂之袱子，此即古所謂「巿」歟？「巿」與「韍」同。《説文》「巿从巾，象連帶之形」，蔽厀名「巾」，此亦其證。然則《詩》言「結縭」，即結其蔽厀之系也。今田家嫁女，母爲施妝，名曰「上頭」，即繫袱於首，至壻家解下，與《釋名》之義又合矣。《文選·思玄賦》及《琴賦》注竝引《爾雅》作「婦人之徽謂之縭」。《爾雅》釋文：「幃，本或作禕，又作徽。」「徽」「幃」皆「禕」之叚音耳。

〔一〕 者，楊胡本同，《經解》本作「首」。

襆者，《説文》用《爾雅》。輻，布帛廣也。按：布幅廣二尺二寸，帛幅廣二尺四寸。削猶殺也。《深衣》云：「制十有二幅，以應十有二月。」鄭注：「裳六幅，幅分之以爲上下之殺。」《玉藻》「衽當旁」注：「衽，謂裳幅所交裂也。凡衽者，或殺而下，或殺而上。」是以小要取名焉。江氏永《鄉黨圖考》云：「深衣等裳無辟積，其當旁之衽須斜裁，謂之殺。朝服、祭服、喪服皆用帷裳，有辟積，則前三幅、後四幅皆以正裁。無辟積，故有殺。」按：裳削幅，唯深衣則然，故郭云：「深衣之裳。」

輿革前謂之鞎，以韋靶車軾。後謂之第。以韋靶後户。竹前謂之禦，以簟衣軾。後謂之蔽。以簟衣後户。環謂之捐，著車衆環。鑣謂之钀，馬勒旁鐵。載轡謂之轙，車軛上環，轡所貫也。轡首謂之革。轡靶勒。見《詩》。

輿者，《釋名》云：「舉也。」《玉篇》云：「車乘也。」蓋言所以乘載人物，與舉義同也。鞎者，《説文》云：「車革前曰鞎。」《詩·載驅》正義引李巡曰：「輿革前，謂輿前以革爲車飾，曰鞎。」郭云「以韋靶車軾」者，《説文》：「軾，車前也。」《詩·韓奕》傳：「鞹，革也。鞃，軾中也。」是鞹鞃即革前，郭蓋本此爲説，但軾中名「鞃」，不名「鞎」，恐非也。郭注

「靶」，當爲「鞔」字之誤。

第者，《玉篇》《廣韵》竝云：「輿後第也。」《詩》正義引李巡曰：「第，車後户名也。」按：「第」當作「茀」。《碩人》傳：「茀，蔽也。」《載驅》傳：「車之蔽曰茀。」是茀取茀蔽爲義。車後户者，升車自後入，故以後爲户也。

竹者，簟也。《説文》：「簟，竹席也。」禦者，《詩》正義引李巡曰：「竹前，謂編竹，當車前以擁蔽，名之曰禦。禦，止也。」孫炎曰：「禦以簟爲車飾也。」毛傳：「簟，方文席也。」

蔽者，《巾車》注引《詩》：「翟蔽以朝。」是蔽猶茀也。《巾車》云：「王之喪車五乘：本車，蒲蔽；素車，棼蔽；藻車，藻蔽；駹車，雚蔽；漆車，藩蔽。」按：五蔽皆不用竹者，喪車去飾也。其吉車則飾以簟，故《韓奕》箋：「簟茀，漆簟以爲車蔽，今之藩也。」

環者，《詩·小戎》傳：「游環，靷環也。游在背上，所以禦出也。」《釋名》云：「游環在服馬背上，驂馬之外轡貫之，游移前卻無定處也。」然則游環所以制驂馬。車有兩服、兩驂，是有二環。郭云「枲環」者，以車衡軶上復有環，以貫轡，故云「枲環」也。捐者，《釋文》云：「吕、沈因絹反，顧辭玄反，郭與專反。」按：「捐」與「肙」音義同。肙，空也，環中空以貫轡，故謂之「捐」。

鑣者，《説文》云：「馬銜也。」《釋名》云：「銜在口中之言也。鑣，苞也，在旁苞斂其口也。」《詩・碩人》傳：「幩，飾也。人君以朱纏鑣扇汗，且以爲飾。」《釋文》：「鑣，馬銜外鐵也。一名扇汗，又曰排沬。」是皆「鑣」之異名也。钀者，《玉篇》云：「鑣也。魚傑切。」《説文》以「钀」爲「轙」之或體，今所未詳。

轡者，《釋名》云：「拂也，牽引拂戾以制馬也。」轙者，《説文》云：「車衡載轡者。」《淮南・説山》篇云：「遺人車而脱其轙。」高誘注：「轙，所以縛衡也。」是轙在衡上。衡，横也。轅耑著横木以戹馬領，使不得出，名之曰「衡」，亦曰「軶」。故《論語》包咸注：「衡，軶也。」軶上施環以貫轡，謂之轙。《文選・東京賦》注引此注作「在軾上環，轡所貫也」，與今本異。軾上環，即《詩》云「鋈以觼軜」是矣。

革者，《詩・蓼蕭》傳：「鞗，轡也。革，轡首也。」《采芑》箋：「鞗革，轡首垂也。」按：轡首垂即靶也。以革爲之，因名「革」。《韓奕》箋：「鞗革，謂轡也。以金爲小環，往往纏搤之。」《説文》「鞗」作「鋚」，云：「轡首銅。」然則轡首有革、有銅，《爾雅》單言「革」者，轡以革爲主，銅爲飾耳。郭云「轡靶勒」者，「勒」字衍也。張聰咸曰：「《説文》云：『勒，馬頭絡銜也。靶，轡革也。』是轡、勒異物，自東晉時後趙避石勒名，呼馬勒爲轡，見《鄴中記》。於是溷轡與勒爲一物。郭注本無『勒』字，《蓼蕭》正義所引甚明，《爾雅》釋文於『靶』字下亦無『勒』音，今本多『勒』字，遂與鑣銜之訓相溷。」

餀謂之餯。說物臭也。食饐謂之餲。飯饖臭。見《論語》。搏者謂之糷。飯相箸。米者謂之檗。飯中有腥。肉謂之敗。臭壞。魚謂之餒。肉爛。

餀者，《說文》云：「食臭也。」引《爾雅》曰：「餀謂之喙。」《釋文》引李巡云：「餀、餯皆穢臭也。」

饐者，《說文》云：「飯傷溼也。」又云：「饖，飯傷熱也。」按：熱、溼同類。故《釋文》引《字林》云：「饐，飯傷熱溼也。」又引葛洪《字苑》云：「饐，餿臭也。」按：今亦謂飯熱臭爲餿矣。餲者，《說文》云：「飯餲也。」引《論語》曰：「食饐而餲。」孔安國注：「饐、餲，臭味變也。」皇侃疏：「饐，謂飲食經久而腐臭也。餲，謂經久而味惡也。」又引李巡云：「巡」誤作「充」。「皆飲食壞敗之名也。」

糷者，《釋文》引李巡云：「飯淖糜相箸也。」按：「糷」，郭音「輦」，非，尋音義，當作「爛」。《孟子》云：「糜爛。」今語云：「爛熟。」皆是。《呂覽·本味》篇云：「熟而不爛。」高誘注：「爛，失飪也。」蓋爛謂過熟，故言「失飪」。《說文》「冟」云：「飯剛柔不調相箸。讀若適。」然則「冟」與「爛」皆飯相箸之名。搏者，飯爛則黏箸而不解，故謂之「搏」。《曲禮》云：「毋搏飯。」義亦近之。

檗者，《說文》云：「炊米者謂之檗。」「炊」字衍也。《釋文》引李巡云：「米飯半腥半熟名糪。」郭云：「飯中有腥。」「腥」俱當作「胜」而讀若「生」，亦通作「生」。故《玉篇》云：「糪，謂半生也。」「生」即「胜」字之省。《説文》：「胜，不熟也。」《禮運》云：「飯腥而苴熟。」「苴」，或爲「俎」。「腥」亦「胜」字之借。生對熟言，糷傷於熟，糪傷於生，皆爲失飪，故《論語》孔注：「失飪，失生熟之節也。」

敗者，壞也。餒者，《説文》云：「魚敗曰餒。」《論語》皇疏：「餒，謂魚臭壞也。魚敗而餒餒然也。肉敗者，肉臭壞也。」又引李巡云：「肉敗久則臭，魚餒肉爛。」按：郭亦云「肉爛」，蓋皆「内爛」字形之誤。《公羊·僖十九年傳》：「魚爛而亡也。」何休注：「魚爛從内發。」是此注所本。惟邢疏作「内爛」，不誤。

肉曰脱之，剥其皮也。今江東呼麋鹿之屬通爲「肉」。魚曰斮之。謂削鱗也。冰，脂也。《莊子》云：「肌膚若冰雪。」冰雪，脂膏也。肉謂之羹，肉膗〔一〕也。《廣雅》曰「涪」，見《左傳》。魚謂之鮨。鮨，鮓屬也。見《公食大夫禮》。肉謂之醢，肉醬。有骨者謂之臡。雜骨醬。見

〔一〕膗，《爾雅》宋刊十行本作「臛」。

《周禮》。

脱者，解也。《内則》正義引李巡云：「肉去其骨曰脱。」皇氏云：「治肉除其筋膜，取好處。」今按：皇侃之説，與郭義近，皆即《内則》所謂去其皾也。鄭注：「皾，謂皮肉之上魄莫也。」

「斮之」，《内則》作「作之」。《正義》引李巡云：「作之，魚骨小，無所去。」皇氏云：「作，謂動摇也。凡取魚，摇動之，視其鮮餒，餒者不食。」《公羊·成二年》疏引樊光云：「斮，砍也。」「砍」當爲「斫」。按：斫訓擊，蓋謂敲擊其鱗甲，與《内則》「作之」，皇侃以爲動摇之義近。郭以爲削鱗，非樊意也。

冰者，《説文》以爲「凝」之本字，故《釋文》「冰」，孫本作「凝」，云：「膏凝曰脂。」按：《内則》注：「脂，肥凝者。釋者曰膏。」是「脂」「膏」散文則通，對文則别。鄭君、孫炎俱本《爾雅》爲訓也。《詩·碩人》傳：「如脂之凝。」《淮南·原道》篇注：「凝，如脂凝也。」竝與《爾雅》合。郭引《莊子·逍遥游》篇文，以冰雪爲脂膏，「冰」亦音「凝」也。《釋文》乃云：「冰，彼凌反。」聲義俱舛矣。

羹者，《説文》作「䰟」，云：「五味盉羹也。」引《詩》：「亦有和䰟。」小篆作「羹」。《釋名》云：「羹，汪也，汁汪郎也。」按：古讀「羹」若「岡」，與「汪」「郎」韵。《儀禮》每言「羹定」「羹飪」，鄭注竝云：「肉謂之羹。」古者名肉汁爲「羹」。故《士虞禮》注：「湇，肉汁也。」《士昏禮》注：「今文湇皆作汁。」《廣雅》云：「臐謂之湇。」臐即羹，見《釋文》。郭云「肉臛也」者，《説文》：「臛，肉羹也。」又云「見《左傳》」者，《襄廿八年傳》云：「則去其肉而以其洎饋。」洎即湆也，字異而義同。又《隱元年傳》「食舍肉」，下云：「未嘗君之羹。」然則羹即肉矣。

鮨者，《説文》：「魚胳醬也。」按：「胳」疑衍字。出蜀中。」《書鈔》一百四十六引《爾雅》舊注云：「蜀人取魚以爲鮨。」與《説文》合。郭以鮨爲鮓屬，非也。鮓乃以鹽藏魚鮨，是以魚作醬。《爾雅》方釋諸醬之名，《説文》甚允。郭既誤注，《玉篇》《廣韵》又承郭注而誤也。云「見《公食大夫禮》」者，鄭注「牛鮨」，云：「《内則》謂鮨爲膾。」今按：《内則》有「牛膾」，與《儀禮》之「牛鮨」非即一物，郭又誤引矣。「鮨」，从旨聲，《釋文》引《字林》「止尸反」，此音是也。音巨伊反，亦非。

醢者，《説文》云：「肉醬也。」《釋名》云：「醢，晦也。晦，冥也，封塗使密冥乃成也。醢多汁者曰醓。醓，瀋也，宋、魯人皆謂汁爲瀋。」按：「醓」，《説文》作「肬」，云：「肉汁滓也。」《詩·行葦》作「醓」，毛傳以肉曰醓醢，《正義》引李巡曰：「以肉作醬曰醢。」

臡者，《説文》作「腝」，云：「有骨醢也。」或从難作「臡」。《釋名》云：「醢有骨者曰臡。臡，䏔也，骨肉相傅䏔無汁也。」郭云：「見《周禮》者，《醢人》云：「朝事之豆有麋臡、鹿臡、麇臡。」鄭注：「作醢及臡者，必先膊乾其肉，乃後莝之，雜以粱麴及鹽漬，以美酒塗置瓶中，百日則成矣。」是臡、醢同物，唯有骨、無骨爲異耳。

康謂之蠱。米皮。

康者，《說文》作「穅」，云：「穀皮也。或省作康。」又云：「穭，穅也。」是「穅」亦名「穭」。「穭」，古外切，與「康」雙聲。若依此爲訓，當言「康謂之穭」，便爲明白易曉。而云「康謂之蠱」，蠱訓疑也，康爲穀皮，有何可疑？《左氏·昭元年傳》：「穀之飛爲蠱。」杜預注：「穀久積則變飛蟲，名曰蠱。」《論衡·商蟲》篇云：「穀蟲曰蠱。蠱若蛾矣。粟米饐熱生蠱。」按：今麥腐生小白蛾，粟生小黑甲蟲，即蛘子也。若依《左傳》穀飛爲蟲，參以《論衡》所言，然則《爾雅》當云「穀謂之蠱」，蓋穀能爲飛蟲，康不能爲飛蟲矣。

澱謂之垽。滓澱也。今江東呼「垽」。

澱者，《說文》作「䵎」，云：「䵎謂之垽。垽，滓也。」又云：「澱，滓垽也。」「滓，澱也。」「垽，澱也。」是「澱」「䵎」同。《廣雅》：「澱謂之滓。」《釋名》云：「緇，滓也，泥之黑者曰滓。」按：澱，今之滓泥是也。滓泥即涅。《説文》：「涅，黑土在水中也。」《淮南・俶真》篇云：「以涅染緇則黑於涅。」是滓即涅也。今日照人以滓泥染緇，與《俶真》義合。《説文繫傳》乃云：「今之青澱，澄澱所出。」誤矣。青澱是藍，所出以染青者，非《爾雅》之義。

鼎絶大謂之鼐，最大者。圜弇上謂之鼒，鼎斂上而小口。附耳外謂之釴，鼎耳在表。款足者謂之鬲。鼎曲腳也。

鼎者，《説文》云：「三足兩耳，和五味之寶器也。」鼐者，《詩・絲衣》傳：「大鼎謂之鼐。」《説文》：「鼎之絶大者。」又引《魯詩》説「鼐，小鼎」，與《爾雅》異也。《禮圖》言：「天子、諸侯之鼎，容一斛；大夫，羊鼎，容五斗；士，豕鼎，容三斗。」然則天子、諸侯之鼎，即牛鼎也。容一斛爲最大，是即《爾雅》所謂「鼐」矣。

鼒者，《絲衣》傳：「小鼎謂之鼒。」箋用《爾雅》。《正義》引孫炎曰：「鼎斂上而小口者。」《説文》云：「鼎之圜掩上者。」又云：「掩，斂也。小上曰掩。」是《爾雅》「弇」當作「掩」。今作「弇」，叚借字也。《類聚》七十三引舊注云：「鼒，子鼎。」然則鼒之言子也。子亦幼小之稱也。

附耳外者，言近於耳而在外之處。謂之釴，釴猶翼也。《史記·楚世家》云：「吞三翮六翼。」《索隱》曰：「謂九鼎也。六翼即六耳。翼近耳傍，事具《爾雅》。」是翼即釴，聲借字也。款者，《釋文》云：「本或作窾，苦管反，闊也。」按：《玉篇》：「窾，空也。」《漢書·郊祀志》「說鼎」云：「其空足曰鬲。」空即窾也。《司馬遷傳》：「其實中其聲者謂之端，實不中其聲者謂之款。款言不聽，姦迺不生。」《楊王孫傳》：「窾木[一]爲匵。」服虔注竝云：「款，空也。」是「款」「窾」同。鼎款足，謂足中空也。足中實者必直，空者必曲，故郭云「鼎曲腳也」。曲腳者，外必闊，故《釋文》以「款」爲闊。「闊」「疏」義近，故《御覽》七百五十七引舍人曰：「鼎足相去疏閒曰鬲也。」鬲者，《說文》云：「鼎屬，實五觳。本《考工記·陶人》。斗二升曰觳。象腹交文，三足。」《史記》：「吞三翮。」《索隱》曰：「翮，亦作鬲，同音歷。」按《說文》「𤮍」即「鬲」之或體。

䰝謂之鬵。《詩》曰：「溉之釜鬵。」鬵，鉹也。涼州呼「鉹」。

《說文》云：「䰝，鬵屬。」「鬵，大釜也。一曰鼎大上小下，若䰝，曰鬵。」《方言》云：

[一] 木，原誤「本」，楊胡本、《經解》本同，據《漢書·楊胡朱梅云傳》改。

「甑，自關而東謂之甗，或謂之鬵。」《詩・匪風》傳：「鬵，釜屬。」按：鬵與甑異。甑有七穿，見《陶人》。釜、鬵烹魚，必非有穿，毛以爲釜屬，是矣。

鉹者，《説文》云：「曲鉹也。一曰鬵鼎。」《匪風》正義引孫炎曰：「關東謂甑爲鬵，涼州謂甑爲鉹。」《方言》注亦云：「涼州呼鉹。」

璲，瑞也。《詩》曰：「鞙鞙佩璲。」璲者，玉瑞。玉十謂之區。雙玉曰「瑴」，五瑴爲「區」。

瑞者，《説文》云：「以玉爲信也。」璲者，《詩・大東》傳用《爾雅》，箋云：「佩璲者，以瑞玉爲佩。」按：「璲」「瑞」「區」「瑴」皆以聲爲義也。「璲」「瑞」聲近，「區」「瑴」聲轉。

區者，「瑴」之異名。《説文》云：「二玉相合爲一珏。」「珏」或作「瑴」。杜預《左傳》注：「雙玉爲瑴。」郭氏《西山經》注：「雙玉爲瑴，半瑴爲隻。」此云「五瑴爲區」者，五瑴爲玉十也。《初學記》引逸《論語》曰：「玉十謂之區。治玉謂之琢，亦謂之雕。」所引蓋《論語・問玉》篇。

羽本謂之翮。鳥羽根也。一羽謂之箴，十羽謂之縛，百羽謂之緷。別羽數多少之名。

《説文》云：「羽，鳥長毛也。」「翮，羽莖也。」《周禮・羽人》注：「翮，羽本也。」《爾雅》釋文引《埤蒼》云：「緷，大束也。」《羽人》云：「凡受羽，十羽爲審，百羽爲摶，十摶爲縳。」鄭注：「審、摶、縳，羽數束名也。」引《爾雅》曰：「一羽謂之箴，十羽謂之縳，百羽謂之緷。」「其名、音相近也。一羽有名，蓋失之矣。」是鄭意一羽不當別立名。《爾雅》釋文：「孫同鄭意，云『蓋誤』。郭云『凡物數，無不從一爲始』。以《爾雅》不失，《周官》未爲得也。」按：此引郭《音義》之文。若準《周禮》，則此「一羽」句當屬衍文，但「箴」「審」「摶」「縳」「緷」音皆相近，且竝出古書，《爾雅》未必誤也。《羽人》釋文：「緷，李又基遠反。」然則李巡注蓋讀「緷」爲「絹」矣。

木謂之虡。縣鐘磬之木，植者名「虡」。　旄謂之藣。旄牛尾也。

虡者，《説文》作「虡」，云：「鐘鼓之柎也。」篆文省作「虡」。《釋名》云：「所以懸鐘鼓者，横曰筍。筍，峻也，在上高峻也。從曰虡。虡，舉也，在旁舉筍也。」《詩・靈臺》傳：「植者曰虡，横者曰栒。」《正義》引孫炎曰：「虡栒之植，所以懸鐘磬也。」郭義與孫同。

旄者，「氂」之叚借也。《説文》云：「氂，犛牛尾也。」《周禮・樂師》有「旄舞」，鄭衆注：「旄舞者，犛牛之尾。」是旄即氂也。故《序官》「旄人」注：「旄，旄牛尾，舞者所持以指麾也。」是旄即氂。「氂」，从犛省，當讀若「釐」，與「蘢」相韵，亦以聲爲義也。《釋文》：「旄，音毛。」蓋失之矣。《樂師》釋文亦云：「氂，舊音毛，劉音來，沈音貍。」按：「貍」「來」古同聲，沈、劉二音是也。蘢者，《説文》訓艸，《繫傳》云：「蓋旄似此艸也。」望文生義，亦失之鑿。

菜謂之蔌。蔌者，菜茹之總名。見《詩》。

蔌者，「餗」之叚音也。《説文》作「鬻」，云：「鼎實。惟葦及蒲。陳留謂鍵爲鬻。」或从食束聲作「餗」。按：《易·鼎》釋文引馬云：「餗，鍵也。」鄭云：「菜也。」《詩·韓奕》傳：「蔌，菜殽也。」是「蔌」「餗」通。《説文》兼包二義。從《詩》則蔌爲菜殽，故云「惟葦及蒲」。「葦」，《詩》作「筍」。從《易》則餗爲糜饘，故云「謂鍵爲鬻」。郭但言見《詩》義，未備也。《周禮·醢人》鄭衆注：「糝食，菜餗蒸。」賈疏引《易》「覆公餗」，鄭注云：「糝，謂之餗。」震爲竹，竹萌曰「筍」。筍者，餗之爲菜也。《説文》：「糝，以米和羹也。」然則餗兼菜、米，郭唯以「蔌」爲菜茹之名，疏矣。鄭云「糝謂之餗」，「糝」「餗」聲轉，疑《爾雅》别本作「糝謂之餗」，故《醢人》及《易》注，二鄭依以爲説也。郭本作「蔌」，故但言菜，遂失「蔌」「餗」通借之義。

白蓋謂之苫。白茅苫也。今江東呼爲「蓋」。

苫者，《説文》「睒」字解云：「讀若白蓋謂之苫。」又云：「苫，蓋也。」「蓋，苫也。」《左氏·昭廿七年》正義及釋文竝引李巡曰：「編菅茅以覆屋曰苫。」《襄十四年》正義引孫炎曰：「白蓋，茅苫也。」按：《説文》云：「茨以茅葦蓋屋。」是蓋屋亦用葦，但不白，白唯茅耳。《周禮·圉師》云：「茨牆則翦闔。」鄭注：「茨，蓋也。闔，苫也。」然則「闔」「蓋」聲同，古字叚借通用。《左傳》云：「被苫。」「蓋」，今四方人語，通名「苫」爲「蓋」。

黄金謂之璗，其美者謂之鏐。白金謂之銀，其美者謂之鐐。此皆道金、銀之别名及精者。鏐即紫磨金。鉼金謂之鈑。《周禮》曰：「祭五帝即供金鈑。」是也。錫謂之鈏。白鑞。

銀、錫、銅、鐵皆金也，黄金爲之長。

璗者，《説文》云：「金之美者，與玉同色。」引《禮》：「佩刀，諸侯璗琫而璆珌。」

鏐者，《説文》云：「黄金之美者。」《書》：「梁州貢璆鐵銀鏤。」《史記·夏紀》集解引鄭注云：「黄金之美者謂之鏐。」《禹貢》釋文引韋昭云：「紫磨金。」《水經·温水注》：

「華俗謂上金謂紫磨金，夷俗謂上金爲陽邁金也。」

銀者，《説文》云：「白金也。」《北山經》云：「少陽之山多赤銀。」是銀有赤者，要以白爲多，故稱「白」耳。

鐐者，《説文》云：「白金也。」《釋文》引《字林》云：「美金也。」《漢書・食貨志》云：「朱提銀重八兩爲一流，直一千五百八十。它銀一流直千。」然則梁州所貢當即朱提銀，此「鐐」是也。《詩・瞻彼洛矣》傳：「諸侯璗琫而璆珌，大夫鐐琫而鏐珌。」按：《説文》引上句作《禮》文，蓋禮家舊説也。

鉼金者，《説文》「釘」字解云：「鍊鉼黄金。」然則鉼金蓋鍊冶而成。《類聚・寶玉部》引《邴原别傳》曰：「金三鉼與原。」《初學記・寶器部》引《爾雅》「鉼金」作「餅金」，蓋叚借字也。錢氏《荅問》云：「鉼，當作并。《孟子》：『王餽兼金。』兼金者，并金也。」今按：《説文》注既有「鉼」字，又云：「金百鍊不輕。」是不必改「鉼」爲「并」矣。鈑者，《釋文》云：「本亦作版。」是也。《周禮・職金》云：「旅于上帝，則共其金版。」鄭注：「鉼金謂之版。此版所施未聞。」

錫者，《説文》云：「銀鉛之閒也。」《繫傳》：「銀色而鉛質也。」《禹貢》：「楊州，錫貢。」《史記集解》引鄭注云：「有錫則貢之，或時乏，則不貢。錫，所以柔金也。」鈏者，《説文》

云：「錫也。」《周禮・卝〔一〕人》注：「錫，鈏也。」郭云「白鑞」者，《職方氏》注：「錫，鑞也。」《中山經》：「讙山多白錫。」郭注：「今白鑞也。」按：《經》又云：「嬰侯之山多赤錫。」是錫非一色，但白者多耳。

象謂之鵠，角謂之觷，犀謂之剒，木謂之剫，玉謂之雕。《左傳》曰：「山有木，工則剫之。」五者皆治樸之名。

鵠者，《釋文》云：「白也。本亦作⿰齒告。」《廣雅》作「⿰角告」，云：「治象牙也。」是「鵠」乃叚借字，古無正體，从齒、从角，各以意爲之耳。

觷者，《說文》云：「治角也。」《玉篇》《廣韻》竝云：「或作礐，又音學。」亦叚借字也。

剒者，《玉篇》《廣韻》竝引《爾雅》作「犀謂之剒」。《文選・長笛賦》注引亦同。是古本皆作「剒」，唯陸德明本作「斮」，云：「本或作厝。」按：《說文》云：「厝，厲石也。」「厲」同「礪」。引《詩》：「他山之石，可以爲厝。」今借作「錯」，故《玉篇》引《爾雅》「剒」亦作「錯」。然則犀角堅緻，治之用錯，因謂之「錯」矣。

〔一〕卝，原誤「廾」，楊胡本作「丱」，據《經解》本及《十三經注疏》本《周禮正義》改。

㓷者，《説文》云：「判也。」「判，分也。」《詩·小弁》傳：「伐木者椅其巔，析薪者隨其理。」此即㓷之之事。《玉篇·木部》引《爾雅》作「木謂之㯶，今江東斫木爲㯶」，此所引蓋《爾雅》别本，其云「今江東斫木爲㯶」，當即舊注之文也。

雕者，「琱」之叚借也。《説文》云：「琱，治玉也。」《文選·思玄賦》注引《爾雅》正作「玉謂之琱」。通作「雕」，又作「彫」。《孟子》趙岐注：「彫，琢治飾玉也。」引《詩》云：「彫琢其章。」又「敦琢其旅」，《正義》曰：「雕、琢皆治玉之名。敦、雕古今字。」按：「雕」「敦」聲相轉，非古今字。

金謂之鏤，木謂之刻，骨謂之切，象謂之磋，玉謂之琢，石謂之磨。六者皆治器之名。

鏤者，《説文》云：「剛鐵可以刻鏤。」引《夏書》曰：「梁州貢鏤。」然則鏤可以刻金，因名治金爲「鏤」。《詩·小戎》「鏤膺」，《韓奕》「鏤鍚」，鄭箋並云：「刻金飾。」《棫樸》傳：「金曰彫。」彫即鏤也。此篇下云：「鏤，鎪也。」鎪亦彫矣。

刻者，《説文》云：「鏤也。」是「刻」「鏤」通名，《爾雅》對文，故别耳。《春秋·莊廿四年經》云：「刻桓公桷。」是其例也。

切者，《説文》云：「刌也。」《玉篇》云：「治骨也。」《大宰》鄭衆注：「珠曰切。」賈疏以《爾雅》云：「骨曰切。」蓋鄭讀《爾雅》本作「珠」也。今按：珠質堅滑，非可切之物，恐誤耳。然骨亦難切斷。《釋文》：「切，本或作䶢。」《説文》：「䶢，齒差也。从齒，屑聲。讀若切。」《玉篇》：「䶢，治骨也。」是「䶢」、「切」同。《玉篇》竝云：「治骨。」是其字通。臧氏《經義雜記》十七云：「䶢是齒之參差，治骨者因其差參而治之，俾齊一，故切磋字以䶢爲正。今《爾雅》作切，後人改也。」

磋者，《玉篇》云：「治象也。」《論衡・量知》篇作「象曰瑳」。《説文》：「瑳，玉色鮮白。」蓋治象齒，令其鮮白如玉。上云「象謂之鵠」，亦訓爲白，是《爾雅》「磋」字，當依《論衡》作「瑳」矣。

琢者，《説文》云：「治玉也。」《詩》：「追琢其章。」箋云：「追琢玉，使成文章。」是鄭以「追」「琢」皆治玉之名。追即雕也。以此上云「玉謂之雕」，下云「雕謂之琢」，是「雕」「琢」通名，箋義本《爾雅》也。

磨者，《説文》作「䃺」，䃺，礱也，礪也，以礪石礱磨之。《論語》：「磨而不磷。」言石堅難治也。《詩・淇奥》傳：「治骨曰切，象曰磋，玉曰琢，石曰磨。」於《爾雅》上加一「治」字，即文義了然矣，故《正義》引孫炎曰：「治器之名。」郭與孫同。

璆、琳，玉也。璆、琳，美玉也[一]。

璆者，《釋文》云：「本或作球。」《説文》「球」或作「璆」，以爲玉磬，與《爾雅》異也。《詩·長發》傳：「球，玉也。」箋云：「受小玉謂尺二寸圭也。受大玉謂珽也，長三尺。」按：「珽」即《玉藻》云：「笏，天子以球玉。」鄭注：「球，美玉也。」《書·顧命》正義引鄭注：「天球，雍州所貢之玉，色如天者。」然則璆蓋青色玉矣。

琳者，《説文》云：「美玉也。」《書·禹貢》鄭注以爲「美石」，石即玉也。《西都賦》云：「琳珉青熒。」《上林賦》云：「玫瑰碧琳。」是琳爲碧青玉，與天璆同色。《爾雅》以其珍貴，異於它玉，故特釋之耳。

簡謂之畢。今簡札也。不律謂之筆。蜀人呼筆爲「不律」也，語之變轉。滅謂之點。以筆滅字爲點。

簡者，《説文》云：「牒也。」《釋名》云：「簡，閒也，編之篇篇有閒也。」《内則》注：「簡，謂所書篇數也。」畢者，《學記》云：「呻其佔畢。」鄭注引《爾雅》而云：「吟誦其所視

[一] 也，楊胡本同，《爾雅》宋刊十行本、《經解》本作「名」。

簡之文。」是畢即簡矣。《釋文》：「畢，李本作篳。」按：畢用竹，故李巡从竹。至用木，則曰「牘」。牘謂之業。故《曲禮》云：「請業則起。」鄭注：「業，謂篇卷。」是也。

筆者，《釋名》云：「述也，述事而書之也。」不律者，蓋「筆」之合聲。《說文》云：「聿，所以書也。楚謂之聿，吳謂之不律，燕謂之弗，秦謂之筆。」郭云「蜀人呼筆爲不律」，可知此皆方俗語音輕重，其義即存乎聲也。《曲禮》云：「史載筆。」《晉語》云：「臣以秉筆事君。」是則書之用筆，由來舊矣。韜筆謂之管。《內則》注：「管，筆彄也。」《詩》云：「貽我彤管。」

滅者，没也，除也。點者，《說文》：「點，黑也。」《釋文》：「李本作沾，孫本作坫。」按：「坫」，宋本作「玷」。玷，俗字也。《說文》作「㓠」，云：「缺也。」引《詩》：「白圭之㓠。」「沾」即「添」之本字。《說文》：「沾，益也。」然則滅除其字，故爲玷缺，重復補書，故爲添益。李、孫作「沾」、作「玷」，其義兩通。郭本作「點」，當屬叚借，而云「以筆滅字爲點」，蓋失之矣。古人書於簡牘，誤則用書刀滅除之，《說文》作「㓠」爲是，非如後世誤書用筆加點也。郭氏習於今而忘於古耳。

絶澤謂之銑。銑即美金，言最有光澤也。《國語》曰：「玦之以金銑者。」謂此也。

此覆說金事，句上當脱「金」字也。銑者，《說文》云：「金之澤者。」下文說「弓」云：

「以金者謂之銑。」是「銑」爲美金之名也。《晉語》云：「玦之以金銑者，寒之甚矣。」韋昭注：「銑，猶灑。灑，寒也。」然則銑之爲言灑也。灑掃與洒滌，俱與光澤義近。

金鏃翦羽謂之鍭，今之錍箭是也。骨鏃不翦羽謂之志。今之骨骲是也。

鏃者，《説文》作「族」，云：「矢鏠也。束之族族也。」「翦」作「𠝣」，云：「齊斷也。」「鍭」云：「矢金鏃翦羽謂之鍭。」《詩・行葦》正義引孫炎曰：「金鏑斷羽，使前重也。」《司弓矢》云：「鍭矢，用諸近射、田獵。」鄭注：「前尤重，中深而不可遠也。」《既夕・記》云：「翭矢一乘，骨鏃，短衛。」鄭注：「翭，猶候也。候物而射之矢也。四矢曰乘。骨鏃、短衛，亦示不用也。生時翭矢金鏃。」賈疏云：「短衛即翦羽也。謂之衛者，羽所以防衛其矢，故名羽爲衛。」《淮南・兵略》篇云：「疾如錐矢。」高誘注以「錐」爲金族翦羽之矢。郭云「錍箭也」者，《方言》云：「凡箭鏃廣長而薄鐮謂之錍。」

骨鏃不翦羽者，以骨爲鏑而不斷，齊其羽，令前後輕重適均也。《御覽》三百四十九引舊注云：「不翦，謂以鳥羽自然淺狹不復口也。」志者，《書》云：「若射之有志。」《司弓矢》云：「恒矢用諸散射。」鄭注：「散射，謂禮射及習射也。恒矢之屬，軒輖中，所謂志也。」《既夕・記》云：「志矢一乘，軒輖中，亦短衛。」鄭注：「志，猶擬也。習射之矢，無鏃、短衛，亦示不用，生時，志矢骨鏃。」然則骨鏃不翦羽，即不短衛矣。郭云「骨骲也」者，《釋文》引《埤蒼》云：「骨鏃也。」按：骲箭古用骨，今亦用木，仍曰「骲頭」。

弓有緣者謂之弓，緣者，繳纏之，即今宛轉也。無緣者謂之弭。今之角弓也。《左傳》曰：「左執鞭弭。」以金者謂之銑，以蜃者謂之珧，以玉者謂之珪。用金、蚌、玉飾弓兩頭，因取其類以爲名。珧，小蚌。

弓者，以近窮遠之器。此別其所飾之異名也。緣者，上云「緣謂之純」，此以爲弓飾之名。《既夕・記》云：「有弭飾焉。」鄭注：「弓無緣者謂之弭。弭以骨角爲飾。」《左氏・僖廿三年》正義引李巡曰：「骨飾兩頭曰弓，不以骨飾兩頭曰弭。」孫炎曰：「緣謂繳束而漆之；無緣謂不以繳束骨飾兩頭者也。」「無緣」二字本作「弭」，此從臧氏《爾雅漢注》改。二説不同，孫及鄭義爲長。云「繳束」者，繳，生絲也。郭云「今宛轉者」，宛轉，繩也。又云「弭，今角弓」者，斯言失矣。《詩・采薇》箋：「弭，弓反末彆者，以象骨爲之，以助御者解轡紒，宜骨也。」《説文》：「弭，弓無緣可以解轡紛者。」《曲禮》注：「簫，弭頭也。」《釋名》云：「其末曰簫，言簫梢也。又謂之弭，以骨爲之，滑弭弭也。」然則「弭」是弓末之名，非即弓名。弭之言已也，止也，言弓體於此止巳也。《爾雅》以無緣爲弭，蓋因其無飾，故從本名，即謂之「弭」，非以「弭」爲弓名也。鄭《既夕》注：「弭，以骨角爲飾。」正謂飾弭以骨，或以角，以骨則象弭是也。以角者，經典雖無文，要爲弭頭施角，郭氏誤會鄭義，以「弭」爲角弓之名，則謬矣。《詩》言：「角弓」有二，《小雅》及《魯頌》正義詳之。非此之謂。《爾雅》「弓」「弭」對言，止別有緣、無緣之異名耳。今弓有絲纏弭者，亦有骨飾弭者，以今證古，鄭、孫二義蓋不誣矣。

銑者，即金之絶澤者也。珧者，《楚辭·天問》篇云：「馮珧利決。」王逸注：「珧，弓名也。」《釋文》：「珧，以蜯飾弓弭。」然則銑與珧亦以金、玉飾弭之名。推是而言，有緣、無緣亦皆謂「弭」可知。

珪大尺二寸謂之玠。《詩》曰：「錫爾玠珪。」璋大八寸謂之琡。璋，半珪也。璧大六寸謂之宣。《漢書》所云「瑄玉」是也。肉倍好謂之璧。肉，邊。好，孔。好倍肉謂之瑗。孔大而邊小。肉好若一謂之環。邊、孔適等。

此釋玉器之名。《覲禮》云：「設六玉。」《白虎通》以珪、璧、琮、璜、璋爲「五瑞」，《爾雅》止釋「珪」「璋」「璧」三者，所以起度也。

珪者，《説文》作「圭」，古文作「珪」，云：「瑞玉也。上圜下方。」《白虎通》云：「珪之言潔也。」玠者，《説文》云：「大圭也。」引《周書》曰：「稱奉介圭。」按：《釋詁》：「介，大也。」「介」與「玠」通。《詩·崧高》箋：「圭長尺二寸謂之介，非諸侯之圭，故以爲寶。」據《考工記·玉人》：「鎮圭尺有二寸，天子守之。」是玠圭即鎮圭，故鄭云：「非諸侯之圭。」然《韓奕》云：「以其介圭，入覲于王。」則命圭亦稱介圭，故《長發》箋：「受小玉謂尺二寸圭也。」彼對珽玉長三尺言，故以介圭爲小；此對璋玉大八寸言，故謂之大矣。

璋者，《説文》云：「剡上爲圭，半圭爲璋。」《白虎通》云：「璋之爲言明也。」《玉人》云：「牙璋七寸，射二寸，厚寸，以起軍旅，以治兵守。瑑圭璋八寸，以覜聘。」是彼瑑璋即此所謂「琡」也。琡者，《説文》作「璹」，云：「玉器也。讀若淑。」

璧者，《説文》云：「瑞玉圜也。」《白虎通》云：「璧之爲言積也。」宣者，《釋文》云：「宣，如字，本〔一〕或作瑄，音同。」郭引《漢書·郊祀志》云：「有司奉瑄玉。」孟康注：「璧大六寸謂之瑄。」《類聚》引《爾雅》正作「瑄」。瑄，俗字也。臧氏《經義雜記》廿八云：「《説文》無『瑄』字，有『珣』字，云：『玉器。讀若宣。』知《爾雅》『宣』字當作『珣』。」洪頤

〔一〕本，原誤「木」，據楊胡本、《經解》本改。

煊云：「《説文》『旬』，古文『訇』；汗簡引石經『旬』，作『宣』，字形本相近。《爾雅》『宣璧』，《説文》『珣玉』，《詛楚文》『亶璧』，皆一字。」

因釋璧而兼及瑗、環，又明三者之度也。《説文》「瑗」「環」注及《玉人》鄭衆注，俱連引《爾雅》三句。《荀子·大略》篇云：「問士以璧，召人以瑗，反絶以環。」又兼釋三者之用也。瑗者，《釋文》引《蒼頡篇》云：「玉佩名。」《説文》：「瑗，大孔璧。人君上除陛以相引。」肉好者，《玉人》云：「璧好三寸。」鄭衆注：「好，璧孔也。」《詩·泮水》正義引孫炎曰：「肉，身也。好，孔也。身大而孔小。」《左氏·昭十六年》正義引李巡云：「好，孔也。肉倍好，邊肉大，其孔小也。好倍肉，其孔大，邊肉小也。肉好若一，其孔及邊肉大小適等曰環也。」

繸，綬也。 即佩玉之組。所以連繫瑞玉者，因通謂之「繸」。

綬者，《説文》云：「韍維也。」韍即蔽厀，維訓爲繫，是綬爲蔽厀之系。又佩玉亦有系。故《玉藻》：「天子佩玉，以下皆有組綬。」鄭注：「綬者，所以貫佩玉相承受者也。」然則綬之言受，取承受爲義也。

繸者，當作「䍁」，《説文》云：「䍁，綬維也。」蓋綬韍維是韍之系，䍁綬維是綬之系，系施於綬以貫所佩之玉也。縌之言逆，逆猶迎也，言與佩綬相迎受，故《後漢・輿服志》云：「縌者，古佩璲也。佩綬相迎受，故曰縌。」然則縌、綬相連，故《志》又云「縌綬之閒」，即本《爾雅》「縌，綬」爲説也。縌綬繫璲，故劉昭注引徐廣曰：「今名璲爲縌也。」既以「璲」爲縌，因而變縌爲繸，郭本即作「繸」，故此注依上文「璲，瑞」注而云「因通謂之繸也。」蓋「繸」「璲」聲誤，「繸」「縌」形誤矣。宜據《説文》及《輿服志》以訂正。

一染謂之縓，今之「紅」也。再染謂之赬，淺赤。三染謂之纁。纁，絳也。青謂之蔥，淺青。黑謂之黝，黝，黑貌。《周禮》曰：「陰祀用黝牲。」斧謂之黼。黼文畫斧形，因名云。

縓者，《説文》云：「帛赤黃色。一染謂之縓。」《士冠禮》注：「凡染絳一入謂之縓，再入謂之赬，三入謂之纁。」《既夕・記》注：「一染謂之縓，今紅也。」《喪服記》注：「縓，淺絳也。」按：《説文》：「絳，大赤也。」「紅，帛赤白色。」然則縓色在白、赤、黃之閒。「縓」與「縕」同。故《玉藻》注：「縕，赤黃之閒色，所謂韎也。」《詩・瞻彼洛矣》傳：「韐韎者，茅蒐染韋也。一入曰韎韐。」據《正義》，定本有「入」字。是縓以茜草染之，故經典「縓」字，《釋文》竝「七絹反」，意蓋爲此。但「縓」从原聲，則音「七絹」，非矣。

赬者，《説文》作「䞓」，云：「赤色也。」「䞓」或作「赬」。《考工記·鍾氏》注引《爾雅》作「再染謂之竀」。《左氏·哀十七年傳》：「如魚竀尾。」「竀」蓋「赬」之别體耳。

纁者，《説文》云：「淺絳也。」按：「淺」字誤。鄭注以「𦆽」爲淺絳，以一染色猶淺，至纁三染色成。故《鍾氏》云：「三入爲纁，五入爲緅。」是纁已成大赤，若再染則爲黑矣，故《禹貢》正義引李巡云：「三染，其色已成爲絳。纁、絳一名也。」然則纁即爲絳，可知許君誤矣。

蔥者，「繱」之叚借也。《説文》：「繱，帛青色。」《玉篇》云：「青白色也。」經典省作「蔥」。《詩》「有瑲蔥珩」，傳：「蔥，蒼也。」《玉藻》云：「三命赤韍蔥衡。」鄭注：「青謂之蔥。」《荀子·性惡》篇云：「桓公之蔥。」楊倞注：「蔥，青色也。」

黝者，《説文》云：「微青黑色。」按：《鍾氏》云：「三入爲纁，五入爲緅，七入爲緇。」是從赤入黑法；此云「青謂之蔥，黑謂之黝」，是從青入黑法。故《説文》以爲微青黑色也。《玉藻》正義引孫炎曰：「黝，青黑，蔥則青之異色。」與《説文》合。《周禮·序官》「掌染草」注：「染草，藍、蒨，象斗之屬。」賈疏：「藍以染青，象斗染黑。」是矣。「黝」古通借作「幽」。《玉藻》云：「一命緼韍幽衡，再命赤韍幽衡。」鄭注：「幽，讀爲黝。黑謂之黝。」《周禮・牧人》《守祧》鄭衆注竝云：「幽，讀爲黝。黝，黑也。」今本皆「幽」「黝」誤倒。按：《詩》：「其葉有幽。」傳：「幽，黑色也。」是幽即黝矣。

黼者，《説文》云：「白黑相次。」《考工記》「畫繢之事」云：「白與黑謂之黼。」《書・益稷》正義引孫炎曰：「黼文如斧形。」又申之云：「蓋半白半黑，似斧刃白而身黑。」是其義也。按：《覲禮》云：「天子設斧依。」《書・顧命》作「黼扆」。是黼即斧也。「斧」「黼」以聲爲義。

邸謂之柢。根、柢皆物之邸。邸即底，通語也。

柢者，《説文》云：「木根也。」《釋言》云：「柢，本也。」邸者，本爲邸舍，經典借爲根柢，故此釋之也。《典瑞》云：「四圭有邸。」《弁師》云：「象邸。」《玉人》云：「兩圭五寸有邸。」皆以「邸」爲柢。故鄭於《典瑞》注引《爾雅》曰：「邸，本也。」《弁師》注：「邸，下柢也。」《玉人》注：「邸謂之柢。有邸僢共本也。」俱本《爾雅》爲訓也。「柢」省作「氐」。《周語》云：「天根見而水涸，本〔一〕見而草木節解。」韋昭注：「天根，亢氐之閒。本，氐

〔一〕 本，原誤「木」，據楊胡本、《經解》本改。

也。」是「氏」「柢」同。

雕謂之琢。治玉名也。

上云「玉謂之雕」，又云「玉謂之琢」，此申釋之。

蓐謂之兹。《公羊傳》曰：「屬負兹。」兹者，蓐席也。　竿謂之箷。衣架。　簀謂之笫。牀版。

蓐者，席薦之名。《一切經音義》引《三蒼》及《華嚴經音義》引《聲類》竝云：「蓐，薦也。」《左氏·文七年傳》：「秣馬蓐食。」《宣十二年傳》：「軍行，右轅，左追蓐。」皆以蓐爲草薦也。其有著者，則謂之「茵」。《少儀》云：「茵席。」鄭注：「茵，著蓐也。」兹者，草也。《素問·五藏生成》篇云：「色見青如草兹者死。」蓋以兹爲草席也。郭引《公羊·桓十六年傳》云：「屬負兹。」《史記·周本紀》云：「衛康叔封布兹。」《集解》：「徐廣曰：『兹者，藉席之名。諸侯病曰負兹。』」其以龍鬚草爲席者謂之龍兹。《荀子·正論》篇注：「龍兹，即今之龍鬚席。其以草薦馬者謂之馬兹。」《周禮·圉師》：「春除蓐。」鄭注：「蓐，馬兹也。」

竿者，《説文》云：「竹挺也。」箷者，《曲禮》云：「不同椸枷。」鄭注：「椸，可以枷衣者。」《内則》云：「夫之楎椸。」鄭注：「竿謂之椸。」《曲禮》釋文：「椸，作杝。」《内則》釋文：「杝，本又作椸。」《爾雅》釋文：「箷，李本作箷，同羊支反，《字林》上支反。」然則此字古無正體，亦無正音。《説文》「榱」云：「木榱施。」《玉篇》云：「榱椸，不正皃。」是「椸」當作「施」。施者，延移之義。竹竿椸衣，横貫牆内，施然而長。疑《禮記》《爾雅》古本俱止作「施」。施从也聲，則音羊支反，是矣。《玉篇》雖有「椸」「箷」二字，竝云「衣架」，當由後人增入之，李巡本作「箷」，《説文》：「箷，簀屬。」亦叚借字耳。

簀者，《説文》云：「簀，牀棧也。」《檀弓》注：「簀，牀第也。」第者，《説文》云：「簀也。」按：簀以竹爲之。許云「牀棧」，郭云「牀版」，皆謂分析竹片，施於牀榦之上。故《易》：「剥牀以辨。」《釋文》引黄云：「辨，牀簀也。」蓋「辨」爲分析之名，施於牀上辨辨然，其義與許、郭合矣。本以竹片爲簀，因而竹席亦名「簀」。故《史記·范睢傳》云：「卷以簀，置廁中。」蓋謂竹席耳。《索隱》以「簀」爲葦荻之薄，非也。既以牀薦爲簀，因而牀亦名「簀」。故《方言》云：「牀，齊、魯之閒謂之簀，陳、楚之閒或謂之第。」《左氏·襄廿七年傳》：「牀第之言。」《正義》引孫炎曰：「牀也。」蓋直以「第」爲牀之通名。雖義本《方言》，而乖於雅訓。何以明之？《喪大記》云：「設牀襢第。」鄭注：「襢第，袒簀也。」既言「牀」，又言「第」，可知以第爲牀非也。《周禮·玉府》云：「衽席牀第。」既言「席」，又言

「第」，可知以簀爲席亦非矣。

革中絶謂之辨，中斷皮也。革中辨謂之韏。復分半也。

革者，即上云：「轡首謂之革。」辨者，《説文》作「辦〔一〕」，云：「判也。」《釋文》：「辨，孫蒲莧反。釋云：辨，半分也。」是孫炎讀「辨」爲「片」。《玉篇・辡部》及《廣韵・卅二霰》竝引《爾雅》作「革中絶謂之辦。革，車勒轡也」。下「革」字從《廣韵》增，《玉篇》脱去之。是《爾雅》别本有作「辦」者，蓋因「辨」有「片」音，故作此字。證以《釋木》云：「桑辨有葚。」「辨」亦音「片」，今本作「辦」，皆淺人妄加之耳。孫氏星衍曰：「《晏子春秋・雜篇下》云：『景公病疽在背，問墮者何如？曰如屨辨。』下又曰『如珪』。據此則屨辨形如珪而中空耳。」

韏者，《説文》云：「革中辨謂之韏。」《廣韵・廿八獮》引《爾雅》同，而申之云：「車上所用皮也。」《玉篇》云：「韏，革中片也。」片即辦字，缺脱其旁。然則轡首之革，中分之謂之「辨」，又中分之謂之「韏」。《説文》「韏」字解云：「韏衣也。」《繫傳》云：「韏，革

〔一〕辦，原誤「辧」，楊胡本、《經解》本同，據《説文解字》改。

中辨也。」然則「辨」「襻」皆分判之名。《説文》：「襻衣」，《晏子春秋》「屨辨」，其義皆與《爾雅》合。

鏤，鎪也。刻鏤物爲鎪。

已見上文「金謂之鏤」下。

卣，中尊也。不大不小者。

已見上文「卣，器也」下。

爾雅郭注義疏中之三

釋樂弟七

樂者，《釋文》引《說文》云：「總五聲八音之名。象鼓鞞之形。木，其虡也。」所引較善今本。《一切經音義》六引《世本》云：「伶倫作樂。周衰樂壞，遭秦絶學，古樂淪亡。漢興，武帝時河閒獻王作《樂記》，劉向所校廿三篇，《樂器》弟十三。今《禮記》所取才止十一，合爲一篇。其餘十二篇，《別録》存其名，其文則闕焉。」《白虎通》引《樂記》曰：「土曰塤，竹曰管，皮曰鼓，匏曰笙，絲曰弦，石曰磬，金曰鐘，木曰柷敔。」又引《樂記》曰：「壎，坎音也。管，艮音也。鼓，震音也。弦，離音也。鐘，兑音也。柷敔，乾音也。」所引當即《樂器》篇文。《史記·樂書》索隱引孫炎釋「廉直經正」，云：「經，法也。」「類小大之稱」，云：「作樂器小大稱十二律也。」「奮至德之光」，云：「至德之光，天地之道也。」「動四氣之和」，云：「四氣之和，四時之化。」「樂主其反」，云：「反，謂曲終還更始也。」所引孫注，於《爾雅》文無所附，疑古本在篇内，今缺脱矣。此篇首舉五聲之別號，次及八音大小之異名，皆言其器，未論其義，其篇末將有闕文歟？

宫謂之重，商謂之敏，角謂之經，徵謂之迭，羽謂之柳。皆五音之别名。其義未詳。

宫、商、角、徵、羽者，五聲也。聲之起，由人心之感於物也。故《管子·地員》篇云：「凡聽宫，如牛鳴窌中。凡聽商，如離羣羊。凡聽角，如雉登木以鳴，音疾以清。凡聽徵，如負豬豕，覺而駭。凡聽羽，如鳴馬在野。」是五聲象五物之鳴，清濁高下，由斯生焉。重、敏、經、迭、柳者，唐徐景安《樂書》引劉歆云：「宫者，中也，君也，爲四音之綱，其聲重厚，如君之德而爲重。商者，章也，臣也，其聲敏疾，如臣之節而爲敏。角者，觸也，民也，其聲圓長，經貫清濁，如民之象而爲經。徵者，祉也，事也，其聲抑揚遞續，其音如事之緒而爲迭。羽者，宇也，物也，其聲低平掩映。自高而下，五音備成，如物之聚而爲柳。」《爾雅》釋文引孫炎云：「宫音濁而遲，故曰重也。」按：孫炎與劉歆義同。《樂書》所引，即其《爾雅》注也。《釋文》引劉歆乃《漢書·律曆志》之文。臧氏《爾雅漢注》説是。

大瑟謂之灑。長八尺一寸，廣一尺八寸，二十七弦。

瑟者，《説文》云：「庖犧所作弦樂也。」《釋名》云：「瑟，施弦張之瑟瑟然也。」《玉海》引《世本》云：「瑟，潔也，使人精潔於心，淳一於行。」《白虎通》云：「瑟者，嗇也，閑也，所以懲忿窒欲，正人心之德也。」大瑟者，《明堂位》有「大瑟」「小瑟」。《風俗通》云：「今瑟長五尺五寸，非正器也。」應劭所説蓋小瑟，郭注所言乃大瑟也。邢疏引《世本》曰：「庖犧氏作五十弦，黄帝使素女鼓瑟，哀不自勝，乃破爲二十五弦，其二均聲。」《禮圖》舊云：「雅瑟，長八尺一寸，廣一尺八寸，二十三弦，其常用者十九弦。頌瑟，長七尺二寸，廣尺八寸，二十五弦，盡用之。」《通典》引同。郭云「二十七弦」，未見所出。謂之灑者，《釋文》引孫炎云：「音多變，布出如灑也。」《月令》正義引作「音之布告如埽灑也」。《釋文》：「灑，所蟹、所綺二反。」按：「灑」，从麗聲，「所蟹」非古音。「灑」「瑟」以聲轉爲義。

大琴謂之離。或曰琴大者二十七弦，未詳長短。《廣雅》曰：「琴長三尺六寸六分，五弦。」

琴者，《説文》云：「禁也。神農所作。洞越，練朱五弦，周加二弦。」桓譚《新論》文王、武王各加一弦，以少宫、少商。《白虎通》云：「琴者，禁也，所以禁止淫邪，正人心也。」《風俗通》云：「今琴長四尺五寸，法四時五行也。七弦者，法七星也。」《琴操》云：「長三尺六寸六分，象三百六十六日。廣六寸，象六合也。」按：此是常用之琴。《明堂位》有「中琴」，豈是歟？又有「大琴」，則此「大琴」是也。《初學記》引《樂録》曰：「大琴二十弦，今無此器。」《御覽》五百七十七引《爾雅》注云：「大琴曰離，二十弦。」此是伏羲所制。郭注作「二十七弦」，疑與「大瑟」相涉而誤也。汪氏中據《宋書·樂志》校，「七」字衍，去之，是矣。然《通典》已引作「二十七弦」，則自唐本已然。謂之離者，離猶羅也，衆音分散羅羅然，與灑義同也。《月令》正義引孫炎云「聲留離也」，邢疏引作「音多變，聲流離也」。「流離」與「留離」同。

大鼓謂之鼖，鼖，長八尺。小者謂之應。《詩》曰：「應朄縣鼓。」在大鼓側。

鼓者，《説文》云：「郭也。春分之音。萬物郭皮甲而出，故謂之鼓。」《繫傳》：「郭者，覆冒之意。」《釋名》云：「鼓，郭也，張皮以冒之，其中空也。」《白虎通》云：「鼓，震音煩氣也。萬物憤懣，震動而出。」《荀子·樂論》篇云：「鼓其樂之君邪？」鼖者，《説文》云：「大鼓謂之鼖。鼖，八尺而兩面，以鼓軍事。」本《鼓人》及《韗人》文也。「鼖」，从賁省聲。《詩》：「賁鼓維鏞。」賁即鼖也。《釋詁》：「墳，大也。」「墳」「鼖」音義同。

應者，以應和爲義也。《釋文》引李巡云：「小者音聲相承，故曰應。應，承也。」孫炎云：「和應大鼓也。」《釋名》云：「在後曰應。應大鼓也。」郭引《詩》：「應朄縣鼓。」毛傳：「應，小鞞也。」鄭箋：「朄，小鼓，在大鼓旁。應，鼙之屬也。」

大磬謂之毊。毊，形似犂錧，以玉石爲之。

磬者，《説文》云：「樂石也。从石、殸。象縣虡之形。殳，擊之也。古者毋句氏作磬。」《釋名》云：「磬，罄也，其聲罄罄然，堅緻也。」《白虎通》云：「磬者，夷則之器，象萬物之成也。其氣清，故曰磬。」《樂記》云：「石聲磬。」皆以「磬」爲罄，罄有堅成之義也。《説文》「磬」，古文作「硜」。《論語》：「鄙哉！硜硜乎。」疑即「硜硜」之或體耳。郭知磬，玉石爲之者，《詩・那》箋云：「磬，玉磬也。」《通典》云：「泗濱石可爲磬，近代出自華原。」大磬者，《玉海》載《三禮圖》舊圖引《樂經》云：「黄鍾磬，前長三律二尺七寸，後長二律一尺八寸。」此謂特縣大磬，配鎛鐘者也。《爾雅》「大磬」蓋即此。謂之毊者，《釋文》引李巡云：「大磬聲清燥也，故曰毊。毊，燥也。」孫炎云：「毊，喬也。喬，高也，謂其聲高也。」按：孫讀「毊」爲「喬」，《釋文》「虚嬌反」，非音「喬」，是也。「喬」「磬」一聲之轉。郭云「形似犂錧」者，《釋文》：「江南人呼犂刃爲錧。」《説文》「琯」字解云：「似犂冠。」《繫傳》云：「犂冠，即犂鑱也。」《廣韵》：「鑱，吴人云犂鐵。」按：今登萊人謂犂鐵爲「鑱頭」，形不似磬。磬之形，則《磬氏》云：「倨句一矩有半。」是也。

大笙謂之巢，列管匏[一]中，施簧管端，大者十九簧。小者謂之和。十三簧者。《鄉射·記》曰：「三笙一和而成聲。」

笙者，《說文》云：「十三簧，象鳳之身也。笙，正月之音，物生故謂之笙。大者謂之巢，小者謂之和。古者隨作笙。」又「簧」云：「笙中簧也。古者女媧作簧。」《釋名》云：「笙，生也，竹之貫匏，象物貫地而生也。以匏爲之，故曰匏也。」按：匏即笙。或單言「簧」，亦即笙。故《詩》：「左執簧。」毛傳以「簧」爲笙，《正義》曰：「簧者，笙管之中金薄鐷也。」郭云「十九簧」者，未見所出。云「十三簧」者，本《笙師》注鄭衆說也。《風俗通》云：「長四尺，十三簧，象鳳之身。」《孟子》疏引《禮圖》云：「笙，長四尺，諸管參差，亦如鳥翼。」皆其形狀也。謂之巢與和者，《御覽》五百八十一引舍人云：「大笙音聲衆而高也，小者音相和也。」《釋文》引孫炎云：「巢，高也，言其聲高。和，應和於笙。」李巡云：「小者聲少音出[二]和也。」郭引《鄉射·記》文，鄭注：「三人吹笙，一人吹和。」是也。《釋文》：「巢，孫、顧竝仕交、莊交二反，孫又徂交反。」今按：「巢」，讀若「繅」，與「笙」雙聲。和與小鼓名應義同。

[一] 匏，《爾雅》宋刊十行本作「瓠」。

[二] 出，楊胡本、《經解》本同，《經典釋文》作「相」。

大篪謂之沂。篪以竹爲之，長尺四寸，圍三寸，一孔，上出一寸三分，名「翘」，横吹之，小者尺二寸。《廣雅》云：「八孔。」

篪者，《説文》作「鯱」，云：「管樂也。」或从竹作「篪」。《釋名》云：「篪，嗁也，聲從孔出，如嬰兒嗁聲也。」大篪者，郭據《廣雅》「長尺四寸」。又云「尺二寸」者，《三禮圖》引舊圖云：「雅篪長尺四寸，頌篪長尺二寸。」是大篪即雅篪也，小篪即頌篪也。郭又云「名翘，横吹之」者，《通典》引蔡邕《月令章句》云：「篪，六孔有距，横吹之。」《通典》云：「今横笛加觜者謂之義觜笛。」即篪之遺象也。《御覽》引《世本》注云：「篪，吹孔有觜，如酸棗。」然則或言「觜」，或言「距」，或言「翘」，皆指吹孔之上出者而言也。至其孔數，《廣雅》云「八孔」，《笙師》注云「七孔」，《月令章句》作「六孔」，《禮圖》作「九孔」，《風俗通》又云「十孔」。不同者，或器有大小，亦或所傳之異也。謂之沂者，《御覽》五百八十引舍人曰：「大篪，其聲悲沂鏘然也。」《釋文》引李、孫云：「篪聲悲。沂，悲也。」是諸家竝以「悲」訓沂，知「沂」讀魚衣切，與「篪」疊韵，此古音也。《釋文》「郭，魚斤反」，非矣。

大塤謂之嘂。塤，燒土爲之，大如鵝子，鋭上平底，形如稱錘，六孔，小者如雞子。

塤者，《説文》作「壎」，云：「樂器也。以土爲之。六孔。」《周禮·小師》注：「塤，燒土爲之，大如鴈卵。」《風俗通》云：「圍五寸半，長三寸半，有四孔，其二通，凡爲六孔。」《御覽》五百八十一引《爾雅》注曰：「塤，壎，鋭上，平底，形象稱錘。大者如鵝子，聲合黄鍾大吕也；小者如雞子，聲合大簇夾鍾也。皆六孔，與篪聲相諧，故曰壎、篪相應。」臧庸以此爲舍人注。《白虎通》云：「壎在十一月。壎之爲言薰也，陽氣於黄泉之下，薰蒸而萌。」《釋名》云：「塤，喧也，聲濁喧喧然也。」謂之嘂者，「嘂」「喧」義同。「喧」，《説文》作「吅」，讀若「讙」，與「壎」疊韵。「嘂」與「叫」同。《釋文》「嘂，本或作叫」，引李巡云：「叫，大壎也。」《詩·何人斯》正義引孫炎曰：「音大如叫呼也。」

大鐘謂之鏞，《書》曰：「笙鏞以閒。」亦名「鎛」，音「博」。其中謂之剽，小者謂之棧。

鐘者，《説文》云：「樂器也。」「器」字從《釋文》引，今《説文》作「鐘」，誤。秋分之音，物穜成。古者垂作鐘。」《釋名》云：「鐘，空也，内空受氣多，故聲大也。」《白虎通》云：「鐘之爲言動也。陰氣用事，萬物動。」《淮南·本經》篇注：「鐘，音之君也。」鏞者，《説文》云：「大鐘謂之鏞。」《詩》云：「庸鼓有斁。」《逸周書·世俘》篇云：「王奏庸。」「庸」皆「鏞」之省借也。《書·益稷》正義引李巡曰：「大鐘音聲大。鏞，大也。」孫炎曰：「鏞，深大之聲。」

剽者，《釋文》：「郭音瓢，孫匹妙反。釋云：『剽者，聲輕疾。』李云：『其中微小，故曰剽。剽，小也。』」按：李巡蓋以「剽」爲蔈，蔈訓末，末亦微小之言。

棧者，「俴」之叚音也。《說文》：「俴，淺也。」《釋文》引李巡云：「棧，淺也。」又引東晉太興元年，會稽剡縣人家井中得一鐘，長三寸，口徑四寸，上有銘。按：《晉書·郭璞傳》作「鐘長七尺三分，口徑四寸半，上有古文奇書。璞曰棧鐘」云云。今按：當時以所得鐘爲棧鐘，故《釋文》援之。其言尺寸，則《晉書》較詳備。然棧鐘亦無攷。

大簫謂之言，編二十三管，長尺四寸。小者謂之筊。十六管，長尺二寸。簫，亦名「籟」。

簫者，《說文》云：「參差管樂，象鳳之翼。」《白虎通》云：「簫者，中呂之氣也。萬物生於無聲，見於無形，勠也，肅也。」《釋名》云：「簫，肅也，其聲肅肅然清也。」按：《荀子·解蔽》篇云：「鳳皇秋秋，其聲若簫。」是簫形象鳳翼，音亦象鳳聲矣。《詩·有瞽》箋：「簫，編小竹管，如今賣餳者所吹也。」《周禮·小師》注同。《廣雅》云：「簫，大者二十四管，小者十六管，有底。」《類聚》引《三禮圖》云：「雅簫，長尺四寸，二十四彄。頌簫，長尺二寸，十六彄。彄即管也。」是簫之管數，《廣雅》以《禮圖》爲據。郭不同者，《通典》引《月令章句》云：「簫，編竹，有底，大者二十三管。」是郭所本也。《風俗通》又云：

「十管，長二尺。」所未詳也。謂之言與筊者，《有瞽》正義引李巡曰：「大簫，聲大者言言也。小者聲揚而小，故言筊。筊，小也。」《急就篇》補注引《周禮》注云：「有底而善應謂之管，有底而交鳴謂之筊。」《釋文》：「言，或作管。筊，或作筊。」然則言訓應也，筊訓交也，因疑「言」或「譍」字之缺，「筊」亦「筊」字之壞。據《釋文》「户交反」，則當作「筊」。「筊」「言」「譍」俱聲相轉，或音變形譌耳。

大管謂之簥，管長尺，圍寸，併漆之，有底。賈氏以爲如篪，六孔。其中謂之篞，小者謂之篎。

管者，《説文》云：「如篪，六孔，十二月之音，物開地牙，故謂之管。」《風俗通》引《樂記》：「管，漆竹，長一尺，六孔。」《周禮·小師》注：「管，如篴而小，併兩而吹之。今大予樂宫有焉。」《宋書·樂志》引《月令章句》云：「管者，形長尺圍寸，有六孔，無底。」《廣雅》亦云：「無底。」郭注作「有底」，誤也。又引賈逵以爲如篪，六孔，與《小師》鄭衆注同，《説文》所本也。謂之簥者，《御覽》五百八十引舍人曰：「大管聲高大，故曰簥。簥者，高也。中者聲精密，故曰篞。篞，密也。小者聲音清妙也。」按：舍人讀「篞」如

「暱」，訓篎爲妙。《說文》「篎」用《爾雅》。

大籥謂之産，籥如笛，三孔而短小。《廣雅》云：「七孔。」其中謂之仲，小者謂之箹。

籥者，「龠」之叚借也。《說文》云：「龠，樂之竹管，三孔，以和衆聲也。」通作「籥」。《少儀》注：「籥，如笛，三孔。」《笙師》注同。皆郭所本也。又引《廣雅》云「七孔」，《詩·簡兮》傳「六孔」。不同者，蓋籥施用有異，故孔數不同。其施於吹以和樂者，則三孔，如笛而短；其施於舞所執者，則六孔，當如笛而長。知者，《風俗通》引《樂記》云：「笛，長一尺四寸，七孔。」《簡兮》釋文云：「籥，長三尺，執之以舞。」是舞籥長於笛有半，則知吹籥短於笛，其體當不過一尺也。笛與籥全相似。故《廣雅》云：「龠謂之笛。」又云：「有七孔。」以《簡兮》傳「六孔」推之，則知《廣雅》之「七孔」亦當指舞籥而言矣。舞籥有孔者，雖施於舞，亦用以吹。故《周禮·序官》「籥師」注云：「籥，舞者所吹。」是其義也。然籥既如笛而有三孔、六孔、七孔，不同者，《說文》云：「笛，七孔筩也。羌笛三孔。」《笙師》注：「杜子春云：『篴，今時所吹五空竹篴。』」是笛之孔數，亦未有定。然則吹籥短於笛而三孔，舞籥長於笛而六孔，或七孔，始無可疑矣。産、仲、箹者，《說文》以「龠」爲籟，「仲」亦爲籟，故云：「籟，三孔龠也。大者謂之笙，按：「笙」當作「篞」，字形之誤，《釋文》

正作「簻」。其中謂之篞，小者謂之箹。」又云：「箹，小篞也。」《風俗通》引《樂記》與《説文》同，唯「其中謂之仲」句爲異。《御覽》五百八十引舍人云：「仲，其聲適中。仲，吕也。小者形聲細小曰箹也。」是舍人本作「仲」，與郭同。「篞」又簫之別名。故《廣雅》云：「篞謂之簫。」《淮南·齊俗》篇注：「簫，篞也。」《孟子》注：「籥，簫也。」是簫、篞、籥古皆通名，故《説文》以「籥」爲篞矣。

徒鼓瑟謂之步，獨作之。徒吹謂之和，徒歌謂之謡，《詩》云：「我歌且謡。」徒擊鼓謂之咢，《詩》曰：「或歌或咢。」徒鼓鐘謂之脩，徒鼓磬謂之寋。未見義所出。

凡八音備舉曰「樂」，一音獨作不得樂名，此別其異稱也。鼓者，擊也，動也。《周禮·小師》注：「出聲曰鼓。」徒者，空也，但也，猶獨也。徒鼓瑟謂之步者，步猶行也。《文選·樂府詩》注引《歌録》有《齊瑟行》，行即步之意也。

吹者，《釋文》云：「本或作龡。」《説文》作「籥」。《釋名》云：「竹曰吹。吹，推也，以氣推發其聲也。」按：「吹」有吹管、吹壎，要以竹爲主。《樂記》云：「竹聲濫，濫以立會。」謂之和者，吹竹其聲繁會，取相應和爲義也。

歌者，《説文》云：「詠也。」《釋名》云：「人聲曰歌。」按：「歌」有弦歌、笙歌，要以人聲爲主。謡者，《説文》作「䚻」，云：「徒歌。从言、肉。」肉即人聲。石經作「謡」。《詩·園有桃》傳：「曲合樂曰歌，徒歌曰謡。」《初學記》引《韓詩章句》：「有章曲曰歌，無章曲曰謡。」又引《爾雅》注云：「謂無絲竹之類，獨歌之。」《詩》正義引孫炎曰：「聲消揺也。」然則「謡」有消揺之義。《檀弓》云：「孔子消揺於門而歌。」此歌即徒歌矣。

咢者，《説文》作「咢」，云：「譁訟也。」《詩·行葦》正義引孫炎曰：「聲驚咢也。」驚咢即譁訟之意。《樂記》云：「鼓鼙之聲讙。」讙即譁也。鼓聲使人警動，故謂之「咢」。《行葦》傳云：「歌者，比於琴瑟也。徒擊鼓曰咢。」《初學記》引《爾雅》有「聲比於琴瑟曰歌」一句，以毛傳推之，今本似有脱文。

脩者，長也，大也。《樂記》云：「鐘聲鏗鏗。」者，聲宏大而遠聞，故謂之脩矣。

寋者，《釋文》引李巡云：「置擊衆聲寋連也。本或作謇。或作蹇，非。」按：《初學記》引《爾雅》正作「徒擊磬謂之寋」，即《釋文》所非者。但「寋」「謇」俱或體，「蹇〔二〕」爲正字。《易》云：「往蹇來連。」馬融注：「連，力善反。亦難也。」是「蹇」「連」義同。李巡與馬融合，因知李本「寋」蓋作「蹇」。陸德明不知作「蹇」乃古本，反據今本作「寋」而非之，

〔二〕 蹇，原誤「寋」，楊胡本同，據《經解》本改。

謬矣。《樂記》云：「石聲磬。」「磬」與「經」古音近而義同。《論語》「經於溝瀆」即《禮記》「磬於甸人」之義。「磬」「經」「蹇」俱聲相轉。

所以鼓柷謂之止，柷，如漆桶，方二尺四寸，深一尺八寸，中有椎，柄連底，挏〔一〕之令左右擊。止者，其椎名。所以鼓敔謂之籈。敔，如伏虎，背上有二十七鉏鋙，刻以木，長尺，櫟之。籈者，其名。

《説文》云：「柷，樂木空也。」「空」當作「椌」。所以止音爲節。」「椌，柷樂也。」「敔，樂器，椌楬也，形如木虎。」《詩·有瞽》傳：「柷，木椌也。圉，楬也。」「圉」與「敔」同。《明堂位》注：「揩擊，謂柷敔，皆所以節樂者也。」《書》：「合止柷敔。」鄭注：「柷，狀如漆筩，中有椎，合之者投椎於其中而撞之。敔，狀如伏虎，背上刻之，所以鼓之以止樂。」《風俗通》引《樂記》云：「柷，漆桶，方畫木，方三尺五寸，高尺五寸，中有椎，上用「疑「用」當作「通」。柷止音爲節。」《廣雅》説尺寸與《樂記》同。郭云「二尺四寸」，未知出何書也。《書·益稷》正義云：「擊柷之椎名爲止，戛敔之木名爲籈。」漢禮器制度及《白虎通》、馬

〔一〕挏，《爾雅》宋刊十行本作「桐」。

融、鄭玄、李巡，其説皆爲然也。惟郭璞爲詳，據此則郭注亦本李巡，但其義加詳耳。《白虎通》云：「柷敔者，終始之聲，萬物之所生也。柷，始也。敔，終也。」《釋名》云：「柷以作樂，敔以止樂。」按：柷之言俶，俶，始也；敔之言禦，禦，止也。《説文》：「柷，所以止音爲節。」蓋釋《爾雅》「鼓柷謂止」之義，非「止樂」之「止」也。舊説止者，欲戒止於其早也；籈者，欲修潔於其後也。

大鼗謂之麻，小者謂之料。麻者，音概〔一〕而長也。料者，聲清而不亂。

鼗者，《説文》作「鞀」，云：「鞀遼也。」或作「鞉」，又作「鼗」，籀文作「磬」。《釋名》云：「鞉，導也，所以導樂作也。」《周禮·小師》注：「鼗，如鼓而小，持其柄摇之，旁耳還自擊。」賈疏云：「後鄭解鼗依漢法而知。」賈知鄭依漢法者，據《詩》：「置我鞉鼓。」鄭箋：「置，讀曰植。植鞉鼓者，爲楹貫而樹之。」以彼貫而樹者爲古法，即知持而摇者爲漢法矣。謂之麻者，麻之言靡，緻密之意。故《春秋説題辭》云：「麻之爲言微也。陰精寢密，女作織微也。」郭云「概」居器反。者，即稠密之義。《宋書·樂志》云：「小鼓有柄曰鞀，

〔一〕概，原誤「槩」，楊胡本同，《經解》本作「概」，據《爾雅》宋刊十行本改。

大鞀謂之鞞。《月令》：「仲夏修鞀鞞。」是也。然則《宋志》蓋以「鞞」即麻矣。料者，量也，數也。《説文》「料」讀若「遼」，鞀訓鞈遼，蓋以其聲了了遠聞[一]，故郭云「聲清而不亂」。

和樂謂之節。

和者，《説文》作「龢」，云：「調也。」節者，邢疏云：「樂器名，謂相也。《樂記[二]》云：『治亂以相。』鄭注：『相，即拊也，亦以節樂。拊者以韋爲表，裝之以糠。糠，一名相，因以名焉。』」《周禮·大師》云：「令奏擊拊。」《書·益稷》謂之「搏拊」，《明堂位》謂之「拊搏」，皆一物也。《釋名》云：「搏拊，以韋盛糠，形如鼓，以手拍拊之也。」《樂記》云：「會守拊鼓。」是拊乃鼓屬，用以節樂，因名「節鼓」。《通典》云：「節鼓，狀如博局，中開圓孔，適容其鼓，擊以節樂。」所説形狀與劉熙及鄭又異。《宋書·樂志》「節」在鼓類，則仍同舊説。又云：「節不知誰所造。傅玄《節賦》云：『黄鐘唱哥，《九韶》興舞。口非節不詠，手非節不拊。』此則節所從來亦遠矣。」

[一] 聞，原誤「閒」，楊胡本同，據《經解》本改。
[二] 記，原誤「器」，楊胡本同，據《經解》本改。

爾雅郭注義疏中之四

釋天弟八天者，《説文》云：「顛也。至高無上。从一、大。」《釋名》云：「天，豫、司、兖、冀以舌腹言之。天，顯也，在上高顯也。青、徐以舌頭言之。天，坦也，坦然高而遠也。」《釋文》引《春秋説題辭》云：「天之言鎮也。居高理下，爲人經緯，故其字一大以鎮之也。」又引《禮統》云：「天之爲言鎮也，神也，陳也，珍也，施生爲本，運轉精神，功效列陳，其道可珍重也。」此篇所釋四時、祥、災、歲陽、歲名、月陽、月名、風雨、星名，皆天所運轉列陳而爲敬授庶徵之本，故以次詮釋。其祭名以下，蓋附見焉。翟氏灝《爾雅補郭》云：「祭名與講武、旌旗三章，俱非天類，謂當更有《釋禮》篇與《釋樂》篇相隨，此其殘文。」孫氏志祖《脞録》非之，今無取焉。

穹蒼，蒼天也。天形穹隆，其色蒼蒼，因名云。春爲蒼天，萬物蒼蒼然生。夏爲昊天，言氣皓旰。秋爲旻天，旻猶愍也，愍萬物彫落。冬爲上天。言時無事，在上臨下而已。

穹蒼者，《詩·桑柔》傳用《爾雅》，以《詩》言「穹蒼」，故以「蒼天」釋之。《正義》引李巡曰：「古時人質，仰視天形穹隆而高，其色蒼蒼然，故曰穹蒼。」郭義與李同。

春、夏、秋、冬天異名者，《釋名》云：「春曰蒼天，陽氣始發，色蒼蒼也。夏曰昊天，其氣布散灝灝也。秋曰旻天，旻，閔也，物就枯落可閔傷也。冬曰上天，其氣上騰，與地絶也。」《詩·黍離》傳：「元氣廣大，則稱昊天。仁覆閔下，則稱旻天。自上降鑒，則稱上天。據遠視之蒼蒼然，則稱蒼天。」《正義》引李巡曰：「春萬物始生，其色蒼蒼，故曰蒼天。夏萬物盛壯，其氣昊大，故曰昊天。秋萬物成熟，皆有文章，故曰旻天。冬陰氣在上，萬物伏藏，故曰上天。」《御覽》廿四引孫炎云：「冬天藏物，物伏於下，天清於上。」其義與李巡同。《白虎通·四時》篇既言「春曰蒼天，夏曰昊天」云云，又引《爾雅》一說，與此不同。《黍離》正義引《異義》天號。今《尚書》歐陽説：「春曰昊天，夏曰蒼天。」《爾雅》亦云。」《書·堯典》正義引鄭讀《爾雅》云：「春爲昊天，夏爲蒼天。」《説文》云：「春爲昦天，元氣昦昦。从〔一〕日介。」《廣雅》亦云：「東方昦天。」皆本《尚書》歐陽説也。然則許、鄭及張揖所據《爾雅》「春昊」「夏蒼」，郭與李巡作「春蒼」「夏昊」，可知《爾雅》古有

〔一〕从，原誤「以」，楊胡本、《經解》本同，據《説文解字》改。

二本，即《白虎通》所言是也。然此皆循文訓義，未爲觀其會通。若通而論之，則堯命羲和而云「欽若昊天」，非必夏也；魯誄孔子而曰「閔天不弔」，非必秋也；上言「彼黍離離」，下言「悠悠蒼天」，其非春可知矣；《詩〔一〕》「有菀者柳」，即云「上天甚神」，見《戰國·楚策》。其非冬亦明矣。《爾雅》略釋其義，讀者勿泥其詞，可也。

四時題上事也。《白虎通》云：「時者，期也，陰陽消息之期也。四時天異名何？天尊，各據其盛者爲名也。春秋物變盛，冬夏氣變盛。」《釋名》云：「四時，四方各一時。時，期也，物之生死各應節期而止也。」按：《御覽》十七引《釋名》作「《爾雅》又曰『時，空也，司空主地，各主一方物之生死』」。據此所引，蓋《爾雅》舊注也。又據《白虎通》「四時天異名」云云，則知「四時」二字本《爾雅》舊題，「祥」「災」以下，義亦同焉。

春爲青陽，氣青〔二〕而温陽。夏爲朱明，氣赤而光明。秋爲白藏，氣白而收藏。冬爲玄英。氣黑而清英。四氣和謂之玉燭。道光照。

〔一〕詩，原誤「方言」，楊胡本同，據《十三經注疏》本《毛詩正義》改。
〔二〕青，原誤「清」，楊胡本、《經解》本同，據《爾雅》宋刊十行本改。

《説文》云：「青，東方色也。陽，高明也。」《釋名》云：「陽，揚也，氣在外發揚也。」朱明者，《御覽》廿一引孫炎云：「夏氣赤而光明。」郭與孫同。即此一條，可知郭注俱本孫炎也。四氣和者，《史記·樂書》索隱引孫炎云：「四氣之和，四時之化。」玉燭者，《釋文》引李巡云：「人君德美如玉而明若燭。」邢疏引《尸子·仁意》篇述太平之事云：「燭於玉燭，四時和正光照，此之謂玉燭。」

春爲發生，夏爲長嬴，秋爲收成，冬爲安寧。此亦四時之别號。《尸子》皆以爲太平祥風。四時和爲通正，道平暢也。謂之景風。所以致景風。

發生、長嬴者，《釋文》引李巡云：「萬物各發生長也。嬴，本或作贏。」四時和爲通正者，《類聚》一及《文選·新刻漏銘》注竝引《爾雅》作「四氣和爲通正」。《尸子》《論衡》亦云然也。景風者，《法苑珠林》引李巡曰：「景風，太平之風也。」《尸子》作「永風」，《仁意》篇云：「其風，春爲發生，夏爲長嬴，秋爲方盛，冬爲安静。四氣和爲通正，此之謂永風。」按：《御覽》十九引《尸子》與此小異。《論衡》作「景星」，《是應》篇云：「《爾雅》釋四時章曰：『春爲發生，夏爲長嬴，秋爲收成，冬爲安寧。四氣和爲景星。』夫如《爾雅》之言，景星乃四時氣和之名也，恐非著天之大星。」然則《論衡》所據《爾雅》本作「謂之景星」，而以爲非大星。推此則知，「景風」之義亦當如《論衡》所説。

甘雨時降，萬物以嘉，莫不善之。謂之醴泉。所以出醴泉。

甘〔一〕雨時降者，《類聚》二引《尸子》曰：「神農氏治天下，欲雨則雨。五日爲行雨，旬爲穀雨，旬五日爲時雨。正四時之制，萬物咸利，故謂之神。」《吕覽·季春》《孟夏》二紀竝云：「甘雨至三旬。」與《尸子》義合。是蓋自古以來相傳甘雨時降之期會也。邢疏引《尸子·仁意》篇云：「甘雨時降，萬物以嘉，高者不少，下者不多，此之謂醴泉。」《君治》篇云：「舜南面而治天下，天下太平，燭於玉燭，息於永風，食於膏火，飲於醴泉。」是又本《爾雅》而推廣其義也。《論衡·是應》篇云：「《爾雅》言『甘露時降，萬物以嘉，謂之醴泉』，醴泉乃謂甘露也。今儒者説之，謂泉從地中出，其味甘若醴，故曰醴泉。又言甘露其味甚甜，未可然也。雨濟而陰一者謂之甘雨，非謂雨水之味甘也。推此以論，甘露必謂其降下時適潤養萬物，未必露味甘也。」王充此論足解陋儒之惑。今按：《爾雅》此章題之曰「祥」，祥者，善也。夫天地順而四時當，民有德而五穀昌，此之謂「大當」，祥

〔一〕甘，原誤「廿」，據楊胡本、《經解》本改。

莫祥於是矣。自世儒喜談緯候，侈言符命、封禪、名書、符瑞、箸志，《爾雅》此篇將以杜絶謬妄。玉燭、景風、甘雨、醴泉，雖依其名而無取其實，蓋以四時光照即爲玉燭，四氣和正即爲景風，甘澍應期即爲醴泉，所以破讖緯之陋説，標禎祥之本名，將欲人君敬天勤民，以致陰陽和而年穀豐也。郭氏未達斯恉，其注「景風」「醴泉」猶以致出爲言，頗復近惑緯書，遠乖雅訓，宜據《尸子》、王充之論訂正其失焉。

祥

穀不熟爲饑，五穀不成。蔬不熟爲饉，凡草菜可食者，通名爲「蔬」。果不熟爲荒，果，木子。仍饑爲荐。連歲不熟。《左傳》曰：「今又荐饑。」

穀者，《説文》云：「續也。百穀之總名。」饑者，《説文》及《詩》傳用《爾雅》。《雨無正》正義引李巡曰：「五穀不熟曰饑。」《穀梁·襄廿四年傳》云：「一穀不升謂之嗛，二穀不升謂之饑，三穀不升謂之饉，四穀不升謂之荒，五穀不升謂之大饑，又謂之大侵。」按：此但據穀言，荒、饉亦在其内，實則五者皆謂「饑」也。又五穀亦無定名。《周禮·疾醫》注：「五穀：麻、黍、稷、麥、豆。」據《月令》爲説也。《職方》注：「五種：稻、黍、穋、麥、菽。」《素問·金匱真言》篇説五穀與《職方》注同，經典多從之。

蔬者，經典多作「疏」。《大宰》注云：「疏材，草木根實可食者。」引《爾雅》亦作「疏」。《魯語》云：「能殖百穀、百蔬。」韋昭注：「草實曰蔬。」按：「草」「菜」通名，故李巡曰：「可食之菜，皆不熟爲饉。」《説文》及毛傳用《爾雅》。依《穀梁》説「三穀不升爲饉」，是「穀」「蔬」通名。故《曲禮》云：「稻曰嘉蔬。」鄭注：「稻，菰蔬之屬也。」

果者，《説文》云：「木實也。」「在木曰果，在地曰蓏。」按：蓏，草菜之屬，即蔬之類，與果異也。荒者，《説文》作「㠃」，云：「虛無食也。」《謚法》云：「凶年無穀曰穅。」又云：「穅，虛也。」是「穅」「荒」義同。《穀梁》「四穀不升爲荒」與《謚法》竝據「穀」言者，穀與果、蔬實相表裏，凡穀不熟之年，果、蔬亦多不蓄也。又《周易》言「百果」，《魯語》言「百蔬」與《詩》《書》言「百穀」，皆舉大數而言，實亦通名。故《初學記》廿七引楊泉《物理論》云：「粱、稻、菽三穀各二十種，爲六十。蔬果之實，助、穀各二十，凡爲百穀。」是則「穀」爲大名，蔬、果亦穀之類，故不熟同謂之「災」。

仍者，《釋詁》云：「因也。」荐者，《釋言》云：「再也。」《左氏·僖十三年》正義引李巡云：「連歲不熟曰荐。」《爾雅》釋文：「荐，李本作薦。」是「薦」「荐」通。《詩》：「饑饉薦臻。」傳：「薦，重也。」又按：《爾雅》此篇題之曰「災」。《易》鄭注：「害物曰災。」《春秋》書「火」爲災,《爾雅》以「饑」爲災。《左傳》「晉荐饑」下云:「天災流行。」是亦以「饑」爲災,與《爾雅》合。

災

太歲在甲曰閼逢,在乙曰旃蒙,在丙曰柔兆,在丁曰强圉,在戊曰箸〔一〕雍,在己曰屠維,在庚曰上章,在辛曰重光,在壬曰玄黓,在癸曰昭陽。

甲者,《説文》云:「位東方之孟,陽氣萌動。从木,戴孚甲之象。」《釋名》云:「甲,孚也,萬物解孚甲而生也。」閼逢者,《一切經音義》十七引李巡曰:「言萬物鋒芒欲出,擁遏未通,故曰閼逢。」《淮南·天文》篇云:「寅在甲曰閼逢。」高誘注與李巡同。《史記·曆書》作「焉逢」。乙者,《説文》云:「象春艸木冤曲而出,陰氣尚彊,其出乙乙也。」《釋名》云:「乙,軋也,自抽軋而出也。」旃蒙者,《天文》篇云:「卯在乙曰旃蒙。」高注:「言萬物遏蒙甲

〔一〕箸,《爾雅》宋刊十行本作「著」。

而出，故曰旃蒙也。」《曆書》作「端蒙」。

丙者，《説文》云：「位南方，萬物成炳然。」《釋名》云：「丙，炳也，物生炳然，皆著見也。」柔兆者，《一切經音義》引李巡曰：「言萬物皆垂枝布葉，故曰柔兆也。」孫炎曰：「萬物柔婉有條兆也。」《天文》篇云：「辰在丙曰柔兆。」高注與李巡同。《曆書》作「游兆」。徐廣曰：「一作游桃。」

丁者，《説文》云：「夏時萬物皆丁實。」《釋名》云：「丁，壯也，物體皆丁壯也。」强圉者，李巡曰：「言萬物皆剛盛未通，故曰强圉。」孫炎曰：「萬物皮孚堅者也。」《天文》篇云：「已在丁曰强圉。」高注：「言萬物剛盛。」今按：四月陽氣已盛，故曰「剛盛」，李云「未通」，非也，高注得之。《曆書》作「彊梧」。

戊者，《説文》云：「中宮也。」《釋名》云：「戊，茂也，物皆茂盛也。」《天文》篇云：「午在戊曰箸雝。」高注：「言位在中央，萬物繁養四方，故曰箸雝也。」《釋文》：「箸，孫直略反。又陟慮反。廱，字又作雍。箸廱，本或作祝黎。」按：《曆書》「戊」作「徒維」，「己」作「祝犂」，與《爾雅》異。《釋文》蓋本此而誤。

己者，《説文》云：「中宮也。象萬物辟藏詘形也。」《釋名》云：「己，紀也，皆有定形，可紀識也。」屠維者，《天文》篇云：「未在己曰屠維。」高注：「言萬物各成其性，故曰屠維。屠，别。維，離也。」《曆書》作「祝犂」。

庚者，《説文》云：「位西方，象秋時萬物庚庚有實也。」《釋名》云：「庚，更也，庚堅强貌也。」上章者，《天文》篇云：「申在庚曰上章。」高注：「言陰氣上升，萬物畢生，故曰上章也。」《曆書》作「商横」。

辛者，《説文》云：「秋時萬物成而孰，金剛，味辛，辛痛即泣出。」《釋名》云：「辛，新也，物初新者皆收成也。」重光者，《天文》篇云：「酉在辛曰重光。」高注：「言萬物就成熟，其光煌煌，故曰重光也。」《曆書》作「昭陽」。

壬者，《説文》云：「位北方也。陰極陽生，故《易》曰：『龍戰于野。』戰者，接也。象人褱妊之形。」《釋名》云：「壬，妊也，陰陽交，物懷妊也。至子而萌也。」玄黓者，《天文》篇云：「戌在壬曰玄黓。」高注：「言歲終包任萬物，故曰玄黓也。」按：玄黓言物終而幽翳也。《曆書》作「横艾」。

癸者，《説文》云：「冬時水土平，可揆度也。」《釋名》云：「癸，揆也，揆度而生，乃出土也。」昭陽者，《天文》篇云：「亥在癸曰昭陽。」高注：「言陽氣始萌，萬物含生，故曰昭陽。」《曆書》作「尚章」。

歲陽

太歲在寅曰攝提格，在卯曰單閼，在辰曰執徐，在巳曰大荒落，在午曰敦牂，在未曰協洽，在申曰涒灘，在酉曰作噩，在戌曰閹茂，在亥曰大淵獻，在子曰困敦，在丑曰赤奮若。

寅者，《説文》云：「髕也。正月，陽氣動，去黄泉，欲上出，陰尚彊，象宀不達，髕寅于下也。」《釋名》云：「寅，演也，演生物也。」攝提格者，《史記·天官書》索隱引李巡云：「言萬物承陽起，故曰攝提格。格，起也。」《開元占經》廿三引孫炎云：「陽攝持攜萬物，使之至上。」按：攝提，星名，屬東方亢宿，分指四時，從寅起也。故鄭注《是類謀》云：「攝提、招紀、天元，甲寅之歲。」又《離騷》云：「攝提貞于孟陬。」不言「格」者，省文。

卯者，《説文》云：「冒也。二月萬物冒地而出。」《史記·律書》云：「卯之爲言茂也，言萬物茂也。」單閼者，《天官書》索隱引李巡云：「陽氣推萬物而起，故曰單閼。單，盡也。閼，止也。」按：《爾雅》釋文引「止」作「上」，誤。《屈原賈生傳》索隱引孫炎本作「蟬焉」，「蟬猶伸也」，《占經》引孫炎作「殫猶伸也，閼蘊之物于此盡伸也」。

辰者，《説文》云：「震也。三月陽氣動，靁電振，民農時也。」《釋名》云：「辰，伸也，物皆伸舒而出也。」執徐者，《釋文》引李巡云：「執，蟄也。徐，舒也。言蟄物皆敷舒而出，故曰執徐也。」《占經》引孫炎云：「句者必達，蟄伏之物盡敷舒也。」《淮南·天文》篇注同李巡。

巳者，《説文》云：「巳也。四月陽氣已出，陰氣已藏，萬物見成文章。」《釋名》云：「巳，已也，陽氣畢布已也。」大荒落者，《占經》引李巡云：「言萬物皆熾茂而大出，霍然落落，故曰荒落。」孫炎云：「物長大荒蕪落莫也。」《曆書》作「大芒落」，《天官書》作「大荒駱」。《堂邑令費鳳碑》云：「歲袼于大荒。」不言「落」者，省文。

午者，《説文》云：「啎也。五月，陰气午逆陽，冒地而出。」《律書》云：「午者，陰陽交，故曰午。」敦牂者，《占經》引李巡云：「言萬物皆茂壯，猗那其枝，故曰敦牂。敦，茂也。牂，壯也。」《史記索隱》引孫炎云：「敦，盛也。牂，壯也。言萬物盛壯也。」《天文》篇注同李、孫。

未者，《説文》云：「味也。六月滋味也。」《釋名》云：「未，昧也，日中則昃，向幽昧也。」協洽者，《占經》引李巡云：「言陰陽化生，萬物和合，故曰協洽。協，和也。洽，合也。」孫炎云：「物生和洽，含英秀也。」

申者，《説文》云：「神也。七月陰气成，體自申束。」《釋名》云：「申，身也，物皆成其身體，各申束之，使備成也。」涒者，《説文》云：「食已而復吐之。」引《爾雅》曰：「太歲在申曰涒灘。」《一切經音義》十七引李巡曰：「言萬物皆循修其精氣，故曰涒灘。灘，單盡也。」孫炎曰：「涒灘，萬物吐秀傾垂之貌也。」《天文》篇注：「涒，大。灘，修也。言萬物皆修其精氣也。」《吕覽·序意》篇注義同。又云：「涒灘，誇人短舌不能言爲涒灘也。」按：「涒」「灘」雙聲兼疊韵，諸家各以意説。《釋文》：「灘，本或作攤。」漢《孔廟禮器碑》作「涒歎」。

酉者，《説文》云：「就也。」《釋名》云：「秀也。秀者，物皆成也。」作噩者，《釋文》云：「噩，本或作咢。」《史記》索隱引李巡云：「作咢，皆物芒枝起之貌。」《占經》引李巡云：「在酉言萬物墜落，故曰作咢。作，索也。咢，茂也。」按：「茂」當作「落」。《天文》篇注作「咢，零落也，萬物皆陊落」。義本李巡，可證。孫炎云：「作咢者，物落而枝起之貌。」然則李、孫竝以「作」爲起，「咢」爲落。《漢書·天文志》「咢」作「詻」。

戌者，《説文》云：「滅也。九月陽氣微，萬物畢成，陽下入地也。」《釋名》云：「戌，恤也，物當收斂，矜恤之也。亦言脱也，落也。」閹茂者，《占經》引李巡云：「言萬物皆蔽冒，故曰閹茂。閹，蔽也。茂，冒也。」按：《天文》篇注同。高誘多本李巡，《史記》索隱引作「孫炎」，蓋誤。孫炎云：「霜閹茂物，使俱落也。」是李、孫竝以「閹」爲掩。《漢書》及《淮南》俱作「掩」。

亥者，《説文》云：「荄也。十月微陽起，接盛陰。」《釋名》云：「亥，核也，收藏百物，核取其好惡真僞也。」大淵獻者，《占經》引李巡云：「言萬物落於亥，大小深藏，屈近陽，故曰淵獻。淵，藏也。獻，近也。按：「近」當作「迎」。《天文》篇注作「迎」，可證。」孫炎云：「淵，深也。大獻萬物于深，謂蓋藏之于外也。」

子者，《説文》云：「十一月陽氣動，萬物滋。」《釋名》云：「子，孳也，陽氣始萌，孳生於下也。」困敦者，《占經》引李巡云：「在子言陽氣皆混，萬物芽孽，故曰困敦。」《史記》索隱引孫炎云：「困敦，混沌也，言萬物初萌，混沌於黄泉之下也。」按：「敦」音「頓」，亦通作「頓」。《説文·敘》云：「困頓之年。」

丑者，《説文》云：「紐也。十二月萬物動，用事。」《釋名》云：「丑，紐也，寒氣自屈紐也。」赤奮若者，《曆書》正義引李巡云：「陽氣奮迅，萬物而起，無不若其性，故曰赤奮若。赤，陽色。奮，迅也。若，順也。按：「陽色」上舊脱「赤」字，今據《天文》篇注補。」《占經》引孫炎云：「物萌色赤，奮動順其心，而氣始芽也。」「赤奮若」，《曆書》作「汭漢」。

歲陰今本無此二字，然十干既題「歲陽」，則十二支當題「歲陰」。故《淮南·天文》篇云「太陰在寅，歲名曰攝提格。太陰在卯，歲名曰單閼」云云。俱本《爾雅》爲説。《史記·曆書》索隱引《爾雅·釋天》云：「歲陽者，甲、乙、丙、丁、戊、己、庚、辛、壬、癸十干是也。歲陰者，子、丑、寅、卯、辰、巳、午、未、申、酉、戌、亥十二支是也。歲陽在甲云焉逢，謂歲干也。歲陰在寅云攝提格，謂歲支也。」據《索隱》所引，是古本有「歲陰」二字之證，今依臧氏《爾雅漢注》補。

載，歲也。夏曰歲，取歲星行一次。商曰祀，取四時一終。周曰年，取禾一熟。唐虞曰載。取物終更始。

此釋年歲之名。所以代必異名者，《書·堯典》正義引李巡云：「各自紀事，示不相襲也。」「載，歲也」者，《左氏·昭七年》正義引李巡曰：「載，一歲莫不覆載也。」孫炎曰：「四時一終曰歲，取歲星行一次也。」《説文》云：「歲，木星也。越歷二十八宿，宣徧陰陽，十二月一次。」然則夏曰歲者，主于占星紀事。《夏小正》云：「初歲祭耒。」是也。祀者，《説文》云：「祭無已也。」《書》正義引孫炎曰：「祀，取四時祭祀一訖也。」然則商曰祀者，商人尚鬼，以祀爲重。《書·洪範》「惟十有三祀」，蓋爲箕子作也。年者，《説文》云：「穀孰也。」《書》正義引孫炎曰：「年，取年穀一熟也。」然則周曰年者，周以稼穡興年穀爲重。《春秋》書「大有年」，是也。載者，《釋名》云：「載生物也。」《白虎通》云：「載之言成也。載成萬物，終始言之也。」邢疏引孫炎曰：「載，始也，取物終更始。」郭注俱本孫炎。唐虞曰載者，以更始爲義。《書》云：「九載，績用弗成。」「三載考績。」是也。按：《尚書大傳》引《書》曰：「三歲考績。」是唐虞亦曰「歲」。《禹貢》云：「作十有三載。」是夏亦曰「載」。《洪範五行傳》云：「維王后元祀。」鄭注：「王，謂禹也。」是夏亦曰「祀」。《大傳》又引《書》曰：「高宗梁闇，三年不言。」是商亦曰「年」。《詩·殷武》云：「歲事來辟。」是商亦曰「歲」。《周禮·哲蔟氏》云：「十有二歲之號。」《大史》云：「正歲年以序事。」是周亦曰「歲」也。然則此類蓋亦通名矣。

歲名

月在甲曰畢，在乙曰橘，在丙曰修，在丁曰圉，在戊曰厲，在己曰則，在庚曰窒，在辛曰塞，在壬曰終，在癸曰極。

月陽猶歲陽也。《史記·曆書》云：「月名畢聚。」《索隱》曰：「『聚』，音陬。」是則正月得甲爲畢陬也。又云：虞喜云：「月雄在畢，雌在訾。訾則陬訾之宿。」今按：月雄、月雌即月陽、月陰也。畢陬乃以月陽配月陰，十二月皆然也。「橘」，本或作「𣖊」。《廣韵》云：「𣖊，月在乙也。」然則畢、橘者，畢星象匕，橘之言矞，以錐穿物之名。月在甲、乙，盛德在木，象萌芽穿地而出也。修、圉者，猶柔兆、强圉也。月在丙、丁，盛德在火，象長大剛彊而壯也。厲、則者，「厲」讀爲「烈」，則訓爲法。月在戊、己，盛德在土，生養萬物有功烈、法則也。窒、塞者，其義皆爲實也。月在庚、辛，盛德在金，物成皆堅實壬也。終、極者，其義皆爲盡也。月在癸，盛德在水，物生皆究盡也。

月陽

正月爲陬，《離騷》云：「攝提貞於孟陬。」二月爲如，三月爲寎，四月爲余，五月爲皋，六月爲且，七月爲相，八月爲壯，九月爲玄，《國語》云：「至于玄月。」是也。十月爲陽，純陰用事，嫌于無陽，故以名云。十一月爲辜，十二月爲涂。皆月之别名。自歲陽至此，其事義皆所未詳通，故[一]闕而不論。

正月者，《白虎通》云：「日尊於月。不言正日，言正月何也？積日成月，物隨月而變，故據物爲正也。」陬者，虞喜以爲陬訾，是也。按：陬訾，星名，即營室東壁。正月日

[一] 故上《爾雅》宋刊十行本有「者」字。

在營室，日月會於陬訾，故以「孟陬」爲名。《説文·敘》云：「孟陬之月。」《漢書·劉向傳》云：「攝提失方，孟陬無紀。」《史記·曆書》：「月名畢聚。」「聚」與「陬」同。

如者，隨從之義。萬物相隨而出，如如然也。

寎者，《釋文》：「李陂病反，本或作窉。」《廣韵》引《爾雅》作「三月爲窉」，云：「本亦作寎。」是「寎」「窉」同。《玉篇》：「窉，穴也，筆永切。」然則窉者，丙也，三月陽氣盛，物皆炳然也。

余者，《釋文》：「餘、舒二音。孫作舒。」《詩·小明》正義引李巡曰：「四月萬物皆生枝葉，故曰余。余，舒也。」孫炎曰：「物之枝葉敷舒。」是李、孫義同，孫本作「舒」爲異。「日月其除」，鄭箋：「四月爲除。」是鄭讀「除」爲「余」。

皋者，《釋文》：「或作高，同。」今按：「皋」「高」音義同。皋者，皋韜在下也。本《釋名·親屬》篇。高者，上也，五月陰生欲自下而上，又物皆結實，櫜韜下垂也。

且者，次且行不進也。六月陰漸起，欲遂上，畏陽猶次且也。

相者，導也。三陰勢已成，遂導引而上也。

壯者，大也。八月陰大盛，《易》之「大壯」，言陽大盛也。

玄者，懸也，本《釋名》。陰遂在上也。《詩·何草不黄》正義引李巡曰：「九月萬物畢盡，陰氣侵寒，「侵」與「寖」同。其色皆黑。」孫炎曰：「物衰而色玄也。」引《詩》曰：「何草不玄。」按：《詩》言春非秋也，《正義》已駁之。郭引《越語》云：「至於玄月。」韋昭注引《爾雅》謂魯哀十六年九月也。

陽者，《詩》：「歲亦陽止。」毛傳：「陽，歷陽月也。」鄭箋：「十月爲陽。時坤用事，嫌於無陽，故以名此月爲陽。」孫、郭義與鄭同，皆以十月無陽强名之耳。今按：陰陽消息，迭運不窮。故董仲舒《雨雹對》云：「十月陰，雖用事而陰不孤立。」《詩・采薇》正義引「《詩緯》曰『陽生酉仲，陰生戌仲』，是十月中兼有陰陽」，舊説非也。

辜者，故也，十一月陽生，欲革故取新也。十月建亥，亥者，根荄也，至建子之月而孳孳然生矣。

涂者，古本作「荼」。荼亦舒也，言陽雖微氣漸舒也。「舒」「荼」古字通用。《周禮・哲蔟氏》注：「月謂從娵至荼。」是《爾雅》「陬」「涂」，古作「娵」「荼」。馬瑞辰曰：「《廣韵》涂與除同音，除謂歲將除也。」《小明》詩：「日月方除。」毛傳：「除，除陳生新也。」蓋指十二月爲除言之。

月名

南風謂之凱風，《詩》曰：「凱風自南。」東風謂之谷風，《詩》云：「習習谷風。」北風謂之涼風，《詩》云：「北風其涼。」西風謂之泰風。《詩》云：「泰風有隧。」

風者，《釋名》云：「風，兖、豫、司、冀横口合脣言之。風，氾也，其氣博氾而動物也。青、徐言風，踧口開脣推氣言之。風，放也，氣放散也。」按：「風」，古孚今反，「氾」「放」俱語聲之轉也。

凱風者，《詩》傳用《爾雅》，而申之云：「樂夏之長養。」《正義》引李巡曰：「南風長養，萬物喜樂，故曰凱風。凱，樂也。」按：凱又闓也，其風開明，養育萬物。《説文》以「南風」爲「景風」，《夏小正》謂爲「俊風」，「俊」「景」皆明大之義也。

谷風者，《詩》傳用《爾雅》而云：「陰陽和而谷風至。」《正義》引孫炎曰：「谷之言穀，穀，生也。谷風者，生長之風也。」「谷」本通川之名，毛傳以陰陽和爲言，是谷風宣通陰陽，谷即通也。《説文》以爲明庶風，明亦通矣。

涼風者，《説文》云：「北風謂之飆。从涼省聲。」《釋文》：「涼，本或作古飆字。」《詩·北風》傳：「北風，寒涼之風。」《説文》以爲廣莫風，廣莫亦荒寒之義也。

泰風者，泰即大也。《詩·桑柔》箋：「西風，謂之大風。」本《爾雅》文。《正義》引孫炎曰：「西風成物，物豐泰也。」是孫炎亦以「泰」爲大。《説文》以爲閶闔風。按：「閶闔」本天門之名，天門在西北，故以西風爲大也。又按：風有八方，《爾雅》止及四方，據《詩》文爲釋也，故郭注亦俱引《詩》。

焚輪謂之穨，暴風從上下。扶摇謂之猋。暴風從下上。風與火爲庉。庉庉，熾盛之貌。迴風爲飄。旋風也。

穨者，《詩·谷風》傳：「穨，風之焚輪者也。風薄相扶而上。」《正義》引李巡曰：「焚輪，暴風從上來降謂之穨。穨，下也。」孫炎曰：「迴風從上下曰穨。」按：李、孫釋「穨」字甚明，毛傳「相扶而上」，似與「穨」義相反，疑必有誤。「焚」「輪」疊韵字也。《釋文》：「棼，本或作焚。頹，本或作穨、隤。」

猋者，《說文》作「飆」，云：「扶摇風也。」《詩》正義引李巡曰：「扶摇，暴風從下升上，故曰猋。猋，上也。」孫炎曰：「迴風從下上曰猋。」按：「迴風」是大名，「穨」「猋」是其異號。故《月令》注：「回風爲猋。」是孫炎所本也。扶摇者，《莊子·逍遥遊》篇云：「摶扶摇而上者九萬里。」《淮南·原道》篇云：「扶摇抮抱羊角而上。」高誘注：「扶摇，如羊角曲縈而上也。」《文選·恨賦》及《文賦》注竝引《爾雅》作「颫颻」，皆俗字也。

庉者，《釋文》云：「本或作炖。」《玉篇》：「炖，風與火也。」《方言》云：「炖，託孫反。赫也。」郭注：「火盛熾之貌。」與此注同。是「庉」當作「炖」也。風與火者，火得風而熾，風因火而烈也。

迴者，《說文》作「回」。飄者，《詩·匪風》《卷阿》傳俱本《爾雅》。《正義》引李巡曰：「迴風，旋風也。一曰飄風。別二名。」按：旋風回旋于地，不上不下，異于穨、猋。其行飄飄，故謂之「飄」，其容蛇蛇，故謂之「䬁」。音「移」。《廣韻》：「䬁，小旋風，咸陽有之，小䬁于地也。」然則此風咸陽尤多。咸陽，周之舊地，《詩》三言「飄風」，其二在周境，《廣韻》之說，近有徵矣。

日出而風爲暴，《詩》曰：「終風且暴。」風而雨土爲霾。《詩》曰：「終風且霾。」陰而風爲曀。《詩》曰：「終風且曀。」

暴者，《說文》作「㬥」，云：「疾有所趣也。」《詩·終風》傳：「暴，疾也。」

霾、曀者，《說文》及《詩》傳用《爾雅》。《釋名》云：「霾，晦也，言如物塵晦之色也。曀，翳也，言掩翳日光使不明也。」《詩》正義引孫炎曰：「陰雲不興而大風暴起。」又曰：「大風揚塵，土從上下也。」又曰：「雲風曀日光。」

天氣下，地不應曰雺，言蒙昧。地氣發，天不應曰霧。霧謂之晦。言冥〔一〕。

雺者，《説文》作「霿」，云：「天气下，地不應曰霿。霿，晦也。」霧者，《説文》作「霚」，云：「地氣發，天不應。」籀文省作「雺」。《玉篇》雺者「霚〔二〕」同，云：「天氣下，地不應也。」「霧」與「霚」同，云：「地氣發，天不應也。」與《説文》互異。《釋文》：「雺，或作霚。霧，亦作霿。」與《玉篇》同，蓋俱傳寫之誤耳。雺者，《書》云：「蒙恒風若。」《正義》引鄭注「蒙」作「雺」，云：「雺者，色澤鬱鬱冥冥也。」是「雺」與「蒙」同。《釋名》正作「蒙」，云：「蒙，日光不明，蒙蒙然也。」霧者，《釋名》云：「霧，冒也，氣蒙亂覆冒物也。」按：「霧」，俗字也；「務」，今音也，古讀「霧」如「慕」，「慕」「蒙」聲轉。故《史記·宋世家》引《洪範》「蒙」作「霧」。《文選·甘泉賦》注引《爾雅》作「天氣下，地不應曰霧」。「霧」與「蒙」同。然則「霧」「雺」二字亦音轉字通矣。霧謂之晦者，《釋言》云：「晦，冥也。」《説文》云：「霧，晦也。」是「霿」「霧」字亦通，經典多淆，當以《説文》爲正。

〔一〕 冥上《爾雅》宋刊本有「晦」字。
〔二〕 據《爾雅義疏》文例，「霚」上當有「與」字。

螮蝀謂之雩。螮蝀，虹也。俗名謂「美人虹」。江東呼「雩」，音「芌」。蜺爲挈貳。蜺，雌虹也。見《離騷》。「挈貳」，其别名，見《尸子》。

虹者，《説文》云：「螮蝀也。狀似蟲。」《詩》作「蝃蝀」，叚借字也。《釋名》以「蝃」爲啜飲，鑿矣。《古微書》引《春秋元命苞》云：「陰陽交爲虹霓。」是虹乃陰陽襍氣。《淮南・説山》篇云：「天二氣則成虹。」是也。謂之雩者，《釋文》云：「雩，今借爲芌。」然則雩猶芌也，芌，驚吁也。螮蝀映日，倏然成質，光氣駭人，乍見驚吁也。「虹」，从工聲。故《釋名》云：「虹，攻也。」讀「虹」爲「工」。《釋文》引《字林》：「虹，工弄反。」皆古音也。又引「陳國武古巷反，郭音講，俗亦呼爲青絳也」。按：今登萊人謂虹爲「醬」，絳亦爲「醬」，皆方音之轉耳。《釋名》：「虹，又曰美人。」此郭注所本。

蜺者，「霓」之叚借。《説文》：「霓，屈虹青赤也。一曰：白色，陰氣也。」此從《釋文》所引。按：「白色」二[一]句，蓋别一義，非謂霓也。白蜺，見《楚辭・天問》篇。「虹」「霓」散文俱通。故邢疏引郭氏《音義》云：「虹雙出，色鮮盛者爲雄，雄曰虹；闇者爲雌。雌曰霓。」《楚辭・悲回風》篇云：「處雌蜺之標顛。」《遠遊》篇云：「雌蜺嬛嬛以曾橈。」皆郭

[一] 按：「白色」於上文僅一句，當作「一」。

義所本也。「霓」有「齧」音，故《釋文》引如淳五結反。《漢書・天文志》注。《文選・西都賦》注引《尸子》曰：「虹霓爲析翳。」郭作「挈貳」。

弇日爲蔽雲。即暈氣五彩覆日也。

弇者，《說文》云：「蓋也。」「雲，山川氣也。」弇日爲蔽雲者，《說文》「雺」字解云：「雲覆日也。」《淮南・說林》篇云：「日月欲明而浮雲蓋之。」皆即此意。郭云「即暈也」者，《釋名》云：「暈，捲也，氣在外捲結之也。日月俱然。」然則暈但映日而不弇日，此雲弇日，又非暈也。「暈」，《周禮》作「煇」，見《眡祲》。《說文》作「暉」，云：「光也。」郭既失之，鄭樵注以爲弇日者即虹也，尤非。

疾雷爲霆霓。雷之急激者謂霹靂。

雷、霆者，《說文》云：「靁，陰陽薄動，靁雨生物者也。」「霆，靁餘聲也，鈴鈴所以挺出萬物。」又云：「震，劈歷振物者。」《一切經音義》十五引《蒼頡篇》云：「霆，礔礰也。」是霆爲疾雷，「霓」字衍也。知者，《文選・東都賦》注及《書鈔》一百五十二、《類聚》二、《初學記》一、《御覽》十三竝引作「疾雷爲霆」，「爲」字，或作「謂之」二字。無「霓」

字，知今本衍也。宋翔鳳曰：「霓當爲電，形近而誤。」余按：《穀梁・隱九年傳》云：「震，雷也。電，霆也。」是「霆」「電」通名。《淮南・兵略》篇云：「疾雷不及塞耳，疾霆不暇掩目。」是亦以「霆」爲電，與《穀梁》合。二書所言，理固可通。但《爾雅》文不虛設，審若「霆」「電」并釋，言「霆」已明，加「電」反贅，「霆」「電」連文又復不詞，故知非「電」之誤。

雨䨘爲霄雪。《詩》曰：「如彼雨雪，先集維䨘。」䨘，水雪襍下者，故謂之「消雪」。

雪者，《説文》云：「凝雨説物者。」《釋名》云：「雪，綏也，水下遇寒氣而凝，綏綏然也。」䨘者，與「霰」同。《説文》云：「霰，稷雪也。」或从見作「䨘」。《釋名》云：「霰，星也，水雪相摶如星而散也。」《詩・頍弁》箋：「將大雨雪，始必微温，雪自上下遇温氣而摶，謂之霰。」是霰之爲言猶摶也。雪遇温氣而摶，如粟粒襍下，故《説文》以爲稷雪，《釋名》以爲星散，皆得其形狀。《文選・雪賦》注引《韓詩》薛君曰：「霰，霙也。」《宋書・符瑞志》引《韓詩》「霙」作「英」而云：「花葉謂之英。」又云：「霰爲花雪。」草木花多五出，花雪獨六出，彼以花雪爲霰，妄援《韓詩》之「霙」，其説竝謬矣。霄雪者，「雪」字亦衍。《説文》：「雨䨘爲霄。齊語也。」無「雪」字。今本蓋緣郭注而衍也。《水經・洛水注》云：「長霄冒嶺，層霞冠峯。」「霄」字之義，蓋本於此。郭云「霰，水雪襍下者」，《初學記》二引《爾雅》云：「雪與雨襍下曰霰。」其説亦失之。

暴雨謂之涷，今江東呼夏月暴雨爲涷雨。《離騷》云：「令飄風兮先驅，使涷雨兮灑塵。」是也。「涷」音「東西」之「東」。小雨謂之霢霂，《詩》曰：「益之以霢霂。」久雨謂之淫，《左傳》曰：「天作淫雨。」淫謂之霖，雨自三日以〔一〕上爲霖。濟謂之霽，今南陽人呼雨止爲「霽」，音「薺」。

暴者，《説文》作「瀑」，云：「疾雨也。」涷者，《淮南·覽冥》篇云：「降扶風，襍涷雨。」高誘注：「扶風，疾風也。涷雨，暴雨也。」郭云：「江東呼暴雨爲涷雨。」《文選·思玄賦》舊注云：「巴郡謂暴雨爲涷雨。」各據方俗爲言也。亦曰「溎雨」。《尚書大傳》：「久矣！天之無别風溎雨。」鄭注：「溎，暴雨之名也。」

霢霂者，《説文》及《詩》傳用《爾雅》。《釋名》云：「霢霂，小雨也，言裁霢歷霑漬，如人沐頭，惟及其上枝而根不濡也。」《詩·信南山》正義引李巡曰：「水雪俱下。」按：《爾

〔一〕以，《爾雅》宋刊十行本作「已」。

雅》無「雪」字，《詩》雖言「雪」，不云一時俱下，李注非也。「霢」「霂」字之雙聲，轉爲「溟濛」。《説文》以濛濛爲微雨，以溟溟爲小雨，是「溟」「濛」「霢」「霂」皆以雙聲爲義。《釋名》之説，似未免望文生訓矣。

淫者，《説文》云：「久雨爲淫。」《晉語》云：「底著滯淫。」是淫有久意，故韋昭注：「淫，久也。」「淫」又名「霤」。《説文》：「霤，久雨也。」

霖者，《説文》云：「雨三日已往。」本《左氏・隱九年傳》文。《晏子春秋・諫上》篇云：「景公之時，霖雨十有七日。」是三日已上通名「霖」也。霖猶䨜也。《説文》：「䨜，霖雨也。南陽謂霖雨曰䨜。」《月令》：「淫雨蚤降。」鄭注：「淫，霖也。」今《月令》曰「衆雨」。按：「衆」，《説文》作「䨚」，引《明堂月令》曰：「䨚雨。」然䨚訓小雨，䨜訓霖雨，依聲義當爲「䨜」。

霽者，《説文》云：「雨止也。」濟者，《釋訓》云：「止也。」《淮南・時則》篇云：「九月失政，三月春風不濟。」《覽冥》篇云：「風濟而波罷。」竝以「濟」爲止也。「濟」與「霽」音義同。故《書・洪範》曰「霽」，鄭注作「濟」，云：「濟者，如雨止之，雲氣在上也。」《漢書・郊祀志》如淳注：「三輔謂日出清濟爲晏。」是「濟」「霽」通也。《説文》「霋」字解云：「霽謂之霋。」所引或《爾雅》古本之文，今脱去之。

風雨

壽星，角、亢也。數起角、亢，列宿之長，故曰「壽」。天根，氐也。角、亢下繫於氐，若木之有根。

星者，《説文》云：「萬物之精，上爲列星。」《釋名》云：「星，散也，列位布散也。宿，宿也，星各止宿其處也。」《周禮·馮相氏》「掌二十有八星之位」，《哲蔟氏》以方書二十有八星之號，鄭注：「星，謂從角至軫也。」按：十二次，玄枵爲首，《爾雅》先壽星者，以角、亢爲列宿長也。角者，兩星相對觸。《天官書》云：「左角，李；右角，將。」亢者，四星似彎弓。《天官書》云「亢爲疏廟」。氐〔一〕者，四星側向以承柢，故《天官書》「氐爲天根」。《索隱》引孫炎以爲角、亢下繫於氐，若木之有根也。《律書》云：「氐者，言萬物皆至也。亢者，言萬物亢見也。角者，言萬物皆有枝格如角也。」《月令》云：「仲秋之月，日在角。」「仲夏之月，旦亢中。」「季冬之月，旦氐中。」《周語》云：「辰角見而雨畢，天根見而水涸，本見而草木節解。」韋昭注：「辰角，大辰蒼龍之角。角，星名也。見者，朝見東方，建戌之初，寒露節也。天根，氐、亢之閒，謂寒露雨畢之後五日，天根朝見。本，氐也，謂寒露之後十日。」是則「氐」又名「本」也。壽星者，《晉語》云：「歲在壽星。」又云：「復於壽星。」韋昭注：「自軫十二度至氐四度爲壽星之次。」是角、亢、氐俱屬壽星也。

〔一〕氐，原誤「氏」，據楊胡本、《經解》本改。

《開元占經·分野略例》云：「於辰，在辰爲壽星。三月之時，萬物始達於地，春氣布養萬物，各盡其天性，不罹天夭，故曰壽星。」《漢書·郊祀志》：「杜亳有壽星祠。」《史記》索隱以爲南極老人星，誤。

天駟，房也。龍爲天馬，故房四星謂之「天駟」。大辰，房、心、尾也。龍星明者，以爲時候，故曰大辰。大火謂之大辰。大火，心也，在中最明，故時候主焉。

房者，四星直下爲明堂。《律書》云：「房者，言萬物門户也，至於門則出矣。」天駟者，《天官書》：「房爲府〔一〕，曰天駟。」《索隱》引《詩汜歷樞》云：「房爲天馬，主車駕。」宋均云：「房既近心爲明堂，又別爲天府及天駟也。」按：駟即馬祖也。房南星曰「左驂」，北星曰「右驂」，中二星曰「左服」「右服」，是則四星合爲「天駟」也。《周語》云：「駟見而隕霜。」又云：「月在天駟。」又云：「辰馬農祥也。」韋昭注：「辰馬，謂房、心星也。駟，馬也，故曰辰馬。房星晨正而農事起焉，故謂之農祥。」又注：「農祥，房星也。晨正謂立春之日，晨中於午也。」

〔一〕府，「府」上原衍「天」字，楊胡本、《經解》本同，據《史記·天官書》删正。

心者，三星，中央色最明。尾者，九星，如鉤首上歧。《律書》云：「尾，言萬物始生如尾也。心，言萬物始生有華心也。」《天官書》：「心爲明堂，尾爲九子。」《夏小正》云：「五月大火中，六月斗柄正在上，用此見斗柄之不正當心也，蓋當依。依，尾也。」是「尾」一名「依」。「依」「尾」聲同，語有輕重耳。辰者，《説文》「晨」字解云：「辰，時也。」又「辰」云：「房星，天時也。」「農」云：「房星爲民田時者。」是辰訓時。時主房，房爲農祥，以候田時。謂之「大辰」者，言其星最明大也。《春秋·昭十七年》：「有星孛於大辰。」《穀梁傳》：「于大辰者，濫于大辰也。」范甯注引劉向曰：「謂濫于蒼龍之體，不獨加大火。」《左傳》正義引李巡云：「大辰，蒼龍宿之體，最爲明，故曰房、心、尾也。大火，蒼龍宿心，以候四時，故曰辰。」孫炎曰：「龍星明者以爲時候，故曰大辰。大火，心也，在中最明，故時候主焉。」《夏小正》云：「八月辰則伏，辰也者，謂心也。」然則《小正》單舉「心」，《説文》單舉「房」，其實房、心、尾三宿通有「辰」名也。

又言「大火謂之大辰」者，大火謂心也。《左氏·襄九年傳》云：「古之火正，或食於心。」是故心爲大火。《公羊·昭十七年傳》云：「大火爲大辰，伐爲大辰，北辰亦爲大辰。」按：此所謂「三大辰」也。唐、虞、夏皆五月昏火中，故《堯典》以星火正仲夏，《夏小正》「五月初昏大火中」是也。周、秦則六月昏火中，故《左氏·昭三年傳》云：「火中寒暑乃退。」杜注：「心以季夏昏中而暑退，季冬旦中而寒退。」《月令》云「季夏之月，昏火中」是也。然則周、秦上校虞、夏，星候差及一次，此昏旦中星所以不同也。火至初秋，則昏見於西，《詩》云「七月流火」是也。火以三月始出，九月之昏始入，十月之昏則伏，《左氏·哀十七年傳》云「火伏而後蟄者畢」是也。既言「大辰房、心、尾」，又言「心爲大辰」者，心，三星最明大，舉頭即見。故《詩》屢言「三星」，皆謂「心」也。所以名「大火」者，《分野略例》云：「於辰，在卯爲大火。東方爲木，心星在卯，火出木星，故曰大火。」

析木之〔一〕津。箕〔二〕、斗之閒，漢津也。箕，龍尾，斗，南斗，天漢之津梁。

箕者，四星，狀如簸箕。《律書》云：「箕者，言萬物根棋，《集解》：「徐廣曰：『棋，一作柢。』」故曰箕。」《天官書》云：「箕爲敖客，曰口舌。」《詩·巷伯》箋：「箕星哆然，踵狹而舌廣。」《大東》箋：「翕猶引也。引舌者，謂上星相近。」按：箕有口舌之象，故《詩》以喻讒言；有簸揚之義，故《書》云：「星好風也。」

〔一〕之上《爾雅》宋刊十行本有「謂」字。

〔二〕箕上《爾雅》宋刊十行本有郭注「即漢津也」四字。

斗者，六星，狀如北斗。《天官書》云：「南斗爲廟，其北建星。建星者，旗也。」《月令》云：「仲冬之月，日在斗。」「仲春之月，旦建星中。」「孟秋之月，昏建星中。」按：建星在斗魁上，形如簋。《月令》以建星識南斗，用此見昏旦之不正當斗也。

漢津者，《大東》傳：「漢，天河也，有光而無所明。」《雲漢》箋：「倬然天河水氣也，精光轉運於天。」《夏小正》云：「七月漢案户。漢也者，河也；案户也者，直户也，言正南北也。」今按：河漢分南北二道，北指危室，南横箕斗，《爾雅》獨言「箕斗」者，以箕爲木宿，斗爲水宿，二宿相交於漢，有津梁之義，故曰「漢津」。然則不言「析水」，獨言「析木」者，天漢起自尾宿，於辰在寅爲木，故主起處而名爲析木也。《左氏・昭八年》正義引孫炎曰：「析别水木以箕、斗之閒，是天漢之津也。」《左傳》及《周語》竝云：「析木之津。」韋昭注：「津，天漢也。析木，次名。從尾十度至南斗十一度爲析木，其閒爲漢津。」是則經典俱作「析木之津」。今《爾雅》宋本「析木」下有「謂」字，郭注有「即漢津也」四字，竝非。

星紀，斗、牽牛也。牽牛、斗者，日月五星之所終始，故謂之「星紀」。

牽牛者，《律書》云：「言陽氣牽引萬物出之也。牛者，冒也，言地雖凍，能冒而生也。牛者，耕植種萬物也。」按：牽牛即何鼓，非牛星也。牛，六星，角上歧，腹下踧廢，其星微小。《爾雅》以牽牛爲星紀，不以牛宿爲星紀也。舊説多誤，詳見下文。星紀者，《分野略例》云：「自南斗十二度至須女七度，於辰在丑，爲星紀。星紀者，言其統紀萬物。十二月之位，萬物之所終始，故曰星紀也。」郭義本孫炎。襄廿八年《左傳》正義引。《月令》注：「仲冬者，日月會於星紀。」《大宗伯》疏引《星備》云：「五星初起牽牛。」《逸周書·周月》篇云：「日月俱起于牽牛之初，右回而行，月周天進一次而與日合宿，日行月一次而周天，歷舍于十有二辰，終則復始，是謂日月權輿。」按：《逸書》及《爾雅》皆據周而言也。上溯虞夏，冬至日在虛，爲玄枵，正中。殷在婺女，周在牽牛，則斗值星紀之初，爲十二次紀首，故曰「星紀」。至漢，冬至日在斗，元、明在箕，則爲析木之津，正中。

玄枵，虛也。虛在正北，北方黑色。「枵」之言「秏」，秏亦虛意。顓頊之虛，虛也。顓頊水德，位在北方。北陸，虛也。虛星之名凡四。

虛者，二星，上下如連珠。《律書》云：「虛者，能實能虛，言陽氣冬則宛藏於虛日，冬至則一陰下藏，一陽上舒，故曰虛。」《天官書》：「虛爲哭泣之事。」《堯典》：「宵中星虛。」《月令》：「季秋之月，昏虛中。」是虞夏以仲秋昏虛中，周、秦則在季秋，此所謂歲差也。玄枵者，《説文》引《春秋傳》：「嵗在玄枵。玄枵，虛也。」《左氏·襄廿八年傳》：「淫於玄枵。玄枵，虛中也。枵，秏名也。」《正義》引孫炎曰：「虛在北方，北方色玄，故曰玄枵。枵之言秏，秏虛之意也。」《分野略例》云：「自須女八度至危十五度，於辰在子，爲玄枵也。玄者黑，北方之色。枵者，秏也。十一月之時陽氣在下，陰氣在上，萬物幽死，未有生者，天地空虛，故曰玄枵也。」按：亦曰「天黿」。《周語》云：「星在天黿。」韋昭注：「天黿，次名，一曰玄枵也。」

顓頊之虛者，《左氏·昭十年傳》：「今兹嵗在顓頊之虛。」《正義》曰：「北方之次，以玄枵爲中。玄枵次有三宿，又虛在其中。以水位在北，顓頊居之，故謂玄枵，虛星，爲顓頊之虛也。」按：北方三宿：婺女、虛、危。《爾雅》不言女、危，以虛在中，舉中足以包之也。

北陸者，《左氏·昭四年傳》：「古者日在北陸而藏冰。」杜預注：「陸，道也，謂夏十二月日在虛、危。」《正義》引孫炎云：「陸，中也。北方之宿，虛爲中也。」按：郭云「虛星凡四」者，連虛爲數，其實虛星有此三名也。

營室謂之定。定，正也。作宮室皆以營室中爲正。娵觜之口，營室、東壁也。營室〔一〕、東壁，星四方似口，因名云。

營室者，二星相對出，旁綴離宮六星，兩兩而居。《律書》云：「營室者，主營胎，徐廣曰：「一作含。」陽氣而產之。」《天官書》云：「營室爲清廟，曰離宮、閣道。」東壁者，「壁」，《釋文》作「辟」，云：「本又作壁。」今從宋本。二星上下相掣曳，與營室連體而正方。《月令》云：「孟春之月，日在營室。」「仲冬之月，昏東壁中。」按：壁曰「東」者，據昏中視之，壁在營室東也。二宿皆值北方水位，故又謂之水。《左氏·莊廿九年傳》「水昏正而栽」是也。又謂之「天廟」。《周語》云：「日月底于天廟。」韋昭注「天廟，營室」是也。

定者，《詩·定之方中》傳：「定，營室也。方中，昏正四方。」箋云：「定星昏中而正，於是可以營制宮室，故謂之營室。定昏中而正謂小雪時。其體與東壁連，正四方。」《正義》引孫炎曰：「定，正也，天下作宮室者，皆以營室中爲正。」按：《周語》云：「營宮之中，土功其始。」是鄭、孫義所本也。「定」本斪斸之名，見《釋器》。營宮室者所資星名「定」者，營室形似鉏欘，離宮施其上，有鉏刃之象。凡諸星名起於古之田父，多取物象

〔一〕室原誤錯在「似」上，楊胡本同，據《爾雅》宋刊十行本、《經解》本乙正。

爲名。營室名「定」，義蓋本此。孫、郭訓定爲正，非本義也。

娵觜者，當作「陬訾」。《月令》注作「諏訾」，《爾雅》作「娵觜」，皆叚借也。《左·襄卅年傳》云：「歲在娵訾之口。」《正義》引李巡曰：「娵觜，玄武宿也。營室、東壁，北方宿名。」孫炎曰：「娵觜之歎，則口開方。營室、東壁，四方似口，故因名也。」《分野略例》云：「自危十六度至奎四度，於辰在亥，爲諏訾。諏訾，歎息也。十月之時，陰氣始盛，陽氣伏藏，萬物失養育之氣，故哀愁而歎息。嫌於無陽，故曰諏訾。」是諏訾以歎息爲義，孫炎作「娵觜之歎」是也。邢疏引「歎」作「次」，非〔一〕。

降婁，奎、婁也。奎爲溝瀆，故名「降」。

奎者，十六星，旁殺而下垂，象兩髀，《說文》「奎，兩髀之閒」是也。《律書》云：「奎者，主毒螫殺萬物也，奎而藏之。」《天官書》云：「奎曰封豕，爲溝瀆。」

婁者，三星，下勢連而上體舒。《律書》：「婁者，呼萬物且內之也。」《天官書》：「婁爲聚衆。」《釋詁》：「樓，聚也。」「樓」「婁」同。《月令》云：「仲春之月，日在奎。季夏之月，旦

〔一〕 非，原誤「注」，楊胡本同，據《經解》本改。

奎中。季冬之月，昏婁中。」

降婁者，《左·襄卅年傳》云：「歲在降婁，降婁中而旦。」杜預注本《爾雅》正義引孫炎曰：「降，下也。奎爲溝瀆，故稱降也。」《一切經音義》六引李巡曰：「降婁，白虎宿也。」《分野略例》云：「自奎五度至胃六度，於辰在戌，爲降婁。降，下也。婁，曲也。陰生於午，與陽俱行。至八月陽遂下，九月剥卦用事，陽將剥盡，萬物枯落，卷縮而死，故曰降婁。」

大梁，昴也。西陸，昴也。昴，西方之宿，别名「旄頭」。

昴者，七星攢聚，大小相繫。《説文》云：「昴，白虎宿星。」《堯典》云：「日短星昴。」《夏小正》云：「四月昴則見。」《詩·小星》傳：「昴，留也。」《正義》引《元命苞》云：「昴，六星。昴之爲言留也，言物成就繫留也。」《律書》「昴」正作「留」，云：「留者，言陽氣之稽留也，故曰留。」郭云「旄頭」者，《天官書》：「昴曰髦頭。」漢、晉《天文志》竝作「旄頭」也。大梁者，《左·昭十一年傳》云：「歲及大梁。」《天官書》：「昴、畢閒爲天街。」《索隱》引孫炎云：「昴、畢之閒，日、月、五星出入要道，若津梁。」是則大梁取橋梁之義也。《分野略例》云：「自胃七度至畢十一度，於辰在酉，爲大梁。昴爲大梁之次之中星也。」

《詩・七月》正義引孫炎曰：「西方之宿，昴爲中也。」按：大梁三宿：胃、昴、畢。《爾雅》獨言昴者，亦舉中以包之。

西陸者，《左・昭四年傳》云：「西陸朝覿而出之。」《正義》引《鄭志・荅孫皓問》云：「西陸朝覿，謂四月立夏之時。」按：四月昴則見，是鄭以西陸朝覿爲昴星朝見也。二十八宿分列四方，當有四陸，《左傳》《爾雅》獨言「北陸」「西陸」，又於二陸之中各舉一星爲識，故云「北陸，虛也」，「西陸，昴也」，是皆舉一以包之耳。

濁謂之畢。掩兔之畢，或呼爲「濁」，因星形以名。

畢者，八星纍貫，兩叉出。《説文》云：「畢，田罔也。从華，象畢形，微也。」《天官書》云：「畢曰罕車，爲邊兵，主弋獵。」《詩・大東》傳：「畢，所以掩兔也。」箋云：「祭器有畢者，所以助載鼎實。」按：「畢」有二義。《詩》云：「畢之羅之。」是田網名「畢」也。《特牲饋食禮》云：「宗人執畢。」是祭器名「畢」也。鄭注：「畢，狀如叉。」蓋爲其似畢星取名焉。然則田網、祭器皆象畢星，義得兩通，毛傳爲長，故郭義所本也。《月令》：「孟夏之月，日在畢。」「孟秋之月，旦畢中。」「月離于畢」，「畢星好雨」，《詩》《書》説之詳矣。濁者，叚借字也。《律書》云：「濁者，觸也，言萬物皆觸死也，故曰濁。」是濁以觸爲義，亦象星形。「濁」或作「噣」，又作「躅」，皆象形兼取聲也。《詩·漸漸之石》傳：「畢，躅也。」《盧令》箋：「畢，噣也。」《正義》引李巡云：「噣，陰氣獨起，陽氣必止，故曰畢。畢，止也。」孫炎曰：「掩兔之畢，或謂之噣，因以名星。」按：四字誤倒，當作「因星以名」，郭注可證。

咮謂之柳。咮，朱鳥之口。柳，鶉火也。鶉，鳥名。火屬南方。

柳者，八星曲頭垂似柳。《月令》云：「季夏之月，日在柳。季秋之月，旦柳中。」柳之言摟也，摟訓聚也。

咮者，《説文》云：「鳥口也。」《天官書》云：「柳爲鳥注。」《律書》云：「注者，言萬物之始衰，陽氣下注，故曰注。」《索隱》曰：「注，咮也。」《考工記·輈人》注：「輈之揉者，形如注星。」是皆以「注」爲咮也。「咮」又作「喙」。《索隱》引《漢書·天文志》注作「喙」，《爾雅》：「鳥喙謂之柳。」孫炎云：「喙，朱鳥之口，柳其星聚也。」「咮」又作「噣」。《詩·小星》傳：「三心五噣。」《正義》引《元命苞》云：「柳，五星。」《釋文》引《爾雅》作「噣謂之柳」。鄭箋：「噣，在東方，正月時也。」《夏小正》云：「正月鞠則見。」戴氏震曰：「鞠，當爲噣。《爾雅》『噣謂之柳』。虞夏正月日躔奎、婁，奎、婁西没，則柳東升。」是戴氏以

「鞠」即躅也。「躅」「鞠」聲近，「咮」「躅」聲同，與「注」又聲相轉，故皆叚借通用。

鶉火者，《輈人》云：「鳥旟七斿，以象鶉火也。」鄭注：「鶉火，朱鳥宿之柳。」《左·襄九年傳》云：「古之火正，或食於咮。」是故咮爲鶉火。杜預注：「建辰之月，鶉火星昏在南方。」《分野略例》云：「自東井中六度至柳八度，於辰在未，爲鶉首。南方七宿，其形象鳥，以井爲冠，以柳爲口。鶉，鳥也。首，頭也。故曰鶉首。自柳九度至張十七度，於辰在午，爲鶉火。南方爲火，言五月之時，陽氣始隆，火星昏中在朱鳥之處，故曰鶉火。」按：《埤雅》八引師曠《禽經》曰：「赤鳳謂之鶉。」然則鶉爲朱鳥，謂此矣。南方三次曰：鶉首、鶉火、鶉尾。鶉尾亦曰「鳥帑」。見《左·襄廿八年傳》注。《爾雅》獨言「鶉火」，亦舉中以包之。柳居鶉火之首，故舉以爲識。

北極謂之北辰。北極，天之中，以正四時。

北辰者，《論語》以爲居其所，説者謂北極五星，弟五爲天樞，最小是不動處。然實不動處猶在樞星之下。今按：樞星非不動，但其動也微，人所不見，故以爲居其所耳。北極者，《天官書》云：「中宫，天極星。」《索隱》引《春秋合誠圖》云：「北辰，其星五，在紫微中。」楊泉《物理論》云：「北極，天之中也；辰者，時也。故《公羊·

昭十七年》疏引李巡云：「北極，天心也。居北方，正四時，謂之北辰。」孫炎云：「北極，天之中，以正四時，謂之北辰。」是郭所本也。然《公羊》以北辰與心、伐同爲三大辰。何休注：「迷惑不知東西者，須視北辰以別心、伐所在。」北辰，大端指心，小端指參。《爾雅》不言參、伐，以北辰居中，爲衆星所拱向也。故《文選·長楊賦》注引《天官星占》曰：「北辰，一名天關。關者，樞機之地，總要之名也。」《天官書》謂之「太一」，其一明者，太一常居。馬融謂之「太極」，《易·繫辭》釋文引。《文耀鉤》謂之「中宫大帝」，《天官書》索隱引。鄭氏謂之「天皇大帝耀魄寶」，《大宗伯》疏引鄭注。是皆北辰之異名也。雖語出緯書，理難徵信，要以星精爲帝，帝位應星。《爾雅》言星以該帝，緯書名帝以著星，其義相通，其實不異。或以帝號、星名二文乖舛，以此致疑，則陋矣。

何鼓謂之牽牛。今荆楚人呼牽牛星爲「擔鼓」。擔者，荷也。

此申說牽牛之名，以附列宿之後，明星紀之牽牛即何鼓也。恐人不識，故復明之。舊說以爲別於星紀之牽牛，誤矣。今驗牽牛三星，牛六星。《天官書》誤以牛星爲牽牛，故以何鼓、牽牛爲二星矣。牟廷相曰：「牛宿，其狀如牛，何鼓直牛頭上，則是牽牛人也。《詩》云『睆彼牽牛』，睆，明星貌也。何鼓，中星最明，舉頭即見，而牛宿差不甚顯。

詩人觸景攄情，不宜舍極明之何鼓而取難見之牛宿。睆彼之詠謂何鼓，不謂牛宿，明矣。毛傳取《爾雅》爲釋，精當不移。《月令》『季春，旦牽牛中』，『仲秋，昏牽牛中』，皆何鼓也。凡舉中星，不必皆正指其宿，有『仲春弧建』之例，《夏小正》之『織女南門』，亦其比也。攷諸經典無名牛宿曰牽牛者。《天官書》云：『牽牛爲犧牲，其北何鼓。』蓋星家失傳，自此始。」今按：牟氏此說，足訂《史記》之誤。「何鼓」亦名「黄姑」，聲相轉耳。郭云：「擔鼓。擔者，荷也。」「擔荷」，《說文》作「儋何」。今南方農語猶呼此星爲「扁擔」，蓋因何鼓三星中豐而兩頭鋭，下有儋何之象，故因名焉。自《史記》誤以何鼓、牽牛爲二星，釋《爾雅》者因之而誤。故《詩·大東》正義引李巡曰：「何鼓、牽牛皆二十八宿名也。」孫炎曰：「何鼓之旗十二星，在牽牛北，故或名何鼓爲牽牛也。」孫注參《天官書》索隱。《爾雅》以何鼓、牽牛爲一星，如李、孫之義，則二星。孫炎又以何鼓左右之旗，强名爲何鼓，斯皆失矣。《文選·長楊賦》注引《星經》曰：「牽牛神，一名天關。」然則星紀之名，蓋以此。

明星謂之启明。太白星也。晨見東方爲启明，昏見西方爲太白。

启者，《說文》云：「開也。」通作「啟」。《詩·大東》傳：「日且出，謂明星爲啟明；日既入，謂明星爲長庚。」《正義》引孫炎曰：「明星，太白也。晨出東方，高三舍，今〔一〕曰啟明。昏出西方，高三舍，今曰太白。」《天官書》索隱引《韓詩》云：「太白，晨出東方爲啟明，昏見西方爲長庚。」是皆孫、郭義所本也。「太白」，一名「大𨺅」，見《天官書》。其謂之「明星」者，《詩》「明星有爛」，「明星煌煌」是也。「启明」又曰「開明」。《大戴禮・四代》篇云：「東有開明。」避漢諱改也。此釋五星之異名，餘四星不言者，略之，《廣雅》則詳矣。

彗星爲欃槍。亦謂之「孛」，言其形孛孛似掃〔二〕彗。

彗者，《説文》云：「埽竹也。」或从竹作「篲」。《釋名》云：「彗星，光稍似彗也。孛星，星旁氣孛孛然也。」《天官書》正義云：「天彗者，一名埽星，本類星，末類彗，小者數寸長，長或竟天，而體無光，叚日之光，故夕見則東指，晨見則西指，若日南北，皆隨日光而指。」《一切經音義》二引孫炎曰：「妖星也，四曰彗。」按：「彗」，《春秋》作

〔一〕今，原誤「命」，楊胡本、《經解》本同，據《十三經注疏》本《毛詩正義》改。下同。

〔二〕掃，《爾雅》宋刊十行本作「埽」。

「孛」，凡三見。《文十四年》：「有星孛入于北斗。」《公羊傳》：「孛者何？彗星也。」《穀梁傳》：「孛之爲言猶茀也。」《昭十七年》：「有星孛于大辰，西及漢。」《左傳》：「彗所以除舊布新也。」《哀十三年》：「有星孛于東方。」《公羊傳》：「其言于東方者何？見于旦也。」欃槍者，《開元占經》八十五引孫炎云：「欃槍，妖星別名也。」《天官書》云：「歲星之精生天棓、彗星、天欃、天槍。」《天文志》云：「欃、槍、棓、彗雖異，其殃一也。」是《史記》《漢書》俱以彗星、欃槍爲非一星，與《爾雅》異。孫炎注「四曰彗」，本《漢志》。

奔星爲彴約。流星。

奔星者，《天文志》云：「彗孛飛流。」張晏注：「飛流，謂飛星、流星也。」孟康注：「飛，絶迹而去也。流，光迹相連也。」然則飛、流有異。郭以「奔星」即流星者，流、奔雖有遲速、大小之異，其類則同。故《占經》七十一引《爾雅》舊注云：「流星大而疾曰奔。」是也。彴者，《說文》：「約也。」《占經》引舊注云：「彴，便窕切。」《釋文》作「彴，蒲博、步角、皮約三反。約如字，又於詔反，又音握」。按：彴約猶爆爍，竝字之疊韵，蓋言奔星急疾之狀耳。

星名按：經星二十有八，《爾雅》止記十七，其未及者，北方則須女也，危也；西方則胃也，觜觿也，參也；南方則東井也，輿鬼也，七星也，張也，翼也，軫也。十有二次，止言其九，其未及者，則實沈也，鶉首也，鶉尾也。五星止言其一，其未及者，則歲星也，熒惑也，填星也，辰星也。蓋《爾雅》釋六藝之文，文有不備，可類推也。又如《月令》所載二十六星，益以建、弧，而無箕、昴、鬼、張。《史記·曆書》備二十八星之號，有建、罰、狼、弧，而無斗、觜、井、鬼。是則《爾雅》之不備，非缺脱也。鄭樵疑爲簡編之失，非矣。獨《淮南·天文》及《漢書·曆志》所載二十八宿與今世無異，蓋舊有此名也。至於分野之説，亦星家所傳，不知所自起。《周禮·保章氏》：「以星土辨九州之地，所封封域，皆有分星，以觀妖祥。」鄭衆説：「星土以《春秋傳》曰『參爲晉星』，『商主大火』，《國語》曰『歲之所在，則我有周之分野』之屬。」是也。鄭注云：「大界則曰九州，州中諸國中之分域，於星亦有分焉。其書亡矣。堪輿雖有郡國所入度，非古數也。今其存可言者，十二次之分也。星紀，吴越也；玄枵，齊也；娵訾，衞也；降婁，魯也；大梁，趙也；實沈，晉也；鶉首，秦也；鶉火，周也；鶉尾，楚也；壽星，鄭也；大火，宋也；析木，燕也。此分野之妖祥，主用客星彗孛之氣爲象。」按《爾雅》兼及彗星、奔星，意亦如此。

春祭曰祠，祠之言食。夏祭曰礿，新菜可汋。秋祭曰嘗，嘗新穀。冬祭曰烝。進品物也。

「祠、烝、嘗、禴，祭也」已見《釋詁》，此以爲四時祭名也。《禮·王制》云：「天子、諸侯宗廟之祭，春曰礿，夏曰禘，秋曰嘗，冬曰烝。」鄭注：「此蓋夏殷之祭名。周則改之，春曰祠，夏曰礿，以禘爲殷祭。」《詩》：「禴祠烝嘗，于公先王。」《大宗伯》：「以祠春、禴夏，嘗秋、烝冬享先王。」然則四時祭名，蓋周公所定也。《説文》云：「春祭曰祠，品物少，多文詞也。」「礿，夏祭也。」《王制》正義引皇氏云：「礿，薄也，春物未成，其祭品鮮薄也。」《春秋繁露》云：「祠者，以正月始食韭也。礿者，以四月食麥也。嘗者，以七月嘗黍稷也。烝者，以十月進初稻也。」又云：「始生，故曰祠，善其司也。夏約，故曰礿，貴所初約也。先成，故曰嘗，嘗言甘也。畢熟，故曰烝，烝言衆也。」此皆釋其名與其義也。《詩》正義引孫炎云：「祠之言食；音「賜」。礿，新菜可汋；嘗，嘗新穀；烝，進品物也。」郭注俱本孫炎。

祭天曰燔柴，既祭，積薪燒之。祭地曰瘞薶。既祭，埋藏之。

燔柴者，《説文》作「㶴祡」，云：「燒柴㶴燎，以祭天神。」按：燔也，柴也，一事也。

《大宗伯》注：「三祀皆積柴，實牲體焉。或有玉幣燔燎而升煙。」是則燔以玉幣，柴以牲體。鄭衆注：「實柴，實牛柴上。」是也。亦謂之「炮祭」。《大祝》：「辨九祭，三曰炮祭。」鄭衆注：「炮祭，燔柴也。」《祭法》云：「燔柴於泰壇，祭天也。」《大宗伯》：「以禋祀祀昊天上帝，以實柴祀日月星辰，以槱燎祀司中、司命、飌師、雨師。」皆天神之屬也。

瘞埋者，亦兼牲、玉而言。《詩·鳧鷖》正義引李巡曰：「祭地，以玉埋地中曰瘞埋。」孫炎曰：「瘞者，翳也。既祭，翳藏地中。」《禮運》注云：「埋牲曰瘞。」李巡舉玉，康成舉牲，實則瘞薶之中兼包二義。故鄭於《司巫》注云：「瘞，謂若祭地祇有埋牲玉者也。」《祭法》云：「瘞埋於泰折，祭地也。」《大宗伯》注：「祭山林曰埋。」又云：「不言祭地。此皆地祇，祭地可知也。」

祭山曰庪縣，或庪或縣，置之於山。《山海經》曰：「縣以吉玉。」是也。祭川曰浮沈。投祭水中，或浮，或沈。

庪縣者，《覲禮》云：「祭山丘陵，升。」賈疏引《爾雅》而申之云：「升即庪縣也。」《公羊·僖卅一年》疏引李巡曰：「祭山以黄玉及璧，以庪置几上，遥遥而眂之若縣，故曰庪縣。」孫炎曰：「庪縣，埋於山足曰庪，埋於山上曰縣。」按：《大宗伯》注：「祭山林曰埋。」如孫炎説，則庪縣即是埋，如李巡説，則庪爲庋置，李説是也。《爾雅》與《周禮》不同，《鄭志·荅張逸問》已言之矣。《詩》正義引。《釋文》：「庪，本或作庋，又作攱。」今按：亦借作「祈」。《考工記·玉人》注：「祈沈以馬。」《釋文》引《小爾雅》曰：「祭山川曰祈沈。」祈，九委反。與「庪」同音，則祈即庪也。鄭注本用《爾雅》，今《小爾雅》亦無此文，恐誤引耳。

浮沈者，《覲禮》云：「祭川，沈。」賈疏云：「不言浮，亦文略也。」《公羊》疏引孫炎云：「置祭於水中，或浮或沈，故曰浮沈。」邵氏《正義》以爲祭川竝用牲、玉，故或沈或浮。金鶚《求古録》駁之云：「據《周官·小子》『凡沈辜侯，禳飾其牲』，鄭司農注『沈謂祭川』，是沈以牲不以玉也。《左傳》之沈玉非祭禮，見《襄十八》《昭廿四》《定三年》。《史記·河渠書》所言非周制也。」

祭星曰布，布散祭於地。祭風曰磔。今俗當大道中磔狗，云以止風，此其象。

祭星者，蓋爲壇祭之。《祭法》云：「幽宗，祭星也。」鄭注：「宗，當爲禜，字之誤也。幽禜，亦謂星壇也。星以昏始見。禜之言營也。」布者，《釋文》引李巡曰：「祭星者，以祭布露地，故曰布。」孫炎曰：「既祭，布散於地，似星辰布列也。」按：「辰」字，從《公羊》疏增。《埤雅》廿引《釋名》云：「祭星曰布。布，取其象之布也。」今《釋名》無。按：《封禪書》有「諸布」「諸嚴」「諸逑」之屬。《索隱》引《爾雅》或云：「諸布是祭星之處。」《淮南·氾論》篇云：「羿除天下之害，而死爲宗布。」高誘注：「羿，堯時諸侯，有功於天下，故死託於宗布。或曰司命傍布也。」按：司命是星名，祭星之布，義或本此。羿死而爲宗布，蓋猶傅説騎箕尾爲列星矣。

磔者，《説文》云：「辜也。」按：辜即疈辜也。祭風者，《左氏·昭元年傳》：「雪霜風雨之不時，於是乎禜之。」是古有祭風之禮也。《大宗伯》以槱燎祭飌師，蓋磔牲體而燔燎之。《公羊·僖卅一年》疏引李巡曰：「祭風以牲頭、蹏及皮，破之以祭，故曰磔。」孫炎云：「既祭，披磔其牲，以風散之。」郭云「磔狗，以止風」者，《大宗伯》注：「鄭衆云：『罷辜，披磔牲以祭。』若今時磔狗祭以止風。」《封禪書》云：「磔狗邑四門，以禦蠱菑。」《索隱》引《風俗通》云：「殺犬磔禳也。」按：《淮南·萬畢術》云：「黑犬皮毛燒灰，揚之止天風。」然則磔狗祭風，蓋古遺法。秦風〔一〕磔狗禦蠱，當亦祭風之意。《易·蠱象》云：「山下有風，蠱也。」

〔一〕風，楊胡本同，《經解》本作「人」。

「是禷是禡」，師祭也。師出征伐，類於上帝，禡於所征之地。

禷者，《説文》云：「以事類祭天神。」《書》云：「肆類于上帝。」《詩·皇矣》正義引《尚書》夏侯歐陽説：「以事類祭之，天位在南方，就南郊祭之。」《周禮·肆師》注：「類禮，依郊祀而爲之。」引《大傳》曰：「柴于上帝。」然則類者，以類於郊祀而名也。然《小宗伯》云：「四類亦如之。」鄭衆注：「四類：三皇、五帝、九皇、六十四民，咸祀之。」鄭注：「四類：日、月、星、辰。」《小宗伯》又云：「凡天地之大烖，類社稷宗廟，則爲位。」鄭注：「類者，依其正禮而爲之。」是凡祭皆有類，惟類於上帝爲尊耳。類爲師祭者，《王制》云：「天子將出征，類乎上帝。」是也。

禡者，《説文》云：「師行所止，恐有慢其神，下而祀之曰禡。」引《周禮》曰：「禡於所征之地。」《詩序》云：「桓，講武類禡也。」《皇矣》傳：「於内曰類，於野曰禡。」《王制》注：「禡，師祭也。爲兵禱，其禮亦亡。」按：《公羊·莊八年傳》：「出曰祠兵。」何休注：「將出兵，必祠於近郊。」是祠兵即禡祭，古禮猶未亡也。「禡」借作「貉」。《肆師》云：「祭表貉，則爲位。」鄭注：「貉，師祭也。貉，音「陌」。讀爲十百之百。於所立表之處爲師祭造軍灋者，禱氣勢之增倍也。其神蓋蚩蚘，或曰黄帝。」又《甸祝》云：「掌表貉之祝號。」「杜子春讀貉爲『百爾所思』之百，書亦或爲禡。貉，兵祭也。甸以講武治兵，故有兵祭。」引《詩》及《爾雅》。然則禡本兵祭，因田獵習兵，故亦依倣爲之。實則禡宜於所征之地也。

「既伯既禱」，馬祭也。伯，祭馬祖也。將用馬力，必先祭其先。

伯者，《詩·吉日》傳：「伯，馬祖也。重物慎微，將用馬力，必先爲之禱其祖。禱，禱獲也。」按：「禱」，《説文》作「禂」，云：「禱牲馬祭也。」《甸祝》云：「禂牲禂馬。」杜子春云：「禂，禱也。爲馬禱無疾，爲田禱多獲禽牲。」引《詩》及《爾雅》爲釋。然則《詩》之「既伯」是爲馬祭，即《甸祝》「禂馬」是也。《詩》之「既禱」乃爲獲禽，即《甸祝》「禂牲」是也。《爾雅》主爲釋《詩》，當云：「伯，馬祭也。禱，禽祭也。」今壹不言，直云「馬祭也」者，以馬爲重，故特釋之。不言禱禽，略可知也。此與《釋訓》「徒御不驚，輂者也」文義正同，彼以輂者釋徒，不釋御，亦略之。

禘，大祭也。五年一大祭。

禘者，《説文》云：「諦祭也。」引《周禮》曰：「五歲一禘。」本《禮緯》文也。《公羊·文二年傳》：「五年而再殷祭。」何休注以爲五年禘也。按：禘之名，古多異説。有時祭之禘，則《王制》云：「春曰礿，夏曰禘。」《祭義》云：「春禘、秋嘗。」鄭注竝以爲夏、殷禮也。有殷祭之禘，則《詩序》云：「《雝》，禘大祖也。」鄭箋：「禘，大祭也。大於四方而小於祫。」又有郊祭之禘，亦《詩序》云：「《長發》，大禘也。」鄭箋：「大禘，郊祭天也。」《祭法》云：「有虞氏禘黄帝而郊嚳。」鄭注：「此禘謂祭昊天於圜丘也。」《魯語》韋昭注同。金鶚《禘祭考》云：「禘祭有七，圜丘之祭爲最大。《爾雅》所謂大祭，蓋主圜丘之禘，故在《釋天》篇中。孫炎、郭璞皆以禘爲五年一大祭，非也。」孫注見《王制》正義引。按：《王制》正義引鄭《禘祫志》云：「閔公之喪，僖三年禘，僖[一]六年祫，僖八年禘。凡三年喪畢，新君二年爲祫，新君三年爲禘。閔公二年五月吉禘于莊公，則祫當在吉禘之前。」是鄭據《禮緯》「三年祫，五年禘」之文，以正魯禮之非。故《王制》注：「魯禮，三年喪畢而祫於太祖，明年春禘於羣廟。自爾之後，五年而再殷祭。一祫一禘。」此鄭據魯禮云然耳，非通義也。實則魯禘非禮，《春秋》書之皆以示譏。杜預不知此意，見經所書，便以爲禮。故《僖八年》：「禘于太廟。」注云：「禘，三年大祭之名。」此妄説也。《王制》正義曲殉杜説，以爲祫即禘也，尤謬。

[一] 僖，原誤「禧」，楊胡本同，據《經解》本改。

繹，又祭也。祭之明日，尋繹復祭。周曰繹，《春秋經》曰：「壬午猶繹。」商曰肜，《書》曰：「高宗肜日。」夏曰復胙。未見義所出。

禘之名，四代所同；繹則三代異名。

繹者，《釋詁》云：「陳也。」《方言》云：「長也。」《白虎通·封禪》篇云：「繹繹者，無窮之意也。」是繹取尋繹不絶，故曰「又祭」。《詩·絲衣序》：「繹賓尸也。」鄭箋：「繹，又祭也。天子、諸侯曰繹，以祭之明日。卿大夫曰賓尸，與祭同日。」知繹以明日者，《春秋·宣八年經》云：「辛巳，有事于大廟，仲遂卒于垂。壬午，猶繹。」然則辛巳、壬午正得二日。故《公羊傳》：「繹者何？祭之明日也。」《詩》正義引李巡曰：「繹，明日復祭，曰又祭。」《左傳》正義引孫炎曰：「祭之明日，尋繹復祭也。」何休注：「禮，繹祭昨日事，但不灌地降神爾。」《禮器》云：「爲祊乎外。」鄭注：「祊祭，明日之繹祭也。謂之祊者，於廟門之旁，因名焉。」《有司徹》注：「天子、諸侯明日祭於祊而繹。」是皆繹之禮與其地也。《釋文》：「繹，或作襗。《字書》爲⿰飠睪、鐸二字，竝俗作。」

知周曰繹者，《絲衣》言「繹」，列於《周頌》；《春秋》書「繹」，猶秉《周禮》。《郊特牲》云：「繹之於庫門内。」孔子曰：「失之矣。」蓋亦譏時人也。

肜者，「融」之叚音也。《書》云：「高宗肜日。」《絲衣》箋：「商謂之肜。」《釋文》：

「肜，作融。」是也。《釋詁》：「融，長也。」《方言》融與繹俱訓長。是「融」「繹」義同。《詩》正義引孫炎曰：「肜者，亦相尋不絕之意。」《公羊》注：「肜者，肜肜不絕。」是皆以「肜」爲融。故《左氏・隱元年傳》：「其樂也融融。」《文選・思玄賦》作「肜肜」，李善注：「融與肜古字通也。」

夏曰復胙者，《緇衣》箋及《公羊》注引《爾雅》竝無此句。徐彦疏云：「諸家《爾雅》悉無此言，故不引之。」然則此句獨郭本有之也。《釋文》：「胙，本作昨，又音祚。」

祭名

春獵爲蒐，搜索取不任者。夏獵爲苗，爲苗稼除害。秋獵爲獮，順殺氣也。冬獵爲狩。得獸取之無所擇。

四時之田通謂之「獵」何？獵者，捷也。蔡邕《月令章句》云：「獵者，捷取之名也。」《說文》：「獵，畋獵也，逐禽也。」《釋言》云：「獵，虐也。」

蒐者，當作「搜」。《穀梁・桓四年》釋文云：「蒐，麋氏本又作搜。」是也。搜訓求，故以爲搜索取禽之名。或作「獀」。《祭義》：「獀狩。」鄭注：「春獵爲獀。」「獀」即「搜」之叚借矣。

苗者，《左氏・隱五年》正義引《大司馬》注，鄭解苗田，言擇取不孕任者，若治苗去不秀實者，孫炎亦然。是鄭、孫義同。《爾雅》舊注以爲爲苗除害，其義疏矣。

獮者，《釋詁》云：「殺也。」《說文》作「𤣻」，云：「秋田也。」《左傳》釋文引亦同。《爾雅》釋文又引作「從繭，或作⿰礻繭，從示」，竝非也。《說文》「𤣻」，从䙴聲，古讀若「徙」，轉爲息淺反，非古音矣。因「息淺」之音，遂改《說文》从繭，以就其讀。《玉篇》又出「獮」字，亦作「禰」。今按：作「禰」是也。《說文》徐鍇本《示部》云：「禰，秋畋也。从示，爾聲。」與《犬部》「從䙴聲」者音近義同。「𤣻」，或作「⿰礻豕」，从豕，與「䙴」聲亦近，可知「从繭」者非。

狩者，《說文》云：「犬田也。」按：冬寒雪下，獸肥草枯，功狗在蹏，便於馳逐。《詩》言「從公于狩」，又云「載獫歇驕」，是冬田用犬也。段注「犬田」改爲「火田」，恐未然也。《周語》云：「狩于畢時。」《夏小正》云：「十一月王狩。」是狩以仲冬也。謂之「狩」者，《詩・叔于田》及《伐檀》正義引李巡曰：「冬圍守而取禽，無所擇也。」《左氏・隱五年傳》：「春蒐、夏苗、秋獮、冬狩。」杜預注：「蒐，索，擇取不孕者。苗，爲苗除害也。獮，殺也，以殺爲名順秋氣也。狩，圍守也，冬物畢成，獲則取之，無所擇也。」《正義》引《爾雅》四時獵名與此同。說者皆如此注，故杜依用之。據此知杜依《爾雅》舊注，郭亦然也。經典言此四獵多有異文。《周語》云：「蒐於農隙，獮於既烝，狩於畢時。」既闕「苗」

名。《公羊·桓四年傳》:「春曰苗,秋曰蒐,冬曰狩。」又闕「夏田」。《穀梁傳》:「春曰田,夏曰苗,秋曰蒐,冬曰狩。」雖具諸名,文復參差。獨《周禮·大司馬》及隱五年《左傳》與《爾雅》合。又《詩·車攻》云:「駕言行狩。」復云:「之子于苗。」「苗」「狩」互見。《春秋》屢書「蒐」「狩」,不言「苗」「獮」,偏闕二文。《禮·玉藻》云:「惟君有黼裘以誓省。」鄭注:「省,當爲獮。獮,秋田也。」經典所言,略備於此矣。

宵田爲獠,《管子》曰:「獠、獵畢弋。」今江東亦呼獵爲「獠」,音「遼」。或曰即今夜獵載鑪照也。火田爲狩。放火燒草獵,亦爲狩。

此釋非時之田也。獠者,《説文》云:「獵也。」不云「宵田」。《詩·伐檀》箋:「宵田曰獵。」不言爲「獠」。許、鄭二君,以互見爲文也。《詩》:「火烈具舉。」《正義》曰:「此爲宵田,故持火炤之。」《伐檀》正義引郭注云:「獠,猶燎也。今之夜獵載鑪照者也。江東亦呼獵爲獠。《管子》曰:『獠獵畢弋。』」較今本郭注文義爲長,所引《管子·四稱》篇文也。《爾雅》釋文:「獠,或作燎。」「獠」「獵」聲轉義同,故鄭引「獠」即作「獵」矣。

狩者,與冬獵同名,故郭云「亦」也。火田者,《王制》云:「昆蟲未蟄,不以火田。」《周禮·羅氏》:「蜡則作羅襦。」鄭注:「今俗放火張羅,其遺教。」賈疏云:「漢之俗間,在上放火，於下張羅承之，以取禽獸。」《春秋·桓七年》：「二月，焚咸丘。」杜預注：「焚，火田也。譏盡物。」《正義》引李巡、孫炎皆云：「放火燒草，守其下風。」今按：火田非古也。《夏官》春蒐已言火弊，《王制》畢蟄乃以火田，因知《爾雅》此語，蓋亦後人所增。何以明之？昆蟲雖蟄，么麿之屬，半匿草根淺土，休息隨陽。今烈焰焚燒，聚族殲旃，仁人用心，當不若是。《詩》言「火烈具阜」，《春秋》書「焚咸丘」，《左傳》定元〔一〕年「田於大陸焚焉」，三者皆譏淫獵。孔子垂教，不弋宿鳥，周公作法，乃容火田。《禮》經，漢儒所傳，恐有增飾。康成注經，以放火張羅爲漢俗，可知斯事不起於古矣。

「乃立冢土，戎醜攸行」。冢土，大社。戎醜，大衆。起大事，動大衆，必先有事乎社而後出，謂之宜。有事祭也。《周官》所謂「宜乎社」。

「冢」、「戎」，《釋詁》竝云「大也」。「醜，衆也」。此釋《詩·緜》篇文。「冢土，大社」，毛傳文也。天子之社，謂之大社。《祭法》云：「王爲羣姓立社，曰大社。」是也。

起大事，動大衆，必先有事乎社而後出者，《緜》正義引孫炎曰：「大事，兵也。有

〔一〕元，原誤「四」，楊胡本同，據《十三經注疏》本《春秋左傳正義》改。

事也。

《春秋》書「有事于大廟」，《宣八年》。「有事于武宫」，《昭十五年》。皆謂祭事，故知祭爲有事，祭也。」知「兵」爲「大事」者，《左氏・成十三年傳》云：「國之大事，在祀與戎。」是也。

謂之宜者，《緜》正義曰：「兵凶戰危，慮有負敗，祭之以求其福宜，故謂之宜。」孫炎曰：「宜，求見使祐也。」《書》正義引作「求見福祐也」，《禮記》正義作「求使宜也」。《周禮・大祝》云：「大師宜乎社。」又云：「設軍社。」鄭衆引《春秋傳》曰：「君以師行，祓社釁鼓，祝奉以從。」賈疏云：「宜祭於社，即將社主行。」是也。

「振旅闐闐」，振旅，整衆。闐闐，羣行聲。出爲治兵，尚威武也。幼賤在前，貴勇力。入爲振旅，反尊卑也。尊老在前，復常儀也。

旅者，《釋詁》云：「衆也。」振者，整齊之意。《詩・采芑》箋：「振，猶正也。」闐者，《説文》云：「盛皃。」闐闐，蓋師旅整嚴之象。

出爲治兵，入爲振旅者，《春秋》莊八年《公》《穀》傳文。但《公羊》「治兵」作「祠兵」，祠即治也，故《采芑》箋引傳仍作「治兵」矣。何休注謂「祠祭」，失之。云「尚威武」「反尊卑也」者，《詩》正義引孫炎曰：「出則幼賤在前，貴勇力也。入則尊老在前，復常法也。」是郭所本。又按：《大司馬》云：「中春教振旅，中秋教治兵。」蓋春主農事，故以入言；秋尚威武，故以出言，是爲二時習戰之名也。《左氏·隱五年傳》：「三年而治兵，入而振旅。」又爲三年習戰之名也。《穀梁》以治兵、振旅爲習戰，《公羊》亦云：「其禮一也，皆習戰也。」《公》《穀》之義，與《爾雅》合。

講武

素錦綢杠，以白地錦韜旗之竿。纁帛縿，纁帛，絳也。縿，衆旒所箸〔一〕。素陞龍于縿，畫白龍於縿，令上向。練旒九，練，絳練也。飾以組，用綦組飾旒之邊。維以縷，用朱縷維連持之，不欲令曳地。《周禮》曰：「六人維王之大常。」是也。

此釋龍旂之制也。錦者，《説文》云：「襄邑織文。」綢者，《檀弓》云：「綢練。」鄭注：「以練綢旌之杠。」即引此文。但彼喪葬所用，故綢以練；此吉事所用，故綢以錦也。「綢」皆讀若「韜」，謂纏緜之也。杠者，《釋文》引《廣雅》云：「天子之杠高九仞，諸

〔一〕箸，《爾雅》宋刊十行本作「著」。

侯七仞，卿大夫五仞，士三仞。」

纁者，絳也。帛者，繒也。《大宗伯》注：「帛，如今璧色繒也。」《明堂位》注引此文「帛」作「白」。纁白縿者，言以絳色及白繒爲縿也。縿者，《説文》以爲旌旗之斿，蓋旒所箸處，故《詩·干旄》正義引孫炎曰：「爲旒於縿。」按：《巾車》注：「正幅爲縿，斿則屬焉。」賈疏：「正幅爲縿，《爾雅》文。」又《覲禮》疏：「《爾雅》説旌旗，云正幅爲縿。」據此二文，可知《爾雅》今本蓋脱去四字也。云「素陞龍于縿」者，《明堂位》注引「陞」作「升」，《覲禮》：「侯氏裨冕。」疏引《白虎通》云：「《禮記》曰：『天子乘龍，載大旗，象日月升龍。』傳曰：『天子升龍，諸侯降龍。』」按：《司常》云：「交龍爲旂。」鄭注：「諸侯畫交龍，一象其升朝，一象其下復也。」據此，則升龍者畫一龍，降龍者畫二龍也。《爾雅》「綢杠」「升龍」皆用素，蓋旂從殷制，《商頌》所言「龍旂十乘」，必是白色。賈公彦《司常》疏引此以爲施於喪葬之期，非無見也。

練者，《説文》云：「湅繒也。」經典説練皆純素，郭注「絳練」，非也。郭意蓋以周人尚赤，據《司常》注「九旗之帛皆用絳」，因以此練爲「絳練」耳。然《司常》是周制，《爾雅》練旒白，明是殷制，何可同也？旒者，當作「流」。《説文》「游」「旞」竝云：「旌旗之流也。」《爾雅》釋文：「旒，經典亦作流。」是也。又引《廣雅》：「天子十二旒，至地。諸侯九旒，至軫。卿大夫七旒，至轂。士三旒，至肩。」然則練旒九者，必是殷制，與周不同。周制，天子十二旒，亦不容九旒矣。

組者，《說文》：「綬屬。」《詩》：「素絲組之。」箋：「以素絲縷縫組於旌旗，以爲之飾。」蓋本此爲說也。是組用素。郭云「綦組」，亦非。據《釋文》：「綦，本亦作纂。」《說文》：「纂，似組而赤。」以此注上下推之，知郭本「綦」必作「纂」矣。

維者，持之也。縷者，綫也。《周禮·節服氏》：「六人維王之大常。」鄭注：「維，維之以縷。王旌十二旒，兩兩以縷綴連，旁三人持之。禮，天子旌曳地。」《詩》正義引孫炎曰：「維持以縷，不欲其曳地。」然則組飾其上，縷持其旁，以《詩》素組準之，知縷亦當用素，箋云：「素絲爲縷。」是矣，郭云「朱縷」，非也。

緇廣充幅長尋曰旐，帛全幅長八尺。繼旐曰旆。帛續旐末爲燕尾者，義見《詩》。

旐者，《說文》云：「龜旐四斿，以象營室，游游而長。」引《周禮》曰：「縣鄙建旐。」本《司常》及《輈人》文也。《釋名》云：「旐，兆也。龜知氣兆之吉凶，建之於後，察度事宜之形兆也。」緇者，帛黑色也。《公羊·宣十二年》疏引孫炎云：「緇，黑繒也。」云「廣充幅長尋」者，充，終也。布幅廣二尺二寸，帛幅廣二尺四寸。然則旐之制，以緇帛廣二尺四寸、長八尺爲之也。《公羊》注「緇」作「縉」，云：「縉廣充幅長尋曰旐。」恐誤也。旐畫龜蛇，屬北方宿，是當以黑爲主。《檀弓》云：「設旐，夏也。」然則旐從夏制，知色尚黑矣。鄭注用《爾雅》而云：「旌之旒，緇布廣充幅長尋曰旐。」於「緇」上增「旌之旒」三字，「緇」下增「布」字，蓋以設旐與設披、設崇其字同類，故釋旐爲「旌之旒」，非《爾雅》之義。

旆者，《説文》云：「繼旐之旗也。沛然而垂。」《釋名》云：「白旆，殷旌也，以帛繼旐末也」。《公羊》疏引孫炎云：「帛續旐末，亦長尋。」《詩》云：「帛旆英英。」是也。郭云「帛續旐末爲燕尾」者，《公羊》注：「繼旐如燕尾曰旆。」不言用帛。《釋名》云：「雜帛爲旆，以雜色綴其邊爲燕尾也。將帥所建，象物雜也。」然則旆亦雜色爲之，不專用白矣。郭云「義見《詩》」者，《六月》傳：「白旆，繼旐者也。」按：「白」與「帛」古字通，故知帛續旐末矣。《詩》正義及《釋文》「旆」俱作「茷」。《釋文》：「茷，本又作旆，蒲貝反。繼旐曰茷。《左傳》云蒨茷，是也。」按：「茷」，叚借字。

注旄首曰旌。載旄於竿頭，如今之幢，亦有旒。

旌者，《説文》云：「游車載旌，《司常》文。析羽注旄首，所以精進士卒。」《釋名》云：「析羽爲旌。亦《司常》文。旌，精也，有精光也。」又云：「緌，有虞氏之旌也。注旌竿首，其形橥橥然也。」以綏爲有虞氏旌，本《明堂位》文。鄭注：「注旄牛尾於杠首，所謂大麾。」《詩·干旄》正義引李巡曰：「旄牛尾箸干首。」孫炎曰：「析五采羽注旄上也，其下亦有旒縿。」然則旌者，其上有旄，其下有羽。《爾雅》不言「羽」者，疑有虞氏惟竿首注旄，其形綏綏，因謂之「綏」。至周加文，析采羽爲飾，故《周禮·夏采》注：「綏，以旄牛尾爲之，綴於幢上，所謂注旄於干首者。」是鄭亦以注旄首爲即有虞氏之綏。且《爾雅》旂用殷制，旐用夏制，則旌宜用有虞之制也。許君説「旌」云：「析羽注旄首。」蓋以周制兼虞制言。《爾雅》不言「析羽」，無妨專言有虞之制也。夏采《序官》注謂有虞氏已以夏翟羽爲綏，恐未然也。郭云「載旄於竿頭，如今之〔一〕幢」者，《釋言》注：「今之羽葆幢。」是矣。

有鈴曰旂。縣鈴於竿頭，畫交龍於旒。

此覆説旂事也。鈴者，《説文》云：「令丁也。」旂有鈴者，《説文》：「旗有衆鈴，以令衆也。」其鈴所在之處，則《詩·載見》傳：「鈴在旂上。」《公羊·宣十二年》疏引孫炎

〔一〕之，原誤「九」，據楊胡本、《經解》本改。

曰：「鈴在旂上。旂者畫龍。」《詩》正義引李巡曰：「以鈴箸旒端。」郭注以爲縣鈴竿頭，似失之也。又此上文説旂之制，不言有鈴，知鈴乃周制，且此下旗、旃亦皆周制也。必知鈴周制者，《詩》言「龍旂陽陽，和鈴中央」，《周頌》文也。

錯革鳥曰旟。此謂合剥鳥皮毛，置之竿頭，即《禮記》云「載鴻」及「鳴鳶」。

旟者，《説文》云：「錯革畫鳥其上，所以進士衆。旟旟，衆也。」引《周禮》曰：「州里建旟。」《司常》文也。《輈人》云：「鳥旟七斿，以象鶉火也。」《詩・六月》傳：「鳥章，錯革鳥爲章也。」箋云：「鳥隼之文章。」《正義》引孫炎曰：「錯，置也。革，急也。畫急疾之鳥於縿也。」《鄭志・荅張逸》亦云：「畫急疾之鳥隼。」是則孫義本於鄭也。《公羊・宣十二年》疏引李巡云：「以革爲之，置於旐端。」其説又異。李巡之意，蓋以《司常》但云「鳥隼爲旟」，《爾雅》亦止云「錯革」，皆不言「畫」，故云「以革爲之，置於旐端」，此即郭義所本，但「旐端」與「竿頭」異耳。郭注「合」字未安，汪氏中校定本據《隋〔一〕書・禮儀》五作「全」字，是矣。《御覽》三百四十引《爾雅》舊注云：「刻爲革鳥，置竿首也。」與郭注

〔一〕隋，原誤「隨」，楊胡本同，據《經解》本改。

「剥鳥皮毛」，又復不同。參考諸家之説，當以孫炎爲長，郭義爲短。郭又引《曲禮》云「載鴻及鳴鳶」者，其意亦謂載當載其皮毛。

因章曰旃。以帛練爲旒，因其文章，不復畫之。《周禮》云：「通帛爲旃。」

旃者，《説文》云：「旗曲柄也，所以旃表士衆。」引《周禮》曰：「通帛爲旃。」或从亶作「旜」。《司常》云：「孤卿建旜。」《釋名》云：「旃，戰也，戰戰恭己而已也。通以赤色爲之，無文采，三孤所建，象無事也。」《司常》注云：「通帛謂大赤，從周正色，無飾。」又云：「孤卿不畫，言奉王之政教而已。」按：因章者，謂因帛之色以爲章，不加文飾。故《司常》謂之「通帛」，《爾雅》謂之「因章」。《左氏·僖廿八年》正義引孫炎曰：「因其繒色以爲旗章，不畫之。」是也。又按：《爾雅》釋文引《世本》云：「黄帝作旃。」是旃起於黄帝。其時蓋用黄色，至周尚赤，始用絳帛。以此推之，知「因章」「錯革」二條俱從周制也。又《文選·西京賦》薛綜注引《爾雅》曰：「熊虎爲旗。」今《爾雅》無之。

旌旂

爾雅郭注義疏中之五

釋地弟九

地者，《説文》云：「元氣初分，輕、清、陽爲天；重、濁、陰爲地，萬物所陳列也。」《釋名》云：「地者，底也，其體底下載萬物也。亦言諦也，五土所生，莫不審諦也。」《白虎通》云：「地者，易也，言養萬物，懷任交易變化也。」《釋文》引張顯《古今訓》云：「土乙力爲地。」許慎注《淮南子》云：「地，麗也。」《物理論》云：「地，底也，著也，陰體下著。」《禮統》云：「地，施也，諦也，應變施化，審諦不誤。」按：《大司徒》云：「以天下土地之圖，周知九州之地域、廣輪之數，辨其山林、川澤、丘陵、墳衍、原隰之名物。」此篇所釋，自「九州」以訖「四極」，其閒陵藪異名，原野異勢，五方異氣，莫不備載。下篇《釋丘》《釋山》《釋水》皆地之事，故總曰《釋地》。

兩河閒曰冀州。自東河至西河。

冀者，《説文》云：「北方州也。」《釋名》云：「冀州，取地以爲名也。其地有險有易，帝王所都，亂則冀治，弱則冀强，荒則冀豐也。」《釋文》引李巡云：「兩河閒其氣清，厥性相近，故曰冀。冀，近也。」按：《職方》云：「河内曰冀州。」此云「兩河閒」者，即兩河之内也。言「東河」「西河」，不言「南河」者，以豫州見之。又古以「冀」爲中州之通名。《穀梁傳》云：「鄭，同姓之國也，在乎冀州。」《淮南·覽冥》篇注：「冀，九州中，謂今四海之内。」《大荒北經》注：「冀州，中土也。」竝與《爾雅》義異。

河南曰豫州。自南河至漢。

豫者，《釋詁》云：「安也。」《釋名》云：「豫州，地在九州之中，京師東都所在，常安豫也。」《釋文》引《春秋元命苞》云：「豫之言序也，言陽氣分布，各得其處，故其氣平静多序也。」又引李巡云：「河南其氣著密，厥性安舒，故曰豫。豫，舒也。」按：《禹貢》豫州以荆河爲界，《爾雅》豫州以漢水爲界。知者，以下文「漢南曰荆州」，荆在漢南，明豫在漢北矣。郭云：「自南河至漢。」《公羊·莊十年》疏引孫氏、郭氏皆云：「自東河至西河之南曰豫州。」與今本郭注異。

河西曰雝州。自西河至黑水。

雝者，「邕」之叚借。《説文》作「邕」，隸作「雍」。《釋名》云：「雍州在四山之内。雍，翳也。」《釋文》云：「雍者，擁也。東崤、西漢、南商於、北居庸，四山之内擁翳也。」李巡云：「河西其氣蔽壅，厥性急凶，故曰雍。雍，壅也。」又引《太康地記》云：「雍州兼得梁州之地，西北之位，陽所不及，陰氣壅閼，故取名焉。」按：《周禮》及《爾雅》皆無梁州，則雍州兼有梁州之地也。《禹貢》雍、梁皆西界黑水，故郭據以爲言。至漢改雍、梁爲益州，今其地則四川也。

漢南曰荆州。自漢南至衡山之陽。

《説文》云：「荆，楚木也。」《釋名》云：「荆州取名於荆山也。必取荆爲名者，荆，警也，南蠻數爲寇逆，其民有道後服，無道先彊，常警備之也。」邢疏引李巡云：「漢南其氣燥剛，禀性强梁，故曰荆。荆，强也。」按：《禹貢》荆州言荆及衡陽，《爾雅》言「漢南」者，衡陽舉其南界，漢南舉其北界也。漢北即豫州界。

江南曰楊州。自江南至海。

楊者，《釋名》云：「楊州之界多水，水波揚也。」《釋文》引《太康地記》云：「以楊州漸太陽位，天氣奮揚，履正含文明，故取名焉。」《禹貢》正義引李巡云：「江南其氣燥勁，厥性輕揚，故曰揚。揚，輕也。」案：《禹貢》言「淮、海惟楊州」，《公羊》疏引鄭注：「楊州界自淮而南，至海以東也。」《爾雅》變「淮」言「江」者，明楊、徐二州以江爲界，江南爲楊州，即知江北爲徐州矣。郭云「自江南至海」，《公羊》疏引孫氏、郭氏曰「自江至南海也」，蓋「至南」二字誤倒，當以今本爲是。

濟、河閒曰兖州。自河東至濟。

「濟」「兖」《説文》作「泲」「沇」，云：「泲，沇也，東入于海。」「沇，水出河東，東垣王屋山，東爲泲。」《釋名》云：「兖州，取兖水以爲名也。」《類聚》六引《春秋元命苞》曰：「兖之言端也。」按：兖州界東南據濟，西北據河，是在濟、河閒也。《釋文》及《公羊》疏引李巡云：「濟、河閒，其氣專質，厥性信謹，《書》正義及邢疏引「謹」作「謙」。故曰兖。兖，信也。」

濟東曰徐州。自濟東至海。

徐州者,《釋文》引《太康地記》以爲取徐丘爲名。《釋名》云:「徐,舒也,土氣舒緩也。」《公羊》疏引李巡曰:「濟東至海,《書》正義引作「淮海閒」三字。其氣寬舒,禀性安徐。徐,舒也。」又引孫炎與郭注同。按:《禹貢》徐州界東至海,北至岱,南至淮。《爾雅》舉「濟東」爲言者,殷仍夏制,徐、兗二州以濟爲界,濟西爲兗,東爲徐也。至周并徐於青,與夏、殷異。《太康地記》:「周合其地於青州。」是矣。

燕曰幽州。自易水至北狄。

「燕」,《説文》作「郾」,云:「地名。」《釋名》云:「燕,宛也。北方沙漠平廣,此地在涿鹿山南,宛宛然以爲國都也。」「幽州在北,幽昧之地也。」《釋文》引李巡云:「燕,其氣深要,厥性剽疾,故曰幽。幽,要也。」又引《太康地記》以爲因於幽都爲名,或云北方太陰,故以幽冥爲號,二者相依也。按:《職方》云:「東北曰幽州,正北曰并州。」《禹貢》合幽於冀,《爾雅》合并於幽。《公羊》疏引孫、郭竝云:「自易水至北狄也。」據《職方》淶、易,并州川浸;昭余祁,并州澤藪。《爾雅》「十藪」,燕有「昭余祁」。此注易水屬燕,是皆并合於幽之證。

齊曰營州。自岱東至海。此蓋殷制。

齊者，以天齊淵水而得名。《史記·封禪書》云：「齊所以爲齊，以天齊也。」《集解》：「蘇林曰：『當天中央[一]齊。』」《索隱》引解道彪《齊記》云：「臨菑城南有天齊泉，五泉並出，有異於常，言如天之腹臍也。」《釋名》云：「齊，齊也，地在勃海之南，勃齊之中也。」營州者，《釋名》云：「古有營州，齊、衞之地，於天文屬營室，取其名也。」《公羊》疏引李巡曰：「齊，其氣清舒，受性平均，故曰營。營，平也。今爲青州。」又引孫、郭竝云：「自岱東至海。」本[二]《禹貢》青州界而言也。《釋文》：「營者，蓋取營丘以爲號。」引《博物志》云：「營，與青同。海東有青丘，齊有營丘，豈是名乎？」按：《説苑·辨物》篇本《爾雅》作「齊曰青州」，是營即青矣。《禹貢》正義引漢末公孫度據遼東，自號青州刺史，以爲堯時青州當越海而有遼東也。舜爲十二州，分青州爲營州，營州即遼東。其説是矣。郭云「此蓋殷制」者，《釋文》引李、郭同。《詩·周南召南譜》正義引孫炎曰：「此蓋殷制。《禹貢》有梁、青，無幽、營；《周禮》有幽、并，無徐、營。」是孫炎以《爾雅》之文與《禹貢》

[一] 央，原誤「中」，楊胡本、《經解》本同，據《史記·封禪書》蘇林注改。
[二] 本，原誤「木」，據楊胡本、《經解》本改。

《周禮》異，故疑爲殷制。今按：十藪多異《職方》，疑亦殷制。

九州九州之制，或云起於黄帝、顓頊，《尚書》獨載堯以來。《説文》云：「水中可居曰州。周遶其旁，从重川。昔堯遭洪水，民居水中高土，故曰九州。《詩》曰：『在河之州。』一曰州，疇也。各疇其土而生之。」是則九州之名，蓋起於堯矣。《釋名》云：「州，注也，郡國所注仰也。」《禹貢序》釋文引《春秋説題辭》云：「州之言殊也。」《王制》注云：「州猶聚也。」《爾雅》所釋則殷九州之疆域也。《逸周書·大匡》篇云：「三州之侯咸率。」《程典》篇云：「文王合六州之侯，奉勤于商。」《商頌》云：「奄有九有。」毛傳：「九有，九州也。」又云：「帝命式于九圍。」毛傳：「九圍，九州也。」殷有九州，皆其證。

魯有大野。今高平鉅野縣東北大澤是也。

《釋名》云：「魯，鈍也，國多山水，民性樸魯也。」按：《爾雅》魯兼徐、兖二州之地，故《禹貢》「大野」屬徐州，《職方》屬兖州，《爾雅》實兼二文也。《左氏·哀十四年傳》：「西狩於大野。」杜預注與郭同。《晉·地理志》鉅野屬高平國，《漢志》屬山陽郡。《史記·夏紀》集解引《書》鄭注：「大野，在山陽鉅野北，名鉅野澤。」今按：鉅亦大也。《元和郡縣志》云：「大野澤，一名鉅野，在縣東五里。南北三百里，東西百餘里。」《水經·濟水注》引何承天云：「鉅野，湖澤廣大，南通洙、泗，北連清、濟，舊縣故城正在澤中。」然則鉅野古縣，因藪澤爲名也。

晉有大陸。今鉅鹿北廣河澤是也。

《釋名》云：「晉，進也。又取晉水以爲名，其水迅進也。」大陸者，《呂氏春秋·有始覽》及《淮南·墬形》篇竝云：「晉之大陸。」高誘注：「大陸，魏獻子所游，焚焉而死者是也。」《水經·清水注》云：「脩武，故甯也。魏獻子田大陸，還，卒於甯。」大陸即吴澤矣。《魏土地記》曰：「脩武城西北二十里有吴澤水陂，南北二十許里，東西三十里。」《左氏·定元年傳》杜預注云：「大陸，疑即吴澤陂，近甯。」是酈注本杜預，以吴澤陂爲大陸，其地在河内脩武，今之獲嘉縣西北，春秋時晉之境内。《左傳》「晉始啟南陽」，謂此地也。《呂覽》《淮南》又云：「趙之鉅鹿。」高注以鉅鹿廣阿澤當之，其地在今順德府鉅鹿任縣之閒，乃趙之境内，故別爲趙藪。緣鉅鹿亦有大陸之名，故郭注本孫炎，遂以此爲晉藪，誤矣。《水經·濁漳水注》又云：「自甯迄於鉅鹿，出於東北，皆爲大陸。」張聰咸曰：「脩武距鉅鹿南北千里，酈元欲聯爲一地，乃以淇口當《禹貢》『北過絳水』之文，故强爲牽合。」胡氏渭云：「淇口在黎陽西南，距脩武二百餘里。信如酈言，則河之所經當先大陸而後降水。」斥其無定見云云，是矣。孫炎、郭璞所云「廣阿澤」者，孫、郭注同。見《左傳》正義，「阿」作「河」，誤。即《漢志》《尚書》鄭注所指《禹貢》之「大陸」，《呂覽》《淮南》所云「趙之鉅鹿」矣，竝與此違。

秦有楊陓。今在扶風汧縣西。

《説文》云：「秦，伯益之後所封國。地宜禾。」《釋名》云：「秦，津也，其地沃衍有津潤也。」楊陓者，《職方》：「冀州藪曰楊紆。」注云：「所在未聞。」「雍州藪曰弦蒲」，注云：「在汧。」《漢·地理志》：「右扶風汧北有蒲谷鄉弦中谷，雍州弦蒲藪。」然則《漢志》所説與《職方》同，鄭注甚明。郭欲以《職方》之「弦蒲」當《爾雅》之「陽陓」，參差不合，其説非矣。《淮南·墬形》篇云：「秦之陽紆。」高誘注：「陽紆，蓋在馮翊池陽，一名具圃。」按：《左氏·僖卅三年傳》：「秦有具囿。」杜預不注其地。如高誘説，以具圃即具囿。錢氏坫《説文斠詮》云：「今池陽爲西安府涇陽縣地，並無高原大澤。」然則高注亦非矣。《淮南·脩務》篇云：「禹之爲水，以身解於陽盱之河。」《穆天子傳》云：「至于陽紆之山，河伯無夷之所都居。」然則「陽紆」「陽盱」聲雖相近，而於

《爾雅》之「楊陓」都亦無會。邵氏《正義》説以《有始覽》云「秦之陽華」，高注「陽華在鳳翔，或曰在華陰西」，以爲近之。今按：《爾雅》釋文「陓，郭烏花反」，則與「華」音相近似，楊陓即陽華。然鳳翔之名，非高所得聞。錢氏所謂後人附入者，不足依據。高引或説以爲在華陰西，亦無的指，難以取證。《後漢·郡國志》注於「弘農郡華陰」下引《吕覽》及高注，於「右扶風汧」下引《爾雅》及郭注，亦不以爲一地，則邵氏亦失之。《釋文》：「陓，孫於于反。本或作紆字，非。」然則「陽紆」「楊陓」非一地明矣。攷之諸書，既多差舛，按之《職方》，又相抵互。竊謂《爾雅》此義當如鄭君之闕疑，不當如郭氏之誤注。

宋有孟諸。今在梁國睢陽縣東北。

《釋名》云：「宋，送也。地接淮、泗而東南傾，以爲殷後，若云滓穢所在，送使隨流東入海也。」孟諸者，《禹貢》作「孟豬」，《史記》作「明都」，《漢志》作「盟諸」，《職方》作「望諸」，鄭注：「望諸，明都也。」《左傳》作「孟諸」，與《爾雅》同。「諸」「豬」聲同，「孟」「望」「明」「盟」古聲近也。《元和郡縣志》云：「宋州虞城縣孟諸澤在縣西北十里，周迴五十里，俗號盟諸澤。」《晉·地理志》：「梁國睢陽，春秋時宋都。」《漢志》：「故宋國，微子所封。」《禹貢》：「盟諸澤在東北。」是郭所本也。睢陽，今之歸德府商丘縣也。自宋末以來，屢遭河決，藪澤垔岸，不可復識。

楚有雲夢。今南郡華容縣東南巴丘湖是也。

雲夢者，《職方》云：「荆州，其澤藪曰雲瞢。」鄭注：「雲瞢在華容。」《漢志》：「華容，雲夢澤在南，荆州藪。」司馬相如《子虛賦》云：「楚有七澤，一曰雲夢。雲夢者，方九百里。」是雲夢實一藪也。經傳或分言者，省文從便耳。《左氏·昭三年傳》：「王以田江南之夢。」杜預注：「楚之雲夢，跨江南北。」是則夢亦雲也。《定四年傳》：「楚子涉睢，濟江，入于雲中。」杜注：「入雲夢澤中。」是則雲亦夢也。《楚辭·招魂》篇云：「與王趨夢兮課後先。」王逸注：「夢，澤中也。楚人名澤爲夢中。」然則夢中猶雲中矣。《淮南·墬形》篇云：「南方曰大夢。」高誘注：「夢，雲夢也。」《地理志》江夏郡有「雲杜」，即《禹貢》之「雲土」。「土」「杜」古字通。然則雲土亦夢土矣。「雲土夢作乂」，《史記·夏紀》及《漢志》竝變作「雲夢土」，皆得《禹貢》之意，各順文從便耳。漢、晉華容縣，今爲荆州府監利、石首二縣地。郭云「巴丘湖」者，《太平寰宇記》引宋《永初山川古今記》：「雲夢澤，一名巴丘湖。」是也。

吳、越之閒有具區。今吳縣南太湖，即震澤是也。

吳、越者，《釋名》云：「吳，虞也。太伯讓位而不就，歸封之於此，虞其志也。越，夷蠻之國，度越禮義無所拘也。」具區者，《禹貢》云：「震澤厎定。」《職方》云：「楊州，其澤藪曰具區。」《漢·地理志》：「會稽郡，吳具區澤在西，楊州藪。古文以爲震澤。」是具區即震澤。其地在吳，謂之「吳越」者，《有始覽》云：「吳之具區。」《墬形》篇「吳」作「越」，高誘注：「具區，在吳越之閒。」是矣。郭以「太湖即震澤」者，《水經·沔水注》引虞翻曰：「是湖有五道，故曰五湖。」韋昭曰：「五湖，今太湖也。《尚書》謂之震澤，《爾雅》以爲具區，方圓五百里。」郭氏本之，而以「太湖」「震澤」爲一，非也。邵氏《正義》雖致疑難，終泥舊説，以爲吳越水鄉，濤湖汎决，川瀆難悉，此亦依違郭氏之失也。按：《避暑録話》云：「孔氏以太湖爲震澤，非是。《禹貢》傳：『震澤，吳南太湖名。』《周官》九州有澤藪，有川，有浸，楊州既以具區爲澤藪，則震澤即具區也。太湖乃五湖之總名耳。《職方》云：『其浸五湖。』凡言藪者，皆人資以爲利而浸則但水之所鍾也。今平望八尺，震澤之閒，水瀰漫而極淺，與太湖相接而非太湖。積潦暴至，無以洩之，則溢而害田，所以謂之震。他州之澤，無水暴至之患，則爲一名而已。而具區與三江通塞爲利害，故二名以别之。」據葉夢得言，則知震澤與太湖相接而爲二。太湖有隄瀴之限，震澤水極漫淺，或溢而害田，亦或隄而爲田，與太湖純水者形勢自别。葉氏生於宋代，所見如此。今烏程有震澤，上下二鄉，自上林軋村至南潯鎮皆是，地濱太湖，與葉氏所見無異。頗疑邵氏吴越之人，乃不能舍太湖而别指具區，何歟？至於湖澤增減，古今異形，顔真卿《石柱記》稱太湖周四萬八千頃，視《越絶書》已廣一萬二千頃矣。《越絶》：「太湖周三萬六千頃。」韋昭云：「方圓五百里。」今康熙閒周八百餘里矣。康熙卅八年《太湖扈駕恭紀》。蓋積年衝刷，隄岸變遷。然震澤之非太湖，東南人要可目驗而知也。

齊有海隅。海濱廣斥〔一〕。

此釋營州之藪。海隅者，《有始覽》及《墬形》篇竝云：「齊之海隅。」高注：「隅，猶崖也。蓋近海濱。」《墬形》篇又云：「申池在海隅。」高注：「海隅，藪也。」《史記·齊世家》集解引左思《齊都賦》注曰：「申池在海隅，齊藪也。」是皆本《爾雅》爲説。但海隅是大名，申池是其閒小地名，緜絡川原，佳饒竹樹。故《左氏·襄十八年傳》：「焚申池之竹木。」《文十八年傳》：「公游于申池。」蓋地饒竹木，足可娱遊。杜預不據「申池在海

〔一〕 斥，《爾雅》宋刊十行本作「㡿」。

隅」之文，乃依京相璠説，以齊南城西門名申門，左右有池，疑此爲是。《水經〔一〕·淄水注》反是杜而駁《齊都賦》注之非，斯皆失矣。今自登萊之黄縣、掖縣以西，歷青州之壽光、樂安以東，及武定之海豐、利津以北，延袤千餘里閒，皆海隅之地。《管子》所謂「渠展之鹽」，《左傳》所云「澤之萑蒲、藪之薪蒸」，蓋胥於是在焉。或疑十藪皆舉地名，齊藪獨汎指海隅，以斯致疑，此又非也。《子虚賦》言「齊王畋於海濱」，與楚之雲夢對舉，海濱即海隅。且雲夢一藪，猶方八九百里，跨江南北，況齊洋洋大風，海隅之藪，跨越數郡，包絡千餘里，何足異也。《子虚》所稱「列卒滿澤，罘網彌山，騖於鹽浦，平原廣澤，遊獵之地」，皆非虚語。然則郭注以「海濱廣斥」爲言，斯爲當矣。張聰咸據胡氏渭《禹貢錐指》以《管子》「渠展」即《爾雅》「海隅」，今以其説未備，因復推廣之耳。

燕有昭余祁。今太原鄔陵縣北九澤是也。

北釋幽州之藪。殷之幽州，兼周之并州。故《職方》：「并州，其澤藪曰昭余祁。」鄭注：「昭余祁在鄔。」《漢志》：「太原郡，鄔，九澤在北，是爲昭余祁，并州藪。」郭注本此。

〔一〕經，原誤「涇」，楊胡本同，據《經解》本改。

鄔陵，「陵」字衍也。《有始覽》作「燕之大昭」，《墬形》篇作「燕之昭余」，無「祁」字者，省文耳。今其地在太原府祁縣東七里。《水經·汾水注》：「鄔澤，祁藪。」是也。然則祁縣因藪爲名。《釋文》：「祁，孫本作底，音之視反。」蓋叚借字，作「祁」爲正。

鄭有圃田。今滎陽中牟縣西圃田澤是也。

《釋名》云：「鄭，町也，其地多平，町町然也。」圃田者，《職方》：「豫州藪，於西周時在東都畿内。」故《詩》：「東有甫草。」鄭箋以爲圃田之草也。《水經·渠水注》：「圃田澤多麻黄草。」東遷以後，屬於鄭。故《左氏·僖卅三年傳》：「鄭之有原圃。」杜預注以爲圃田澤，是也。《元和郡縣志》云：「圃田澤，一名原圃。中牟縣西北七里，其澤東西五十里，南北二十六里，西限長城，東極官渡，上承鄭州管城縣界曹家陂，又溢而北流爲二十四陂。」按：中牟，今屬開封府，漢屬河南郡，晉屬滎陽郡。

周有焦護。今扶風池陽縣瓠中是也。

《釋名》云：「周，地在岐山之南，其山四周也。」《詩·六月》正義引孫炎曰：「周，岐周也。」焦護者，《詩》作「焦穫」。《爾雅》釋文：「穫，又作護。」《水經·沮水注》云：「沮水東注鄭渠，渠首上承涇水於中山，西邸與「抵」同。瓠口，所謂瓠中也。《爾雅》以爲周焦穫矣。」《元和郡縣志》云：「焦穫藪，亦名瓠口，即鄭、白二渠也。晉之扶風郡池陽縣，今爲西安府三原縣也。」

十藪《說文》云：「藪，大澤也。」《左氏・襄廿五年》正義引李巡曰：「藪，澤之別名也。」《周禮・冢宰》注云：「澤無水曰藪。」《澤虞》注云：見《序官》。「水希曰藪」，是「藪」「澤」名同而實異。故《冢宰》云：「藪牧養蕃鳥獸。」《左氏・昭廿年傳》：「藪之薪蒸，虞候守之。」然則藪者，湊也，薪蒸鳥獸之所湊。《風俗通》云：「藪，厚也，有草木魚鼈，所以厚養人也。」《釋文》引。其藪之名數，則《淮南》本於《呂覽》，無「大野」「焦護」而以「趙之鉅鹿」與「晉之大陸」竝稱。《說文》本於《職方》，其言「九藪」，全襲彼文。而青州孟諸，雝州弦蒲，幽州奚養，冀州楊紆，與《爾雅》乖違，豈此之藪名爲從殷制？而周有焦護，非可預言。疑殷有「九州」，亦當「九藪」。焦護一藪，或後人所增。今《風俗通》「十藪」之名，雖與此同，而非應劭舊本，不足依據。鄭注《澤虞》又云《爾雅》有八藪，益復可疑。賈疏曲爲之說，以爲周、秦同在雍州，秦有楊紆，周有焦護，一州有二，故言「十」；《爾雅》除畿内一州而言，故云「八」。其說亦未可信。且「八藪」之名，未聞其審，今亦無以言焉，闕之可也。

東陵阠，南陵息慎，西陵威夷，中陵朱滕，北陵西隃鴈門是也。即鴈門山也。

陵者，《説文》云：「大自也。」東陵者，《禹貢》有其名。《漢志》：「廬江郡，金蘭西北有東陵鄉。」又《元和郡縣志》：「東陵山在章丘縣南二十八里。」引《莊子・駢拇》篇云：「盜跖死利於東陵之上。」是又一東陵也。但東陵雖有二處，「阠」字遂不見所出，至於息慎、朱滕，亦猶是焉。威夷者，《文選・西征賦》云：「登崤坂之威夷。」李善注引《韓詩》曰：「周道威夷。」薛君曰：「威夷，險也。」按：「威夷」，《漢志》作「郁夷」，屬右扶風。雖地可言西，然未必便是西陵。潘賦以威夷連崤坂爲言，與《地志》又復乖異。李善注所引亦非也。西隃者，《史記》作「先俞」，《趙世家》云：「反巠分先俞於趙。」《集解》：「徐廣曰：『《爾雅》西隃，鴈門是也。』」《正義》曰：「西、先聲相近，蓋陘山、西隃二山之地，並在代州鴈門縣，皆趙地也。」又謂之「隃」。《穆天子傳》云：「乃絶隃之關隥。」郭注：「謂北陵，西隃鴈門山也。」《北山經》注：「鴈門山，即北陵，西隃鴈門之所出，因以名云。」郭氏二注，竝與此合。鴈門山在今代州東北。

陵莫大於加陵。今所在未聞。

加陵者，《風俗通》云：「《國語》周單子會晉厲公於加陵。」引《爾雅》曰：「陵莫大於加陵。」言其獨高厲也。《淮南·人閒》篇云：「晉厲公合諸侯於嘉陵。」按：《周語》云：「柯陵之會。」韋昭注：「柯陵，鄭西地名也。盟於柯陵，在魯成十七年。」然則柯陵即加陵，「加」「嘉」古聲同，「嘉」「柯」聲借也。韋注「柯陵在鄭西」，今未聞其審。

梁莫大於湨梁。湨，水名。梁，隄也。

湨梁者，湨是水名，梁，其隄也。《左氏·襄十六年》：「會于湨梁。」杜預注：「湨水出河内軹縣東南，至温入河。」《水經·濟水注》：「湨水出原城西北原山勳掌谷，俗謂之爲白澗水。」引《爾雅》而云：「梁，水隄也。」湨水又南注於河。《公羊·襄十六年》疏引孫炎曰：「梁，水橋也。」郭云「隄」者，《釋宫》云：「隄謂之梁。」梁、陵同類，故列於「八陵」。

墳莫大於河墳。墳，大防。

釋厓岸云：「墳，大防。」《方言》云：「墳，地大也。」郭注：「即大陵也。」鮑照《蕪城賦》稱「三墳」，此言「河墳」，《詩》言「汝墳」及言「淮墳」。三墳之中，河墳爲大，故獨在八陵。胡氏《禹貢錐指》以漢河隄謂爲金隄者當之，金隄在今濬縣，但本是人所爲，恐非也。錢氏坫《釋地注》：「今蒲州府榮河縣是其地，漢之汾陰脽也。」引《水經注》曰：「長阜，背汾帶河，長四五里，廣二里餘，高十丈。」然則《爾雅》「河墳」必謂此矣。

八陵

東方之美者，有醫無閭之珣玗琪焉。醫無閭，山名，今在遼東。珣玗琪，玉〔一〕屬。

《職方》：「幽州，其山鎮曰醫無閭。」鄭注：「醫無閭，在遼東。」賈疏云：「目驗知之。漢光武十三年以遼東屬青州，二十四年還屬幽州。」《漢·地理志》：「遼東郡，無慮。」應劭曰：「慮，音閭。」是無慮即無閭。《楚辭·遠遊》篇云：「夕始臨乎於微閭。」王逸注：「東方之玉山也。」引《爾雅》爲釋。「醫無閭」作「於微閭」，語聲之轉也。《墬形》篇作「醫毋閭」。《釋文》：「醫，李本作毉。」竝聲借字也。珣玗琪者，《說文》云：「《周書》所謂夷玉也。」《書·顧命》釋文：「夷玉，馬云：『東夷之美玉。』」《正義》引鄭云：「夷玉，東北之珣玗琪也。」是馬、鄭、許竝依《爾雅》爲言。邵氏《正義》云：「今大淩河有

〔一〕玉，原誤「王」，《經解》本同，據《爾雅》宋刊十行本、楊胡本改。

錦川石，美者瑩潤如玉，大者可作几。」醫無閭山在今錦州府廣寧縣西十里。

東南之美者，有會稽之竹箭焉。會稽，山名，今在山陰縣南。竹箭，篠也。

《職方》：「揚州，其山鎮曰會稽。」鄭注：「會稽在山陰。」《漢》《晉》二《志》竝云：「山陰，會稽山在南。」今山在紹興府會稽縣南一十里矣。《史記·夏紀》云：「禹會諸侯江南，計功而崩，因葬焉，命曰會稽。會稽者，會計也。」竹箭者，《釋草》云：「篠，箭。」《禹貢》「篠簜既敷」，《夏紀》作「竹箭既布」。《説文》引《書》曰：「竹箭如搢。」按：《職方》注：「故書箭爲晉。」「晉」「搢」音同，疑《説文》所引有脱誤也。竹箭堅實，以無節爲異。《墬形》篇注：「今會稽郡出好竹箭也。」戴凱之《竹譜》云：「箭竹高者不過一丈，節間三尺，堅勁中矢，江南諸山皆有之，會稽所生最精好。」

南方之美者，有梁山之犀象焉。犀牛皮角，象牙骨。

《職方》：「荆州，其山鎮曰衡山。」鄭注：「衡山，在湘南。」本《漢志》文。《墬形》篇本《爾雅》作「梁山」，高誘注：「梁山在會稽長沙湘南。」是高據《職方》以「梁山」即衡山，「會稽」二字衍也。或疑「衡」無「梁山」之名，非也。會稽，古防山，亦曰「茅山」，又曰「棟山」，見《水經注》。乃有四名，衡山二名，何足異也？犀象者，《職方》注：「齒，象齒也。革，犀〔一〕兕革也。」按：二物珍貴，爲世要用，故載之《禹貢》，列於《爾雅》焉。

西南之美者，有華山之金石焉。黄金礝石之屬。

《職方》：「豫州，其山鎮曰華山。」鄭注：「華山在華陰。」《晉·地理志》：「弘農郡，華陰，華山在縣南。」金石者，《墬形》篇注：「金，美金也。石，含玉之石也。」郭云「礝石之屬」者，「礝」當作「碝」，《説文》：「碝，石次玉者。」《玉藻》云：「士佩瓀玟。」張揖《子虚賦》注：「碝，石白者如水，半有赤色。」

西方之美者，有霍山之多珠玉焉。霍山，今在平陽永安縣東北。珠，如今雜珠而精好。

《職方》：「冀州，其山鎮曰霍山。」鄭注：「霍山在彘。」據《漢志》，後漢改彘爲永安，故《墬形》篇注：「今河東永安縣也。」至晉又改河東爲平陽，故《晉志》：「平陽郡，永安，故霍伯國，霍山在東。」郭注與《晉志》同。山在今平陽府霍州東三十里也。《墬形》篇

〔一〕犀，原誤「屬」，據楊胡本、《經解》本改。

「珠玉」上無「多」字，高誘注：「出夜光之珠，五色之玉也。」《史記・貨殖傳》：「山西饒材、竹〔一〕、穀、纑、旄、玉石。」邵氏《正義》曰：「今山西有玉，色黑，美者可以鑑，里人謂之玟玉。」郭云「珠如今雜珠而精好」，據目驗也。然則珠玉以美好爲珍，非以多爲異也，「多」字蓋衍。

西北之美者，有崐崘虚之璆琳琅玕焉。璆琳，美玉名。琅玕，狀似珠也。《山海經》曰：「崐崘山有琅玕樹。」

「崐崘」，古文作「昆侖」。《史記・夏紀》索隱引鄭以爲昆侖、析支、渠搜三山皆在西戎。《漢志》：「金城郡，臨羌有昆侖山祠。敦煌郡，廣至有昆侖障。」璆琳琅玕者，《禹貢》「雝州」所貢昆侖産也。《管子・輕重甲》篇云：「崐崘之虚不朝，請以璆琳琅玕爲幣乎？」《墬形》篇「崐崘」下無「虚」字。高誘注：「璆琳、琅玕，皆美玉也。」按：高注非。《詩・韓奕》釋文引鄭注《尚書》云：「璆，美玉；琳，美石；琅玕，珠也。」《説文》亦云：「琅玕，似珠者。」故《禹貢》正義引《釋地》，説者皆云：「璆琳，美玉名。琅玕，石而似珠

〔一〕竹，原誤「苜」，據楊胡本、《經解》本改。

者。」《玉藻》正義引李巡、孫炎、郭璞等竝云：「璆琳，美玉。」是郭義同李、孫，皆據《釋器》「璆、琳，玉也」爲説。鄭必以「璆，美玉；琳，美石」，分爲二者，蓋據《子虚賦》「琳」「瑉」竝稱，《上林賦》「碧琳」與「玫瑰」連文，知「琳」爲美石，實則玉、石同類，古皆通名耳。郭引《山海經》「琅玕樹」者，《海内西經》文。《墬形》篇云：「崐崘虚中有增城九重，琅玕在其東。」《俶真》篇云：「鍾山之玉。」高注：「鍾山，崐崘也。」皆與《爾雅》合。姚元之曰：「和闐之西南曰密爾岱者，其山緜亘，不知其終。其山産玉，鑿之不竭，是曰玉山。山恒雪，回民挾大釘巨繩以上，鑿得玉，繫以巨繩縋下，其玉色青。今密爾岱，即古崐崘虚矣。」余按：此玉青色即璆琳也，已詳《釋器》「璆、琳，玉」下。

北方之美者，有幽都之筋角焉。幽都，山名。謂多野牛筋角。

幽都者，《一統志》云：「山在昌平縣西北，古之幽州，蓋因山爲名也。」《海内經》云：「北海之内，有山名曰幽都之山。」筋角者，《考工記》云：「燕之角。」《貨殖傳》云：「龍門碣石北多馬牛羊、旃裘、筋角。」《墬形》篇注：「古之幽都在鴈門以北，其畜宜牛羊馬，出好筋角，可以爲弓弩。」《魏都賦》云：「燕弧盈庫而委勁。」是北方筋角之利，舊有名矣。

東北之美者，有庰〔一〕山之文皮焉。虎豹之屬，皮有縟彩者。

庰山，瀕海之山。《隋・地理志》：「東萊郡，文登縣有庰山。」《寰宇記》云：「即《爾雅》之庰山。」《齊乘》云：「文登東南六十里，蓋以海濱廣庰得名。」按：山在今登州府榮城縣南一百二十里矣。文皮者，《墬形》篇注：「虎豹之皮也。」郭注因之。《管子・揆度》篇云：「發、朝鮮之文皮。」按：「發」亦地名。《輕重甲》篇云：「發、朝鮮不朝，請文皮毤服而以爲幣乎？」然則朝鮮亦出文皮，其地與庰山唯限一海，皆古營州之地。因知營州蓋越海而有朝鮮矣。

中有岱岳，與其五穀魚鹽生焉。言泰山有魚鹽之饒。

岱岳所在，詳見《釋山》。五穀魚鹽者，《職方》：「兖州，其山鎮曰岱山。其利蒲魚，其穀宜四種。」鄭注：「四種：黍、稷、稻、麥。」「豫州、并州，其穀宜五種」，鄭注：「五種：黍、稷、菽、麥、稻也。」「幽州，其利魚鹽」，《禹貢》：「青州厥貢鹽、絺，海物、惟錯。」鄭注：「海物，海魚也。魚種類尤雜。」《左氏・昭廿年傳》：「海之鹽蜃，祈望守之。」《管

〔一〕庰，《爾雅》宋刊十行本作「斥」。

子·輕重甲》篇云：「齊有渠展之鹽。」《貨殖傳》云：「太公望封於營丘，地潟鹵，人民寡，於是太公通魚鹽，則人物歸之。」《墬形》篇中作「中央之美者」五字，「五穀」「魚鹽」之間有「桑麻」二字，疑據《爾雅》古本，今脱去之。然五穀魚鹽之饒，非必泰山所有，《爾雅》言「中有岱岳」，實概舉中土而言耳。

九府府者，《釋文》云：「猶庫藏也。」《春官·序官》「天府」注：「府，物所藏。」《論語》鄭注：「藏財貨曰府。」《曲禮》注：「府，謂寶藏貨賄之處也。」《小爾雅》云：「府，叢也。」《廣韵》引《風俗通》云：「府，聚也，公卿牧守，道德之所聚也。」然則人物所聚，通謂之「府」。故《一切經音義》九引《三蒼》云：「府，文書財物藏也。」兹篇所釋，皆九州寶藏之屬，故題曰「九府」。

東方有比目魚焉，不比不行，其名謂之鰈。狀似牛脾，鱗細，紫黑色，一眼，兩片相合乃得行。今水中所在有之，江東又呼爲「王餘魚」。

鰈者，《説文》「狧」字解云：「讀若比目魚鰈之鰈。」《封禪書》云：「東海致比目之魚。」《集解》：「韋昭曰：『各有一目，不比不行，其名曰鰈。』」《文選·吴都賦》云：「罩兩魪。」劉逵注：「魪，左右各一目，所謂比目魚也。云須兩魚竝合乃能遊，若單行，落魄著物，爲人所得，故曰兩魪。丹陽、吳會有之。」《上林賦》云：「禺禺魼鰨。」郭氏注：「魼，比目魚，狀似牛脾，細鱗，紫色，兩相得乃行。」與此注同。《爾雅》釋文：「鰈，本或作鰨，同音牒。」按：《上林賦》注以魼、鰨爲二，則「鰈」作「鰨」者，非。《北户録》謂之「鰜」，《廣韵》亦以「鰜」爲比〔一〕目魚矣。郭云「王餘魚」者，《吳都賦》云：「雙則比目，片則王餘。」劉逵注：「比目魚，東海所出。王餘魚，其身半也。俗云越王鱠魚未盡，因以殘半棄水中爲魚，遂無其一面，故曰王餘也。」然則王餘、比目非一魚，賦及注甚明。王餘，今登萊人謂之「偏口〔二〕魚」，與比目相似而有異。其魚單行，非兩兩相合，郭以「比目」即王餘，誤矣。《初學記》引《臨海異物志》云：「比目魚，似左右分魚。」蓋分魚即王餘也。又云：「《南越志》謂之版魚。」《封禪書》索隱引郭注「王餘」下有「亦曰版魚」四字，「牛脾」下有「身薄」二字，今本俱缺脱，而衍「今水中所在有之」七字，當據《索隱》删去之。比目，海魚，今出日照，故《封禪書》謂「出東海」，非水中所在皆有也。

〔一〕比，原誤「北」，楊胡本同，據《經解》本改。
〔二〕口，原誤「日」，據楊胡本、《經解》本改。

南方有比翼鳥焉，不比不飛，其名謂之鶼鶼。似鳧，青赤色，一目一翼，相得乃飛。

鶼鶼者，《西次三經》：「崇吾之山有鳥焉，其狀如鳧而一翼一目，相得乃飛，名曰蠻蠻。」郭注：「比翼鳥也。色青赤，不比不能飛，《爾雅》作鶼鶼鳥也。」《海外南經》：「比翼鳥在其東，其爲鳥青赤，兩鳥比翼。」《博物志》云：「比翼鳥，一青一赤。」《逸周書·王會》篇云：「巴人以比翼鳥，是鳥出西南方也。」《公羊·宣五年》疏引舊説云：「雙雙之鳥，一身二首，尾有雌雄，隨便而偶，常不離散。」即此類也。

西方有比肩獸焉，與邛邛岠虚比，爲邛邛岠虚齧甘草，即有難，邛邛岠虚負而走，其名謂之蟨。《呂氏春秋》曰：「北方有獸，其名爲蟨，鼠前而兔後，趨則頓，走則顛。」然則邛邛岠虚亦宜鼠後而兔前，前高不得取甘草，故須蟨食之。今鴈門廣武縣夏屋山中有獸形如兔而大，相負其行，土俗名之爲「蟨鼠」，音「厥」。

「邛」當作「蛩」。《説文》云：「蛩蛩，獸也。」「蟨，鼠也。一曰：西方有獸，前足短，與蛩蛩巨虚比，其名謂之蟨。」《韓詩外傳》「蟨」作「蹷」，聲借字耳。《釋文》引李巡云：「邛邛岠虚能走，蟨知美草，即若驚難者，邛邛岠虚便負蟨而走，故曰比肩獸。」孫炎云：「邛邛岠虚狀如馬，前足鹿，後足兔，前高不得食而善走，蟨前足鼠，後足兔，善求食，走則倒，故齧甘草則仰，食邛邛岠虛，邛邛岠虛負以走。」是皆以「邛邛岠虛」爲一獸。司馬相如《子虛賦》云：「蹵蛩蛩，轔距虛。」又爲二獸。郭氏注以「距虛」即蛩蛩，變文互言，非也。邛、岠本二獸。故《王會》篇云：「獨鹿邛邛，善走也。」孔晁注：「邛邛，獸，似距虛，負蟨而走也。」又云：「孤竹距虛。」孔注：「距虛，野獸，驢騾之屬。」《穆天子傳》云：「邛邛距虛走百里。」郭注：「亦馬屬。」又引《尸子》曰：「距虛不擇地而走。」則皆以爲二獸。《子虛賦》張揖注曰：「蛩蛩，青獸，狀如馬。距虛似贏而小。」其説是矣。郭引《吕氏春秋·慎大覽·不廣》篇文也。《晉·地理志》：「鴈門郡，廣武。」《漢志》：「太原郡，廣武，賈屋山在北。」賈屋即夏屋，今代州東夏屋山也。羅願《爾雅翼》云：「遼北境慶州之地，大漠中有蟨鼠。」

北方有比肩民焉，迭食而迭望。此即半體之人，各有一目、一鼻、一孔、一臂、一脚，亦猶魚鳥之相合，更望備驚急。

比肩民者，名「婁」。《韓詩外傳》五云：「北方有獸名曰婁，更食而更視，不相得不能飽。」然則此亦獸屬。《爾雅》謂之爲「民」，郭云「即半體之人」者，《海外西經》：「一臂國，一臂、一目、一鼻孔。」即此注所本。唯「鼻」「孔」中閒衍「一」字。《文選·三月三日曲水詩》序注引郭注作「一目一鼻孔」，是也，但「魚鳥」作「魚鼠」爲異。

中有枳首蛇焉。岐頭蛇也。或曰今江東呼兩頭蛇爲「越王約髮」，亦名「弩弦〔一〕」。

枳者，宋雪牕本作「軹」，叚借字也。《釋文》云：「本或作⿱枝貝。郭巨宜反。孫〔二〕音『支』，云：『蛇有枝首者，名曰率然。』」然則孫讀爲「枝」，郭讀爲「岐」，「岐」「枝」「枳」音皆近。《廣雅》云：「枳，枝也。」《楚辭·天問》篇注：「中央之州，有岐首之蛇，爭共食牧草之實，自相啄嚙。」《顏氏家訓·勉學》篇云：「蟲有螝者，一身兩口，爭食相齕，遂相殺也。」「螝」，古之「虺」字，即此枳首蛇也。俗以兩頭蛇見者必死，故孫叔敖殺而埋之。而劉恂《嶺表録異》云：「嶺外極多，長尺餘，大如小指，背有錦文，腹下鮮紅，人視爲常，不以爲異也。」陳藏器《本草拾遺》云：「兩頭蛇，大如指，一頭無口目，兩頭俱能行。」此説非也。若一頭無口目，何以能爭食而相齕也？孫炎以此蛇名「率然」，亦非。《孫子·九地》篇云：「率然者，常山之蛇，擊其首則尾至，非兩頭也。」郭云「越王約髮」，以其錦文長

〔一〕弦，《爾雅》宋刊十行本作「絃」。

〔二〕孫，原誤「係」，據楊胡本、《經解》本改。

尺餘似之，亦似弩弦也。《類聚》九十六引，郭氏《贊》云：「夔稱一足，蛇則二首。少不知無，多不覺有。雖資天然，無異駢拇。」

此四方中國之異氣也。

夫四方中國，廣谷大川，牝牡異制，陰陽生肖，絪緼異形，夏鼎鑄姦，俾民不逢不若，《爾雅》紀異，令人多見多聞者也。

五方

邑外謂之郊，郊外謂之牧，牧外謂之野，野外謂之林，林外謂之坰。邑，國都也。假令百里之國，五十里之界，界各十里也。

邑者，《說文》云：「國也。」《左氏·莊廿八年傳》：「凡邑，有宗廟、先君之主曰都，無曰邑。」《釋名》云：「邑猶俋也，邑人聚會之稱也。」是「邑」「國」通名，此邑即國都矣。郊者，《說文》云：「距國百里爲郊。」此據王畿千里而言。設百里之國，則十里爲郊矣。郊有遠近，以國爲差。《聘禮》云：「賓及郊。」鄭注：「郊，遠郊也。周制，天子畿内千里，遠郊百里。以此差之，遠郊上公五十里；侯四十里；伯三十里；子二十里；男十里也。按：今注脱六字，此從《詩・駉》正義引補。近郊各半之。」如鄭此言，是天子近郊五十里。《大戴禮・盛德》篇近郊三十里，非周制也。《詩》云：「在浚之郊。」則雖都邑，亦有郊矣。

牧者，牧放之地。《詩・出車》傳：「出車就馬於牧地。」《靜女》箋：「自牧田歸荑。」《載師》云：「以牧田任遠郊之地。遠郊在郊外，牧田在遠郊。」是郊外謂之「牧」矣。《小司徒》云：「井牧其田野。」《左氏・襄廿五年傳》：「牧隰皋井衍沃。」是「井」「牧」皆田地之名。《爾雅》釋文引李本「牧」作「田」字，釋云：「田，陳也，謂陳列種穀之處。」然則李巡本作「郊外謂之田」，正與《載師》「牧田任遠郊」之義合。

野、林、坰者，《説文》云：「野，郊外也。」「平土有叢木曰林。」「坰」作「冂」，「象遠畍也」。《詩・駉》傳：「坰，遠野也。邑外曰郊，郊外曰野，野外曰林，林外曰坰。」《説文》亦云：「邑外謂之郊，郊外謂之野，野外謂之林，林外謂之冂。」俱本《爾雅》，而無「郊外謂之牧」句。《詩・叔于田》箋及《遂人》注亦云：「郊外曰野。」《文選・西都賦》注引亦作「邑外曰郊，郊外曰野」。是李善所見本與毛、鄭、許同。《御覽》五十五引作「邑外謂之牧，牧外謂之野」。《素問・六節藏象》及《三部九候》篇王砅注又引作「郊外爲甸，甸外爲牧，牧外爲林，林外爲坰，坰外爲野」。以校今本多有參差，蓋《爾雅》别本也。李巡、孫炎又復不同。《詩·駉》正義引孫炎曰：「邑，國都也。設百里之國，五者之界，界各十里。」孫意蓋以郊、牧、野、林、坰五者之界，各十里而異名也。郭本孫炎，「五者」二字誤衍作「五十里」三字。

下溼曰隰。大野曰平，廣平曰原，高平曰陸，大陸曰阜，大阜曰陵，大陵曰阿。

隰者，《説文》云：「阪下溼也。」《釋名》云：「下溼曰隰。隰，蟄也，蟄濕意也。」《一切經音義》四引《爾雅》舊注云：「隰，溼墊也。」《詩·車鄰》正義引李巡曰：「下溼，謂土地窊下常沮洳，名爲隰也。」毛用《爾雅》。

平者，《釋名》云：「下平曰衍，言漫衍也。」按：大野地勢平，因謂之「平」。「平」與「坪」音義同。《説文》：「坪，地平也。」

原者，《説文》作「邍」，云：「高平之野，人所登。」《釋名》云：「廣平曰原。原，元也，如元氣廣大也。」《水經·汾水注》引《春秋説題辭》云：「高平曰太原。原，端也，平而有度。」按：《説文》及《説題辭》俱作「高平」，《釋名》及《爾雅》諸家俱作「廣平」。《御覽》五十七引舍人曰：「廣平，謂土廣而平。」《詩·公劉》正義引李巡曰：「廣平，謂土地寬博而平正也。」鄭箋亦作「廣平曰原」，《大司徒》注又作「高平曰原」。不同者，「高」「廣」義近，散文可通。《文選·西都賦》注引亦作「高平曰原」。

陸、阜、陵、阿者，《説文》俱本《爾雅》。《釋名》云：「高平曰陸。陸，漉也，水流漉而去也。」《左氏·定元年》杜預注引作「廣平曰陸」。《漢書·郊祀志》注同，亦散文通也。「阜」，《説文》作「𨸏」，云：「大陸山無石者。」《釋名》云：「土山曰阜。阜，原也，言高厚也。陵，隆也，體高隆也。」《文選·長楊賦》注引《韓詩章句》云：「四平曰陵。」按：四平謂中央高四邊下。故《廣雅》云：「四隤曰陵也。」「阿」有二義。《詩·菁菁者莪》傳用《爾雅》。《考槃》傳又云：「曲陵曰阿。」不同者，蓋四邊高而中央卷曲低下。故《一切經音義》一引《韓詩傳》云：「曲京曰阿。」「京」亦高大之名，義與此同也。陸、阜、陵、阿，皆土山也。以高大而異名，故《詩·天保》及《左傳》正義引李巡曰：「高平，謂土地豐正，名爲陸。大陸，謂土地高大，名曰阜。阜最大，名爲陵。陵之大者名阿。」

可食者曰原。可種穀給食。陂者曰阪。陂陀不平。下者曰溼。《公羊傳》曰：「下平曰隰。」

此別可耕種之野，所謂穀土者也。《大宰》注：「鄭衆云：『三農：平地、山、澤也。』」鄭注：「三農：原、隰及平地。」然則穀别有九而土别惟三，即此原、阪、隰之各異其名也。穀土而曰「可食」者，古謂可耕之土爲「食土」。《檀弓》云：「擇不食之地而葬我焉。」鄭注：「不食，謂不墾耕。」《左氏·昭七年傳》：「食土之毛。」《鄭語》云：「食溱洧。」皆其證也。《左氏·襄廿五年》正義引孫炎曰：「可食，謂有井田也。陸當作「陵」。阿山田可種穀者亦曰原也。」孫意蓋以上云「廣平曰〔一〕原」，是原之本名；此云「可食曰原」，是原之通名。山田下隰凡可耕種，通謂之「原」，欲明陂者、下者皆以可食。總之，《詩》：「周原膴膴。」傳云：「原田每每。」非必廣平之地獨擅「原」名矣。

陂者，《説文》云：「阪也。」「阪」字解云：「坡者曰阪。」又云：「陂，阪也。」是「陂」「坡」也。《釋名》云：「山旁曰陂，言陂陁也。」《玉篇》云：「陂陀，靡迆也。」然則坡之言「阪」音義同，故得兩通。《釋文》：「陂，又作坡，郭皆普何反。」此音得之，古讀「皮」爲頗也，阪之言反也，謂山田頗側之處可耕種者。故《詩·車鄰》正義引李巡曰：「陂者，謂高峰山陂。」《正月》箋云：「阪田，崎嶇墝埆之處。」《淮南·齊俗》篇云：「陵阪耕田。」《易·説卦》云：「其於稼也爲反生。」虞翻本「反」作「阪」，云：「陵阪也。」是「阪」

〔一〕曰，原誤「白」，據楊胡本、《經解》本改。

「反」通。

溼者，當作「隰」，字之誤也。《車鄰》正義引李巡曰：「下者，謂下溼之地。隰，溼也。」《説文》云：「隰，阪下溼也。」增一「阪」字者，許意蓋以「下溼曰隰」，其訓已明，又言「下者曰隰」，明此義對「阪」而言。田之陂陀不平者名爲「阪」，其下而平者即爲「隰」，不必沮洳漸溼之處始名「隰」也。且此三句俱言可耕之田。故《説苑・復恩》篇説祠田云：「下田洿邪，得穀百車，蟹堁者宜禾。」《尊賢》篇云：「蟹堁者宜禾，洿邪者百車。」洿邪即隰，蟹堁即阪。《詩・車鄰》亦「阪」「隰」對言，毛傳用《爾雅》。《月令》：「孟春之月，善相丘陵、阪險、原隰土地所宜，五穀所殖。」皆與此義合。郭引《公羊・昭元年傳》「下平曰隰」，平亦對陂而言。

田一歲曰菑，今江東呼初耕地反草爲菑。二歲曰新田，《詩》曰：「于彼新田。」三歲曰畬。《易》曰：「不菑畬。」

《説文》云：「田，陳也。樹穀曰田。」《釋名》云：「已耕者曰田。田，填也，五稼填滿其中也。」蔡邕《月令章句》云：「穀田曰田。」此文皆言田之異名，故以「田」統之也。

菑者，《説文》云：「反耕田也。」「反」本作「不」，从段注改。引《易》曰：「不菑畬。」

《詩·采芑》正義云：「菑者，災也。」引孫炎曰：「菑，始災殺其草木也。」《易·无妄》釋文引董遇云：「菑，反草也。」蓋田久蕪萊，必須利耜熾菑發其冒橛，拔彼陳根，故云「反草」。《詩》：「俶載南畝。」箋：「讀俶載爲熾菑。」是其義也。江南以首春墾草爲翻田，江北以初冬耕田爲刷草，皆與「菑」義合。《釋文》：「菑，孫音災。」

新田者，耕之二歲，疆壚剛土，漸成柔壤。《采芑》正義引孫炎曰：「新田，新成柔田也。」毛傳用《爾雅》。

畬者，田和柔也。孫炎曰：「畬，和也，田舒緩也。」蓋治田三歲則陳根悉拔，土脈膏肥。畬之言舒。《易》釋文引董遇云：「悉耨曰畬。」是也。馬、鄭俱本《爾雅》，《詩·臣工》傳同。唯《禮·坊記》注：「二歲曰畬，三歲曰新田。」《易》釋文引《説文》亦云：「畬，二歲治田也。」竝與《爾雅》、毛傳不合，蓋異説也。

野野對邑言，如《左傳》云：「謀於野則獲，謀於邑則否。」《周禮·鄉師》：「以歲時巡國及野。」《遂人》：「掌邦之野。」是國門以外通謂之「野」。若別而言之，「郊」「牧」「林」「坰」皆「野」之異名。「原」「隰」「陸」「阜」「陵」「阿」「菑」「畬」「新田」皆「野」之細目，故總題曰「野」也。

東至於泰遠，西至於邠國，南至於濮鉛，北至於祝栗，謂之四極。皆四方極遠之國。

《釋詁》云：「極，至也。四方所至，故謂之四極。」

泰遠者，《大戴禮·千乘》篇四辟之民皆云「至於大遠」。此之「泰遠」，則東極地名也。

邠者，《釋文》云：「本或作豳。」《説文》作「汃」，云：「西極之水也。」引《爾雅》曰：「西至汃國，謂四極。」《文選·上林賦》注文穎引《爾雅》曰：「至于豳國爲西極。」

濮鉛者，《廣韵》「𤜶」字注云：「𤜶鉛，南極之夷，尾長數寸，巢居山林，出《山海經》。」按：今經無。《逸周書·王會》篇「伊尹四方令」曰：「正南百濮。」蓋濮鉛亦可單言「濮」也。

祝栗者，《史記·周紀》「封黄帝之後於祝」，《樂記》作「封帝堯之後於祝」，蓋祝、薊俱近燕，皆北極地名，疑祝即祝栗也。邵氏《正義》以「祝栗」即「涿鹿」之轉聲，《史記·黄帝紀》：「邑於涿鹿之阿也。」

觚竹、北户、西王母、日下，謂之四荒。觚竹在北，北户在南，西王母在西，日下在東，皆四方昏荒之國，次四極者。

荒者，《書·禹貢》「荒服」，《正義》引馬融注：「荒，政教荒忽，因其故俗而治之。」然此猶在五服内者，若《爾雅》之「四荒」，則政教所不加，故次於四極也。

觚竹即孤竹。《齊語》云：「北伐山戎，刜令支，斬孤竹。」《漢·地理志》：「遼西郡，令支有孤竹城。」按：其地在今永平府也。

北户者，《史記·舜紀》云：「南撫交阯、北發。」《索隱》以北發當云「北户」，南方有地名「北户」。《淮南·墬形》篇作「反户」，高誘注：「在日之南，皆爲北鄉户，故反其户也。」《漢志》：「日南郡，屬交州。」《吴都賦》云：「開北户以向日。」按：北户亦地名。特言郡在極南，實則日南非真在日之南，北户亦非向北看日也。

西王母，亦國名也。《竹書》：「帝舜九年，西王母來朝。」《大戴禮·少閒》篇云：「西王母來獻其白琯。」《淮南·墬形》篇云：「西王母在流沙之瀕。」《漢志》：「金城郡臨羌西北至塞外有西王母石室。」《西域傳》云：「安息長老傳聞，條支有弱水，西王母亦未嘗見也。」又云：「條支臨西海。」是西王母乃西海遠荒之國，從未有人至其地者也。

日下者，鄭樵以爲即今日本國也。邵氏《正義》以爲嵎夷。但嵎夷雖在東表，然是賓日之地，而無日下之名。

九夷、八狄、七戎、六蠻，謂之四海。九夷在東，八狄在北，七戎在西，六蠻在南，次四荒者。

四海者，《御覽》卅六引舍人云：「晦冥無識，不可教誨，故曰四海。」《曲禮》正義引李巡注：「四海遠於四荒。」餘同舍人。《詩·蓼蕭》正義引孫炎曰：「海之言晦，晦闇於禮義也。」《初學記》「謂之四海」，下言「皆近於海也」，似引《爾雅》舊注之文，與諸家義異也。

夷、狄、戎、蠻者，《蓼蕭》箋云：「九夷、八狄、七戎、六蠻，謂之四海。」與《爾雅》合。《正義》曰：「《職方氏》及《布憲》注亦引《爾雅》云：『九夷、八蠻、六戎、五狄，謂之四海。』」數既不同，而俱云《爾雅》，則《爾雅》本有兩文。今李巡所注「謂之四海」之下更三句，云：「八蠻在南方，六戎在西方，五狄在北方。」此三句唯李巡有之，孫炎、郭璞諸本皆無也。李巡與鄭同時，鄭讀《爾雅》蓋與巡同。又引《鄭志·荅趙商》云：「戎狄之數，或五或六，兩文異。」云云。鄭疑兩文必有一誤，故不敢定之耳。據孔此義，則知鄭於箋注所引互異，蓋疑未敢定也。但《爾雅》及《職方》《明堂位》其數俱不合。邵氏《正義》以《爾雅·釋地》多述殷制，此言「四海」，亦當指殷之肇域而言。盧辯《大戴禮·用兵》篇注又以此爲夏之所服，而云：「殷之夷國，東方十，南方六，西方九，北方十有三。」此言復不知出何書也。賈公彥《職方》疏以爲夏制與盧辯同。今按：夏制、殷制皆無可攷，此等皆臆度耳。《王制》正義引李巡注八蠻、六戎、五狄，竝指其名，今不録。

岠齊州以南戴日爲丹穴，岠，去也。齊，中也。北戴斗極爲空桐，戴，值。東至日所出爲太平，西至日所入爲太蒙。即蒙汜也。

岠者，當作「岠」。通作「距」。《書》：「予決九川，距四海。」《漢書·食貨志》注：「岠，至也。」此注：「岠，去也。」「去」「至」義相成也。「齊，中也」者，本《釋言》文。《列子·湯問》篇云：「不知距齊州幾千萬里。」《御覽》卅六引舍人云：「自中州以南，日光所照，故曰丹穴。」《莊子·讓王》篇云：「逃乎丹穴。」《淮南·氾論》篇注：「丹穴，南方當日下之地。」

戴訓值者，《考工記·弓人》鄭衆注：「牛戴牛，角直一牛也。」「直」與「值」古字通。《禮·投壺》云：「馬各直其算。」《史記·項羽紀》云：「直夜潰圍。」此皆以「直」爲值。值，當也。斗極者，北斗中也。「空桐」，《氾論》篇作「空同」。《史記·黄帝紀》集解：「韋昭曰：『在隴右。』」《正義》引《括地志》：「笄頭山，一名崆峒山。」然此自西方山，非《爾雅》所指也。錢氏《釋地注》以今順天府薊州東北空桐山當之，恐亦未然。《莊子·

在宥》篇釋文引司馬云：「空同，當北斗下山也。一曰在梁國虞城東三十里。」今亦疑未敢定也。

太平者，《大荒東經》云：「東海之外，大荒之中，有山名曰大言，日月所出。」蓋此即太平也。「大平」「大言」古讀音近。大蒙者，《楚辭・天問》篇云：「出自湯谷，次于蒙汜。」《淮南・覽冥》篇云：「邅回蒙汜之渚。」高注：「蒙汜，日所入之地。」

太平之人仁，丹穴之人智，太蒙之人信，空桐之人武。地氣使之然也。

《王制》云：「五方之民皆有性也，不可推移。」鄭注：「地氣使之然。」與此注同。《淮南・汜論》篇云：「丹穴、大蒙、反踵、空同、大夏、北户、奇肱、修股之民，是非各異，習俗相反。」《墬形》篇注：「東方木德仁，故有君子之國。」此即太平之人仁也。推是而言，南方火德明，故其人智；西方金德實，故其人信；北方水德怒，故其人武；中國土德和平，故其人五性具備也。

四極題上事也。上文復有四荒、四海，不言者，舉一足以包之。《逸周書・王子晉》篇云：「善至于四海曰天子，達於四荒曰天王。」《列子・湯問》篇云：「以是知四海、四荒、四極之不異也。」竝與此義合。

爾雅郭注義疏中之六

釋丘第十《説文》云：「丘，土之高也，非人所爲也。从北，从一。一，地也。人居在北南，故从北。中邦之居在崐崘東南。一曰四方高、中央下爲北。象形。古文从土作㘵。」《風俗通》云：「《尚書》民乃降丘度土。堯遭洪水，萬民皆山棲巢居，以避其害，禹決江疏河，民乃下丘，營度爽塏之場而邑落之。故丘之字，二人立一上，一者地也，四方高，中央下，象形也。」《大司徒》注：「土高曰丘。」《易·象上傳》虞翻注：「半山稱丘。」《廣雅》又云：「小陵曰北。」是丘之名無定。經典「丘」「陵」連言，凡土之高者，舉可稱丘也。兹篇所釋，俱因形以定名，「宛丘」以下始兼地望，而以「厓岸」附焉。

丘，一成爲敦丘，成猶重也。《周禮》曰：「爲壇三成。」今江東呼地高堆者爲「敦」。再成爲陶丘，今濟陰定陶城中有陶丘。再成鋭上爲融丘，鑯頂者。三成爲崐崘丘。崐崘山三重，故以爲名。

《覲禮》注：「成，猶重也。」《司儀》云：「爲壇三成。」皆郭所本。敦之爲言堆也。敦訓爲厚，「厚」「重」義近，故一重之丘因以爲名。下文「如覆敦者，敦丘」，彼舉其形，此言其義，其實一耳。「敦」與「頓」通。故《詩·氓》傳作「頓丘」。《正義》引孫炎曰：「形如覆敦，敦器似盂。」下文注曰：「丘一成之形象也。」是「敦」「頓」字異音義同。《釋名》云：「丘一成曰頓，丘一頓而成，無上下大小之殺也。」蓋望文生訓耳。《漢志》頓丘屬東郡，今爲大名府清豐縣。

陶者，《説文》云：「再成丘也。」引《書》：「東至于陶丘。」《禹貢》正義引李巡曰：「再成其形。再，重也。」按：「陶」，从匋，匋是瓦器，丘形重累似之。故《後漢書·明帝紀》注引孫炎云：「形如累兩盂也。」《釋名》亦云：「陶丘，於高山上一重作之，如陶竈然也。」是皆以「匋」爲義。但丘非人所爲，《釋名》假言「作之」，其實自然生成也。《漢志》：「濟陰郡，定陶。」《禹貢》：「陶丘在西南。」陶丘亭，今在曹州府定陶縣南七里。《水經·濟水注》引《墨子》以爲釜丘。蓋丘象陶竈，亦兼得「釜」名矣。

鋭者，《釋山》：「鋭而高。」注「言鑯峻」，是也。融丘者，《釋名》云：「鋭上曰融丘。融，明也。明，陽也。凡上鋭皆高而近陽者也。」按：「融」，炊氣上出也，宜兼「高」「長」

二義。長與高即鋭上之意。張氏照《攷證》云：「陸璣《白雲賦》：『興曜曾泉，升迹融丘。』」

崐崘者，《水經・河水注》引《崑崙說》云：「崑崙之山三級：下曰樊桐，一名板桐；二曰玄圃，一名閬風；上曰層城，一名天庭。」邢疏引《崑崙山記》云：「崑崙山，一名崑丘，三重，高萬一千里。」是「崑侖」亦名「崑丘」，又名「崑崙丘」。《西山經》云：「崑崙之丘，實惟帝之下都。」是也。但《爾雅》特借崑崙以定三重丘名，非指崑崙山也。故《釋名》云：「三成曰崑崙丘，如崑崙之高而積重也。」其説是矣。

如椉者，椉丘。形如〔一〕車椉也。或云椉謂稻田塍埒。如陼者，陼丘。水中小洲爲陼。

《釋名》云：「如椉曰乘丘。四馬曰椉。一基在後似車，四列在前似駕馬車之形也。」《釋文》引李、郭皆云：「形如車椉。」郭又以「椉謂稻田塍埒」者，《説文》云：「塍，稻田畦也。」郭蓋借「塍」爲椉，當從前説。《春秋・莊十年》：「公敗宋師於椉丘。」杜預注：「謂魯地。」《漢志》屬泰山郡。《括地志》云：「椉丘在瑕丘縣西北三十里。」按：瑕

〔一〕如，《爾雅》宋刊十行本作「似」。

丘，今屬兗州府也。又《漢志》「濟陰郡，橥氏」，應劭以爲即《春秋》「橥丘」，非也。濟陰之橥氏與泰山之橥丘非一地，應氏誤合之耳。

「如陼」之「陼」，《説文》作「渚」，云：「如渚者，陼丘，水中高者也。」《釋名》云：「如陼者，陼丘，形似水中之高地，隆高而廣也。」《文選》注引《聲類》云：「陼，或作渚。」是「渚」「陼」通。郭云「小洲爲陼」，本《釋水》文。

水潦所止，泥丘。頂上污下者。

泥者，《廣韻》引作「屔」，《説文》云：「屔，反頂受水丘。从泥省聲。」《繫傳》以爲「頂當高，今反下，故曰反頂」。按：反頂即汙頂。《史記·孔子世家》説夫子圩頂，《索隱》曰：「圩頂，言頂上窊。」是也。《正義》引《輿地志》：「闕里有尼丘山，今在兗州鄒城闕里。」然則夫子之字曰仲尼，蓋本此。《釋名》云：「水潦所止曰泥丘。其上汙水留不去成泥也。」此亦望文生義。

方丘，胡丘。形四方。

《釋名》云：「圜丘、方丘，就其方圜名之也。」《漢志》山陽郡有瑕丘。《表記》鄭注：

「瑕之言胡也。」是瑕丘即胡丘。「胡」「瑕」古音相近。邵氏《正義》以《淮南·墬形》篇「和丘」當之，「和」「胡」聲轉也。

絶高爲之，京。人力所作。非人爲之，丘。地自然也〔一〕。

此以「京」「丘」對言。故《説文》云：「京，人所爲絶高丘也。」又云：「丘之高也，非人所爲也。」《左氏·襄廿五年傳》：「辨京陵。」《吕覽·禁塞》篇云：「爲京丘，若山陵。」高誘注：「合土築之，以爲京觀，故謂之京丘。」《淮南·覽冥》篇云：「築重京。」是皆人力所爲，故曰「絶高爲之」。《詩》正義引孫、郭竝云：「人力所作。」是也。丘則地性自然而高，不叚人爲。此篇《釋丘》所載諸丘是也。然「京」「丘」古亦通名。故《詩序》云「文公徙居楚丘」，而《詩》乃言「景山與京」。毛傳：「京，高丘也。」《皇矣》傳：「京，大阜也。」是「京」與「丘」通名。故《吕覽》以京、丘爲言。《詩》正義引李巡亦曰：「丘高大者爲京也。」是皆「京」「丘」通稱之證。

〔一〕也，《爾雅》宋刊十行本作「生」。

水潦所還，埒丘。謂丘邊有界埒，水遶環之。

埒者，《玉篇》云：「淮南道有形埒。」《説文》云：「埒，庳垣也。」邢疏：「埒，小隄也。壝土爲之。」然則埒有人爲者，亦有自然者。《淮南・本經》篇云：「聚埒畝。」《方言》注：「有界埒，似耕壠。」是耕壠界限亦謂之「埒」。水潦所還者，還猶環也，言此丘中有界埒，外則水潦所環，形似稻田塍埒，因名「埒丘」矣。

上正，章丘。頂平。

章之言正也，謂丘形平正。《唐書・地理志》：「齊州，濟南郡，章丘。」《元和郡縣志》：「章丘縣，本漢陽丘，隋改章丘，取縣南章丘山爲名。」

澤中有丘，都丘。在池澤中。

都之言瀦也。《禹貢》「被孟豬」，《史記》作「被明都」。《風俗通》云：「水澤所聚謂之都，亦曰瀦。」省作「豬」。《檀弓》注：「豬，都也。南方謂都爲豬。」《釋名》云：「澤中有丘曰都丘，言蟲鳥往所都聚也。」《韓詩外傳》云：「禽獸厭深山而下於都澤。」

當途，梧丘。途，道。

梧者，讀如「寤」，叚借字也。《釋詁》云：「遻，逢也。」《説文》云：「啎，逆也。」竝與此合。故《釋名》云：「當途曰梧丘。梧，忤也，與人相當忤也。」《晏子春秋・雜下》篇云：「景公畋於梧丘。」蓋本此以爲名。

途出其右而還之，畫丘。言爲道所規畫。途出其前，戴丘。道出丘南。途出其後，昌丘。道出丘北。

《釋名》云：「道出其右曰畫丘。人尚右，凡有指畫，皆用右也。道出其前曰載丘。在前故載也。道出其後曰昌丘。」此句無釋，蓋有缺脱。「載」「戴」古字通用。「而還之」三字不見，蓋文省耳。戴即「戴日」「戴斗極」之「戴」。戴，值也，謂途與丘相值昌當也。見《釋詁》。謂途與丘相當，是「昌」「戴」其義同也。

水出其前，渻丘。水出其後，沮丘。水出其右，正丘。水出其左，營丘。今齊之營丘，淄水過其南及東。

《說文》云：「水出丘前謂之渻丘。」《釋名》作「阯丘」，云：「水出其前曰阯丘。阯，基阯也，言所出然。」「沮丘」作「阻丘」，云：「水出其後曰阻丘，背水以爲險也。」「正丘」作「沚丘」，云：「水出其右曰沚丘。沚，止也，西方義氣有所制止也。」竝與今本異。

營丘者，《詩》正義以爲水所營繞，故曰「營丘」，引孫炎曰：「今齊之營丘，淄水過其南及東。」是也。與郭注同。《水經·淄水注》引《爾雅》曰：「水出其前左爲營丘。」《史記集解》及《檀弓》正義引亦同。然則云「淄水過其南」者，南即前也，云「及東〔一〕」者，東即左也。據酈、裴所引及孫、郭注，可知「左」上當有「前」字，故王氏念孫曰：「作前左者，是也。」《元和郡縣志》引《爾雅》亦有「前」字，又申釋之云：「今臨淄城中有丘，淄水出其前，經其左，故曰營丘也。」參攷諸家之義，自以本有「前左」爲長。但《釋名》及《詩》正義仍引作「水出其左曰營丘」，竝無「前」字，蓋據今本刪去之也。《漢志》臨淄屬齊郡，營陵屬北海郡，應劭以營陵即營丘，誤矣。「營陵」，《春秋》謂之「緣陵」。

〔一〕東，原誤「水」，楊胡本同，據《經解》本改。

如覆敦者，敦丘。敦，盂也。

即上「敦丘」，此又申釋其狀，故孫炎云：「丘一成之形象也。」明二者是一。「敦」讀爲「堆」。郭注上文「江東呼地高堆爲敦」，孫云「形如覆敦，敦器似盂」，蓋盂體圓，上下相連，敦形似之。鄭注《周禮》《禮記》竝以爲黍稷器。《寰宇記》：「敦丘在觀城縣南二十里。」

邐迆，沙丘。旁行連延。

《說文》云：「邐，行邐邐也。」「迆，衺行也。」沙丘者，《漢志》：「鉅鹿郡，鉅鹿，紂所作沙丘臺，在東北七十里。」《史記·殷紀》：「益廣沙丘苑臺。」《正義》於《秦紀》「沙丘臺」，《趙世家》「沙丘宫」，竝引《括地志》云：「在邢州平鄉東北二十里。」徐廣以爲趙沙丘在鉅鹿，則是皆一地也。但沙丘所在多有，其形皆邐迆連延，不獨鉅鹿爲然也。《廣韵》云：「峛崺，沙丘狀。峛，音邐。」是「峛崺」即「邐迆」之異文。

左高，咸丘。右高，臨丘。前高，旄丘。《詩》云：「旄丘之葛兮。」後高，陵丘。偏高，阿丘。《詩》云：「陟彼阿丘。」

左高而右卑者名「咸丘」。《春秋・桓七年》：「焚咸丘。」杜預注：「魯地。高平國鉅野縣有咸亭。」《公羊》以爲邾婁之邑也。右高而左卑者名「臨丘」。地道尊右，於《易》地澤爲臨，此丘義亦同也。旄丘者，《詩》傳云：「前高後下曰旄丘。」《釋文》引《字林》作「堥」，云：「堥，丘也，亡周反，又音毛，又亡付反。」《爾雅》釋文引《字林》作「嵍」，又作「堥」，俱亡付反。《玉篇》云：「嵍，丘也。或作堥，前高後平丘名。」《顏氏家訓・書證》篇云：「柏人城東北有一孤山，世俗或呼爲宣務山。余讀碑銘，知此巏嵍山也。嵍字依諸字書，即旄丘之旄也。」是呂忱、顧野王、顏之推竝以「旄丘」爲堥丘。《文選・荅賓戲》注應劭引《爾雅》正作「前高，堥丘」。又《內則》注：「牟，讀曰堥。」即此「堥」字。鄭、應同時，蓋必所見《爾雅》本「旄丘」作「堥丘」，故一讀一引，字俱作「堥」，可知今本作「旄」，叚借字耳。《釋名》作「髦」，因云：「前高曰髦丘，如馬舉頭垂髦也。」殆望文生訓矣。《寰宇記》云：「旄丘在澶州臨河縣東，今在大名府開州也。」

丘之後高而前卑者名「陵丘」。此「陵」蓋「夌」之叚借。《説文》云：「夌，越也。一曰夌徲也。」《玉篇》云：「夌，古陵字。」然則夌徲即陵遲，古字通用。陵丘謂後邊高、前稍陵遲低平，與下文「陵丘」異也。丘之一隅偏高而不正，當左右前後者曰「阿丘」。

《詩·載馳》傳用《爾雅》。《正義》引李巡曰：「謂丘邊高。」《釋名》云：「偏高曰阿丘。阿，何也，如人儋何物，一邊偏高也。」

宛中，宛丘。宛謂中〔一〕央隆高。

宛丘者，《釋名》云：「中央下曰宛丘。有丘宛宛如偃器也。」《詩·宛丘》傳：「四方高，中央下曰宛丘。」《正義》引李巡、孫炎皆云「中央下」，郭獨以爲中央隆峻，與諸家異。故《正義》駁之云：「《爾雅》上文備說丘形，有左高、右高、前高、後高，若此宛丘中央隆峻，言中央高矣，何以變言宛中？」此駁是也。今按：《釋山》有「宛，中隆」，郭蓋本此爲說，詳見下篇。

丘背有丘爲負丘。此解宛丘中央隆峻，狀如負一丘於背上。

丘背有丘者，背猶北也，言丘之北復有一丘，若背負然，因名「負丘」。古讀「負」若「陪」，二字義相通借。陪訓貳也，重也，皆與丘背有丘義合。此自別爲一丘，郭意欲爲「宛丘」作解，蓋失之矣。且此明言「丘背有丘」，亦非「中央隆高」之義。

〔一〕中，原誤「中」，據《爾雅》宋刊十行本、楊胡本、《經解》本改。

左澤，定丘。右陵，泰丘。宋有太丘社，亡，見《史記》。

定丘者，《漢志》齊郡有鉅定。又爲澤名，蓋本古縣依澤以爲名也。疑此爲近之。但陵谷變遷，丘形亦不可復識矣。其地在今青州府樂安縣也。

泰丘者，《史記·封禪書》集解引《爾雅》作「右陵，太丘」，《索隱》引郭注云「宋有太丘社」，以社名此地也。所引與今本異。「太丘社亡」，《六國表》在顯王三十一年。

如畝，畝丘。丘有壟界，如田畝。如陵，陵丘。陵，大阜也。

畝丘者，《詩·巷伯》正義引李巡曰：「謂丘如田畝曰畝丘也。」孫炎曰：「方百步也。」《釋名》云：「畝丘，丘體滿一畝之地也。」與孫義同。郭注本李巡。丘之如陵者名「陵丘」。陵，大阜也，體隆而勢平，與「後高之陵丘」名同義異。

丘上有丘，爲宛丘。嫌人不了，故重曉之。

丘上有丘，爲宛丘者，即上「宛丘」，但其中閒窊處復起一小部婁，是謂丘上有丘，從其本名，仍曰「宛丘」。臧氏《經義雜記》廿八云：「謂有上下兩丘，上一丘中央宛下，亦非言中央高也。」又云：「宛，施博士於阮反，讀爲宛；郭於粉反，讀爲菀，與毛傳、李、孫皆乖異矣。」今按：「宛」，郭音「蘊」，謂蘊聚隆高也，説見《釋文》，蓋出郭氏《音義》。

陳有宛丘。今在陳郡陳縣。晉有潛丘。今在太原晉陽縣。淮南有州黎丘。今在壽春縣。

陳有宛丘者，《韓詩外傳》：「陳之富人觴於韞丘之上。」韞丘當即宛丘，聲近叚借字也。《詩譜》云：「陳都於宛丘之側。」《水經·渠水注》云：「宛丘在陳城南道東。王隱云：『漸欲平。』今不知所在矣。」按：此則王隱尚及見之，酈氏已不知所在。而《元和郡縣志》云：「在宛丘縣南三里。」《寰宇記》又云「高二丈」，殊未可信。陳郡陳縣，今爲陳州府淮寧縣。

潛丘者，《元和志》及《寰宇記》俱云：「在太原縣南三里，隋開皇二年於其上置大興國觀。」按：舊圖經，宋修惠明寺，陶土作瓦，是丘遂湮。然則亦僅存其名矣。晉陽縣，今爲太原縣。

州黎丘者，劉氏台拱《經傳小記》云：「《鹽鐵論》《論儒》篇。孔子能方不能圓，故飢于黎丘。哀公二年，蔡遷於州來。四年，孔子自陳適蔡，絶糧。《鹽鐵論》所謂黎丘，蓋即州黎之丘也。」今按：古讀「來」如「黎」，是州黎即州來，劉説是矣。《呂氏春秋》「梁北有黎丘」，非此。《晉志》淮南郡壽春縣，今爲鳳陽府壽州。

天下有名丘五，其三在河南，其二在河北。說者多以州黎、宛、營，爲河南，潛、敦爲河北者。按〔一〕：此方稱天下之名丘，恐此諸丘碌碌，未足用當之，殆自别更有魁梧桀大者五，但未詳其名號、今者所在耳。

郭引説者，以州黎、宛、營爲河南，潛、敦爲河北，蓋本《爾雅》舊注之文。翟氏灝《爾雅補郭》云「今以郭意求之，惟西域有崐崘、軒轅二丘，海外西北有平丘，東南有嗟丘，東有青丘。依《山海經》所言，此五丘爲天下最魁梧桀大，而名稱於上古。軒轅、平丘在河以北，嗟、青在河以南。河出崐崘西北，則崐崘亦屬河南」云云。按：此説亦無以知其必然，姑存之。

丘

望厓洒而高，岸。厓，水邊。洒謂深也。視厓峻而水深者曰岸。

此釋厓岸之名也。《説文》云：「岸，水厓而高者。」又云：「厓，山邊也。」「巖，岸

〔一〕按，《爾雅》宋刊十行本作「案」。

也。」是山邊亦名「厓」，此則指水邊而言也。洒者，《詩・新臺》傳：「洒，高峻也。」郭謂「深也」，高則必深，義雖相成，但「洒」「峻」雙聲，訓深未聞。

夷上洒下，不漘。厓上平坦，而下水深者爲漘。不，發聲。

《説文》：「漘，水厓也。」《詩・葛藟》傳：「漘，水隒也。」《伐檀》傳：「漘，厓也。」《正義》引李巡曰：「夷上，平上；洒下，陗下，故名漘。」孫炎曰：「平上陗下故名曰漘。不者，蓋衍字。」李、孫訓洒爲陗，義本毛傳。孫以「不」爲衍字，郭不從者，以《釋魚》云「左倪不類，右倪不若」，「不」皆發聲。

隩，隈。今江東呼爲「浦隩」。《淮南子》曰：「漁者不争隈。」

「隩」「澳」同。《説文》竝云：「隈厓也。隈，水曲隩也。」許讀「厓」文上屬，與李、郭異。郭讀與李巡同也。「隩」借作「奥」。《詩・淇奥》傳：「奥，隈也。」《正義》引孫炎曰：「隈，水曲中也。」郭云：「今江東呼爲浦隩。」「隩」當作「隈」。《文選・詩》注引作「今江東人呼浦爲隈」，是也。郭又引《淮南・覽冥》篇云：「漁者，不争隈。」高誘注：「隈，曲深處，魚所聚也。」是隈有深曲之義。隩猶奥也，亦深隱之義也。《詩》正義引陸璣以淇、澳爲二水名。劉昭《郡國志》注引《博物志》「奥水流入淇水」。《水經注》引肥泉謂之澳水。竝與《爾雅》不合，今無取焉。

厓内爲隩，外爲隈。別厓表裏之名。

此有二文。「隈」作「鞫」者，《詩》「芮鞫之即」，《周禮・職方》注引作「汭⿰土尻之即」。《爾雅》釋文：「鞫，《字林》作⿰土尻，云隈厓外也，九六反。」是汭⿰土尻即芮鞫，古字通借。《廣韻》作「⿰阝尻」，《玉篇》作「⿰氵尻」，《漢志》右扶風汧下誤作「芮⿰阝宄」。顔師古曰：「⿰阝宄，讀與鞫同。」《詩》「芮鞫」，《韓詩》作「芮⿰阝宄」。然則「⿰阝宄」蓋「⿰阝尻」字形譌。韓作「⿰阝尻」，毛作「鞫」。「芮」亦「汭」字叚借。故《詩・公劉》箋：「芮之言内也。水之内曰隩，水之外曰鞫。」毛傳：「芮，水厓也。鞫，究也。」《正義》引李巡曰：「厓内近水爲隩，其外曰鞫。」孫炎曰：「内曲，裏也；外曲，表也。」此皆作「鞫」之本。今作「隈」者，以上方云「隩，隈」，下即云「厓内爲隩，外爲隈」，文義相承。故《説文》「澳」字解云：「澳，隈厓也。其内曰澳，其外曰隈。」義本《爾雅》。《釋文》本作「鞫」，而云：「今本作[一]隈。」《左氏・閔二年》正義引《爾雅》

[一] 本作，原誤「作本」，楊胡本同，據《經解》本乙正。

亦作「隄」。是唐初二本竝行，故陸孔兩存其舊。後寫石經作「鞫」，然作「隄」之本仍存不廢，故南宋雪牕本及明吴元恭本竝仍作「隄」。邢疏亦是作「隄」之本，而云：「隄，當作鞫。」蓋作「鞫」者，古本也。然「鞫」字不見於郭注，知郭本已作「隄」矣。

畢，堂牆。今終南山道名。畢，其邊若堂之牆。

畢堂者，《詩》：「有紀有堂。」毛傳：「堂，畢道平如堂也。」鄭箋：「畢也，堂也，亦高大之山所宜有也。畢，終南山之道名，邊如堂之牆然。」《正義》引李巡曰：「堂，牆名。崖似堂牆曰畢。」是李以「堂」即爲牆名，與毛、鄭異，李説爲長。《逸周書·作雒》篇云：「隄唐山廧。」唐即堂也，古字通借，此蓋李説所本。韓子所謂「行馬邑山中，深澗峭如牆，深百仞」，是其形狀也。

重厓，岸。兩厓累者爲岸。岸上，滸。岸上地。

重厓者，言其高，非必累兩厓也，此即上文「望厓洒而高，岸」之義。蓋厓已高，其岸尤高，故云「重厓」。錢坫據《説文》「屵，岸高也」，重厓岸應作此字。洪頤煊據《説文》「屵，岸上見也」，岸上見岸即是重厓。説皆可通，姑兩存之。滸者，《説文》作「汻」，云：

「汻，水厓也。」據《釋水》云「滸，水厓」，此云「岸，上滸」，是「厓」「岸」通名，故二文互見。滸猶許也，「許」與「所」通，所謂處所，故郭以爲岸上地矣。

墳，大防。謂隄。

「墳」當作「坋」。《説文》云：「坋，大防也。」「墳，墓也。」《方言》云：「冢，秦、晉之閒謂之墳。」郭注：「取名於大防也。」是「墳」「坋」通。《詩·汝墳》傳用《爾雅》。《正義》引李巡曰：「墳謂厓岸，狀如墳墓，名大防也。」《常武》：「鋪敦淮濆。」傳云：「濆，厓也。」箋云：「屯其兵於淮水大防之上。」是「濆」「墳」又通。《稻人》云：「以防止水。」《月令》云：「修利隄防。」《左氏·襄廿五年傳》：「町原防。」《正義》引孫炎曰：「謂隄也。」郭注同。

涘爲厓。謂水邊。

《説文》：「涘，水厓也。」引《周書》曰：「王出涘。」此今文《大誓》之辭。《詩·葛藟》正義引李巡曰：「涘，一名厓，謂水邊也。」今本以此四字爲郭注。按：涘之言廁也。《史記·張釋之傳》：「居霸陵北臨廁。」「廁」爲岸邊近水之名，與「涘」義近，聲亦相轉。

窮瀆，氾。水無所通者。谷者，溦。通於谷。

《説文》：「氾，窮瀆。」「瀆，古文㱩字。」「㱩，通溝也。」「瀆，溝也。」是「瀆」當作「㱩」。㱩訓通溝，其窮竭無所通者名「氾」。氾之言澌也，窮盡意也。谷者，《説文》云：「泉出通川曰谷。」《水經·滱水注》引《爾雅》曰：「谷者，微。」郭景純曰：「微，水邊通谷也。」據注，「谷」上當脱「通」字。「微」「溦」同，疑作「微」是也。《釋文》：「溦，本又作湄。」

厓岸

爾雅郭注義疏中之七

釋山弟十一

《釋名》云：「山，産也，産生物也。」《説文》云：「山，宣也，宣气散生萬物也。有石而高。象形。」《大宰》注云：「積石曰山。」《周語》云：「山，土之聚也。」是山包土、石爲名。《文選·琴賦》注引《春秋運斗樞》云：「山者，地之基。」然則地之高者爲山。由地凝結而成，故次於《釋地》。首言「五山」，舉其大而名者，以下俱釋山之形體，篇終以「五嶽」及繫地望者附焉。

河南華，華陰山。河西嶽，吴嶽。河東岱，岱宗泰山。河北恒，北嶽恒山。江南衡。衡山南嶽。

此釋「五山」之名。《職方氏》「山鎮」有九，此特舉五者以槩之，其四因河爲界，其一以江爲界也。

華者，叚借字也。《説文》作「崋」。嶽者，《職方》注以爲吴嶽。《中庸》云：「載華嶽。」即此嶽也。《禹貢》名「岍」，《漢志》：「右扶風汧，吴山在西。」古文以爲汧山。《水經·渭水注》以「吴山」即《國語》所謂「虞」。蓋「虞」「吴」聲近字通也。《史記·封禪書》以吴、嶽爲二山。《漢書·郊祀志》注：「吴山在今隴州吴山縣，嶽山未詳所在。」徐廣云：「岳山在武功。」《地理志》亦無之。故注《爾雅》者多依《職方》注，以爲一山。《御覽》四十四引孫炎云：「雍州鎮有吴嶽山也。」郭義同孫，其餘四山所在，具詳下文。《書·舜典》及《左·昭四年》正義引李巡曰：「華，西嶽華山也；岱，東嶽泰山也；恒，北嶽恒山也；衡，南嶽衡山也。」蓋此四山即「四嶽」，故李云爾。其吴嶽不在此列，故李亦不數之。乃鄭注《大宗伯》之「五嶽」，既以「嵩高」爲説，其《大司樂》注又以「吴嶽」爲言，二文不同。《詩·崧高》正義引《鄭志·雜問》有云：「周都豐鎬，故以吴岳爲西岳，不數崧高。」此説非是。故《正義》駁之云：「若必據己所都以定五嶽，則五嶽之名無代不改。」此駁是也，而猶未盡。何以明之？蓋鄭見《爾雅》前後異文，故於《宗伯》《司樂》二注兩存其説。實則《爾雅》首列「五山」，不言「五嶽」，其「五嶽」定名乃在下文。鄭以「五山」即「五嶽」，故於《雜問》創爲異説。邵氏《正義》欲據此爲定論，則非矣。今詳《爾雅》此文，但舉山名，不加嶽號，蓋表「五山」以爲鎮，非奠「五嶽」而稱尊也。古者封山濬川，翕河喬嶽，作鎮一方，所以安地德，崇望秩而重觀瞻也。唐虞封十二山，則十二鎮；《職方》辨九州，則九鎮；《爾雅》定五方，則五鎮。河南華者，豫州鎮也。河西嶽者，雍州鎮也。河東岱者，兗州鎮，包青州，故不數沂山也。河北恒者，并州鎮，包冀州、幽州，故不數霍山、醫無閭也。江南衡者，荆州鎮，包楊州，故不數會稽也。《爾雅》之恉與《職方》同，必與江河爲界者，北方以河爲大，南方以江爲殷，特表五山之名，以槩九州之巨鎮也。至「泰山爲東嶽」以下，方標「五嶽」以繫地望。故郭此注不言「五嶽」，於河西嶽但云「吴嶽」，不加西嶽之名，得其解矣。若依《鄭志》及《周禮》注，則是周家當有兩「五嶽」矣，恐不然也。

山三襲，陟；襲亦重。再成，英；兩山相重。一成，坯。《書》曰：「至于大坯」〔一〕。

「襲」，本重衣之名，故郭云「襲亦重」。陟者，升也，登也，故三重之山，以登陟爲名。《列子·湯問》篇云：「四方悉平，周以喬陟。」張湛注以爲山之重壟。殷敬順《釋文》引此。郭注云：「重，隴也。」「隴」「壟」竝「襲」字之誤。

成，猶重也，已見《釋丘》。「英」本華蕚之名，華蕚相銜，與跗連接，重累而高，故再

〔一〕坯，《爾雅》宋刊十行本作「伾」。

重之山取此爲名。《書·禹貢》正義引李巡曰:「山再重曰英。」

坯者,當作「坏」。《説文》云:「丘再成也。」「再」,蓋「一」字之誤,《水經·河水注》引許慎、吕忱竝以爲丘一成,可證。《禹貢》正義引鄭注云:「大坯在修武、武德之界。」張揖云:「成皋縣山也。」又引《漢書音義》臣瓚以爲:「修武、武德無此山,成皋縣山又不一成,今黎陽縣山臨河,豈不是大岯乎?」瓚言當然。按:此《音義》見《漢書·溝洫志注》,唯「張揖」作「張晏」。據孔此説可知,《水經注》於成皋大伾山引《爾雅》亦非矣。《元和郡縣志》:「大伾山,在黎陽縣正南,去縣七里。」即黎山也。《隋·地理志》亦言「黎陽有大伾山」。竝依瓚説。山在今衛輝府、濬縣,東南二里。《周語》云:「檮杌次於丕山。」韋昭注:「大邳山在河東。」是「邳」「丕」同。《史記·夏紀》正義引作「邳」。《禹貢》釋文:「伾,本或作岯,字或作䣬。」按:惟作「坏」爲正,餘皆叚借。

山大而高,崧。今中嶽嵩高山,蓋依此名。

《釋文》:「崧,又作嵩。」《釋名》云:「山大而高曰嵩。嵩,竦也,亦高稱也。」「嵩」與「崇」古字通,故崇山即嵩山,見《周語》注。然「嵩」「崇」竝見《釋詁》,或説古無「嵩」字,非也。《詩·崧高》傳以崧爲高貌。《正義》引李巡曰:「高大曰崧。」是皆不以爲中嶽之名。應劭以崧高爲中嶽，誤。

山小而高，岑；言岑崟。銳而高，嶠；言鐵峻。卑而大，扈；扈，廣也〔一〕。小而衆，巋。小山叢羅。

岑者，《說文》云：「山小而高。」《釋名》云：「岑，嶃也，嶃嶃然也。」趙岐《孟子》注：「岑樓，山之銳嶺者。」是「岑樓」即山，義本《爾雅》。郭注《方言》：「岑崟，峻貌。」《公羊·僖卅三年傳》：「殽之嶔巖。」即「崟巖」也。《穀梁》作「巖唫」，聲借字也。「岑」「崟」疊韵，「崟」「巖」雙聲。

《釋名》云：「山銳而高曰嶠，形似橋也。」《釋文》引《字林》作「嵪」，云：「山銳而長也。」通作「喬」。《詩》：「及河喬嶽。」《淮南·泰族》篇引「喬」作「嶠」。又通作「橋」。《史記·本紀》：「黄帝葬橋山。」《正義》引《爾雅》「嶠」作「橋」。

扈者，《說文》云：「鄠有扈谷。古文作𡵛，从山、弓。」《玉篇》作「崌」，云：「山廣貌。」王照圓曰：「《檀弓》記孔子誨南宮縚之妻髽曰：『爾毋從從爾，爾毋扈扈爾。』從從

〔一〕也，《爾雅》宋刊十行本作「貌」。

猶崇崇也，謂其太高，即山大而高曰崧矣。扈扈猶俁俁也，謂其太廣，即山卑而大曰扈矣。」

巋者，《釋文》引《字林》云：「丘追反。小山而衆也。」按：《釋文》：「巋然，高峻貌。」《文選·靈光殿賦》云：「巋巃穹崇。」李善注：「高大貌。」《莊子·天下》篇釋文：「巋，字或作巍。」竝與《爾雅》義異。《方言》云：「凡物盛多謂之寇。」郭注：「今江東有小凫，其多無數，俗謂之寇凫。」然則「寇」與「巋」義近，而聲亦相轉。

小山岌大山，峘。岌，謂高過。

峘者，《釋文》引《埤蒼》云：「峘，大山。岌，魚泣反，高也。」按：「岌」與「及」義近。《說文》云：「馺，馬行相及也。讀若《爾雅》『小山馺大山，峘』。」此言「馺」讀若「岌」，則非，《爾雅》本作「馺」矣。疑「馺」字誤。

屬者，嶧。言駱驛相連屬。獨者，蜀。蜀亦孤獨。

嶧者，蓋「繹」之叚借，《詩》「保有凫繹」，是也。《後漢·郡國志》注引郭云：「繹山，純石積構連屬。」蓋郭《音義》之文。《御覽》四十二引舊注云：「言絡繹相連。今魯國鄒縣有嶧山，純石相積構連屬而成山，蓋謂此也。」按：此郭義所本。《初學記》引亦同。蜀者，《方言》云：「一蜀也。南楚謂之蜀。」郭注：「蜀猶獨耳。」按：蜀本桑蟲，其性孤特。故詩言「蜎蜎者蜀」，以興喻「敦彼獨宿」。是「蜀」有「獨」意。蜀形類蠶。今棲霞縣北三十里有蠶山，孤峰獨秀，旁絶倚連，舊名爲「蠶」，合於《爾雅》矣。

上正，章；山上平。宛中，隆。山中央高。

《釋丘》云：「上正，章丘。」「宛中，宛丘。」此又以爲山名也。《文選》詩注兩引，一作「山正，鄣」，一作「山正曰障」，「障」與「鄣」同，皆叚借字。「山」與「上」，字形之誤也。宛中，隆者，謂中央下而四邊高，因其高處名之爲「隆」。此與《釋丘》之「宛中」義同而名異者，彼據中言故曰「宛」，此據外言故曰「隆」矣。郭以中央高爲義，誤與《釋丘》同。

山脊，岡。謂山長脊。未及上，翠微。近上旁陂。

《説文》云：「岡，山脊也。」《釋名》云：「山脊曰岡。岡，亢也，在上之言也。」《詩·卷耳》及《公劉》傳用《爾雅》。《正義》引孫炎曰：「長山之脊也。」必言「長」者，膂脊骨長。

翠微者，《初學記》引舊注云：「一説山氣青縹色曰翠微。」劉逵《蜀都賦》注：「翠微，山氣之輕縹也。」義本《爾雅》。蓋未及山頂，孱顔之閒，蔥鬱葐蒀，望之谸谸青翠，氣如微也。舊注似較郭義爲長。

山頂，冢。山巔。　崒者，厜㕒。謂山峰頭、巉巖。

《詩》言：「山冢崒崩。」毛傳：「山頂曰冢。」《正義》引孫炎曰：「謂山巔也。」「巔，頂」本《釋言》文。

《説文》云：「崒，危高也。」「厜㕒，山顛也。」通作「崔嵬」。鄭箋《十月之交》云：「崒者，崔嵬。」《漸漸之石》云：「卒者，崔嵬，謂山巔之末也。」俱本《爾雅》。「卒」「崒」字通。「崔嵬」「厜㕒」字異義同。《正義》引孫炎云：「厜，子規反；㕒，語規反。」是皆疊韻之字。《爾雅》釋文：「本或作⿸尸差⿸尸義，又作嵯峩。」亦音轉字通也。郭注謂「山峰頭巉巖」，邢疏及監本脱「山」字，《詩》正義引及宋本並有之，今據補。

山如堂者，密；形如堂室者。《尸子》曰：「松柏之鼠，不知堂密之有美樅。」如防者，盛。防隄。

《説文》云：「密，山如堂者。」《檀弓》注：「堂形四方而高。」《漢志》：「河南郡，密。」《元和志》引《爾雅》此文，以爲縣因山爲名也。按：今密縣三面皆山，唯東面缺形似堂室。郭引《尸子》，邢疏以爲《綽子》篇文。

盛者，《釋文》謂「山形如黍稷之在器」，此望文生訓也。「盛」與「成」同。《封禪書》云：「成山斗入海。」《郊祀志》作「盛山」。在今登州府榮成縣海濱，半入海，其山漫長，橫亘數里，望之如隄防矣。《檀弓》注：「防形旁殺平上而長。」可想見是山形狀也。

巒，山墮。謂山形長狹者，荆州謂之「巒」。《詩》曰：「墮山喬嶽。」

墮者，「隓」之叚借。《説文》云：「巒，山小而鋭。」「隓，山之墮墮者。」本《詩·般》傳「墮山，山之隓隓小者」而爲説也。但《詩》言「隓」，不言「巒」，《説文》「巒」不名「隓」，所未能詳。劉逵《蜀都賦》注：「巒，山長而狹也。一曰小而鋭也。」是「巒」「隓」俱兼二義。《釋文》引《埤蒼》云：「巒，山小而鋭。」《字林》云：「隓，山之施隓者。」是吕忱以「隓」爲延施，即狹長也。《士冠禮》注：「隋方曰篋。」《釋文》：「隋謂狹而長。」「隋」，與「橢」同，與「隓」聲借。竝郭所本也。云「荆州謂之巒」者，《楚辭·七諫》云：

「登巒山而遠望兮。」此正楚人語也。

重甗，隒。謂山形如累兩甗。甗，甑也〔一〕。山形〔二〕狀似之，因以名云。

《説文》云：「隒，崖也。」甗者，《釋畜》云：「善升甗。」疑「甗」皆「巘」之叚借。《玉篇》引作「重巘，隒」。《文選・晚出射堂詩》注引亦作「巘」。《詩・葛藟》釋文引李巡云：「隒，阪也。」《正義》引孫炎曰：「隒，山基有重岸也。」以此推之，「巘」亦崖岸高大之名。故《釋畜》釋文引舍人云：「甗者，阪也。」顧云：「山嶺曰甗。」皆與隒訓崖岸義合。《詩・公劉》亦作「巘」。是皆古本作「巘」之證。孫、郭本作「甗」，因而望文生訓，始有「甗甑」之説，與「隒」義遠，恐非也。

左右有岸，厒。夾山有岸。

「厒」，《廣韵》作「㕒」，口荅切。云：「山左右有岸。」《龍龕手鑑》一以「厒」爲「䶴」

〔一〕也，《爾雅》宋刊十行本無。
〔二〕形，《爾雅》宋刊十行本無。

之或體字。孫氏星衍云：「當作㘫。」《説文》：「㘫，石地也。」

大山宫小山，霍；宫，謂圍繞之。《禮記》曰：「君爲廬宫之。」是也。小山別大山，鮮。不相連。

郭注《中山經》云：「今平陽永安縣、廬江灊縣、晉安羅江縣、河南鞏縣，皆有霍山。」引此文云：「大山繞小山爲霍。」是郭以「宫」爲繞，明山以「霍」名者非一，皆本此爲義也。今灊縣之天柱山，中峰小而四圍有大山以繞之，與此合矣。宫有容受包含之義，故訓圍繞。郭引《喪大記》文。鄭注：「宫，謂圍障之也。」

鮮者，《釋文》引李巡曰：「大山少，故曰鮮。」《詩·皇矣》正義引孫炎曰：「別，不相連也。」金鶚云：「鮮、斯聲近而通，鮮亦斯字之借。《釋言》云：『斯，離也。』別與離義同。」阮雲臺師説亦云爾。余按：《文選·吴都賦》及《長笛賦》注竝引《爾雅》：「小山別大山，𡽹。」《玉篇》云：「𡽹，山不相連也。」宋翔鳳説以《律曆志》「𡽹谷」注云：「一説昆侖之北谷名，此正是小山別大山之𡽹也。」張聰咸説：見《經史質疑録》。「古本鮮當作解，後人加山。鮮、解古得通借。鮮，古音在紙部；解，古音在寘部。解，讀若巇；鮮，讀若斯。孫炎注不相連，此正釋解字之義。李巡不㾓，而曰大山少，此何言與？」今按：《皇矣》詩傳：「小山別大山曰鮮。」《公劉》傳：「巘，小山別於大山也。」是毛意以「鮮」「巘」爲一。《周禮》「獻羔開冰」，《吕覽》亦同。《月令》作「鮮羔開冰」，即其例也。孔穎達以「鮮」「巘」義別，爲疑，蓋失之矣。此義又見臧氏《經義雜記》四。

山絶，陘。連山中斷絶。

《説文》：「陘，山絶坎也。」《史記·趙世家》云：「與之陘。」《集解》：「徐廣曰：『陘者，山絶之名。常山有井陘，中山有苦陘。』」《元和郡縣志》：「懷州河内縣太行陘，在西北三十里。連山中斷曰陘。」引《述征記》曰：「太行山首始于河内，北至幽州，凡有八陘。」是山凡中斷皆曰「陘」。通作「𡶴」。《説文》云：「𡶴，谷也。」《法言·吾子》篇云：「山𡶴之蹊。」吴祕注：「山中絶也。」

多小石，磝；多礓礫。多大石，礐。多磐〔一〕石。

「磝」「礐」當作「嶅」「嶨」。《説文》：「嶅，山多小石也。」「嶨，山多大石也。」《釋

〔一〕磐，《爾雅》宋刊十行本作「盤」。

名》云：「磝，磽也，每石磽磽獨處而出見也。礐，學也，大石之形學學然也。」《釋文》：「磝，或作磽。礐，或作确。」按：今人皆用「磽确」字，不復知本於《爾雅》矣。「磝」，从敖聲，郭五交反；「礐」，从學省聲，郭户角反。二讀是也。《釋文》又引《字林》：「磝，口交反。礐，郭苦角反。」錢氏坫説：以《左傳》「晉師在敖鄗之閒」，敖即磝，鄗即礐也。

多草木，岵；無草木，峐。皆見《詩》。

《説文》：「岵，山有草木也。」「屺，山無草木也。」《釋名》云：「山有草木曰岵。岵，怙也，人所怙取以爲事用也。無草木曰屺。屺，圮也，無所出生也。」《釋文》引《三蒼》《字林》《聲類》竝云：「峐猶屺字。」《詩·陟岵》傳：「山無草木曰岵，山有草木曰屺。」與此相反，《正義》以傳爲傳寫誤，是也。王照圓《詩小記》云：「《爾雅》以岵爲多草木，即知屺爲少草木，非全無草木也。毛傳有、無二字，不必深泥。」

山上有水，埒。有停泉。

《釋名》云：「山上有水曰埒。埒，脱也，脱而下流也。」《釋丘》云：「水潦所還埒，丘。」郭注：「丘邊有界埒，水環繞之，謂水繞其下也。」此云「有停泉」，言山上有界埒，水得停聚也。雖俱名「埒」，其義自别。

夏有水，冬無水，㬋。有渟潦。

《説文》：「夏有水，冬無水，曰㬋。㬋，或作澩。」《水經·泗水注》云：「桃墟有漏澤，方十五里，緑水澄渟，三丈如減，澤西際阜，阜側有三石穴，廣圓三四尺，穴有通否，水有盈漏，漏則數夕之中傾陂竭澤矣。」酈注但言「穴有通否，水有盈漏」，而無説「冬夏」者。《元和郡縣志》始詳之，云：「泗水縣漏澤，漏穴有五，其澤每夏積水，秋冬漏竭。」然則澤即㬋矣。郭云「停潦」，潦是雨水，未必恒有，其義疑也。《廣雅》以水自渭出爲㬋，與此異。

山續無所通，谿。所謂窮瀆者。雖無所通，與水注川同名。

《説文》云：「谿，山瀆無所通者。」《釋丘》云：「窮瀆汜。」是汜即谿也。《釋水》云：「水注川曰谿。」彼有所通，與此同名無嫌，故郭援之。《左氏·隱三年》正義引李巡曰：「山中水瀆，雖無所通，與水注川同名。」此郭所本。郭注「雖」，監本作「續」，亦非。

石戴土謂之崔嵬，石山上有土者。土戴石爲砠。土山上有石者。

《釋文》：「戴，本或作載。」《説文》云：「嵬，高不平也。」上文「崒者，厜㕒」，鄭箋引作「崔嵬」。《文選・南都賦》注：「崋嵬，山石崔嵬，高而不平也。」《甘泉賦》注：「嶵隗，高貌。」是皆「崔嵬」通轉之字也。徐鍇《説文》本無「崔」字，遂以「崔」爲俗字，云「从崔省」，非也。《説文》「漼」「摧」俱从崔。何得云：「無崔字也。」陳壽祺欲以「雇」爲崔，亦非。

砠者，《説文》作「岨」，云：「石戴土也。」《詩・卷耳》傳：「崔嵬，土山之戴石者。石山戴土曰砠。」《釋名》亦同。竝與《爾雅》相反。《正義》以爲傳寫誤。馬瑞辰曰：「此《爾雅》誤，宜從毛傳。」又曰：「《説文》：『兀，高而上平也。』『阢，石山戴土也。』是高而上平者爲石山戴土，則知高而不平者爲土山戴石矣。」此説是也。今按：毛、許、劉所見《爾雅》古本俱不誤，唯孫、郭所注始據誤本。知者，《詩》正義引孫炎注與郭同，可證。

山夾水，澗；陵夾水，澞。別山陵閒有水者之名。

《釋名》云：「山夾水曰澗。澗，閒也，言在兩山之閒也。」《左氏·隱三年》正義引李巡亦曰：「山閒有水。」杜預注以爲谿亦澗也。是「谿」「澗」通名。澞者，《釋文》云：「本又作虞。」蓋古本作「虞」，後人加水作「澞」耳。或説「虞」通「湡」，非。

山有穴爲岫。謂巖穴。

《説文》云：「岫，山穴也。籒文作峀。」蓋因訓穴，故从穴矣。《禮運》云：「竅於山川。」竅即穴也，今山巖往往有之。《水經·河水注》云：「懸巖之中多石室焉。」《蜀都賦》云：「嘉魚出於丙穴。」《東京賦》云：「王鮪岫居。」蓋山溜漱激，水齧石穿，遊鱗瀺灂，潛泳其中矣。

山西曰夕陽，暮乃見日。山東曰朝陽。旦即見日。

《詩》云：「度其夕陽。」又云：「于彼朝陽。」故此釋之。《書·武成》正義引李巡曰：「山西暮乃見日，故曰夕陽。山東朝乃見日，故云朝陽。」《詩·公劉》及《卷阿》正義引孫炎曰：「夕乃見日，朝先見日也。」《釋名》云：「隨日所照而名之也。」按：《書》傳云：「山南曰陽。」《周禮·柞氏》疏引《爾雅》云：「山南曰陽，山北曰陰。」蓋《爾雅》之舊説，故孔傳、賈疏俱援以釋經，今亦以古義存之。

泰山爲東嶽，華山爲西嶽，霍山爲南嶽，即天柱山，潛水所出。恒山爲北嶽，常山。嵩高爲中嶽。大室山也。

嶽者，《説文》云：「東岱、南靃、西崋、北恒、中大室，王者之所以巡狩所至。」《白虎通》云：「嶽者何？嶽之爲言桷也。桷，功德也。東方爲岱者，言萬物更相代於東方也。南方爲霍，霍之爲言護也，言太陽用事，護養萬物也。西嶽爲華，華之爲言穫也，言萬物成熟可得穫也。北方爲恒，恒者常也，萬物伏藏於北方有常也。中央爲嵩，嵩言其高大也。」從《左傳》正義及邢疏所引。《風俗通》云：「泰山，山之尊者，一曰岱宗。岱，始也。宗，長也。萬物之始，陰陽交代，故爲五嶽之長，王者受命，恒封禪之。衡山，一名霍山，言萬物霍然大也。」從《書》正義所引。是應劭以衡、霍，泰、岱皆一山而二名，其説是也。《詩·崧高》正義引孫炎以霍山爲誤，當作衡山。二説雖不同，要其大意，皆以南嶽爲指衡山。郭氏不從，而以霍山爲指天柱。《詩》及《左·昭四年》正義引郭注云：「霍山，今在廬江灊縣，潛水出焉，別名天柱山。漢武帝以衡山遼曠，故移其神於此。今其土俗人皆呼之爲南嶽。南嶽本自以兩山爲名，非從近來也。而學者多以霍山不得爲南嶽，又言從漢武帝始乃名之。如此言，爲武帝在《爾雅》之前乎？斯不然也。」此所引蓋郭《音義》之文，雖本《爾雅》，以天柱爲霍山，但《爾雅》之「霍山」本謂衡山，不謂天柱。自漢武移嶽祠於天柱，而後彼土俗人皆呼之爲「南嶽」。此說甚明，可知天柱無妨亦名「霍山」，而不得冒「南嶽」之名。郭爲誤據，乃孔穎達不主應劭而駁孫炎，反以郭説爲然，謬矣。審如其説，以霍山即天柱，亦止得爲漢武之「南嶽」，而不得爲《爾雅》之「南嶽」矣。故洪頤煊著《霍山爲南嶽解》，深明此義，今依以爲説也。洪又以《文選·遊天台山賦》注引《爾雅》「衡山爲南嶽」，當即據孫炎所改之本。余謂孫炎惟云字誤，未嘗改「霍」爲「衡」。李善所引，或别本，或誤書耳。至於五嶽所在：泰山在博，《漢》《晉志》屬泰山郡，或在奉高，今在泰安府泰安縣北。華山在華陰，漢屬京兆，晉改屬弘農郡，今在同州府華陰縣南。衡山在湘南，漢屬長沙，晉改屬衡陽郡，今在衡州府衡山縣西。天柱山在灊，屬廬江郡，《漢》《晉志》同。既無「霍山」之名，亦無「南嶽」之號，當得其實。今在安慶府潛山縣西北。恒山在上曲陽，屬常山郡，《漢》《晉志》同。今在定州曲陽縣西北。

嵩高，《漢志》：「潁川郡崈高，武帝置以奉大室山，是爲中岳，古文以爲外方山也。」今在河南府登封縣西。此五嶽之名，蓋周所定。知者，唐虞惟言「四岳」，《周禮・大宗伯》及《司樂》乃有「五嶽」之名。《史記・封禪書》引《尚書》於「北嶽恒山」下有「中嶽嵩高也」五字，此自以意連言，非經文有缺脱。何休《公羊》注引《尚書》遂云：「還至嵩如初禮。」蓋本緯書之説。惠氏《九經古義》信之，而云：「《書》有脱文。」非也。邵氏《正義》又謂唐虞以霍太山爲中岳，此無明文。但據《禹貢》「太岳」爲證，恐山以「岳」名者多，難可依據。至謂成周以華山爲中岳，此即本《鄭志》以吴岳爲西岳之説。如孔穎達所駁云：「五岳之山，每代一改。」又云：「軒居上谷，處恒山之西。舜居蒲坂，在華陰之北。豈當據己所在改岳祀乎？《詩》正義言，弗可易矣。」

梁山，晉望也。晉國所望祭者。今在馮翊夏陽縣西北臨河上。

梁山本韓國之山，晉滅韓，屬晉，故爲晉望。望者，《書》云：「望乎山川。」《周禮》有「四望」。《詩・韓奕》正義引孫炎曰：「晉國所望祭也。」《漢志》左馮翊夏陽，梁山在西北。晉改馮翊爲郡，餘同《漢志》。今山在同州府郃陽、韓城二縣界。《公羊・成五年傳》：「梁山者何？河上之山也。」《穀梁傳》：「梁山崩，壅遏河，三日不流。」皆郭所本也。

爾雅郭注義疏中之八

釋水弟十二

《説文》云：「水，準也。北方之行，象衆水竝流，中有微陽之气也。」《釋名》云：「水，準也。準平物也。」《管子·水地》篇云：「水者，地之血氣，如筋脈之流通者也。」《白虎通》云：「水，盛氣也。」《左氏·昭十七年傳》云：「水，火之牡也。」茲篇所釋，自泉原川流及谿谷溝澮，經通灌注，靡不詳晐。乃至津涉舟航，游洄宛在，水以「四瀆」爲大，故著於篇。《禮》表先河，《書》甄會海，故「九河」終焉。

泉一見一否爲瀸。瀸，纔有貌。

《説文》云：「泉，水原也。象水流出成川形。」「瀸，漬也。」引此文「否」作「不」，古今字耳。蓋泉有時出見，有時涸竭，水脈常含津潤，故以「瀸，漬」爲言，此古説也。郭義則以「瀸」爲纖，纖小意也。

井一有水一無水，爲瀱汋。《山海經》曰：「天井夏有水，冬無水。」即此類也。

《易·井》釋文引《雜卦》云：「井，通也。」《周書》云：「黃帝穿井。」《世本》云：「化益作井。」宋衷云：「化益，伯益也。」《釋名》云：「井，清也，泉之清潔者也。井一有水一無水曰瀱汋。瀱，渴也。汋，有水聲汋汋也。」《説文》云：「汋，激水聲也。」與《釋名》合。其「瀱」「汋」下，竝引此文。郭引《中山經》文，彼云：「視山有井，名曰天井，夏有水，冬竭。」又超山亦有井，「冬有水而夏竭」，與前相反。尤有異者，《水經·涯水注》云：「斟水導源穴口若井，一日之中，十溢十竭。信若潮流，而注涯水。」由兹以談，造化神奇，誠難理喻，井繩蠡測，難語通方者也。

濫泉，正出。正出，涌出也。《公羊傳》曰直出，直猶正也。沃泉，縣出。縣出，下出也。從上溜下。氿泉，穴出。穴出，仄出也。從旁出也。

《説文》云：「濫，濡上及下也。」引《詩》：「觱沸濫泉。」今《詩·采菽》《瞻卬》俱借作「檻」，傳、箋竝用《爾雅》。《正義》引李巡曰：「水泉從下上出曰涌泉。」「涌」者，《説文》云：「滕也。」「滕，水超涌也。」然則涌有濆溢之意。水本卑下，今直上出，同於氾濫，故被斯名矣。《公羊·昭五年傳》：「濆泉者何？直泉也。直泉者何？涌泉也。」是傳訓直爲正，故郭援之。《釋名》云：「濫泉，濫，銜也。人口有所銜，口闓則見也。」既未顯涌出之義，又與正出無會，《公羊》於義爲長。

《說文》云：「沃，溉灌也。」「縣，繫也。」《釋名》云：「縣出曰沃泉，水從上下有所灌沃也。」《詩·下泉》傳：「下泉，泉下流也。」《正義》引李巡曰：「水泉從上溜下出。」是「下泉」即「沃泉」，「沃」與「下」義相成。郭注「溜」，《釋文》作「霤」，叚借字也。

「氿」，《說文》作「厬」，云：「仄出泉也。」借作「氿」。《釋名》云：「側出曰氿泉。氿，軌也，流狹而長如車軌也。」《詩·大東》傳用《爾雅》。《正義》引李巡曰：「水泉從旁出名曰氿。氿，側出。」然則李、劉俱未顯「穴出」之義。「穴」，《說文》作「泬」，云：「水从孔穴疾出也。」又云：「漀，側出泉也。」是側出之泉又名「漀」。「漀」，从殸聲，「殸」，籒文「磬」字。蓋漀之言傾，傾即側意。此泉旁側，不從正出，又異縣流，故被斯名矣。「仄」與「側」，「穴」與「泬」，俱古字通。《列子·黃帝》篇云：「濫水之潘音「盤」。爲淵，沃水之潘爲淵，氿水之潘爲淵。」俱本此爲說也。

湀闢，流川；通流。過辨，回川。旋流。

《釋名》云：「川，穿也，穿地而流也。」《説文》云：「川，貫穿通流水也。」引《虞書》曰：「濬く巜距川。」言深く巜之水會爲川也。《考工記》：「兩山之閒，必有川焉。」此釋川之形狀也。「湀闢」，《説文》作「湀辟」，云：「流水處也。」《玉篇》云：「湀闢，通泉。」過辨者，淀水之名。《釋文》：「過，本或作渦。回，又作洄。」竝叚借字。《説文》云：「淀，回泉也。」蓋回淀猶迴旋。淀水善休人，故别其名。「過辨」，「湀闢」聲又相轉。

灉，反入。即河水決出又還入者。河之有灉，猶江之有沱。

水反入者，名「灉」，説見下。《釋名》云：「水從河出曰雍沛，言在河岸限内時見，雍出則沛然也。」《水經・河水注》引《爾雅》曰：「灉，反入，言河決復入者也。河之有灉，若漢之有潛也。」《元和郡縣志》「澭湖在巴陵縣南」引《爾雅》云：「河水決出還復入者爲澭。」蓋因「澭」「灉」聲同，故相借證。實則「澭湖」一名「翁湖」，非《爾雅》所指也。《元和志》引《左・定四年傳》：「吴敗楚於雍澨。」即此。〔二〕

〔二〕此，原誤「北」，據楊胡本、《經解》本改。

潬，沙出。今江東呼水中沙堆爲「潬」，音「但」。

水中有積沙上出者爲「潬」。《説文》云：「沙，水散石也。从水，从少。水少沙見。」《玉篇》云：「江南人呼水中沙堆爲潬。」《廣韵》云：「今河陽縣南有中潬城。」按：城東魏所築，見《元和志》，命名之義，蓋不可知。或説：潬，海中沙也。商賈泛海，取捷謂之登潬，見邵氏《正義》，可備一解。郭注「江東」，監本作「河中」，誤，又脱「音但」二字，今據宋本改補。

汧，出不流。水泉潛出，便自停成汙池。

水出於地，便自停蓄而不通流，猶人慳吝不肯施散，厥名曰「汧」。汧之爲言慳也。《列子·黄帝》篇云：「汧水之潘音「盤」。爲淵。」然則淵水停而不流，與此義合。邢疏引《地理志》：「扶風汧縣，汧出西北入渭。」以其初出不流，停成弦蒲澤藪，其終則入渭也。

歸異、出同流，肥。《毛詩》傳曰：「所出同，所歸異爲肥。」

《詩·泉水》傳用《爾雅》。《釋名》云：「所出同，所歸異曰肥泉。本同出時所浸潤少，所歸各枝散而多，似肥者也。」與毛傳義同。《水經·淇水注》云：「美溝水東南流注馬溝水，又東南注淇水，爲肥泉。」引《詩》「肥泉」，又引舍人曰：「水異出流行合同曰肥。今是水異出同歸矣。」是酈本舍人，與毛傳異。又以斯水即《詩》泉源之水也。《列子》：「肥水之潘爲淵。」殷敬順《釋文》亦云：「水所出異爲肥。」俱本舍人爲説。吕忱又以《爾雅》「異出同流爲瀵」。「瀵」「肥」聲亦相轉。然則諸家《爾雅》本，其不同如此。

瀵，大出尾下。今河東汾陰縣有水，口如車輪許，濆沸涌出，其深無限，名之爲「瀵」。馮翊郃陽縣復有瀵，亦如之。相去數里而夾河。河中渚〔一〕上又有一瀵，瀵源皆潛相通。在汾陰者，人壅其流以爲陂，種稻，呼其本所出處爲「瀵魁」，此是也。尾猶底也。

《説文》云：「瀵，水浸也。」引此文。《水經·河水注》引吕忱曰：「《爾雅》異出同流爲瀵水。」然則今本疑有脱文。《釋文》亦云：「瀵水本同而出異。」與吕忱合也。《列子·湯問》篇云：「壺領山頂有口，狀若員環，有水涌出，名曰神瀵，一源分爲四。」然則瀵水噴流甚大，底源潛通，故曰「出尾下」也。《水經注》云：「瀵水，出汾陰縣南四十里，

〔一〕渚，《爾雅》宋刊十行本作「陼」。

去河三里。平地開源，濆泉上涌，大幾如輪，深則不測，俗呼之爲瀵魁。古人壅其流，以爲陂水，種稻，東西二百步，南北百餘步，與郃陽瀵水夾河。河中渚上又有一瀵水，皆相潛通，故吕忱曰『異出同流爲瀵』，其水歷蒲阪西，西流注於河。」又云：「郃陽城北有瀵水，東逕其城内，東入於河。又於城内側中有瀵水，東南出城，注於河。城南又有瀵水，東流注於河。」酈注所言，與郭義同而加詳。漢、晉汾陰竝屬河東郡，今爲蒲州府榮河縣。馮翊郃陽今爲同州府郃陽縣矣。又曾鞏《齊州二堂記》云：「歷城之西有泉涌出，高或至數尺，齊人名曰趵突之泉。嘗有棄糠於黑水之灣者，而見之於此。蓋泉自渴馬之厓潛流地中，而至此復出也。」今按：趵突即瀵之類。凡瀵必數處潛通。歷城趵突，濟水之所溢出也。汾陰、郃陽諸瀵，河水之所溢出也。

水醮曰厬。謂水醮盡。

「醮」當作「潐」。《説文》：「潐，盡也。」「厬」作「氿」，「水厓枯土也」，引此文云：「水醮曰氿。」其「厬」字訓「仄出泉也」，讀若「軌」。然則「厬」「氿」二字，《爾雅》《説文》互易，古字叚借通用。《玉篇》與今本同。

水自河出爲灉。《書》曰：「雝沮會同。」濟爲濋，汶爲灛〔一〕，洛爲波，漢爲潛，《書》曰：「沱潛既道。」淮爲滸，江爲沱，《書》曰：「岷山導江，東別爲沱。」過爲洵，潁爲沙，汝爲濆。《詩》曰：「遵彼汝濆。」皆大水溢出，別爲小水之名。

出者，溢也。此皆謂水所溢，故以自出總之。《說文》：「派，別水也。」蓋大水枝派別出爲細流也。

灉者，《說文》云：「河灉水在宋。」又云：「汳水受陳留浚儀陰溝，至蒙爲雝水。」「汳」即「汴」字。《水經注》云：「陰溝，即蒗蕩渠。首受大河於卷縣。晉楚之戰，晉軍爭濟，舟中之指可掬，即是處也。」《淮南·人閒》篇云：「楚莊王勝晉於河雍之閒。」是雍即灉矣。《水經·河水注》又云：「一水分大河，故瀆北出爲屯氏河。」然則枝津分裂，川原綺錯，雖皆仰挹河流，而不得濫膺灉目。至於灉水擅名，許君特言「河灉在宋」厥，義昭矣。又按：上言「灉，反入」者，彼言「入」，此言「出」也，實一水耳。《水經·瓠子河注》引作「水自河出爲雝」。《釋名》作「水從河出曰雍沛」。「雍」「雝」古今字皆叚借也。

濟爲濋者，《水經·濟水注》：「氾水西分濟瀆，東北逕濟陰郡南。《爾雅》曰：『濟

〔一〕 灛，《爾雅》宋刊十行本作「瀾」。

别爲澨。』吕忱曰：『水决復入爲汜，廣異名也。』」是酈以「汜」爲澨。但下文云：「决復入爲汜。」《説文》「汜」，从巳聲，音「似」，與濟水分出之汜水音「范」者異，吕忱不誤，酈注蓋失引矣。錢氏坫《釋地注》以「澨」字誤，應爲「滎」，恐是。

汶者，《漢志》有二汶。泰山郡萊蕪原山，《禹貢》「汶水」所出，西南入泲，此一汶也。《禹貢》《爾雅》皆指此「汶」。琅邪郡朱虚東泰山，汶水所出，東至安丘入維，又一汶也，《水經注》所謂「東汶」。《淮南·墬形》篇云：「汶出弗其，西流合濟。」弗其即不其，瑯琊縣名。此乃《漢志》入維之汶，非入濟之汶也。《淮南》誤。顏師古以二汶爲疑，不知齊有三汶，見於《齊乘》。又《述征記》：「泰山郡水皆名汶，何止二汶也。」汶爲瀾者，《釋文》引李巡云：「瀾，溢也。」《水經·洙水注》引吕忱曰：「洸水出東平陽，上承汶水於剛縣西闡亭東。《爾雅》曰：『汶别爲瀾。』其猶洛之有波矣。」是洸水即闡水。《春秋經》「齊人取闡」，即此。旁加水，非。

洛水亦有二。《漢志》「左馮翊褱德洛水，東南入渭，雍州寖」，《詩》所謂「瞻彼洛矣」者也。弘農郡上雒，《禹貢》雒水，出冢領山，東北至鞏入河，豫州川，《書》所謂「伊洛瀍澗」者也。《水經注》云：「洛水又東，門水出焉，《爾雅》所謂洛别爲波也。」是酈以「門水」即波水。《職方》鄭注：「波，讀爲播。」按：《禹貢》「滎波」，《正義》引馬、鄭皆作「滎播」，是「播」「波」古字通。

漢爲潛者，《説文》同。《荀子・大略》篇注引李巡曰：「漢水溢流爲潛。」《禹貢》荆、梁二州竝有「沱潛既道」。《正義》引郭《音義》云：「有水從漢中沔陽縣南流，至梓潼漢壽，入大穴中，通岡山下，西南潛出，一名沔水，舊俗云即《禹貢》潛也。」《水經・潛水注》云：「蓋漢水枝分潛出，故受其稱。」餘同郭義。又引鄭曰：「漢別爲潛，其穴本小，水積成澤，流與漢合。大禹自導漢疏通，即爲西漢水也。」是鄭義與郭異。又此二説，竝指梁州之潛而言，不及荆州也。

淮爲滸者，《漢志》：「臨淮郡，淮浦，游水北入海。」《水經注》云：「淮水於縣枝分，北爲游水。」引《爾雅》曰：「淮別爲滸。游水亦枝稱者也。」是游即滸矣。

江爲沱者，《漢志》蜀郡郫，《禹貢》江沱在西，東入大江。《説文》云：「沱，江別流也。出㟭山東，別爲沱。」《寰宇記》引李巡云：「江溢出流爲沱。」《禹貢》正義引郭《音義》云：「沱水自蜀郡都安縣揃山，與江別而更流。」又引鄭注云：「今南郡枝江縣有沱水，其尾入江耳，首不於江出也。華容有夏水，首出江，尾入沔。蓋此所謂沱也。」是鄭以夏水爲荆州之沱，郭以郫江爲梁州之沱，二説不同，兼之乃備。

過爲洵者，《説文》云：「過，水。受淮陽扶溝浪湯渠，東入淮。」《水經注》云：「陰溝始亂蒗蕩，終別於沙而過水出焉。」引《爾雅》曰：「過爲洵。」吕忱曰：「洵，過水也。」按：《説文》：「洵，過水中也。」「過」當爲「濄」，「中」當爲「出」。《釋文》「濄，本或作過」，《漢志》作「過」，竝爲叚借。

潁爲沙者，《漢志》：「潁川郡，陽城，陽乾山，潁水所出，東至下蔡入淮。」《水經注》：「臨潁縣，潁水自縣西流注，小㶏水出焉。《爾雅》曰潁別爲沙，亦猶江別爲沱也。」是小㶏水即沙水矣。

汝爲濆者，《説文》云：「汝水出弘農盧氏，還歸山東入淮。」《水經注》云：「汝水東南逕奇領城西北，濆水出焉。世亦謂之大㶏水。《爾雅》曰河有灉，汝有濆。」然則濆者，汝別也，故其下夾水之邑，猶流汝陽之名。是或「濆」「㶏」之聲相近矣。按：「㶏」，今變作「溵」。大溵水在今郾城縣，即汝水別流也。《説文》引《爾雅》作「汝爲涓」，《釋文》引《字林》同，云：「衆《爾雅》本亦作涓。」是「濆」古作「涓」，唯郭本作「濆」耳。

水決之澤爲汧，水決入澤中者，亦名爲「汧」。決復入爲汜。水出去復還。

「汧」已見上，此申釋之。《説文》云：「決，行流也。」《水經注》云：「渭水東逕郁夷縣故城南，汧水入焉。水出汧縣之蒲谷鄉弦中谷，決爲弦蒲藪。《爾雅》曰：『水決之澤爲汧。』」汧之爲名，實兼斯舉。郭云「亦名汧」者，「亦」亦上文。錢氏坫曰：「澤亦弦蒲澤也。弦、汧聲同。」是矣。闞駰以楚水爲汧水，非也。

《說文》云：「汜，水別復入水也。」《釋名》云：「水決復入爲汜。汜，已也，如出有所爲，畢已而還入也。」《詩·江有汜》傳用《爾雅》。《淮南·道應》篇云：「至於河上，而航在一汜。」高誘注：「汜，水涯也。」蓋借「汜」爲「涘」，非此。

河水清且瀾[一]漪，大波爲瀾，言渙瀾。小波爲淪，言蘊淪。直波爲徑。言徑侹[二]。

《詩》「河水清且漣漪」，「河水清且直漪」，「河水清且淪漪」，此釋之也。不竝引者，文省也。《正義》引李巡云：「分別水大、小、曲、直之名。」《說文》云：「波，水涌流也。」大波爲「瀾」，「瀾」或作「漣」。《詩·伐檀》傳：「風行水成文曰漣。」《釋名》云：「風行水波成文曰瀾。瀾，連也，波體轉流相及連也。水小波曰淪。淪，倫也，小文相次有倫理也。水直波曰涇。涇，徑也，言如道徑也。」《詩》釋文引《韓詩》云：「順流而風曰淪。

[一] 瀾，《爾雅》宋刊十行本作「灡」。

[二] 言徑侹，《爾雅》宋刊十行本作「有徑涏」。

淪，文貌。」毛傳：「小風水成文，轉如輪也。」「直，直波也。」按：直又訓徒也。徒波，無風自波，對淪、漣皆因風成文，此自生波，故曰「直波」。直有徑遂之義，故曰「徑」也。「徑」，《釋文》作「徑」，云：「字或作徑。」今從宋本「瀾」，《釋文》作「瀾」。

江有沱，河有灉，汝有濆。此故上水别出耳。所作者重見。

水名已具上文，此重見者，《詩·汝濆》正義引李巡曰：「江、河、汝旁，有肥美之地名。」然則此以地言，彼以水言，名同義異，李説是也。今以其意求之。梁州之沱，其地在蜀，郫土江鄉，膏腴沃壤。至於荆州之沱，江夏雲杜，邨墟相望，皆其地矣。河之有灉，《左傳》所云：僖廿八年。「至於衡雍。」杜注以爲鄭地，在滎陽卷縣。是其地濱河岸，密邇王宫。雍即灉矣。若乃《詩》之《汝濆》，樵採所遵，枚條緐茂，其爲地號，更不待言。孔氏《正義》猶以彼「墳」從土，此「濆」從水爲疑，非矣。郭以爲水名重見，尤非。

滸，水厓。水邊地。

此亦水邊地名，與沱、灉、濆同，故竝釋之。上文云「淮爲滸」，彼以水言，此以地言也。《詩·葛藟》正義引李巡曰：「滸，水邊地名，厓也。」《北山》正義引孫炎曰：「厓，水邊也。」《釋丘》「岸上，滸」，「涘爲厓」，與此義互相足。

水草交爲湄。《詩》曰：「居河之湄。」

湄者，《説文》用《爾雅》。《釋名》云：「湄，眉也，臨水如眉臨目也。水經川歸之處也。」《左氏・僖廿八年》正義引李巡曰：「水中有草木交會曰湄。」《水經・濟水注》引舍人云：「水中有草木交合也。」郭引《詩・巧言》文。「湄」，《詩》作「麋」。《左傳》：「余賜女孟諸之麋。」竝古字通。

「濟有深涉，謂濟渡之處。深則厲，淺則揭。」揭者，揭衣也。謂褰裳也。以衣涉水爲厲，衣，謂褌。繇膝以下爲揭，繇膝以上爲涉，繇帶以上爲厲。繇，自也。

《詩・匏有苦葉》文，此釋之也。《左氏・襄十四年》正義引李巡曰：「濟，渡也。水深則厲，水淺則揭衣渡也。不解衣而渡水曰厲。」孫炎曰：「揭，褰衣裳也。以衣涉水濡褌也。」毛傳俱本《爾雅》，唯不引「繇膝以下爲揭」一句，文省耳。《釋文》引《韓詩》云：「至心曰厲。」至心即是繇帶以上，雖變其文，實用其意也。必以「繇膝」「繇帶」言者，蓋爲空言淺深，恐無準限，故特舉此爲言，明過此以往，則不可渡也。然亦略舉大槩而言，實則「繇帶」以下亦通名「厲」。故《論語》鄭注及《左傳》服虔注竝云：「由衪以上爲厲。」明繇衪以上即繇帶以下，故約略其文耳。「衣」是大名，裳與褌皆衣類。以言揭，故知爲褰裳，以衣涉，故知衣謂褌也。《釋名》云：「褌，貫也，貫兩腳上繫要中也。」厲有淩厲之義，因爲涉水之名，故《説文》「涉」字解云：「徒行厲水也。」是「厲」「涉」通名。《列子·説符》篇云：「懸水三十仞，圜流九十里，有一丈夫，方將厲之。」《上林賦》云：「越壑厲水。」皆以「厲」爲涉也。《説文》「厲」作「砅」，引《詩》「深則砅」，或作「濿」，云：「履石渡水也。」按：《詩》：「在彼淇厲。」蓋以「厲」爲橋梁，此皆别解，義與《爾雅》異也。「繇」，與「由」同。「由，自也」，本《釋詁》文。

潛行爲泳。水底行也。《晏子春秋》曰：「潛行，逆流百步，順流七里。」

《説文》：「泳，潛行水中也。」「潛，涉水也。」《詩》云：「泳之游之。」蓋「游」與「泳」對文則别，散文亦通。故《釋言》云：「泳，游也。」是其義同。《詩》云：「不可泳思。」《列子·黄帝》篇云：「彼中有寶珠，泳可得也。」毛傳及張湛注俱用《爾雅》。郭引《晏子春秋》古冶子詞也。

「汎汎楊舟，紼縭維之。」紼，䋤也。䋤，索。縭，緌也。緌，繫。

《詩·采菽》文。毛傳：「紼，繂也。纚，緌也。」《正義》引李巡曰：「䋤竹爲索，所以維持舟者。」孫炎曰：「繂，大索也。舟止，繫之於樹木，戾竹爲大索。」《正義》云：「紼，訓爲繂，繂是大組。纚訓爲緌，緌又爲繫。正謂舟之止息，以組繫而維持之。」《詩》釋文引《韓詩》云：「纚，筰也。」《釋名》云：「引舟者曰筰。」然則筰可引舟，亦可繫舟，「筰」與「緌」義相成也。「䋤」，《說文》作「⿰⿱爫糸率」，《詩》作「繂」，「縭」作「纚」，竝字異音義同。

天子造舟，比船爲橋。諸侯維舟，維連四船。大夫方舟，併兩船。士特舟，單船。庶人乘泭。併木以渡。

《說文》云：「舟，船也。古者共鼓、貨狄刳木爲舟，剡木爲楫，以濟不通。」《釋名》云：「舟，言周流也。」

造舟者，《詩·大明》傳用《爾雅》。《正義》引李巡曰：「比其舟而渡曰造舟。」孫炎曰：「造舟，比舟爲梁也。」《公羊·宣十二年》疏引舊說云：「以舟爲橋，詣其上而行過，故曰造舟也。」按：此雖《爾雅》舊說，但以造爲詣，不及李、孫訓造爲比，蓋比竝其船，加板於上。孔穎達謂「即今浮橋」，是也。《方言》云：「艁古「造」字。舟，謂之浮梁。」《閒居賦》云：「浮梁黝以徑度。」皆其義也。至其竝船之數，《釋文》引郭圖云：「天子竝七船。」按：禮自上以下降殺以兩，若以諸侯四、大夫二、士一推之，則天子當竝六船也。又《說文》引此四句作《禮》，蓋出《古禮經》之文。

維舟者，《詩》正義引李巡曰：「中央左右相維持曰維舟。」《公羊》疏引孫炎云：「維連四船。」《音義》曰：「維持使不動搖也。」按：維非竝也，但連繫之使不散。孔穎達謂：「維舟以下，則水上浮而行之，但船有多少爲等差耳。」其說是矣。

方舟者，《詩》正義引李巡曰：「併兩船曰方舟。」《說文》：「方，併船也。象兩舟省總頭形。」「方」，或从水作「汸」。《方言》云：「方舟，謂之潢。」郭注：「揚州人呼渡津舫爲潢，荆州人呼杭，音横。」《說文》：「斻，方舟也。」「斻」即「航」字。《詩》借爲杭，「一葦杭之」是也。「方」，古讀如「旁」，亦讀如「傍」。「傍」「併」聲轉，今俗爲「併」、爲「傍」，此古音也。金鶚云：「併船是方本義。通而言之，凡相併皆曰方。」《鄉射禮》云：「不方足。」鄭注：「方，猶併也。」《詩》：「維鳩方之。」亦謂竝處於一巢也。

特舟者，《公羊》疏引李巡云：「一舟曰特。」又云：「庶人乘泭者，併木以渡，別尊卑也。」然則併亦方也。《釋言》云：「舫，泭也。」「舫」即「方」字。又借爲「枋」。《史記·張儀傳》云：「枋船載卒。」「枋」與「舫」同，枋船即舫泭也。《論語》「乘桴」，桴亦泭也。泭、舟同類。故《齊語》云：「方舟設泭。」蓋兼士、庶言之。

水注川曰谿，注谿曰谷，注谷曰溝，注溝曰澮，注澮曰瀆。此皆道水轉相灌注所入之處名。

此别水所注入之名。舊注云：「皆以小注大。大小異名。」郭注《上林賦》云：「自谿及瀆皆水相通注也。」谿者，《釋山》云：「山豄無所通，谿。」彼謂窮豄，此則通川之谿也。蓋謂谿澗之水，能自達於通川。故《左氏·隱三年》正義引李巡曰：「水出於山，入於川爲谿也。」谷者，《說文》云：「泉出通川爲谷。从水半見，出於口。」《公羊·僖三年傳》：「無障谷。」蓋谷口出水，無障斷之，使通於谿。故疏引李巡云：「水相屬曰谷。」然則谷者，屬也，水流相屬灌輸也。溝、澮者，《釋名》云：「水注谷曰溝。田間之水亦曰溝。溝，搆也，從横相交搆也。注溝曰澮。澮，會也，小溝之所聚會也。」瀆者，《御覽》七十五引舊注云：「水流不絶曰瀆。」然則瀆之爲言猶續也，相續不絶之意。《說文》云：「瀆，溝也。」是「溝」「瀆」通名。《釋山》又以「谿」「瀆」竝稱。可知此皆山間瀉水，非有巨浸洪流。且瀆無妨，四瀆同名，溝澮亦非《匠人》舊制，豈便有四尺二尋之規乎？《匠人》：「溝，廣四尺，深四尺。澮，廣二尋，深二仞。」邢疏泥《考工》之文，失《爾雅》之義，乃謂：

「自溝以下與上不類。」謬矣。彼是田閒水道，此乃谿谷細流，何可同也？今試倒轉其文，則爲「瀆注於澮，澮注於溝，溝注於谷，谷注於谿，谿注於川」，上下文義俱順矣。此自言水轉相灌注之異名耳，云何不類？

逆流而上曰泝洄，順流而下曰泝游。皆見《詩》。

「泝」，《説文》作「㴑」，云：「逆流而上曰㴑洄。㴑，向也，水欲下違之而上也。」「㴑」或作「遡」。「洄，㴑洄也」。「游」作「汓」，云：「浮行水上也。」「汓」或作「泅」。《詩》「遡洄」，傳用《爾雅》；「遡游」，傳云：「順流而涉曰遡游。」《正義》引孫炎曰：「逆渡者，逆流也。順渡者，順流也。」按：洄猶回也。《華嚴經音義》下引《三蒼》云：「水轉曰洄。」蓋逆流則向水回轉，順流則但浮游直行而已。《左氏·哀四年傳》：「吴將泝江入郢。」杜預注：「逆流曰泝。」《莊十八年傳》：「閻敖游涌而逸。」杜注：「游涌水而走也。」

正絶流曰亂。直横渡也。《書》曰：「亂于河。」

《詩》：「涉渭爲亂。」傳用《爾雅》。《正義》引孫炎曰：「直横渡也。」是正訓直。絶猶截也。截流横渡不順曰「亂」。郭引《書・禹貢》「梁州」文。

江、河、淮、濟，爲四瀆。四瀆者，發原注海者也。

《釋名》云：「天下大水四，謂之四瀆，江、河、淮、濟是也。瀆，獨也，各獨出其所而入海也。江，公也，諸水流入其中所公共也。淮，圍也，圍繞楊州北界東至海也。河，下也，隨地下處而通流也。濟，濟也，言源出河北濟河而南也。海，晦也，主承穢濁其色黑而晦也。」《白虎通》云：「瀆者，濁也。中國垢濁，發源東注海，其功著大，故稱瀆也。」《風俗通》云：「《尚書大傳》《禮三正記》：『江、河、淮、濟，爲四瀆。』瀆者，通也，所以通中國垢濁，民陵居，殖五穀也。江者，貢也，珍物可貢獻也。河者，播爲九流，出龍圖也。淮者，均，均其務也。濟者，齊，齊其度量也。」

四瀆發原注海，《禹貢》具詳其文。河，説見下。《漢志》：「蜀郡湔氏道。《禹貢》：『崏山，在西徼外，江水所出，東南至江都入海。』今江出四川松潘衛邊徼外西番地之岷山，至江南通州入海。」《漢志》：「南陽郡平氏。《禹貢》：『桐柏大復山，在東南，淮水所出，東南至淮陵入海。』」今淮出河南南陽府桐柏縣之桐柏山，至江南清河縣與河合流，至安東縣入海。《漢志》：「河東郡垣。《禹貢》：『王屋山在東北，沇水所出。東南至武德入河，軼出滎陽北地中，又〔一〕東至琅槐入海。』」今濟出河南懷慶府濟源縣之王屋山，至武陟縣入於河。《管子·度地》篇云：「水之出於山，而流入於海者，命曰經水。水别於他水，入於大水及海者，命曰枝水。」然則四瀆者，經流也，挾衆枝流而注於海者也。《説文》：「海，天池也。以納百川者。」「注，灌也。」「原，水泉本也。」「原」，今作「源」。

水泉。題上事也。《管子·水地》篇云：「水者何也？萬物之本原也。」水之原在乎泉，故釋水之篇，先泉後水，又總題曰「水泉」也。《初學記》引郭氏《讃》云：《類聚》作《釋水讃》。「川瀆綺錯，涣瀾流帶。潛潤旁通，經營華外。殊出同歸，混之東會。」

水中可居者曰洲。小洲曰陼，小陼曰沚，小沚曰坻，人所爲爲潏。人力所作。

此釋水中之地名。

洲者，《説文》作「州」，引《詩》：「在河之州。」《釋名》云：「水中可居者曰洲。洲，聚

〔一〕又，原誤「乂」，據楊胡本、《經解》本改。

也，人及鳥物所聚息之處也。」《詩·關雎》正義引李巡曰：「四方皆有水，中央獨可居。」《一切經音義》十七引孫炎曰：「水有平地可居者也。」《方言》云：「水中可居爲洲。三輔謂之淤，蜀漢謂之㶊。」郭注引《上林賦》曰：「行乎洲，淤之浦。」

「陼」當爲「渚」，《説文》引作「小州曰渚」。《釋名》云：「渚，遮也，體高能遮水使從旁回也。」《詩》「江有渚」傳：「渚，小洲也。」「水歧成渚」，《釋文》引《韓詩》云：「一溢一否曰渚。渚，小洲也。」按：《廣雅》云：「渚，處也。」是渚亦可居處。故韋昭《齊語》注：「水中可居者曰渚。」《爾雅》不言者，文省耳。又以上句例之，不言可知。

沚者，《詩·采蘩》傳：「沚，渚也。」不言「小」者，亦文省也。《説文》用《爾雅》。《釋名》云：「沚，止也，小可以止息其上也。」然則沚小於渚，不可居處，但容止息而已。

坻者，《釋名》云：「小沚曰坻。坻，遲也，能遏水使流遲也。」《説文》本《詩·蒹葭》傳云：「坻，小渚也。」變「沚」言「渚」者，渚、沚雖大小異名，其實一耳。《正義》云：「以渚易知，故繫渚言之。」邢疏引李巡云：「但大小異其名。」是也。

潏者，《説文》云：「水中坻，人所爲，爲潏。」是潏亦坻也，但以人所爲爲異耳。《釋名》云：「潏，術也，偃水使鬱術也。魚梁、水碓之謂也。」魚梁者，《周禮·𠭥人》：「掌以時皾爲梁。」鄭衆注：「梁，水偃也。『偃』，俗作『堰』。偃水爲關空，以笱承其空。」是也。水碓者，於急流水中偃水爲之，設轉輪於下，用水衝激，速於賃舂，魚梁、水碓，皆人所爲，故舉以譬況焉。《釋文》引郭圖云：「水中自然可居者爲洲。人亦於水中作洲，而小不可止住者，名潏，水中地也。」《御覽》七十一引舍人云：「潏人力水爲居止。」疑有脱誤。按：《釋文》：「潏，郭述、決二音。」是也。

水中題上事也。洲、渚、沚、坻、潏皆水中高地，故題曰「水中」也。

河出崐崘虛，色白；《山海經》曰：「河出崐崘西北隅。」虛，山下基也。發源處高激峻湊，故水色白也〔一〕。所渠并千七百，一川色黄。潛流地中，汩漱沙壤，所受渠多，衆水溷淆，宜其濁黄。百里一小曲，千里一曲一直。《公羊傳》曰：「河曲流，河千里一曲一直。」

《水經注》引《春秋説題辭》云：「河之爲言荷也，荷精分布，懷陰引度也。」《考異郵》云：「河者，水之氣，四瀆之精也。」《初學記》引《孝經援神契》云：「河者，水之伯，上應

〔一〕「發源」至「白也」，《爾雅》宋刊十行本無。

天漢。」又引《穆天子傳》：「河與江、淮、濟三水爲四瀆。河曰河宗，四瀆之所宗也。」按：《爾雅》既言「四瀆」，而以「九河」終焉，其意蓋在此也。《説文》云：「河水出焞煌，塞外昆侖山，發原注海。」《釋文》引郭《音義》云：「《禹本紀》及《山海經》皆云河出崐崘山。《漢書》曰：『張騫使西域，窮河源，其山多玉石而不見崐崘也。』世人皆以此疑河不出崐崘。按：《山海經》曰：『東望泑澤，河水之所潛也。其源渾渾泡泡。』又云：『敦薨之水，注于泑澤，出乎崐崘之西北隅，實惟河源也。』《西域傳》又云：『河有兩源，一出蔥嶺山，一出于闐，于闐在南山下。其河北流與蔥嶺之河合，東注鹽澤。鹽澤，一名蒲昌海，去玉門、陽關三百餘里，《水經注》三上有「千」字，《漢書》脱之，此仍其失。輪廣三四百里。其水停，冬夏不增減，皆以爲潛行地下，而南出於積石山，而爲中國河云。』然則河出崐崘，便潛行地下，至蔥嶺及于闐復分流歧出也。張騫所見，蓋謂此矣。其去崐崘里數遠近，所未得而詳也。泑澤即鹽澤也。」又引郭《圖讚》云：「崐崘三層，號曰天柱，實惟河源，水之靈府。」按：此以上《釋文》所引，皆是古來相傳舊説。然於河出崐崘，里數遠近，靡得而詳。《新唐書・吐蕃傳》載劉元鼎所經紫山，直大羊同國，虜曰悶摩黎山，即古所謂崐崘，距長安五千里。而《元史・地理志》稱河源出吐蕃朵甘思西鄙，名火敦腦兒，譯言星宿海也。又言朵甘思東北有大雪山，即崐崘，不知此乃積石山也。康熙乾隆年閒，兩遣侍衛尋河源，後乃得之阿勒坦郭勒之西，遠出星宿海之上三百餘里。其崐崘在今之回部，所以知河出崐崘虚者，《一統志》言西藏有岡底斯山，在阿里之達克喇城東北三百十里，直陝西西寧府西南五千五百九十餘里，乃《西域記》《水經注》所謂阿耨達山，今名岡底斯山，即崐崘也。《河源紀略》圖說詳矣。近人徐松能言西域地形，今採其說，曰：「岡底斯山，分爲四幹。向西北者爲僧格喀巴布山，譯言獅子口也。繞阿里而北二千五百餘里，入西域，爲和闐南山及葱嶺。葱嶺在今葉爾羌喀叶噶爾境，和闐南山在今和闐境。和闐即古于闐。《漢書・西域傳》言：『河有兩源，一出葱嶺，一出于闐。』其實出葱嶺者，尚有南河、北河之分，與于闐河而三也。今以新疆地形驗之。和闐河二源皆出南山，東源曰玉隴哈什河，西源曰哈喇哈什河。二水分流，經和闐城東西，又北流二百餘里而合爲和闐河。是爲河源之一。葱嶺南河者，即今葉爾羌河。二源，東源曰聽雜布河，西源曰澤普勒善河。二水分東北流至葉爾羌城，東南而合爲葉爾羌河。是爲河源之二。葱嶺北河者，即今喀什噶爾河。二源，南源曰雅璊雅爾河，北源曰烏蘭烏蘇河。分東流至喀什噶爾城南而合爲喀什噶爾河，是爲河源之三。三源分東流至噶巴克阿克，集而合爲塔里本河。又東流一千四百餘里，瀦爲羅布淖爾，即古鹽澤，亦謂之蒲昌海也。諸河水皆澄清無滓，惟喀什噶爾河之北源烏蘭烏蘇色赤而濁，而東至葉爾羌東北衡阿喇克之地，亦清流見底，故統謂之『色白』也。」又曰：「郭注引《山海經》作『崐崘西北隅』，邵氏《正義》據今本作『東北隅』，以郭爲譌，非也。按：南山、蔥嶺皆發脈於僧格喀巴布，而僧格喀巴布實分幹於岡底斯山之西北隅，故《山海經》謂之『崐崘西北隅』，灼然明顯。且《後漢書·張衡傳》注及《廣韵》引此文皆作『西北』，邵氏之説，未可依據。」又曰：「崐崘虚者，僧格喀巴布山西北趨千六百餘里爲蔥嶺，蔥嶺環千八百餘里包西域之西，以周其北，外如半規，中謂虚地，故謂之虚。」余按：徐以虚讀如字，實則「虚」即「墟」字。故郭云「山下基」，明其旁迆緜亘，諸山皆得崐崘之目，故言「河出崐崘虚」也。《釋文》引李巡云：「河水始出，其色白也。」孫炎云：「崐崘，山名也。墟者，山下之地。白者，西方之色也。」又引郭注有「發源處高激峻湊，故水色白也」十二字，爲宋本所無，今據補。《離騷》云：「朝吾將濟於白水兮，登閬風而緤馬。」《後漢書》注引《河圖》云：「崐山出五色流水，其白水東南流入中國，名爲河。」然則白水即河水。故晉文投璧于河，而曰「有如白水」，《晉語》即作「有如河水」，是其證也。

渠者，《説文》云：「水所居。」川者，《釋文》引李巡云：「水流而分，交錯相穿，故曰川也。」色黄者，孫炎云：「所受渠多轉流溷濁，故色黄。」《水經注》引《物理論》曰：「河色黄者，衆川之流，蓋濁之也。」《河源録》云：「自發源至漢地，南北澗溪，細流旁貫，莫知紀極。」然則渠川之水，其數難詳，千七百者，特舉大槩而言耳。徐松曰：「河入鹽澤，水皆清澈。伏流一千五百餘里，東南至巴顔哈喇山麓。伏流自崖壁上涌出，釃爲百道，皆作黄金色。東南流爲阿勒坦郭勒，譯言黄金河也。」

河隨山勢爲曲折，千里百里亦大槩言之耳。《釋文》引李巡云：「水勢小曲乃大直也。故曰小曲，水陰節每一曲一直，通無極也，故曰千里一曲一直。」郭引《公羊·文十二年傳》云：「河曲疏矣，河千里而一曲也。」何休注：「河曲流。」郭蓋兼引傳、注，又傳不言「一直」，郭據《爾雅》加之也。《漢志》：「太原郡陽曲。」應劭注云：「河千里一曲，當其陽，故曰陽曲也。」然則「陽曲」亦河曲之地名。故傳云：「河曲疏矣。」《河源録》云：「世言河九折，彼地有二折。」朱思本云：「河源東北流，歷西番，至蘭州，凡四千五百餘里，始入中國。又東北流過達達地，凡二千五百餘里，始入河東境内。又南流至河中即蒲州。凡一千八百餘里。通計九千餘里。」

河曲此釋河耳。謂之「曲」者，河勢善曲，其地疏闊，隨處委折，咸被斯名，故題曰「河曲」也。

徒駭。今在成平縣。義所未聞。太史。今所在未詳。馬頰。河勢上廣下狹，狀如馬頰。

覆鬴。水中可居，往往而有，狀如覆釜。胡蘇。東光〔一〕縣今有胡蘇亭。其義未聞。簡。水道簡易。絜。水多約絜。鉤盤。水曲如鉤流盤桓也。鬲津。水多阨狹，可隔以爲津而横渡。

此釋九河之名。徒駭者，《釋文》及《禹貢》正義引李巡曰：「禹疏九河，以徒衆起，故云徒駭。」孫炎曰：「禹疏九河，此河功難，《書》正義作「用功雖廣」四字。衆懼不成，故曰徒駭。」郭云「今在成平縣」者，《晉志》成平屬河間國，《漢志》屬勃海郡，今河間府交河縣東有漢成平故城。按：《漢志》：「成平虖池「沱」同。河，民曰徒駭河。」是虖池即徒駭，疑語倒竝聲之轉。

太史者，《釋文》作「大」，云：「謝音泰，孫如字，本今作太。」然則古本作「大」，是也。《詩·般》正義引李巡曰：「禹大使徒衆通水道，故曰太史。」孫炎曰：「大使徒衆，故依名云。」《爾雅》釋文引或云：「太史者，史官記事之處。」按：此蓋因「大」本作「太」，望文生訓耳。李、孫於義爲長。《導河書》云：「太史在德州安德縣東南，經滄州臨津縣西。」《明一統志》：「在南皮縣北。」

馬頰者，《釋文》引李、孫、郭竝云：「河勢上廣下狹，狀如馬頰也。」《元和郡縣志》：

〔一〕光，《爾雅》宋刊十行本作「莞」。

「德州安德縣，馬頰河在縣南五十里。平昌縣，今德平縣。馬頰河在縣南十里。」按：《漢志》：「平原郡平原有篤馬河。」《通典》云：「馬頰在平原郡。」然則「篤馬」豈即「馬頰」之異稱，今所未詳。

覆鬴者，《釋文》引郭云：「鬴，古釜字。」李、孫、郭竝云：「水中多渚，往往而有可居之處，狀如覆釜之形。」《通典》云：「覆釜在平原郡界。」《導河書》云：「覆鬴在永靜軍阜成縣東，經東光縣西北。」按：《漢志》阜成屬勃海郡。

胡蘇者，《詩》正義引李巡曰：「其水下流，故曰胡蘇。胡，下也。蘇，流也。」孫炎曰：「水流多散，胡蘇然也。」《漢志》：「勃海郡東光有胡蘇亭。」今河閒府東光縣有漢東光故城。「光」，《釋文》及宋本竝誤作「莞」，今據《詩》《書》正義改正。

簡者，《書》正義引李巡曰：「簡，大也。河水深而大也。」《詩》正義引孫炎曰：「簡者，水通易也。」《釋文》引李、孫同，與此是。《史記正義》云：「簡在貝州歷亭縣界。」

絜者，《釋文》「户結反」，引孫、郭竝云：「水多約絜。」「又苦八反」，李云：「河水多山石之苦，故曰絜。絜，苦也。」《書》正義「石」下作「治之苦絜。絜，苦也」。《輿地廣記》：「簡絜在臨津。」《金史・地理志》：「南皮縣有潔河。」按：《漢志》：「勃海郡南皮莽曰迎河亭。」《齊乘》云：「滄州之南有大連澱，自注：「今日大梁五龍堂。」殿南至西無棣縣百餘里，閒有曰大河、曰沙河，皆瀕古隄。縣城南枕無棣溝，兹非簡、絜等河歟？」

鉤盤者，《釋文》「盤」作「般」，云：「本又作盤。李本作股，云：『水曲如鉤，折如人股，故曰鉤股。』孫、郭同，云：『水曲如鉤，流盤桓不直前也。』」今郭注脱「不直前」三字。《詩》《書》正義引作「屈折如盤」。《詩》正義引又無「流直」二字。《漢志》：「平原郡，般。」《水經注》：「河水故瀆川脈，東入般縣爲般河。」《元和志》：「棣州陽信縣鉤般河，經縣北四十里。」《後漢書·公孫瓚傳》：「遂出軍屯槃河。」《袁紹傳》：「還屯槃河。」章懷注：「槃即《爾雅》九河『鉤槃』之河也。其枯河在今滄州樂陵縣東南。」又云：「故河道在今德州平昌縣界，入滄州樂陵縣。今名枯槃河。」

鬲津者，《釋文》引李云：「河水狹小，可隔以爲津，故曰鬲津。」孫、郭同，云：「水多阨狹，可隔以爲津而横渡。」《漢志》：「平原郡，鬲平。」當以爲「鬲津」。《元和志》：「德州安德縣鬲津枯河，在縣南七十里。平昌縣鬲津枯河，南去縣二十里。」按：鬲縣故城在今德州北也。

九河《禹貢·兗州》已云：「九河既道，至于大陸。」又云：「播爲九河者。」《詩·般》正義引《鄭志·荅趙商問》曰：「河流分兗州界，文自明矣。」然九河從兗州而分，大陸以北，明是再分，故特言「播」，鄭義似未了也。《禹貢》正義引《漢書·溝洫志》：「成帝時，河隄都尉許商上書曰：『古記九河之名，有徒駭、胡蘇、鬲津。』今見在成平東光鬲縣界中。自鬲津以北至徒駭，其閒相去二百餘里。』」是知九河所在，徒駭最北，鬲津最南。蓋徒駭是河之本道，東出分爲八枝也。許商上言「三河」，下言「三縣」，則徒駭在成平，胡蘇在東光，鬲津在鬲縣，其餘不復知也。《爾雅》「九河」之次，從北而南，既知三河之處，則其餘六者，太史、馬頰、覆釜在東光之北，成平之南；簡、絜、鉤盤在東光之南，鬲縣之北也。其河填塞，時有故道。鄭《禹貢》注云：「周時齊桓公塞之，同爲一河。今河閒弓高以東至平原鬲津，往往有其遺處。」《春秋寶乾圖》云：「移河爲界，在齊吕填閼八流以自廣。」鄭蓋據此文爲説也。言閼入流拓境，則塞其東流八枝，并使歸於徒駭也。按：《詩》正義大意亦與此同，而此爲賅備。《爾雅》釋文引郭《音義》亦本鄭注而義稍略，故舍彼引此也。然則八流雖塞，遺處猶存。今驗青滄景德之閒，古隄沙阜，舊迹宛然。故《溝洫志》載「韓牧以爲可略於《禹貢》九河處穿之，縱不能爲九，但爲四五，亦有益」。而王横言：「河入勃海，勃海地高於韓牧所欲穿處。」又言：「九河之地已爲海所漸。」此妄説也。古河隄處，今猶可見，安得爲海所漸。但自周定五年河徙以來，歷漢至今，轉徙而南，土淺沙浮，潰決難制，禹河故道，日就沈湮，更數百年，殆將不可復識矣。

從《釋地》已下至九河，皆禹所名也。

自《釋地》已下，凡〔一〕四篇，此其總題也。《書・吕刑》云：「禹平水土，主名山川。」蓋禹敷土釃渠，因而各制以名，《禹貢》一篇，略可槩見。或疑《祭法》「黄帝正名百物，以明民共財」，物有定名，其來舊矣。然《水經注》言「廬山有大禹刻石」，無妨舊已有名，禹更新定爾。

〔一〕凡，原誤「几」，據楊胡本、《經解》本改。

爾雅郭注義疏下之一

釋草弟十三

《説文》:「艸,百卉也。从二屮。」「屮,艸木初生也。」「卉,艸之總名也。」「茻,衆艸也。从四屮。」又引《商書》曰:「庶艸緐無。」《天官·九職》謂之「疏材」,《大司徒》:「以土會之法,辨其物生,川澤宜膏物,墳衍宜莢物,原隰宜叢物。」鄭注:「膏,當爲櫜,字之誤也。蓮芡之屬有櫜韜。莢物,薺莢、王棘之屬。叢物,萑葦之屬。」《淮南·原道》篇云:「秋風下霜,倒生挫傷。」高誘注:「草木首地而生,故曰倒生。」《莊子·外物》篇云:「草木之倒植者過半。」《説文》:「蓟,艸木倒。」是也。「草」,一曰「蘇」。《方言》:「蘇,草也。江淮、南楚之閒曰蘇。」《論衡》云:「地性生草,山性生木,言生處之異也。」此篇所釋,品羅衆卉,實多識之資也。

藿,山韭。茖,山蔥。葝,山䪥。蒚,山蒜。今山中多有此菜,皆如人家所種者。茖蔥,細莖、大葉。

此釋菜也。《説文》云：「菜，艸之可食者。」故先釋焉。韭、蔥、䪥、蒜，皆人家所常種，其生於山則異名。《豳風》以春蚤獻羔，《繁露》因春生實豆，《小正》以囿見紀時，是皆毓自家園，事同井竈。

韭曰「豐本」，言其根豐而葉茂也。其生於山者，別曰「藿」。《説文》云：「藿，艸也。」引《詩》：「食鬱及藿。」邢疏引《韓詩》作「藿」。藿，一名䪡。《説文》：「䪡，山韭也。」《南山經》云：「招摇之山有草焉，其狀如韭。」郭注引璨曰：「韭，《爾雅》云藿，山亦多之。」「霍」「藿」蓋以形近而誤。《説文》：「韭，一種而久，故謂之韭。」今驗韭宿根在地，年年分栽，故言「一種而久」。山中者亦象家韭，而葉差狹，根宿地自生。

蔥之生於山者，名「茖」。《説文》云：「茖，艸也。」《一切經音義》八引《爾雅》舊注云：「茖，一名山蔥。并州以北多饒茖蔥也。」《北山經》云：「邊春山，其草多蔥韭。」郭注：「山蔥名茖，大葉。」與此注同。《後漢書·章帝紀》注：「蔥領，在燉煌西，其山高大多蔥。」是皆蔥生於山之證。「茖」通作「格」。馬融《廣成頌》云：「格韭菹于。」章懷注：「茖與格古字通。」按：「茖蔥」，今名「角蔥」。作莖生有枝格，旋摘旋生，食之不盡，其味甘而不辛，冬亦不枯。《管子》所謂「伐山戎，出戎菽及冬蔥」，即此。

䪥者，《説文》云：「菜也。葉似韭。」按：古「蔥」「䪥」竝稱。《内則》言切而和以膏醢，《少儀》言擇而絶其本末，今惟用葱，不用䪥矣。王禎〔一〕《農書》云：「野䪥，俗名天䪥，生麥原中，葉似䪥而小，味益辛，亦可供食，但不多有。」蘇頌《本草圖經》云：「山䪥，與家䪥相似而葉差大。」《玉篇》「葝」作「莖」，《廣韻》引《爾雅》作「莖，山䪥」，云：「莖，蒲罪切，本亦作葝。」

蒜之生於山者，名「蒚」。《本草》陶注：「小蒜根名蒚子。」蜀本注云：「小蒜，野生小者，一名蒚。」《説文》：「蒜，葷菜。」《夏小正》云：「十有二月，納卵蒜。卵蒜也者，本如卵者也。」按：此即今「澤蒜」。生山澤閒，葉如韭芘，根如鳥卵，十二月及正月掘取食之。《古今注》云：「蒜，卵蒜也。俗人謂之小蒜。」《爾雅翼》云：「大蒜爲葫，小蒜爲蒜。」二説竝非。蒜是總名，葫乃俗稱，卵蒜自别一種，非凡蒜俱名卵也。《爾雅翼》又引孫炎以蒚爲山名，其上出蒚，亦非。

薜，山蘄。《廣雅》曰〔二〕：「山蘄，當歸。」當歸，今似蘄而麤〔三〕大。

〔一〕禎，原誤「楨」，楊胡本、《經解》本同，然作《農書》者乃王禎，故改。後文「王楨」統改爲「王禎」，不再出校。
〔二〕曰，《爾雅》宋刊十行本作「云」。
〔三〕麤，《爾雅》宋刊十行本作「麤」。

《説文》云：「蘄，艸也。」蓋草以「蘄」名者非一。「山蘄」，一名「薜」，一名「白蘄」，説見下文。《本草》云：「當歸，一名乾歸，不名山蘄。」《廣雅》以山蘄即當歸。郭云：「當歸，似蘄而麤大。」《釋文》：「蘄，古芹字。麤，本今作麤。」李時珍云：「當歸本非芹類，特以花葉似芹，故得芹名。」《古今注》云：「古人相贈以芍藥，相招以文無。文無，一名當歸；芍藥，一名將離故也。」

椵，木堇〔一〕；櫬，木堇〔二〕。別二名也。似李樹，華朝生夕隕，可食。或呼「日及」，亦曰「王蒸」。

《釋文》：「櫬，本又作藽。堇，本或作槿。」《詩·有女同車》傳：「舜，木槿也。」《説文》「舜」作「蕣」，云：「蕣，木槿。朝華暮落。」引《詩》：「顏如蕣華。」《正義》引陸璣《疏》云：「舜，一名木槿，一名櫬，一名曰椵。齊、魯之閒謂之王蒸，今朝生暮落者是也。」又引樊光云：「別二名也。其樹如李，其華朝生暮落，與草同氣，故在草中。」按：《月令》「木堇榮」，《爾雅》「草謂之榮」，是木堇草類也。既得「榮」名，兼膺「木」號，於義方備。

〔一〕堇，《爾雅》宋刊十行本作「槿」。
〔二〕堇，《爾雅》宋刊十行本作「槿」。

《海外東經》有薰華草，朝生夕死。郭注：「薰，或作堇。」是亦以「堇」爲草名。樊光所言非無據矣。《莊子·逍遥游》篇云：「朝菌不知晦朔。」《釋文》引司馬彪云：「大芝也。一名日及。」支遁云：「一名舜英。」潘尼云：「木槿也。」是支、潘以朝菌爲木堇，司馬雖以爲芝，亦同「日及」之名。「堇」「菌」聲近，支、潘是也。《釋文》「大椿」又引司馬云：「一名橓。橓，木槿也。崔音橓華，同。」然則「椿」「蕣」聲亦相近，「椿」「櫬」聲又相轉。然椿壽考而蕣脆薄，名雖同即實乖矣。「日及」，王[一]羲之帖作「日給」，「給」「及」通也。《抱朴子·論僊》篇云：「白芨料大椿。」「白芨」即「日及」字形之譌。郭云：「王蒸。」《月令》鄭注：「木堇，王蒸也。」《吕覽》高誘注：「華可用作蒸。」是王蒸以作蒸得名。今堇華蒸之可啖。

朮，山薊。《本草》云：「朮，一名山薊。」今朮似薊，而生山中。楊枹薊。似薊而肥大。今呼之「馬薊」。

「朮」，《説文》从艸作「𦬸」。《繫傳》：「今𦬸苗似薊也。」《本草》云：「朮，一名山薊，

[一] 王，原誤「玉」，楊胡本同，據《經解》本改。

一名山薑，一名山連。《吴普本草》又名山芥、天蓟，竝廣異名也。」陶注：「朮有兩種：白朮葉大有毛而作椏，根甜而少膏；赤朮葉細無椏，根小苦而多膏。」陶言白朮即山薊，赤朮即楊枹薊。《爾雅》下文「赤枹薊」，郭云：「即上枹薊。」此陶所本。然赤朮，今呼「蒼朮」矣。蒼朮，苗高二三尺，葉似棠梨，束如鋸齒，根蟠如薑，華淡紫色，今藥用以茅山者良。然古方不言赤、白也。《南方草木狀》云：「藥用乞力伽，即朮也。」《中山經》云：「首山多朮芫。」郭注用《爾雅》。《類聚》八十一引《范子》曰：「朮，出三輔，黄白色者善。」《抱[一]朴子·僊藥》篇云：「朮，一名山精。」

葥，王蔧。王帚也。似藜，其樹可以爲埽蔧，江東呼之曰「落帚」。

《説文》作「葥，王彗」。《繫傳》云：「今落帚艸也。」又云：「今落帚，或謂落藜，初生時可食藜之類也。」《本草》：「地膚，一名地葵。」《别録》：「一名地麥。」唐本注：「名涎衣草。」蘇頌《圖經》：「名鴨舌草。」皆今埽帚草也。枝莖緐密，乾之作帚。《蜀本草》云：「子色青，似一眠起蠶沙矣。」

[一] 抱，原誤「枹」，楊胡本同，據《經解》本改。

菉，王芻。菉，蓐也。今呼「鴟脚沙[一]」。

《説文》引《詩》：「菉竹猗猗。」今《詩》作「緑」，毛傳：「緑，王芻也。」「終朝采緑」，鄭箋：「緑，易得之菜也。」《離騷》云：「薋菉葹以盈室兮。」王逸注用《爾雅》。《詩》正義引舍人云：「菉，一名王芻。」李巡云：「一物二名。」某氏云：「菉，鹿蓐也。」《説文》又云：「藎，艸也。」唐本注：「藎草，俗名菉蓐草，葉似竹而細薄，莖亦圓小。」按：此即今淡竹葉也。其葉如竹，花色深碧，人取汁入畫如點黛。《御覽》引《吴普本草》云：「藎草，一名黄草，藎以其可染黄緑也。」《説文》：「莀，艸，可以染留黄。」莀草即盭草。《漢書·百官表》云：「諸侯王盭綬。」如淳注：「盭，緑也。」晉灼云：「盭草，出琅邪，似艾，可染緑，因以名綬。」然則莀草即藎草，藎草即菉，以可染緑，因而名「緑」。「緑」「菉」字通也。「莀」又作「綟」。《説文》：「綟，帛莀艸染色。」《急就篇》注：「綟，蒼艾色。」是「綟」「莀」「盭」竝聲同叚借，「莀」「菉」又一聲之轉也。

拜，蔏藋。蔏藋亦似藜。

[一] 沙，《爾雅》宋刊十行本作「莎」。

《説文》：「藋，一曰拜商藋。」《繫傳》云：「商藋，俗所謂灰藋也。」今按：灰藋，《唐本草》名「白藋」，今名「灰菜」，莖有紅縷，葉青背白，其葉心有白粉，四月初生可食，高數尺，秋開細白華，結子作穗，藜全似藋而葉心赤，俗謂之「紅灰菜」，與白者皆可食，藜堪爲杖。

蘩，皤蒿。白蒿。 蒿，菣。今人呼「青蒿」。香中炙啖者爲「菣」。 蔚，牡菣。無子者。

「蘩」，《説文》作「蘩」。《詩·采蘩》傳：「蘩，皤蒿也。」《七月》傳：「蘩，白蒿也。」《正義》引孫炎同。《左氏·隱三年》正義引陸璣《疏》云：「凡艾白色爲皤蒿，今白蒿也。春始生，及秋香美，可生食，又可蒸。一名游胡，北海人謂之旁勃。」《夏小正》云：「蘩母者，旁勃也。」邢疏引《本草》「白蒿」，唐本注云：「此蒿葉麤於青蒿，從初生至枯白於衆蒿，所在有之。」又云：「葉似艾，葉上有白毛。麤澀，俗呼蓬蒿，可以爲菹。」今按：白蒿，或説即「蔞蒿」，非也。蔞蒿初生雖白，而非白蒿。《爾雅》「蔞」有專條，説見下文。

《説文》：「蒿，菣。」「菣，香蒿也。」「菣」，或作「𦺋」。《詩·鹿鳴》正義引陸璣《疏》：「蒿，青蒿也。荆、豫之閒，汝南、汝陰皆云菣也。」又引孫炎云：「荆、楚之閒，謂蒿爲菣。」是菣即青蒿，青蒿即草蒿。《本草》：「草蒿，一名青蒿，一名方潰。」陶注：「處處有之，即今青蒿，人亦取雜香菜食之。」按：黃蒿氣臭，因名「臭蒿」；青蒿極香，故名「香蒿」。黃蒿不堪食，人家採以罨醬及黃酒麴，青蒿香美中啖也。

蔚者，《說文》云：「牡蒿也。」《詩·蓼莪》正義引舍人曰：「蔚，一名牡菣。」某氏曰：「江河閒曰菣。」陸璣《疏》云：「蔚，牡蒿也。三月始生，七月華，華似胡麻華而紫赤，八月爲角，角似小豆，角鋭而長。一名馬新蒿。」按：「馬新」，《廣雅》作「馬先」，謂「因塵也」。因塵即茵[一]陳，雖亦蒿類，而與牡蒿有別，陸《疏》誤矣。牡蒿，蘇恭謂：「即齊頭蒿也。葉似防風，細薄而無光澤。」李時珍謂：「諸蒿葉皆尖，此蒿葉獨奓而秃，故有齊頭之名。」今按：此蒿名「牡」，故郭云：「無子。」然陸璣謂「角似小豆」，則非無子矣。舊謂實大如車前實，而內子微細不可見，故人謂無子也。

齧，彫蓬。薦，黍蓬。別蓬種類。

《說文》：「蓬，蒿也。」籀文省作「莑」。蓋「莑」之言「莑茸」，枝葉緐盛蓬蓬然，故謂之「蓬」。《晏子春秋·雜上》篇云：「譬之猶秋蓬也。孤其根而美枝葉，秋風一至，根且

〔一〕茵，原誤「菌」，楊胡本同，據《經解》本改。

拔矣。」今驗秋蓬葉似松杉，秋枯根拔，風卷爲飛，所謂「孤蓬自振」，此即「齧，彫蓬」矣。其「薦，黍蓬」者，《説文》：「薦，獸之所食艸。古者神人以薦遺黃帝，帝曰：『何食？』曰：『食薦。』」即此薦矣。「薦」，古文作「虇」。《釋文》引孫、李本作「虇」，从古文也。鄭樵《通志》以彫蓬爲彫胡，黍蓬爲野茭。楊慎《卮言》以蓬有水、陸二種，彫蓬乃水蓬，彫苽是也；黍蓬乃旱蓬，青科是也。青科結實如黍，羌人食之，今松州有焉。此二説竝無依據。蓬乃蒿類，與茭苽别。李時珍《本草》「菰米」下引孫炎云：「彫蓬即茭米。」亦未可信。

藨，鼠莞。亦莞屬也。纖細似龍須，可以爲席，蜀中出好者。

《説文》：「莞，艸也。可以作席。」《書》正義引樊光曰：「《詩》云：『下莞上簟。』」郭云「似龍須」者，《中山經》云：「賈超山多龍修。」郭注：「龍須也。似莞而細，出山石穴中，可以爲席。」是鼠莞即龍須之屬。「龍須」，《本草》：「名石龍芻，一名草續斷。」《一切經音義》四引《爾雅》作「莗，鼠莞」。今从宋本作「藨」，疑書寫之誤，宜據以訂正。

葝，鼠尾。可以染皁。

「葝」，一名「鼠尾」。《吴普本草》名「山陵翹」。陶注：「田野甚多，人採作滋染皁。」蜀本注云：「葉如蒿，莖端夏生四五穗，穗若車前，華有赤、白二種。」按：今蔓草，野人呼鴉子觜，結莢鋭長，形如鳥觜，亦似鼠尾也。《御覽》九百九十五引孫炎云：「葝，巨盈切，可染皁。」

菥蓂，大薺。薺〔一〕，葉細。俗呼之曰「老薺」。

「菥」，《説文》作「析」。《易通卦驗》：「立冬，薺麥生。」《月令》鄭注以薺爲靡草之屬。薺之大者名「菥蓂」。《南都賦》云：「菥蓂芋瓜。」《齊民要術》十引舍人曰：「薺有小，故言大薺。」《廣雅》：「菥蓂，馬辛也。」《本草》：「菥蓂，一名蔑析，一名大蕺，一名馬辛，生川澤及道旁。」《吕覽·任地》篇云：「孟夏之昔，殺三葉而穫大麥。」高誘注：「昔，終也。三葉，薺、亭歷、菥蓂也。」是月之季枯死，大麥熟而可穫。高分薺與菥蓂爲二，非也。薺之老者，其葉轉細，謂之「大薺」，非大其葉。郭注得之。《類聚》八十二引郭注作「似薺葉細」，今本脱去「似」字。

〔一〕薺上《爾雅》宋刊十行本有「似」字。

蒤，虎杖。似紅草而麤大，有細刺，可以染赤。

蒤即紅草之大者。《本草》陶注曰：「野甚多，狀如大馬蓼，莖斑而葉圓。」《齊民要術》六「作杬子法」，如無杬皮，用虎杖根，即此。

孟，狼尾。似茅，今人亦〔一〕以覆屋。

「孟」，《玉篇》作「莔」，俗。《御覽》九百九十四引《廣志》云：「狼尾子可作黍。」《子虛賦》云：「其卑溼則生藏莨、蒹葭。」《史記集解》引《漢書音義》云：「莨，莨尾草也。」是莨尾即狼尾。郭注《子虛賦》云：「藏莨，草中牛馬芻。」按：今狼尾似茅而高，人以苫屋，俗名「蘆稈莛」。

瓠棲，瓣。瓠中瓣也。《詩》云：「齒如瓠棲。」

《說文》：「瓟，瓠也。」《詩·瓟有苦葉》傳：「瓟，謂之瓠。」通作「壺」。《詩》：「八月

〔一〕亦，「亦」上原脱「人」字，據《爾雅》宋刊十行本、楊胡本、《經解》本補。

斷壺。」傳：「壺，瓠也。」又通作「華」。《郊特牲》云：「天子樹瓜華。」鄭注：「華，果蓏也。」是「華」讀爲「瓠」，「瓠」「華」古音同也。「瓠」曰「瓠𤬛」，或作「壺盧」，亦作「瓠𤫊」，有甘、苦二種。《詩》云：「甘瓠纍之。」《魯語》云：「苦匏不材，於人共濟而已。」今農家言瓠之甘者，來年或變苦。欲驗之，於蔓初生時，嚼其莖葉，苦即拔去之。瓠中實謂之「瓣」。《釋文》引舍人本「瓠」作「觚」，釋云：「瓠也。」《詩》正義引孫炎云：「棲，瓠中瓣也。」郭注同。引《詩》：「齒如瓠棲。」《毛詩》作「瓠犀」，叚借字也。傳云：「瓠犀，瓠瓣。」本《爾雅》。又《爾雅》本亦有作「瓠犀」者，《文選・祭古冢文》注及《御覽》九百七十九引《爾雅》竝作「瓠犀，瓣」，是也。瓜中實亦曰「瓣」。《說文》：「瓣，瓜中實也。」《御覽》引《吴普本草》云：「瓜子，一名瓣。七月七日採可作面脂。」是瓜子名「瓣」之證。

茹藘，茅蒐。今之蒨也。可以染絳。

《說文》：「茅蒐，茹藘，人血所生，可以染絳。」又云：「茜，茅蒐也。」「茜」與「蒨」同。《中山經》云：「釐山，其陰多蒐。」郭注：「茅蒐，今之蒨草也。」《詩・東門之墠》正義引陸璣《疏》云：「一名地血。齊人謂之茜，徐州人謂之牛蔓。」《蜀本草圖經》云：「染緋草也。葉似棗葉，頭鋭下闊，莖葉俱澀，四五葉對生節閒，蔓延草木上，根紫赤色。」按：葉甚光澤。今田家名「驢饊子」，驢喜啖之也。茅蒐所染謂之「韎韐」，而「韎」即「茅蒐」之合聲。《詩・瞻彼洛矣》傳云：「韎韐者，茅蒐染也。」胡培翬曰：「草字，疑韋之誤。」鄭箋：「韎韐者，茅蒐染草也。茅蒐，韎韐聲也。」《正義》引鄭《駁五經異義》云：「韎，草名，齊、魯之閒言茅蒐，聲如韎韐，陳留人謂之蒨。」《晉語》云：「韎韋之跗注。」韋昭注：「茅蒐，今絳草也。急疾呼茅蒐成韎也。」胡培翬曰：「鄭箋：『茅蒐，韎韐聲也。』謂茅蒐聲近韎也。聲上韐字衍文。《左傳》正義及《國語》注引皆云『韎聲』，無韐字。」余按：「韎」爲「茅蒐」之合聲，「茅蒐」聲轉即「韎韐」，非衍也。古讀「蒐」从鬼得聲。陸氏《釋文》「蒐，色留反」，非矣。李、孫義與郭同。

果臝之實，栝樓。今齊人呼之爲「天瓜」。

「栝樓」「果臝」聲相轉，「臝」當爲「蓏」，「栝樓」當爲「苦蔞」，皆叚借也。《説文》云：「菩蔞，果蓏也。在木曰果，在地曰蓏。」「苦蔞」實兼二名。《詩・東山》正義引李巡曰：「栝樓，子名也。」孫炎曰：「齊人謂之天瓜。」《爾雅》釋文引《本草》：「栝樓，一名地樓，一名天瓜，一名澤姑，一名果臝實，一名黃瓜。」陶注云：「出近道，藤生，狀似土瓜而葉有又〔二〕，實中人今以雜作手膏用也。」按：栝樓以實得名。故《詩》及《本草》皆以實言，其實黃色，大如拳，山中人呼爲「生牛膽」。

荼，苦菜。《詩》曰：「誰謂荼苦。」苦菜可食。

《說文》：「荼，苦菜也。」經典單言「荼」者，如「采荼薪樗」，「堇荼如飴」及「誰謂荼苦」，皆謂「苦菜」也。單言「苦」者，如《詩》「采苦采苦」，《內則》「濡魚包苦實蓼」及《公食大夫禮》「鉶芼羊苦」，亦皆謂「苦菜」也。《詩・緜》正義引樊光曰：「苦菜可食者也。」《爾雅》釋文引《本草》云：「苦菜，名荼草，一名選。」《別録》云：「一名游冬，生山陵道旁，冬不死。」《月令》：「孟夏之月苦菜秀。」《易通卦驗玄圖》云：「苦菜生於寒秋，經冬歷春，得夏乃成。」今苦菜正如此。處處皆有，葉似苦苣，亦堪食，但苦耳。《顏氏家訓・書證》篇云：「葉似苦苣而細，摘斷有白汁，花黃如菊。」李時珍云：「稍葉似鸛觜，故名老鸛菜。」合顏、陸、李三說，可盡荼菜之形狀。邵氏《正義》引《夏小正》云：「四月取荼。」荼也者，以爲君薦蔣也。」此引非也。《小正》「取荼」，乃是茅秀，非苦菜也，蔣爲薦藉，非供

〔二〕又，原誤「叉」，據楊胡本、《經解》本改。

食也。《詩》：「有女如荼。」《周禮》：「掌荼。」《國語》：「望之如荼。」皆謂「茅秀」，非《爾雅》「苦菜」之「荼」。苦菜華枯亦放白英，圓小如毬，隨風旋轉如輪，而不類茅秀。陶注《本草》及徐鍇《說文繫傳》竝以荼爲茗，此又失之。蓋緣《釋木》「檟，苦荼」而誤。不知《說文》「荼，苦荼」在《草部》，自是菜耳。

萑，蓷。今茺蔚也。葉似荏，方莖，白華，華生節閒。又名益母，《廣雅》云。

《說文》云：「蓷，隹也。」從段本改。《詩·中谷有蓷》傳作「蓷，鵻也」。「鵻」與「隹」同。「隹」加艸誤。《詩》釋文引《韓詩》云：「蓷，茺蔚也。」《正義》引陸璣《疏》云：「舊說及魏博士濟陰、周元明皆云菴藺，是也。《韓詩》及《三倉》說悉云『益母』，故曾子見益母而感。」引《本草》云：「益母，茺蔚也。一名益母。故劉歆曰：『蓷，臭穢，臭穢即茺蔚也。』」又引李巡曰：「臭穢，草也。」是「臭穢」即「茺蔚」之轉聲，「蓷」又「茺蔚」之合聲也。今此草氣近殠惡，故蒙殠穢之名。《爾雅》釋文引《本草》：「一名大札，一名益明，一名貞蔚。」又引陶注，義與郭同。今此草莖方，葉三岐，高四五尺。亦有紅華者，子細長，三楞。《管子·地員》篇云：「薛下於萑，萑下於茅。」蓋言燥溼之異宜也。

虉，綬。小草，有雜色，似綬。

「虉」，《説文》作「鷏」，引《詩》：「邛有旨鷏。」《毛詩》作「鷊」，傳云：「綬草也。」《正義》引陸璣《疏》：「虉五色作綬文，故曰綬草。」然形狀今未聞。

粢，稷。今江東人呼粟爲「粢」。 衆，秫。謂黏粟也。

《説文》云：「稷，齋也。五穀之長。」「齋，稷也。」或作「粢」。《楚辭·招魂》注：「粢，稷也。」竝用《爾雅》。稷名「首種」。《月令》：「孟春行冬令，則首種不入。」鄭注：「舊説首種謂稷。」《淮南·時則》篇作「首稼不入」。蓋百穀惟稷先種，故曰「首」也。今時種稷，登州率以三月或二月，故農人謂之上春，言種之最先，而又獨稟中和之氣，故爲五穀長也。《左傳·桓二年》正義引舍人曰：「粢，一名稷。稷，粟也。」《齊民要術》引孫炎注與舍人同。

《説文》云：「秫，稷之黏者。」或省禾作「朮」。《齊民要術》引孫炎曰：「秫，黏粟也。」孫、郭曰「黏粟」，許君曰「黏稷」，實一物耳。然粟本諸穀之大名，故《説文》：「㮚，嘉穀實也。」猶之穀爲大名，故詩言「播百穀」也。粟、穀既爲大名。故《月令》：「孟秋之月，農乃登穀。」鄭注：「黍稷之屬，於是始熟。」是黍、稷皆得稱「穀」也。《左·桓二年》

杜預注:「黍稷曰粢。」是黍、稷皆得稱「粢」也。經典「黍」「稷」連言。以今北方驗之,黍爲大黄米,稷爲穀子,其米爲小米。然稷又包高粱,高粱與粟同種差早。高粱謂之「木稷」。《廣雅》云:「藋粱,木稷也。」言其禾麤大如木矣。又謂之「蜀黍」,蜀亦大也。《博物志》云:「地三年種蜀黍,其後七年多蛇。」王禎《農書》云:「蜀黍,一名高粱,一名蜀秫。」是也。蜀黍假黍爲名,高粱假稷爲名,蓋稷米之精者稱「粱」,粱亦大名,故「高粱」與「穀子」通矣。秫者,稷之黏者也。然稻之黏者亦名「秫」。《廣雅》云:「秈,稉也。秫,稬也。」《月令》云:「秫稻必齊。」《唐本草》注引氾勝之《種植書》云:「三月種秔稻,四月種秫稻。」《晉書·陶潛傳》云:「五十畝種秫,五十畝種秔。」《爾雅》釋文:「江東人皆呼稻米爲秫米。」是皆以「秫」爲黏稻之名也。《爾雅》之「衆,秫」則謂黏稷也。今北方謂穀子之黏者爲秫穀子,其米爲小黄米;謂高粱之黏者爲秫秫,亦曰胡秫,胡亦大也。雖皆從俗得名,其「秫」字要爲依於雅訓也。今以不黏者爲飯,以黏者爲酒。秫穀子得酒少,不如秫秫得酒多而味益美也。故《釋文》云:「北閒自有秫穀,全與粟相似,米黏,北人用之釀酒。」其説是矣。然又云:「其莖稈似禾而麤大。」此即秫秫矣。陸以爲秫穀,則非也。秫穀與高粱全别,陸是南人,容不識耳。秫穀有赤色者,曰「紅秫穀子」,其高粱亦有赤、白二種,赤色者多。《考工記》:「鍾氏染羽,以朱湛丹秫。」此即紅秫穀,紅高粱也。經典「稷」「粱」「秫」，儒者多不辨。韋昭注《晉語》以稷爲粱。鄭衆注：「九穀有黍、稷、秫。」後鄭易爲「黍、稷、粱」，至於舍人、孫、郭注《爾雅》以「稷」爲粟，而《本草》「稷米」在下品，別有「粟米」在中品，又似二物。《漢書·平當傳》注引《漢律》亦稷米、粟米別言。程氏瑤田箸《九穀考》以稷爲高粱，粟爲穀子，粟米爲粱米，蒙意亦有未盡，聊復申之。《爾雅》釋文引《本草》「稷米」，陶注云：「不識。《書》多云稷，恐與黍相似。《詩》黍、稷、稻、粱、禾、麻、菽、麥，此八穀世人莫能證辨，如此穀稼米不能明，而況芝英者乎？」

戎叔謂之荏菽。即胡豆也。

「菽」，《說文》作「尗」。《釋文》：「尗，本亦作菽。」《詩·生民》傳用《爾雅》，箋云：「戎菽，大豆也。」《正義》引孫炎與箋同。又引樊光、舍人、李巡、郭璞皆云：「今以爲胡豆。」璞又云：「《春秋》：『齊侯來獻戎捷。』《穀梁傳》曰：『戎菽也。』《管子》亦云：『北伐山戎，出冬蔥及戎菽，布之天下。』今之胡豆是也。」此蓋引郭《音義》之文。然胡豆或說即豌豆，而《廣雅》以胡豆爲𧯴𧰖，與豌豆別條，則非一種矣。后稷所種，垂之萬世，齊桓所布，出自衰周，必非同物。《爾雅》「戎菽」本釋《詩》文，孫炎從鄭以爲大豆，確不可易，郭及諸家竝云「胡豆」，其義非也。大豆即名「菽」，小豆別名「荅」，見於《廣雅》。凡經典單稱「菽」，多指大豆而言，蓋大豆切於民用，小豆資於投壺，用處較少。然《周禮》「九穀」實兼大豆、小豆之名。《管子·地員》亦箸「大菽」「細菽」之目。今時農家蓺小菽，每雜瓜疇芋區之内，知其收入薄也。《齊民要術》引氾勝之《種植書》云：「大豆保歲易爲，宜古之所以備凶年也。三月榆莢，時有雨，高田可種大豆。」又云：「夏至後二十日，尚可種小豆，不保歲，難得。椹黑時注雨種，畝一升。」是也。「戎」「壬」《釋詁》竝云「大」，「壬」「荏」古字通，「荏」「戎」聲相轉也。

卉，草。百草總名。

《説文》云：「卉，艸之總名也。从艸、屮。」《書·禹貢》正義引舍人曰：「凡百草，一名卉。」《類聚》八十一引《爾雅》作「卉，百草」。臧庸據舍人及郭注遂補「百」字。余按：《詩》「卉木萋萋」又「百卉具腓」二處，毛傳亦無「百」字，《類聚》所引，疑衍文。

蒫，雀弁。未詳。

下文「蔨，蔨」，陸璣《疏》：「一名爵弁。」「爵」與「雀」古字通。

蘥，雀麥。即燕麥也。

《說文》：「蘥，爵麥也。」蘇恭《本草》注云：「所在有之。生故墟野林下，苗葉似小麥而弱，其實似穬麥而細，一名杜姥草，一名牛星草。」《御覽》九百九十四引《古歌》云：「道邊燕麥，何嘗可穫。」蓋形雖似麥，不可食也。今驗此草，葉如小麥而結穗疎散，枝莖柔纖，隨風摇動，如不自勝，虛標燕雀之名，曾乏來牟之用者也。郭知雀麥即燕麥者，《一切經音義》廿一引舊注與郭同，蓋古義相傳云然矣。《史記・司馬相如傳》索隱云：「葴析。」音「鍼」「斯」二音。「析」，《漢書》作「斯」。孟康云：「斯禾似燕麥。」《廣志》云：「涼州地生析草，皆如中國燕麥。」是也。邵氏《正義》引枚乘《七發》云：「穱麥。」按：「穱」，音「捉」。鄭注《內則》：「生穫曰穛。」《說文》作「糕」，云：「早取穀也。」「糕」與「穱」音義同，可知穱麥非爵麥矣。又楊慎謂「麥」有「昧」音，引范文正公安撫江淮，進民間所食烏昧草，謂即今「燕麥草」，亦非也。烏昧草不知何物，就令以爲烏麥，則蕎麥亦名「烏麥」，何必此？

蘾，烏蕵。葥，菟荄。蘩，菟蒵。皆未詳。

蘾者，下文云：「澤，烏蘾。」郭云即此，説見下文。葥者，《玉篇》云：「白蘞也。」《説文》「蘞」，或作「薟」，《繫傳》云：「《本草》：『白蘞，藥也。一名菟荄。作藤生根似天門冬，一株下有十許。』」《詩》：「蘞蔓于野。」陸璣《疏》云：「蘞似栝樓，葉盛而細，其子正黑如燕薁，不可食也。幽州人謂之烏服，其莖葉煑以哺牛，除熱也。」今驗白蘞根形似核，故以核名。「菄」與「蘞」，「菟」與「兔」，「荄」與「核」，竝古字通借。虆者，下云「菟奚，顆凍」，即款冬也，亦説在下。

黄，菟瓜。菟瓜似土瓜。

《説文》：「黄，兔瓜也。」郭云：「似土瓜。」按：土瓜有二。「菲芴」，《廣雅》謂之「土瓜」。《本草》：「王瓜，又名土瓜。」郭注未明。邢疏但以王瓜當之。王瓜，又無「黄菟」之名，胥失之矣。《御覽》九百九十五引孫炎云：「一名瓜列也。」此以「茢薽」之「茢」上屬，與郭讀異。

茢薽，豕首。《本草》曰：「彘盧，一名蟾蠩蘭。」今江東呼「豨首」，可以熓蠶蛹。

《説文》：「薽，豕首也。」無「茢」字，與孫讀同，與孫本異也。《吕覽·任地》篇云：「豨首生而麥無葉。」高誘注：「豨首，草名也。至其生時，麥無葉，皆成熟也。」《本草》云：「天名精，一名麥句薑，一名鰕蟇藍，一名豕首。」《别録》云：「一名彘顱，一名蟾蜍藺，一名覭。」按：「覭」「蘱」聲形俱近，故致譌矣。《圖經》云：「天名精，生平原川澤，夏秋抽條，頗如薄荷，花紫白色。葉如菘葉而小，故南人謂之地菘。香氣似蘭，故名蟾蜍蘭。狀如藍，故名蝦蟇藍。其味甘辛，故名麥句薑。江東人用此熁蠶蛹，五月採。」按：郭引《本草》，不取「麥句薑」，説見「大菊，瞿麥」條下。又鄭注《地官》「掌染草」，以豕首爲染草之屬。後世雖不以染，然其狀似藍，是必藍草之類，而《本草》未言。

荓，馬帚。似著，可以爲埽〔一〕彗。

《管子·地員》篇云：「蔞下於荓。」《夏小正》：「七月荓秀。荓也者，馬帚也。」《廣雅》云：「馬帚，屈馬第也。」今按：此草叢生，葉小圓，莖紫赤，疎直而瘦勁，野人以爲埽帚，極耐久，有高五六尺者，故曰馬帚。馬之言大也。郭云「似著」，似别一物。

痜，懷羊。未詳。

「痜」，本或作「蒐」。《類篇》云：「芌之惡者曰蒐。」《西京賦》云：「戎葵懷羊。」萬希

〔一〕埽，《爾雅》宋刊十行本作「掃」。

槐《困學紀聞集證》八引《大戴記·勸學》篇：「蘭氏之根，懷氏之苞。」懷氏即懷羊也。《荀子·勸學》篇作「蘭槐之根」，是爲芷槐即蔥也。與「蘭」竝言，當是香草。

茭，牛蘄。 今馬蘄。葉細鋭，似芹，亦可食。

《説文》：「茭，牛蘄艸也。」《本草》蜀本引孫炎云：「似芹而葉細鋭，可食菜也。」郭注與孫義同。唐本注云：「馬蘄生水澤旁，苗似鬼鍼、菾菜等，花青白色，子黄黑色，似防風子，或曰馬蘄，一名野茴香。」

葖，蘆萉〔一〕。 「萉」，宜爲「菔」。蘆菔，蕪菁屬，紫華大根，俗呼「雹葖」。

《説文》云：「菔，蘆菔，似蕪菁，實如小尗者。」《繫傳》云：「即今之蘿蔔也。」《後漢書》更始亂，宫人食蘿菔根。是「蘆」讀爲「蘿」，「菔」讀爲「蔔」，「蘆菔」又爲「蘿蔔」，又爲「萊菔」，竝音轉字通也。《埤雅》乃云：「萊菔，言來麰之所服，謂其能制麪毒。」失之鑿矣。《廣雅》云：「菈遝，蘆菔也。」《方言》云：「其紫華者，謂之蘆菔。東魯謂之拉遝。」

〔一〕萉，原誤「葩」，楊胡本同，陸刻本誤「葩」，據《爾雅》宋刊十行本、《經解》本改。下「萉」字同。

郭注：「今江東名爲温菘，實如小豆。」按：今蘿蔔華紫，所謂紫華菘也。産於北土者佳，過江則形味俱變。有大、小、赤、白數種，一種細而長者可作人蓡。故《潛夫論》云：「治疾，當得真人參，反得支羅服。」《文選·到大司馬記室牋》李善注引孔融《汝潁優劣論》：「陳羣曰：『頗有蕪菁，唐突人參也。』」郭云「俗呼雹葖」者，《齊民要術》三引《廣志》曰：「蘆菔，一名雹突。」「突」不从草，宜據以訂正。「蘆突」與「拉遝」亦俱一聲之轉。

湏灌，未詳。茵芝。芝，一歲三華，瑞草。

《釋文》引《聲類》云：「湏灌，茵芝也。」是「湏灌」一名「茵芝」，蓋湏之言殖也，灌猶叢也，菌芝叢生而緐殖，因以爲名。郭以「湏灌」一物，「茵芝」一物，故云未詳。又以「芝」爲「一歲三華瑞草」，蓋沿時俗符命之陋，以神芝爲瑞草，以三秀爲三華。見《九歌》王逸注。經典言「芝」，止有蕈菌，别無神奇，故「芝栭」標於《内則》，庾蔚之云：「無華葉而生者曰芝栭。」「茵芝」箸於《爾雅》，實一物耳。「茵」字不見它書，孫氏星衍嘗致疑問。余按：《類聚》九十八引《爾雅》作「菌芝」，蓋「菌」字破壞作「茵」耳。證以《列子·湯問》篇云：「朽壤之上，有菌芝者，生於朝，死於晦。」殷敬順《釋文》引諸家説，即今糞土所生之菌也。《莊子·逍遥游》篇釋文引司馬彪、崔譔竝以菌爲芝。然則《爾雅》古本正作「菌芝」，故莊、列諸家竝見援摭。又《神農本草》下經有「雚菌」，孫氏校定，疑即此灌菌，或一名「薀」，一名「芝」，未敢定也。

筍，竹萌。初生者。簜，竹。竹別名。《儀禮》曰：「簜在建鼓之間。」謂簫管之屬。

《説文》：「竹，冬生艸也。象形。下垂者，箁箬也。」又云：「筍，竹胎也。」《詩·韓奕》正義引孫炎曰：「竹初萌生謂之筍。」陸璣《疏》云：「筍，竹萌也。皆四月生。唯巴竹筍八月、九月生，始出地，長數寸，鬻以苦酒、豉汁浸之，可以就酒及食也。」今按：筍可爲菹。故《醢人》豆實有筍菹。又可爲笠。故《齊語》云：「首戴茅蒲。」韋昭注：「茅蒲，簦笠也。」「茅」或作「萌」。萌竹，萌之皮所以爲笠也。

《説文》：「簜，大竹也。」引《書》：「瑶琨筱簜。」《禹貢》正義引李巡曰：「竹節相去一丈曰簜。」孫炎曰：「竹闊節者曰簜。」與《説文》合。郭注不從李、孫，以簜爲竹別名，無大小之分。故引《大射儀》云：「簜在建鼓之間。」鄭注：「簜，竹也，謂笙簫之屬。」是郭兼引鄭義，以明簜不必大竹之名也。蓋竹名類實緐，《爾雅》舉簜以槩諸名。下文則詳矣。《廣雅》云：「竺，竹也。」《初學記》引戴凱之《竹譜》云：「竹之別類有六十一焉。」

莪，蘿。今莪蒿也。亦曰藁蒿。

《説文》用《爾雅》。《詩·菁菁者莪》傳：「莪，蘿蒿也。」《正義》引舍人曰：「莪，一名蘿。」陸璣《疏》云：「莪，蒿也。一名蘿蒿，生澤田漸洳之處，葉似邪蒿而細，科生三月中，莖可生食，又可蒸，香美，味頗似蔞蒿。」郭云「亦曰藁蒿」者，據《廣雅》云：「莪蒿，藁蒿也。」《説文》作「䅵」。「䅵」與「藁」同。《本草拾遺》云：「藁蒿，生高岡，宿根，先於百草，一名莪蒿。」今按：莪蒿，亦蔞蒿之屬，而葉較細，莖可蒸啖，葉不堪食，見「購，蔏蔞」下。「蔞」與「蘿」，「蘿」與「藁」，俱聲相轉，「莪」「蘿」又疊韵也。《釋蟲》有「蛾，羅」，《釋鳥》有「鵱，鷜鵝」，亦雙聲疊韵字。

苨，菧苨。薺苨。

《本草別録》「薺苨」，陶注云：「根莖都似人參，而葉小異。」別本注云：「根似桔梗，以無心爲異。」按：今薺苨葉似杏葉，根如沙蔘，故名「杏葉沙蔘」，又名「甜桔梗」。陶云：「根味甜絶能殺毒，以與毒藥共處，毒皆自然歇。」「薺」「苨」「菧」「苨」亦以聲爲義也。

綆，履。未詳。

莕，接余，其葉苻。叢生水中，葉圓，在莖端，長短隨水深淺。江東食之，亦呼爲「莕」，音「杏」。

「接」「余」皆叚借字。《說文》：「莕，荽餘也。」「莕」或作「荇」。《詩・關雎》傳用《爾雅》。《正義》引陸璣《疏》云：「接余，白莖，葉紫赤色，正圓徑寸餘，浮在水上，根在水底，與水深淺等。大如釵股，上青下白，鬻其白莖，以苦酒浸之，肥美可案酒。」《顏氏家訓・書證》篇云：「先儒解釋皆云：水草，圓葉，細莖，隨水淺深。今是水悉有之，黄華似蓴，江南俗亦呼爲豬蓴，或呼爲荇菜。」今按：荇非蓴也，但似蓴耳。《說文》：「茆，鳧葵。」「孿，鳧葵。」蓋荇與茆二物相似而異。《唐本草》謂一物，非也。茆乃是蓴。故《詩・泮水》正義引陸《疏》云：「茆與荇菜相似，葉大如手，赤圓，有肥者箸手中滑不得停，莖大如匕柄，葉可以生食，又可鬻，滑美。江南人謂之蓴菜，或謂之水葵，諸陂澤水中皆有。」然則蓴與荇有大小之異，陸《疏》甚明。今蓴菜葉如馬蹏，荇葉圓如蓮錢，俱夏月開黄華，亦有白華者，白或千葉，黄則單葉，俱結實如指，頂中有細子，亦可種，但宿根自生也。《楚辭・招魂》篇：「紫莖屏風。」注：「屏風，水葵也。」是蓴一名「屏風」。

白華，野菅。菅，茅屬。《詩》曰：「白華菅兮。」

《說文》「菅」「茅」互訓，蓋一物二名。《詩・白華》傳用《爾雅》，而又云：「已漚爲菅。」明野菅是未漚者，已漚則成爲菅。毛傳甚明，乃《詩·東門之池》。陸璣《疏》云：「菅，似茅而滑澤無毛，根下五寸中有白粉者柔韌，宜爲索，漚乃尤善矣。」是以菅爲茅之別種。今驗茅葉有毛而澀，未見無毛滑澤如陸所云者，恐別一物，或陸誤也。邢疏引舍人注云：「茅菅，白華，一名野菅。」是亦以爲一物。茅根謂之荺，其秀謂之⿱艹私，竝見《説文》。其華白，因名「白華」，華即秀也。「牡茅曰藗」，見下文。

薜，白蘄。即上山蘄。

上云「薜，山蘄」，即當歸。又名「白蘄」者，陶注《本草》云：「歷陽所出，色白而氣味薄不相似，呼爲草當歸。」唐本注云：「當歸苗有二種，一種似大葉芎藭，一種似細葉芎藭。細葉者名蠶頭當歸，大葉者名馬尾當歸。」陶稱「歷陽」者，蠶頭當歸也。如唐本注則白蘄葉較細即蠶頭者。可知山蘄葉麤大，即馬尾者矣。陶注：「馬尾當歸稍難得，出隴西。」

菲，芴。即土瓜也。

《説文》「菲」「芴」互訓。《詩·谷風》傳用《爾雅》，箋云：「此二菜者，蔓菁與葍之類也。」《正義》引孫炎曰：「葍類也。」《釋草》又云：「菲，蒠菜。」郭璞曰：「菲草，生下溼地，似蕪菁，華紫赤色，可食。」陸璣云：「菲，似葍，莖麤，葉厚而長，有毛，三月中烝鬻爲茹，滑美可作羹。幽州人謂之芴，《爾雅》謂之葸菜，今河内人謂之宿菜。」《爾雅》「菲，芴」與「葸菜」異釋，郭注似是別草，如陸璣之言，又是一物。某氏注《爾雅》，二處引此《詩》，即菲也，芴也，葸菜也，土瓜也，宿菜也，五者一物也。其狀似葍而非葍，故云葍類也。按：陸不言菲名土瓜，郭云「土瓜」，復不言其形狀，今竝未詳。《廣雅》云：「土瓜，芴也。」此郭所本。《本草》：「王瓜，亦名土瓜。」非此也。《御覽》引崔寔《四民月令》云：「二月盡，三月可采土瓜根。」則土瓜根可食。《詩》言：「采葑采菲，無以下體。」謂此。

葍，䔰。大葉，白華，根如指，正白，可啖。

《説文》「葍」「䔰」互訓。《廣雅》云：「烏蘞，葍也。」《管子·地員》篇云：「山之側，其草葍與蔞。」《詩·我行其野》傳：「葍，惡菜也。」《齊民要術》十引《義疏》曰：「河東、關内謂之葍，幽、兗謂之燕葍，一名爵弁，一名蔓。根正白，箸熱灰中，温噉之。饑荒可蒸以禦飢，漢祭甘泉或用之。其華有兩種，一種莖葉細而香，一種莖赤有臭氣。」今按：葍草蔓生難治，故《毛詩》謂之「惡菜」。今登萊閒田野多有之，俗名「葍子苗」。《玉篇》作「藴子」。初春掘取，烝啖、生食俱甘美，其葉如牽牛葉而微長，華色淺紅，如牽牛華而差小，即鼓子花也。亦有白華者，然不多見。陸云「一名爵弁」，則上文「莌，雀弁」即此矣。又云「華有兩種」，今亦未見。郭云「大葉」，則正似牽牛，恐非。

熒，委萎。藥草也。葉似竹，大者如箭，竿有節，葉狹而長，表白裏青，根大如指，長一二尺，可啖。

今之萎蕤，即玉竹也。「熒」，《玉篇》作「萗」，云：「萎蕤也。」《御覽》九百九十一引《吴普本草》：「女萎，一名葳蕤，一名玉馬，一名地節，一名蟲蟬，一名烏萎，一名熒，一名玉竹，生太山山谷，葉青黄相值如薑。」陶注《本經》有女萎，無萎蕤，《别録》有萎蕤而爲用正同，疑女萎即萎蕤也。今處處有，其根似黄精而小異。按：今玉竹，野人呼「筆管子」，葉似竹而少肥，根似黄精而多鬚，高四五尺，三月開青華，結小圓實，其根柔啖微苦，不及黄精尤甘美也，饑年亦可代穀。「女萎」疑「委萎」之文省，「烏萎」即「委萎」之聲轉也。

葋，艼熒。未詳。

「熒」，《玉篇》作「熒」。「葋」，《説文》作「朐」，云：「艼熒，朐也。」張氏照《攷證》引《神農本草》：「蒟蒻，一名鬼芋。」《酉陽雜俎》云：「蒟蒻，根大如椀。至秋，葉滴露，隨滴生苗。」畢氏沅説以《中山經》「熊耳之山有草，其狀如蘇而赤華，名曰葶薴」，疑即此。

「葶」「莆」「芏」「熒」音近也。

竹，萹蓄。似小藜，赤莖節，好生道旁，可食，又殺蟲。

「蓄」，《説文》作「茿」，云：「萹茿也。」又云：「䓯，水萹茿。讀若督。」《詩·淇奧》釋文引《韓詩》「竹」作「䓯」，云：「䓯，萹茿也。石經同。」是《説文》義本《韓詩》也。毛傳用《爾雅》，「萹蓄」作「萹竹」。《正義》引李巡曰：「一物二名。」是竹一名「萹」，一名「蓄」也。孫炎、某氏皆引此詩，陸璣云：「緑竹，一草名，其莖葉似竹，青緑色，高數尺，今淇隩旁生，此人謂此爲緑竹。」按：陸説形狀，即所謂「水萹茿」也，好生水旁，而非《爾雅》之「萹蓄」。《御覽》九百九十八引《吴普本草》曰：「萹蓄，一名蓄辯，一名萹蔓。」皆音相近，今登萊人呼「萹竹草」，正讀「萹」如「褊」矣。《水經·淇水注》引《詩》及毛云：「菉，王芻也。竹，編竹也。漢武帝塞決河，斬淇園之竹，寇恂爲河内，伐竹淇川，治矢百餘萬。今通望淇川，無復此物，惟王芻、編草不異毛興。」是酈據目驗以申毛，與《爾雅》合矣。陶注《本草》云：「處處有之，布地生葉，節閒白，葉細緑，人亦呼爲萹竹。煑汁與小兒飲，療蚘蟲，有驗。」今按：方書：酢煎萹竹可殺蚘蟲，郭注「殺蟲」謂此也。此草登萊尤多。《别録》云：「生東萊山谷。」信不誣矣。節閒開小紅華，其葉麪烝中啖。

葴，寒漿。今酸漿草。江東呼曰「苦葴」，音「針」。

《玉篇》云：「葴，蕵蔣。」《釋文》：「蕵，本今作寒。」《御覽》引《吴普》云：「酸漿，一名酢漿。」陶注：「處處人家多有，葉亦可食，子作房，房中有子，如梅、李大，皆黄赤色。」蜀本注云：「酸漿，即苦葴也。根如菹芹，白色，絶苦。」按：「苦葴」，今呼「苦精」，聲相轉也。子外稃如皮弁，一名「皮弁草」。楊慎《卮言》：「《本草》燈籠草、苦耽、酸漿，皆一物也，重複耳。燕京野果有紅姑孃者，乃紅瓜囊之譌。」此説得之。今京師人以充茗飲，可滌煩熱，故名「寒漿」。其味微酸，故名「酸漿」矣。又詳下文「蘵，黄蒢」。「苦蘵」「苦耽」皆「苦葴」聲之轉。

薢茩，芵光。芵明也。葉鋭黄，赤華，實如山茱萸。或曰薩也，關西謂之薢茩〔一〕。

郭云芵光即芵明，但《本草》有決明而不云名「薢茩」。下文有「薩，蕨攈」，而不言即芵光。郭氏疑未能定，故兩釋之也。《本草》「決明子」，陶注云：「葉如茳芒，子形如馬蹏，呼爲馬蹏決明。」《蜀圖經》云：「葉似苜蓿而闊大，夏花，秋生子作角。」今按：此草

〔一〕 茩下《爾雅》宋刊十行本有「音皆」二字。

葉大於苜蓿而黄，華亦黄色，結角如豆莢，子形如馬蹏，此即《吴普》所云「草決明」。郭所説者，今未見也。又引「或曰蔆，關西謂之薢茩」者，《説文》：「蔆，芰也。楚謂之芰，秦曰薢茩。」《廣雅》亦同。徐鍇《繫傳》因郭注英明，遂生異説，謂決明菜治目，故以光明爲名。又引《楚語》「屈到嗜芰」，是決明菜而非水中菱。此皆非矣。郭於《爾雅》兩存其説，徐鍇欲混爲一，非所聞也。今棲霞人猶謂蔆爲「蔆薢」，此古之遺言矣。「薢茩」「英光」「蕨攈」俱以聲轉爲義，又詳下文。

莁荑，蔱蘠。一名白蕢。

下云「蕢，赤莧」，郭意赤莧名「蕢」，故白者名「白蕢」矣。「蔱」，《玉篇》作「殺」，今俗呼人莧爲「人青」，蓋即「蘠」聲之轉。《本草》：「蕪荑，一名⿱艹殿⿱艹塘。」唐本注以「⿱艹殿⿱艹塘」爲蔱蘠之誤。然蕪荑在《木部》，與莁荑非一物矣。

瓞，瓝。其紹瓞。俗呼瓝瓜爲「瓞」。紹者，瓜蔓緒，亦箸〔一〕子，但小如瓝。

〔一〕箸，《爾雅》宋刊十行本作「著」。

《説文》云:「瓞,瓝也。」「瓝,小瓜也。」「瓞」,或作「瓞」,瓝即瓟也。紹者,《釋詁》云:「繼也。」《詩·緜》箋云:「瓜之本實,繼先歲之瓜必小,狀似瓞,故謂之瓞。」《釋文》引《韓詩》云:「瓞,小瓜也。」《正義》引舍人曰:「瓞名瓟,小瓜也。」紹繼謂瓞子,漢中小瓜曰瓞。」孫炎云:「瓞,小瓜,子如瓟,其本子小,紹先歲之瓜曰瓞。」義本鄭箋。郭義則謂瓜之細蔓,其耑緒尋亦箸子,但小於本者,與鄭、孫異。瓟,步角反。

芍,鳧茈。生下田,苗似龍須而細,根如指頭,黑色,可食。

《説文》:「芍,鳧茈也。」《齊民要術》引樊光曰:「澤草,可食也。」《後漢書》云:「王莽末,南方饑饉,人庶羣入野澤,掘鳧茈而食。」注引《續漢書》作「符訾」,同聲段借字也。《本草衍義》作「葧臍」,今呼「蒲薺」,亦呼「必齊」,竝語聲之轉也。《本草別録》有「烏芋,一名藉姑」,陶注誤爲「鳧茨」,唐本注因謂:「烏芋,今鳧茨。」蘇頌《圖經》謂即「芍斯」,皆非也。烏芋,今之茨菰,葉如錍箭,根黄似栗,可煮啖,《別録》謂「葉如芋」,亦非也。鳧茈,苗似龍須,一莖直上,有苗無葉,以莖爲葉,其根圓黑,剥取肉白,甜脃中啖,非茨菰比也。一種小而堅實者,呼「野葧臍」,亦可啖。《本草舊説》云:「誤吞銅錢,嚼汁則自然化爲水。」蓋消堅破積之物,又能避蠱毒也。

蘱，鼎董。似蒲而細。

《説文》：「董，鼎董也。」《繫傳》云：「今人以織屨。」《廣雅》云：「蘱，茅蔽也。」《廣韵》云：「蔽，茅類。蘱，草名，似蒲，一云似茅。」然則「蘱」亦菅蔽之屬。今俗名「蘱絲莛」，野人刈取爲索，柔韌難斷。其葉如茅而細長，有毛而澀。「莛」「鼎」聲相轉也。《龍龕手鑑》云：「蘱草，一名鼎童，似烏尾，可食。」《説文》又引杜林以董爲藕根。竝與此異。

蕛，苵。蕛，似稗，布地生，穢草。

《説文》云：「蕛，苵也。」《廣韵》云：「蕛，或作稊。」又通作「荑」。《孟子》云：「五穀不熟，不如荑稗。」《莊子·知北游》篇云：「道在稊稗。」《説文》：「稗，禾別也。」《六書故》云：「稗葉純似稻，惟節閒無毛。」今按：稗即穇子，音「慘」。萊陽謂穇爲「稗」。是人所種；《爾雅》「蕛苵」，是野生者。今驗其葉似稻而細，青緑色，作穗似稗而小，穗又疏散，其米亦小，人不食之。陶注《本草》「稗」云：「又有烏禾生野中如稗，荒年可代糧而殺蟲，煑以沃地，螻、蚓皆死。」此似別物，非蕛苵也。

鉤，芙。大如拇指，中空，莖頭有臺，似薊，初生可食。

《説文》云：「芙，艸也。味苦。江南食以下氣。」《繫傳》云：「今苦芙也。」按：《本草》：「苦芙，一名苦板，初生及莖頭臺俱作長白毛，與白頭翁草極相似。」《六書故》引《蜀圖經》曰：「苦芙子若貓薊，莖圓無束。」然則苦芙似薊而非薊。《説文》便云：「薊芙非也。」説見「芙，薊，其實荂」下。鉤芙即苦芙，「鉤」「苦」聲相轉也。

䕢，鴻薈。即䪥菜也。

上云葝是山䕢，此謂人家䕢也。「䕢」，一名「鴻薈」，《本草》名「菜芝䕢」。「鴻」「薈」雙聲疊韵字也。《釋言》云：「虹，潰也。」此云「鴻薈」，竝以聲爲義。

蘇，桂荏。蘇，荏類，故名「桂荏」。

《説文》用《爾雅》。《繫傳》云：「荏，白蘇也。桂荏，紫蘇也。」按：《方言》云：「蘇，荏也。」則二者亦通名。古人用以和味。鄭注《内則》「薌無蓼」云：「薌，蘇荏之屬也。」陶注《本草》云：「蘇，葉下紫而氣甚香，其無紫色不香似荏者，名野蘇。生池中者爲水蘇，一名雞蘇。皆荏類也。」今按：「荏」與「蘇」同，唯葉青、白爲異。蘇之爲言舒也。《方言》十云：「舒，蘇也，楚通語也。」然則「舒」有「散」義，蘇氣香而性散。

薔，虞蓼。虞蓼，澤蓼。

《説文》：「蓼，辛菜。薔虞也。」《内則》：「亨魚用蓼，取其辛能和味。」故《説文》以爲辛菜。又云：「薔虞。」則斷「蓼」爲句。《詩・良耜》正義引某氏曰：「薔，一名虞蓼。」孫炎曰：「虞蓼，是澤之所生。」郭注亦同。則斷「虞蓼」爲句，與許讀異。許君於義爲長。《類聚》八十二引《吴氏本草》云：「蓼實，一名天蓼，一名野蓼，一名澤蓼。」今驗蓼有數種而皆水生，故毛傳：「蓼，水草也。」蓼華皆紅白色，澤蓼即水蓼，葉比水葒而狹，較馬蓼爲小。馬蓼葉中閒有墨點，呼「墨記草」也。《類聚》引劉向《别録》云：「《尹都尉書》有《種蓼》篇」。

蓨，蓨。未詳。

《説文》「蓨，苗」，「苗，蓨」互訓，《玉篇》「蓨」「蓨」「苗」三字互訓，《爾雅》下文「苗，蓨」，是皆同物，郭俱未詳。《釋文》「蓨，他彫反；蓨，他的反」，又「苗，徒的反，郭他六反」。是「苗」「蓨」疊韵，「蓧」「蓨」雙聲，皆古音通轉字也。《管子・地員》篇云：「其草宜苹蓨。」《詩・我行其野》釋文云：「蓫，本又作蓄。」《齊民要術》十引《詩義疏》曰：「今羊蹏似蘆菔，莖赤，煑爲茹，滑而不美，多噉令人下痢。幽州謂之羊蹏，揚州謂之蓫，一名蓨，亦食之。」是蓨即蓫也。《本草》云：「羊蹏，一名東方宿，一名連蟲陸，一名鬼目。」《別録》云：「一名蓄。」陶注：「今人呼爲秃菜，即是蓄音之譌。」按：「苗」，郭音他六反，正讀爲「秃」。《廣雅》云：「堇，羊蹏也。」《集韵》：「堇，或作苗，通作蓫，羊蹏也。」是「苗」「堇」「蓫」皆字異音同。「笛」古作「篴」，亦可旁證。「蓫」「蓄」音近，古字又通。《爾雅》「蓧」「蓨」竝从攸聲，古字蓋亦通用。周亞夫封條侯，條即蓨，字音同，亦其證矣。今羊蹏或呼羊髀，葉長尺許，抽莖作穗，華青白色，子三棱如蕎麥，其根黏音「呼」。腫毒，俗名「土大黄」。

虋，赤苗。今之赤粱粟。芑，白苗。今之白粱粟，皆好穀。秬，黑黍。《詩》曰：「維秬維秠。」秠，一稃二米。此亦黑黍，但中米異耳。漢和帝時，任城生黑黍，或三四實，實二米，得黍三斛八斗，是。

《詩・生民》云：「誕降嘉種，維秬維秠，維穈維芑。」此釋之也。「穈」與「虋」同。

《説文》：「虋，赤苗，嘉穀。芑，白苗，嘉穀。」穀即粟。今以粟爲穀子是也。郭言「粱」者，粱即粟之米。故《三蒼》云：「粱，好粟也。」此皆言「苗」。郭以「粟」言者，粟即穀通名耳。今直隸、山西猶曰「紅苗穀」、「白苗穀」矣。虋猶璊也。《説文》「璊」字解云：「禾之赤苗謂之虋，言璊玉色如之。」今按：芑猶玖也。玖玉色如之，古讀「玖」如「芑」也。《毛詩》以芑爲菜，陸璣〔一〕《疏》謂「似苦菜」，竝與此異。《齊民要術》二引舍人曰：「是伯夷、叔齊所食首陽草也。」似以虋芑爲菜，誤矣。

「秬」，《説文》本作「𩰪」，或作「秬」，「稃穭也。穭，穅也」。「稃」或作「𥺚」。「秠，一稃二米」。然則「秬」「秠」皆黑黍之名。「秠」是「一稃二米」者之别名也。《爾雅》文義甚明。《詩·生民》正義引《鬯人》注作「秬如黑黍，一秠二米」。又引《鄭志·荅張逸》以秠即皮，其稃亦皮。似皆非也。《詩》言「秬」「秠」「虋」「芑」四穀，《爾雅》復别「秬」「秠」二名。孔引《鄭志》以秠、稃俱爲米皮，非《詩》與《爾雅》之義也。秠蒙黑黍之文，與黍同類，即今之「穄」。《説文》：「穄，䵚也。」「䵚，穄也。」《一切經音義》引《倉頡篇》云：「穄，大黍也。」又云：「似黍而不黏，關西謂之䵚。」按：今京師人亦謂穄爲「䵚」，登州人通謂

〔一〕璣，原誤「機」，楊胡本同，據《毛詩草木鳥獸魚蟲疏》改。

之「黍」，三者實同物異名也。《齊民要術》引《廣志》云：「穄有赤、白、黑、青、黃，凡五種。」《吕覽・本味》篇云：「陽山之穄，南海之秬。」穄亦黍也，異其名耳。《隋書・禮儀志》云：「北齊藉於帝城東南千畝，内種赤黍、黑穄。」然則「穄」「黍」通名，赤黍即赤穄，黑穄即黑黍矣。《三國志》注：「烏丸宜青穄。」蓋「青穄」亦「黑黍」之異名也。《釋文》既云「秬，黑黍」，又引或云：「今蜀黍也。米白，穀黑。」其説非也。「蜀黍」乃高粱之别名。邵氏《正義》誤據此説，遂以黍爲高粱，失之甚矣。惟程氏《九穀考》多目驗，爲有據云。

稌，稻。今沛國呼「稌」。

《説文》「稻」「稌」互訓，義本《爾雅》。鄭衆注《食醫》以「稌」爲稉。又注《膳夫》以「稌」爲六穀之一。是皆以稌爲稻名也。《説文》「秔」，或作「稉」，云：「稻屬。」又云：「沛國呼稻曰稬。」是「稬」「秔」亦稻之通名。《釋文》引《字林》云：「穤，俗「稬」字。黏稻也。秔，稻不黏者。」李登《聲類》亦以「秔」爲不黏稻。是皆以「秔」「稬」爲黏、不黏之異名。蓋漢以後始然，非古義也。「稬」亦曰「秫」，「秔」亦曰「秈」。故《廣雅》云：「秈，稉也。秫，稻也。」《氾勝之書》：「三月種秔稻，四月種秫稻。」是也。《釋文》引《本草》云：「秔米，主益氣，止煩泄。稻米主温中，令人多熱。」是又以「秔」「稻」爲黏、不黏之異名，

《廣雅》本此。亦猶之以稷米、粟米分中品、下品，見前「粢稷，衆秫」條下。蓋皆後人異稱，不足依據，當以經典爲正。或單言「稌」。《禮》云：「牛宜稌。」《詩》云：「多黍多稌。」是也。或單言「稻」。《論語》：「食夫稻。」《内則》：「稻醴清糟。」是也。是皆直言「稻」「稌」，不分黏與不黏。然釀酒必需黏者，故《月令》云：「秫稻必齊。」炊飯多是用秔，亦用稉者，各適其便。

葍，藑茅。葍華有赤者爲藑。藑、葍一種耳，亦猶菱、苕華黄、白異名。

《説文》：「藑茅，葍也。一名舜。」「舜」當作「䑞」，云：「艸也。楚謂之葍，秦謂之藑。蔓地蓮華，象形。」然則「藑」又名「䑞」。「䑞」「藑」聲近。上「莞，雀弁」，《釋文》：「莞，悦轉反。又藑，詳兖反。」「藑」「莞」聲亦相近。上文「葍，蒚」，陸璣云：「葍，一名爵弁，一名藑。」如陸説，即「葍」「藑」「莞」三者爲一物。郭以白華者名「葍」，赤華者名「藑」，則亦以爲一物，與陸同也。《廣韵》：「葍蔫，菜名。蔫，徂兖切。」「蔫」「藑」聲又相轉。今蔫子蓮華色淺紅，其蔓箸地，旋復生根作華，連緜不斷，葉似劍，攢根如筋攣，肥白可啖。《本草》：「旋花，一名筋根。」蜀本注云：「旋葍花也。所在川澤皆有，蔓生，葉似薯蕷而狹長，花紅白色，根無毛節，蒸煑堪噉，味甘美。」是旋即藑，音義同耳。《離騷》

云：「索蕒茅。」注謂「靈草」，非此。

臺，夫須。鄭箋《詩》云：「臺可以爲禦雨笠。」

《詩·南山有臺》傳用《爾雅》。《正義》引舍人曰：「臺，一名夫須。」陸璣《疏》云：「舊説夫須，莎草也。可爲蓑笠。」陸引舊説，疑即《爾雅》古注。「須」「莎」聲相轉也。今人以莎草爲蓑，不以爲笠。故《詩·無羊》傳：「蓑所以備雨，笠所以禦暑。」《都人士》傳又云：「臺所以禦暑，笠所以禦雨。」疑「暑」「雨」二字誤倒耳。箋云：「以臺皮爲笠。」與傳義異，郭所本也。按：《詩》釋文：「臺，如字，《爾雅》作䑓。」今《爾雅》釋文無。又《吴語》云：「簦笠相望於艾陵。」唐固注：「簦，夫須也。」然則「臺」「簦」古通用，亦一聲之轉也。

䔙，蘮。未詳。

《玉篇》云：「蘳，草名。」《類篇》：「蘳，草名，蘮也。」是「䔙」當作「蘳」。《釋文》：「䔙蘮，本亦作蓽蘮。」

莔，貝母。根如小貝，員而白華，葉似韭。

《説文》：「莔，貝母也。」通作「䖟」。《管子・地員》篇云：「其山之旁，有彼黄䖟。」又通作「蝱」。《詩・載馳》傳：「蝱，貝母也。」陸璣《疏》云：「蝱，今藥草貝母也。其葉如栝樓而細小，其子在根下如芋子，正白，四方連累相著，有分解。」貝母，《廣雅》謂之貝父。《釋文》引《本草》云：「貝母，一名空草，一名藥實，一名苦華，一名苦菜，一名商草，一名勤母。」陶注：「出近道，形似聚貝子，故名貝母。」蘇頌《圖經》：「二月生苗，莖細，青色，葉亦青，似蕎麥葉，隨苗出，七月開花，碧緑色，形如鼓子花。」郭注：「白華葉似韭，此種罕復見之。」

荍，蚍衃。今荆葵也。似葵，紫色。謝氏云：「小草，多華，少葉，葉又翹起。」

《説文》：「荍，蚍虾也。」《詩・東門之枌》傳作「荍，芘芣也」，《正義》引舍人作「荍，一名蚍衃」。竝同聲叚借字也。陸璣《疏》云：「芘芣，一名荆葵，似蕪菁，華紫緑色，可食，微苦。」《廣雅》云：「荆葵，荍也。」《爾雅翼》云：「荆葵，華似五銖錢大，色粉紅，有紫文縷之，一名錦葵。」按：「錦」「荆」「荍」俱聲相轉，荍之言翹也。今順天人呼「回回秫稭」，高二三尺，葉頗不似蜀葵，華如羅願所説，其實則如蜀葵之實，惟形小耳。阮芸臺師云：「此即經典所謂葵也。《詩》秋亨葵，《禮》夏用葵，古人常食，今人不識。惟揚州人以爲常蔬，清油淡煮，味極甘滑。」余因檢郭此注及「莃，菟葵」注，竝云「似葵」，不知所云「葵」者復是何物。蓋郭氏亦不識葵耳。其云「紫華」，則是謝氏得之。錢氏《荅問》云：「注引謝氏未知何人，蓋在郭後。陸氏《釋文》稱陳國子祭酒謝嶠撰《爾雅音》，當即其人也。此本邢疏采自《詩》正義，後來校書者又依邢疏攙入注文。」

艾，冰臺。今艾蒿。

《說文》用《爾雅》。《詩·采葛》傳：「艾，所以療疾。」蓋醫家灼艾灸病，故師曠謂之「病草」，《別録》謂之「醫草」。《離騷》注：「艾，白蒿也。」今驗艾亦蒿屬而莖短，苗葉白色。棲霞有艾山，産艾，莖紫色，小於常艾，或烝以代茗飲，蓋異種也。《埤雅》引《博物志》言：「削冰令圓，舉以向日，以艾承其影，則得火。」此因艾名冰臺，妄生異說，不知「冰」古「凝」字，「艾」从乂聲，「臺」，古讀如「題」，是「冰臺」即「艾」之合聲。

葶，亭歷。實、葉皆似芥。一名狗薺，《廣雅》云。

《說文》用《爾雅》。鄭注《月令》「靡草死」，引舊說云：「靡草，薺、亭歷之屬。」《淮南・天文》篇云：「五月爲小刑，薺麥亭歷枯。」《繆稱》篇云：「大戟去水，亭歷愈脹。」《釋文》引《廣雅》云：「狗薺，大室，亭歷也。」又引《本草》云：「一名大室，一名大適，丁歷反。一名丁歷，一名蕇。」按：今《本草》「蕇」下有「蒿」字，此引蓋脱去之。「大適」與「丁歷」爲雙聲，「丁」「亭」「蕇」又俱雙聲字也。《釋文》又云：「今江東人呼爲公薺。」亦即「狗薺」聲之轉也。今驗亭歷實、葉皆似芥。蘇頌《圖經》謂「似薺」，非也。形頗類蒿而小，多生麥田，故俗呼「麥裹蒿」。三月開黄華，結角，子亦細黄，味苦。翟氏灝《爾雅補郭》云：「亭歷有二種。一種葉近根生，角細長，俗謂之狗芥，其味微甜。一種單莖向上，葉端出角，觕且短，其味至苦。郭云：實葉似芥，一名狗薺，乃甜亭歷也。」

苻，鬼目。今江東有鬼目草，莖似葛，葉員而毛，子如耳璫也，赤色，叢生。

《本草》：「白英，一名穀菜。」《别録》：「一名白草。」唐本注云：「鬼目草也。蔓生，葉似王瓜，小長而五椏，實圓若龍葵子，生青熟紫，黑者汁能解毒，東人謂之白草。」按：此亦菜類。《吴志》云：「孫皓時，有鬼目菜。」郭云「江東有之」，即此。

薜，庾草。未詳。

蔽，蔆蔞。 今蘩蔞也。或曰「雞腸草」。

《説文》云：「蔆，艸也。」不言爲「蔽」，亦不名「蔞」。《本草别録》有「蘩蔞」，陶注：「此菜人以作羹。」唐本注云：「即雞腸也。多生溼地、坑渠之閒，俗流通謂雞腸，雅士總名蘩蔞。」蘇頌《圖經》云：「雞腸草，葉似荇菜而小，夏秋閒生小白黄華，其莖梗作蔓，斷之有絲縷，又細而中空似雞腸，因得此名也。」按：下文云「蘵，蔽」，閻氏若璩謂即此，今未知其審。

離南，活莌。 草生江南，高丈許，大葉，莖中有瓤，正白。零陵人祖日貫之爲樹。

《釋文》：「莌，字或作蓅。」此即下文「倚商，活脱也」。陳藏器《本草》云：「通脱木，生山側，葉似萆麻，心中有瓤，輕白可愛，女工取以飾物，俗亦名通草，《爾雅》所謂『離南活脱』也。」今按：古之通草，今之木通，一名附支，一名丁翁。陶注《本草》：「繞樹藤生。」非此也。此是草類，而高大似樹，陳藏器謂「通脱木」者，近之。「活脱」，一名「寇脱」。《中山經》云：「升山，其草多寇脱。」郭注：「寇脱草，生南方，高丈許，似荷葉，莖中有瓤，正白，零桂人植而日灌之以爲樹。」此注「祖貫」即「植灌」形聲之譌。

蘢，天蘥。須，葑蓯。未詳。

《説文》云：「蘢，天蘥也。」《管子·地員》篇云：「其山之淺，有蘢與斥。」蘢即此也。下文「紅，龍古」，疑亦此。蓋此草高大，故名「天蘥」。《釋鳥》有「鷚，天鸙」，今作「鸙」，《釋文》引《説文》作「蘥」。與此同名。「鷚」，孫音「流」，與「蘢」聲亦相轉。

《説文》：「葑，須從也。」按：《釋蟲》有「斯螽，蜙蝑」，即蜙蠑也，與此草聲亦相轉。凡物名多此類，皆以聲爲義也。《詩·谷風》傳：「葑，須也。」《正義》引孫炎曰：「須，一名葑蓯。」鄭箋及《坊記》注竝云：「葑，蔓菁也。」《齊民要術》引注曰：「江東呼爲蕪菁，或爲菘。」「菘」「須」音相近，須則蕪菁，《要術》所引蓋舊注之文。《谷風》釋文引作「郭云菘菜」，似誤。又引《草木疏》云：「蕪菁也。」《正義》引云：「葑，蕪菁，幽州人或謂之芥。」《方言》云：「蘴、蕘，蕪菁也。」「蘴」與「葑」同。郭注：「蘴，舊音蜂。今江東音嵩，字作菘。」依郭此音，是「葑」「須」亦聲相轉，與《釋蟲》之「蜙蝑」音又同矣。「蕪菁」「蔓菁」聲亦相轉。今蔓菁與蘆、菔、芥三者相似而異，北方人能識之，陸璣《疏》及《方言》竝以蔓菁爲芥，非矣。芥味辛，蔓菁味甜，燒食烝啖甚美。《要術》引《廣志》云：「蕪菁有紫華者、白華者。」今驗紫華即蘆菔。《方言》説之，是矣，《字林》又以葑爲蕪菁苗，亦非。

蒡，隱荵。似蘇，有毛，今江東呼爲「隱荵」，藏以爲葅，亦可瀹食。

亦作「忍蘟」。《管子・地員》篇云：「其種忍蘟。」陶注《本草》「桔梗」，云：「葉名隱忍，可煮食之，療蠱毒。」是隱荵即桔梗。然《别録》：「一名薺苨。」陶注則云：「薺苨非桔梗，而葉甚相似。」今按：桔梗葉較薺苨橢長而不圓，華紫碧色與薺苨又别，故陶注以《别録》爲非。蓋薺苨雖名「甜桔梗」，其實非一物也。郭云：「似蘇，有毛。」《管子》云：「忍葉如藋葉以長。」二者復與桔梗異。《類篇》又謂：「隱荵，菜名，似蕨。」

莤，蔓于。多〔一〕生水中，一名軒于，江東呼「莤」，音「猶」。

「莤」，當爲「蕕」。《説文》：「蕕，水邊艸也。」《繫傳》云：「似細蘆，蔓生水上，隨水高下汎汎然也，故曰蕕游也。」《管子・地員》篇云：「其草魚腸與蕕。」《廣雅》云：「馬唐，馬飯也。」《本草别録》：「馬唐，一名羊麻，一名羊粟，生下溼地，莖有節，生根。」陳藏器云：「生水田中，似結縷，葉長，馬食之。」即蕕是矣。今驗此草，俗人即名「蘆子」，其

〔一〕多，《爾雅》宋刊十行本作「草」。

形狀悉如徐鍇所說。一名「軒于」。《子虚賦》云：「菴閭軒于。」張揖注：「軒于，蕕草也。生水中，揚州有之。」按：今水中皆有，亦單名「于」。《馬融傳》注：「于，一名蕕，生於水中。」是也。「蕕」「于」「軒」「蔓」俱以聲爲義。

蔨，䕯。 作履苴草。

《説文》「䕯」，或作「蔨」，云：「艸也，可以束。」「䕯」作「苴」，云：「履中艸。」《繫傳》云：「履中屈也。」《釋文》引《字苑》云：「䩕苴，履底。」然則蔨之言藾也。藾又名蔽，可以織屨。苴之言麤也，草履爲麤。「麤」與「苴」，「蔨」與「藾」，竝一聲之轉也。《漢書·賈誼傳》云：「冠雖敝，不以苴履。」

柱夫，摇車。 蔓生，細葉，紫華，可食。今俗呼曰「翹摇車」。

《詩》：「邛有旨苕。」陸璣《疏》云：「苕，苕饒也。幽州人謂之翹饒。蔓生，莖如登豆而細，葉似蒺藜而青，其莖葉緑色，可生啖，味如小豆藿。」參《齊民要術》所引。是苕饒即翹摇，方音有輕重耳。陸璣所言，即今野豌豆也，詳見下文「薇，垂水」。

出隧，蘧蔬。蘧蔬，似土菌，生菰草中，今江東啖之，甜滑。音「氈氍毹」。

苽，草中菌也。《說文》：「苽，雕胡。」「蔣，苽也。」《膳夫》：「苽備六穀。」《內則》：「苽宜羹魚。」古人恒食，故列經中。《西京雜記》：「菰之有米者，長安人謂之彫胡。有首者，謂之綠節。」綠節即蘧蔬矣。今菰葉大於蒲，春抽白萌，謂之「菰首」，亦曰「菰手」。《蜀本草》注：「其根生小菌，名菰菜。」是也。方俗呼菰爲「茭」，故名「茭白」。郭云「音氍毹」者，邢疏引張揖云：「氍毹，毛席。」取其音同。按：「出隧」「蘧蔬」俱疊韵字。

蘄茝，蘪蕪。香草，葉小如萎狀。《淮南子》云：「似蛇牀。」《山海經》云：「臭如蘪蕪。」

《說文》云：「茝，虈也。」「楚謂之蘺，晉謂之虈，齊謂之茝。」是茝即江蘺。故《說文》云：「江蘺，蘪蕪。」《釋文》引《本草》云：「蘪蕪，一名微蕪，微，古讀如蘪也，一名江蘺，芎藭苗也。」陶注云：「葉似蛇牀而香。」據《本草》及《說文》，則芎藭、江蘺、蘪蕪皆一物。《子虛賦》云：「芎藭菖蒲，江蘺蘪蕪。」《上林賦》云：「被以江蘺，糅以蘪蕪。」復似二物。《本草》唐本注云：「此有二種，一種似芹葉，一種如蛇牀。」今按：「蘄」，古「芹」字，以葉似蘄，故謂之「蘄」。《淮南·說林》篇云：「蛇牀似蘪蕪而不能芳。」《史記·司馬相如傳》索隱引樊光曰：「藁本，一名蘪蕪，根名蘄芷。」是樊本「茝」作「芷」。《釋文》引《本草》云：「白芷，一名白茝。」「茝」「芷」古字同聲通用，實一物也。藁本葉圓如蘇，與蘪蕪異，樊注非矣。郭云「葉小如萎狀」，《大觀本草》引作「如萎蔫之狀」，邢疏「蔫」作「蕤」，誤。

茨，蒺藜。布地蔓生，細葉，子有三角，刺人。見《詩》。

「茨」，《説文》作「薺」，云：「疾黎也。」引《詩》曰：「牆有薺。」通作「薋」。《玉篇》作「薋」。《離騷》云：「薋菉葹以盈室兮。」王逸注：「薋，蒺藜也。」引《詩》：「楚楚者薋。」《韓詩外傳》云：「春樹蒺藜，夏不可採其葉，秋得其刺焉。」《釋文》引《本草》：「蒺藜，一名旁通，一名屈人，一名止行，一名豺羽，一名升推，一名即梨，一名茨，多生道上，布地，子及葉竝有刺，狀如雞菱。」按：《釋蟲》有「蒺藜，蝍蛆」，與此同名，亦皆雙聲字也。

蘮蒘，竊衣。似芹，可食，子大如麥，兩兩相合，有毛，著人衣。

邢疏：「俗名鬼麥。」「鬼」「蘮」聲相轉。《説文》「虡」字解云：「讀若『蘮蒘艸』之『蘮』。」王逸《九思》作「蘮蕠」，自注云：「草名。」《齊民要術》十引孫炎云：「似芹，江淮閒食之，實如麥，兩兩相合。其華著人衣，故曰竊衣。」此參《御覽》所引。今按：此草高一二尺，葉作椏缺，莖頭攢蔟，狀如瞿麥，黄蘂蓬茸，即其華甹，黏著人衣，不能解也。郭注云是其毛，不如孫注言「華」，差爲近之，其實是其華下芒刺耳。

髦，顛蕀。細葉，有刺，蔓生，一名「商蕀」。《廣雅》云：「女木也。」

《本草》云：「天門冬，一名顛勒。」勒即蕀也。《詩》「如矢斯蕀」，《韓詩》作「如矢斯朸」。「朸」「勒」音同，「勒」「蕀」字通。《御覽》引孫炎云：「一名白蕀。」陶注《本草》云：「俗人呼苗爲蕀刺。」唐本注云：「此有二種，苗有刺而澀者，無刺而滑者，俱是門冬。」按：蘇頌《圖經》：「春生，藤蔓大如釵股，高至丈餘，葉如茴香，極尖細而疎滑，有逆刺亦有澀。而無刺者，其葉如絲杉而細散。」所説形狀，唐注二種盡矣。《圖經》又因下文「蘠蘼，虋冬」，與此相涉，《本草》復有「牛蕀」「牛勒」諸名，遂并指爲一物，誤矣。説又見下。

雚，芄蘭。雚芄，蔓生，斷之有白汁可啖。

「雚」，《説文》作「莞」，云：「芄蘭，莞也。」《詩》鄭箋云：「芄蘭柔弱，恒蔓延於地，有所依緣則起。」陸璣《疏》云：「一名蘿藦，幽州人謂之雀瓢。」《本草》陶注：「蘿藦作藤生，摘之有白乳汁，人家多種之，葉厚而大，可生啖，亦蒸煑食之。」按：陶所說，今驗葉似馬蹏，六月中開紫華，蔓延籬落，子綴如鈴，至秋霜下，裂作小瓢，中出絮，然今不名「蘿藦」，人亦無啖之者。乃有小草細葉，色兼青白，枝蔓柔弱，其瓢圓鋭，中亦出絮，嫩時兒童摘啖，有白汁，味甜，疑此是「蘿藦」也。俗呼「苦萋」，與果蠃之實同名。《爾雅》釋文：「雚，郭音灌。」「雚蘭」聲轉即「苦萋」矣。「苦萋」與「雚蘭」爲雙聲，恐此是也。

薚，莐藩。生山上，葉如韭，一曰「提母」。

《釋文》引孫云：「薚，古藫字。」《說文》「蕁」，或作「薚」，「茺藩也」。又云：「芪，芪母也。」《廣雅》：「芪母、兒踵，東根也。」《玉篇》：「䓂母草，即知母也。」《本草》：「一名蚳母，一名連母，一名貨母，一名蝭母。」郭云：「一名提母。」「提」「蝭」，「䓂」「蚳」，「芪」「知」竝聲借字通也。陶注云：「形似菖蒲而柔潤，葉至難死，掘出隨生，須枯燥乃止。堪治熱病，亦主瘧疾。」蘇頌《圖經》：「四月開青華，如韭華，八月結實。」

蕍，蕮。今澤蕮。

即澤瀉也。劉向《九歎》云：「筐澤瀉以豹鞹兮。」王逸注：「澤瀉，惡草也。」《本草》

云：「一名水瀉，一名及瀉，一名芒芋，一名鵲瀉。」陶注：「葉狹而長，叢生淺水中。」蘇頌《圖經》：「葉似牛舌草，獨莖而長，秋開白華，作叢，似穀精草。」按：此即今「河芋頭」也。華葉悉如《圖經》所說，根似芋子，故《本草》有「芒芋」之名。

蔨，鹿藿，其實莥。今鹿豆也。葉似大豆，根黄而香，蔓延生。

「蔨」，《説文》作「藨」，云：「鹿藿也。讀若剽。」《繫傳》據《爾雅》「藨，麃」，疑《説文》誤。今按：《廣雅》亦云：「藨，鹿藿也。」是「鹿藿」亦名「藨」，無妨與「麃莓」同名。徐鍇便以爲誤，非也。《説文》又云：「莥，鹿藿之實名也。」郭云「今鹿豆」者，舊説鹿豆一名「䔲豆」，「䔲」「鹿」聲轉。王磐《野菜譜》作「野緑豆」，「緑」「鹿」聲同也。《本草》「鹿藿」，唐本注云：「此草所在有之。苗似豌豆，有蔓而長大，人取以爲菜，亦微有豆氣，名鹿豆也。」今驗野緑豆形狀悉如唐注所説。其豆難爛，故人不食之。藿，豆苗也。蔨，郭巨阮反，謝其隕反，見《釋文》。

蒿侯，莎，其實媞。《夏小正》曰：「蒿也者，莎蒿。媞者，其實。」

《説文》：「莎，鎬侯也。」是「莎」，一名「鎬侯」。徐鍇斷「侯莎」爲句，非也。《廣雅》

云：「地毛，莎蒨也。」《本草别録》：「莎，一名夫須。」「須」「莎」「蒨」俱雙聲。其根名「香附」，其實名「媞」。《夏小正》云：「正月緹縞。縞也者，莎蒨也；緹也者，其實也。」「縞」「鎬」「隋」「蒨」，「緹」「媞」竝聲借字也。夫須即臺，「臺」古讀如「緹」。《廣雅》又云：「其蒿青蓑也。」「蒿」亦「鎬」之聲借。莎可以爲蓑，故因名「青蓑」。蓑即莎矣。今驗莎有二種。一種細莖直上。一種麤而短莖，頭復出數莖，其葉俱如韭葉而細，莖有三棱，實在莖端，其色赤緹，故曰「緹」矣。

莞，苻蘺，其上蒚。今西方人呼蒲爲「莞蒲」，蒚謂其頭臺首也。今江東謂之「苻蘺」，西方亦名「蒲」，中莖爲蒚，用之爲席。音「羽翮」。

「莞」，《説文》作「萖」，云：「夫蘺也。蒚，夫蘺上也。」《楚辭》注：「莞，夫離也。」《詩・斯干》箋：「莞，小蒲也。」《正義》引某氏曰：「《本草》云：『白蒲，一名苻蘺，楚謂之莞蒲。』」《類聚》八十二引舊注云：「今水中莞蒲，可作席也。」今按：莞與藺相似。莖圓而中空，可爲席。蒲葉闊而不圓，其細小者亦可爲席，所謂「蒲苹」者也。是蒲、莞非一物。《爾雅》之「莞」乃蒲屬，非藺屬。故《説文》「莞」訓「艸」與藺相屬，又別出「萖」，與蒲爲類。《爾雅》借「莞」爲「萖」，舊注及郭俱云「莞蒲」，可知此乃蒲之別種，細小於蒲，爲形纖弱，故名「蒲蒻」；作席甚平，故曰「蒲苹」。鄭箋以莞爲小蒲之席，是矣。《釋文》猶以莞草莖圓非蒲爲疑，不知此乃似蒲之莞，非似藺之莞也。此莞似蒲，故亦抽莖作臺，謂之爲「蒚」。《本草》「蒲黄」，陶注謂之「蒲釐」。「釐」「蒚」聲轉也。似藺之莞，但有莖而無臺，今江南席子草是矣。又詳「芏，夫王」下。《本草》「白芷」，《别録》：「一名白茝，一名虈，一名莞，一名苻蘺，葉名蒚麻。」蓋因苻蘺、江蘺相涉而誤耳。

荷，芙渠。別名「芙蓉」，江東呼「荷」。其莖，茄；其葉，蕸；其本，蔤；莖下白蒻在泥中者。其華，菡萏；見《詩》。其實，蓮；「蓮」謂房也。其根，藕；其中，的。蓮中子也。的中，薏。中心苦。

《詩·澤陂》正義引李巡曰：「皆分别蓮莖、葉、華、實之名。芙渠，其總名也。」《詩·山有扶蘇》傳：「荷華，扶渠也。」《離騷》注作「荷，芙渠也」。別名「芙蓉」，亦見《離騷》。「荷」是大名，故爲稱首。《類聚》八十二引郭氏《讚》云：「芙蓉麗草，一曰澤芝，泛葉雲布，映波赧熙，伯陽是食，饗比靈期。」

茄者，《説文》云：「夫渠莖。」《詩》正義引樊光注引《詩》「有蒲與茄」，蓋三家詩「荷」

作「茄」也。《漢書·楊雄傳》云：「衿芰茄之緑衣兮。」《集注》：「茄亦荷字，見張揖《古今字詁》。」按：「茄」，居何切，古與「荷」通。故《詩·澤陂》箋：「芙蕖之莖曰荷。」陸璣《疏》亦以芙蓉莖爲荷。皆與樊光義合。

蕸者，《説文》作「荷」，云：「夫渠葉。」《初學記》引《爾雅》作「其葉荷」。《類聚》又引作「其葉葭」。按：《釋文》云：「蕸，字或作葭。」衆家竝無此句，惟郭有。然就郭本中或復脱此一句，亦竝闕讀。然則「荷」是大名，又葉名者，荷之言何也，負何言其葉大。王逸《招魂》注云：「或曰紫莖，言荷莖紫色也。屏風，謂荷葉障風也。」亦是言其葉大。

蔤者，《説文》云：「夫渠本。」《繫傳》云：「藕節上初生莖時萌牙殼也，在泥中者。」何晏《景福殿賦》云：「茄蔤倒植，吐被芙蕖。」按：《詩》正義引此句，郭注下尚有五十九字爲今注所無，臧氏《經義雜記》四因謂今本闕，然邢疏亦未引，疑本郭氏《音義》之文，非注文。

菡萏者，《詩》傳云：「荷華也。」《説文》作「菡藺」，云：「夫渠華。未發爲菡藺，已發爲夫容。」按：《招魂》云：「夫容已發。」《易林》云：「菡萏未華。」是皆《説文》所本。《爾雅翼》引《詩義疏》云：「其華未發爲菡萏，已發爲芙蕖。」曹植《芙蓉賦》云：「夫蕖蹇産，菡萏星屬。」竝與《説文》合。

蓮者，《説文》云：「夫渠之實也。」郭云「蓮謂房」者，房即其殼，比户相連，蓮之言猶連也。《詩》：「有蒲與蕳。」箋：「蕳，當爲蓮。蓮，芙蕖實。」以《詩》上下皆言「蒲荷」，故鄭云爾。郭《音義》云：「北方人以藕爲荷，亦以蓮爲荷。」此語今所未聞。

藕者，《説文》作「蕅」，云：「夫渠根。」《續博物志》云：「藕生應月，閏月益一節。」《類聚》引《周書》曰：「藪澤已竭。」即蓮藕掘。按：《説文》引杜林以蓳爲蕅根。《釋文》引《本草》云：「藕，一名水芝丹。」郭《音義》云：「蜀人以藕爲茄。」此皆藕異名也。

《釋文》：「的，或作菂。」按：下文「菂，薂」，郭云：「即蓮實。」是菂即的也。攢蔟房中，皮青子白，的的然，故曰「的」也。《詩》正義引李巡曰：「的，蓮實也。」《初學記》引《詩義疏》曰：「的，五月中生，生噉脃，至秋表皮黑，的成可食。或可磨以爲飯，如粟飯，輕身益氣，令人强健。又可爲糜。」

薏者，李巡曰：「薏，中心苦者也。」陸璣《疏》云：「的中有青爲薏，味甚苦，故里語云苦如薏。」是也。按：「薏」是其萌芽。薏者，意也。

紅，蘢古，其大者，蘬。俗呼紅草爲「蘢鼓」，語轉耳。

上文「蘢，天蘥」即此。通作「龍」。《詩》：「隰有游龍。」傳：「龍，紅草也。」《正義》

引舍人曰：「紅名蘢古，其大者名蘬。」陸璣《疏》云：「一名馬蓼，葉大而赤白色，生水澤中，高丈餘。」今按：《埤雅》作「莖大而赤」。《詩》正義引「莖」作「葉」，誤，「白色」上疑脱「華紅」二字也。紅草非即馬蓼，其莖葉俱似蓼而高大，陸璣失之。紅即水葒也。今福山人呼水葒音「若工」，郭注「蘢鼓」二字倒轉即得「工」字之音，「工」「紅」古字通也。《廣雅》云：「葒蘢，蘋馬蓼也。」《本草》及《類篇》又作「鴻藹」。《淮南・墬形》篇云：「海閭生屈蘢。」高誘注：「屈蘢，游龍鴻也。」「鴻」與「紅」，「古」與「鼓」，竝聲同叚借。「鼓」與「屈」又聲轉字通。「蘋」讀若「戛」。「蘢蘋」與「蘢古」聲亦相轉。

蒫，薺實。薺子名。

《說文》：「蘬，薺實也。」無「蒫」字，蓋即以「蘬」爲蒫，所見本異也。《本草》陶注：「薺類甚多，此是人所食者，其葉作菹及羹亦佳。」今按：薺抽莖，開小白華，子細薄黃黑色，味甘，即蒫也。其根名「蘆」，《說文》云：「蘆，一曰薺根。」

黂，枲實。《禮記》曰：「苴麻之有黂。」枲，麻。別二名。

《說文》「萉」，或作「䕎」，云：「枲實也。」通作「蕡」。《喪服傳》云：「苴絰者，麻之有蕡者也。」賈疏引孫炎注：「蕡，麻子也。」《齊民要術》引「蕡」作「黂」。《爾雅》釋文：「黂，本或作蕡。」是也。又通作「墳」。《司烜氏》「共墳燭」，故書「墳」爲「蕡」。鄭衆注：「蕡燭，麻燭也。」「蕡」又名「蘊」。《要術》引崔寔曰：「苴麻，麻之有蘊者，莩麻是也。一名黂。」《御覽》引《吴普本草》云：「麻子，一名麻蘊，一名麻蕡。」「蕡」「蘊」音相近也。「蕡」亦通謂之「枲」。《列子·楊朱》篇云：「昔人有美戎菽甘枲者。」枲即蕡也，亦通謂之「麻」。《月令》：「食麻與犬，以犬嘗麻。」皆謂「蕡」也。又通謂之「苴」。《詩》：「九月叔苴。」傳：「苴，麻子也。」郭引《喪服傳》「苴絰」亦是也。黂既麻子，因而麻亦名「黂」。《淮南·説林》篇云：「黂不類布而可以爲布。」是又以黂爲麻之通名矣。《本草》「麻子」與「麻黂」別出，而云：「黂，一名麻勃。」誤也。《吴普》以麻勃爲麻華，其説是矣。古者以黂爲豆籩之實，《春官·籩人》及《少牢饋食》竝云：「麷蕡。」今人罕充食饌，唯作油然鐙及和味用之。

《説文》：「枲，麻也。」官有「典枲」，《詩》言「績麻」，「麻」「枲」一耳。《詩·采蘋》正義引孫炎曰：「麻，一名枲。」是也。《要術》引崔寔以牡麻爲枲，蓋據《喪服傳》云：「牡麻者，枲麻也。」要其正稱，則「枲」「麻」通名耳。今俗呼莩麻爲種麻，牡麻爲華麻。牡麻華而不實，莩麻實而不華，其華白，故《九歌》云：「折疏麻兮瑶華。」

須，薞蕪。薞蕪似羊蹏，葉細，味酢可食。

陶注《本草》「羊蹏」，云：「一種極似羊蹏而味酢，呼爲酸模，亦療疥也。」按：此即今「醋醋流」也。「酸模」「薞蕪」一聲之轉。莖、葉俱似羊蹏而小，葉青黄色，生啖極脆，味酸欲流，兒童謂之「醋醋流」。郭注、陶注甚明，邢疏誤以須葑、蓯與、薞蕪爲一物，邵氏《正義》仍其失也。陳藏器云：「即山大黄，一名當藥，一名蓨。」此皆非也，所說乃是羊蹏，非薞蕪也。

菲，蒠菜。菲草生下溼地，似蕪菁，華紫赤色，可食。

已詳上文「菲，芴」條下。陸璣《疏》云：「蒠菜，今河内人謂之宿菜。」「宿」「蒠」聲相轉也。某氏注引《詩》「采葑采菲」，亦見上文。按：此菜極似蘿蔔，野地自生，宿根不斷，冬春皆可採食，故云「蒠菜」。「蒠」，當作「息」，《釋文》：「蒠，本又作息。」是也。

蕢，赤莧。今之莧赤莖者。

《説文》：「莧，莧菜也。」《管子・地員》篇云：「虉下于莧，莧下于蒲。」按：莧有數種。陶注《本草》云：「赤莧，療赤下而不堪食。」今驗赤莧莖、葉純紫，濃如燕支，根淺赤色，人家或種以飾園庭，不堪啖也。《周易集解》「莧陸」下引荀爽曰：「莧者，葉柔而根堅且赤。」亦謂此也。蓋諸莧中唯此根赤，餘俱不也。《齊民要術》「人莧」下引《爾雅》及郭注云：「今人莧赤莖者。」宋本「人」字作「之」字，疑爲校書者所改。監本誤將邢疏混入，故郭注全非，而邢疏竟闕。

蘠蘼，虋冬。門冬，一名滿冬，《本草》云。

《説文》云：「蘠蘼，虋冬也。」即今「薔薇」。《本草》：「營實，一名牆微，一名牆麻。」《别録》：「一名薔蘼。」「蘼」「麻」「虋」聲相轉。「蘼」「薇」古音同也。一名「牛棘」，一名「牛勒」，一名「山棘」，與上文「髦，顛棘」相涉。又虋冬、天門冬二名相亂，故説者或失之。《釋文》又誤爲「麥門冬」也。今驗蘠薇細葉，莖間多刺，蔓生，華白，子若棠棃，多生水側，春初葉芽人亦啖之。郭引《本草》：「一名滿冬。」今《本草》無「滿冬」之名，蓋古本有之也。「虋」「滿」聲亦相轉。《釋文》又引《中山經》：「條谷之山，其草多芍藥、虋冬。」郭注以「虋」今作「門」爲俗。按：「門」借聲「虋」，俗作耳。

萹苻，止。未詳。灤，貫衆。葉員鋭，莖毛黑，布地，冬不死，一名「貫渠」。《廣雅》云：「貫節。」

《釋文》云：「萹苻，止。郭云未詳。《本草》乃是貫衆，云：『貫衆，一名貫節，一名貫渠，一名百頭，一名虎卷，一名萹苻，一名伯藥，一名藥藻，此謂草鴟頭也。』」按：今《本草》「伯藥」作「伯萍」，餘如《釋文》所引。陶注云：「葉如大蕨，其根形、色、毛、芒全似老鴟頭，故呼爲草鴟頭。」《御覽》引《吴普》曰：「葉青黄，兩兩相對，莖黑毛，聚生，冬夏不死。」今按：貫衆苗葉全似蕨，唯莖黑有毛爲異，吴、陶二説盡之。《御覽》又引孫炎云：「一名貫渠。」與郭注同。「萹苻」名見《本草》，唯「止灤」二字，《本草》所無。郭讀「萹苻止」爲句，故云「未詳」。然據《本草》「一名伯藥」，《釋文》「灤，孫餘若反」，是即「藥」字之音。或「藥」「灤」聲借，「伯」「止」形譌，若讀「止灤」爲句，即伯藥矣。

莙，牛藻。似藻，葉大。江東呼爲「馬藻〔一〕」。

《説文》：「藻，水艸也。」或作「藻」。「莙，牛藻也。从艸，君聲。讀若威」。《釋文》：「莙，孫居筠反。」若依孫炎，當讀爲「君」；如從《説文》，當讀爲「威」。《左·隱三

〔一〕藻，《爾雅》宋刊十行本作「藻」。

年傳》云：「薀藻之菜。」「薀」與「莙」聲相近，「威」與「薀」聲相轉，是則薀即莙也。《詩・采蘋》傳：「藻，聚藻也。」《齊民要術》引《詩義疏》曰：「藻，水草也，生水底。有二種：其一種葉如雞蘇，莖大如箸，可長四五尺；一種莖大如釵股，葉如蓬，謂之聚藻。此二藻皆可食，煑熟挼去腥氣，米麪糝蒸爲茹，佳美。荆楊人飢荒以當穀食。」陸說二藻之狀，其言「葉如雞蘇」，即今之「大葉藻」，郭注所謂「馬藻」也；言「葉如蓬」，即此所謂「牛藻」，其葉細如毛也。《顔氏家訓・書證》篇亦以牛藻即陸璣所謂「聚藻，葉如蓬」者。又引郭注《三倉》云：「薀藻之類也。細葉，蓬茸，生一節，長數寸，細茸如絲，圓繞可愛，長者二三十節，猶呼爲莙。」顔以聚藻爲莙，郭以薀藻爲莙，然則莙即薀，明矣。此注以牛藻爲馬藻，蓋誤，宜據《三倉》注以訂正。

蓫薚，馬尾。《廣雅》曰：「馬尾，蔏陸。」《本草》云：「別名薚，今關西亦呼爲薚，江東呼爲當陸。」

「薚」，《說文》作「募」，云：「艸，枝枝相值，葉葉相當。」《釋文》：「蓫，他六反。薚，吕、郭他羊反。」然則「蓫」「薚」合聲爲「當」，以其枝葉相當，因謂之「當陸」矣。《易》之「莧陸夬夬」，「陸」即「當陸」。《廣雅》作「蔏陸」，云：「常蓼、馬尾，蔏陸也。」《說文》：「蔁艸也。」《玉篇》：「蔁柳，當陸別名。」又云：「藰，音「柳」。蔁蔍也。」「蔁」「蔏」「當」

「劉」「柳」「陸」音俱相近，「商」與「常」，「蓼」與「陸」，古字音又同也。《本草》：「商陸，一名⿱艹昜根，一名夜呼，如人形者有神。」《蜀圖經》云：「葉大如牛舌而厚脃，有赤花者根赤，白花者根白。」蘇頌《圖經》云：「商陸，俗名章柳，多生人家園圃中。春生，苗高三四尺，葉青如牛舌而長，莖青赤，至柔脃，夏秋開紅紫花作朵，根如蘆菔而長。」今按：此草俗名「王母柳」，其形狀悉如《圖經》所説，但今所見皆赤華，無白華者耳。《齊民要術》引《詩義疏》以薍荻根下白而甜脃者，一名蓫薚，楊州謂之馬尾，幽州謂之旨苹，誤矣。

苹，蓱，水中浮蓱。江東謂之「⿱艹瓢[一]」，音「瓢」。其大者蘋。《詩》曰：「于以采蘋。」《説文》云：「蓱，苹也。」「苹，蓱也。無根浮水而生者。」《詩·采蘋》正義引舍人曰：「苹，一名蓱。」按：「苹」，經典作「萍」，以別於「苹，藾蕭」。《逸周書·時訓》篇云：「穀雨之日，萍始生。」《夏小正》云：「七月湟潦生苹。」蓋苹以季春生，及至秋霖時行湟潦苹滿，故又言生。《埤雅》云：「世説楊華入水化爲浮萍。」《類聚》八十二引《異術》

[一] ⿱艹瓢，《爾雅》宋刊十行本作「薸」。

曰：「萬年血爲萍。」此蓋事之或有，非可常然。故《列子·楊朱》篇云：「昔人有甘枲莖芹萍子者。」是萍亦緣子實而生，非必由物化也。《廣雅》云：「薸，蓱也。」《吕覽·季春紀》注：「萍，水薸也。」《淮南·墜形》篇云：「容華生蔈，蔈生蘋藻。」高誘以「蔈」爲無根水中草。是蔈即薸。「薸」「蓱」「蘋」俱一聲之轉。

「蘋」，《説文》作「薲」，云：「大蓱也。」《詩》釋文引《韓詩》云：「沈者曰蘋，浮者曰蓱。」按：蘋亦浮水上，但根連水底，故曰「沈」耳。《本草》：「舊説四葉合成一葉，如田字。」又云：「其葉四衢中折，如十字，俗謂之四葉菜，一云田字草，五月開白華。」皆其形狀也。古者蘋藻芼羹可薦鬼神，羞王公，又可蒸食。邢疏引《詩義疏》云：「今水上浮萍是也。其麤大者謂之蘋，小者曰萍。季春始生，可糝蒸爲茹。又可苦酒淹以就酒。」

莃，菟葵。頗似葵而小葉，狀如藜，有毛，汋啖之滑。

《説文》：「莃，菟葵也。」《本草》唐本注云：「菟葵苗如石龍芮而葉光澤，花白似梅，其莖紫黑，煮啖極滑，所在下澤、田閒皆有，人多識之。」《御覽》引《廣志》云：「菟葵，瀹之可食。」今按：此亦葵類而葉小華白。寇宗奭謂「葉如黄蜀葵」，蓋别一種。

芹，楚葵。今水中芹菜。

《説文》：「芹，楚葵也。」又云：「菦，菜，類蒿。」《周禮》有「菦菹」，今《醢人》作「芹菹」。是「芹」「菦」古字通。又云：「菜之美者，雲夢之⿱艹豈。」今《吕覽・本味》篇「⿱艹豈」作「芹」，高誘注：「芹生水涯。」然則「芹」「⿱艹豈」亦古字通，古讀「芹」，若「旂」，「蘄」若「芹」，竝同聲字也。《詩・泮水》箋：「芹，水菜也。」《本草》：「水蘄，音「芹」。一名水英。」蜀本注云：「芹生水中，葉似芎藭。」《六書故》云：「葉如鞠窮，莖虚，三脊，根長數寸，正白，甘香可食，秋開白華。鞠窮、當歸，苗葉皆似芹，故鞠窮有蘄茝之名，當歸有山蘄之名。」「蘄」，古「芹」字也。張聰咸《質疑録》云：「余讀《詩》：『薄采其茆。』傳曰：『茆，鳧葵也。』毛傳多本《爾雅》，是篇『莃，菟葵；芹，楚葵』之閒，疑脱去『茆，鳧葵』三字。《文選・南都》篇注引《爾雅》曰『茆，鳧葵』六字可證矣。」

藬，牛蘈。今江東呼草爲「牛蘈」者，高尺餘許，方莖，葉長而鋭，有穗，穗閒有華，華紫縹色，可淋以爲飲。

《詩》：「言采其蓫。」箋：「蓫，牛蘈也，亦仲春時生，可采也。」陸璣《疏》以蓫爲羊蹏，鄭亦當然。《御覽》九百九十五引孫炎曰：「車前，一名牛蘈。」二説不同。今按：

《本草》：「車前，一名牛遺。」蓋孫所本。「蓫」與「蓄」通。「蓄」有「禿」音，與「藬」「蘈」聲相轉。古讀「頹」「遺」聲又相近。「羊蹏」已見上文，「車前」詳具下文，二義俱與郭異。如郭所説，似即益母草，而云「高尺許」及「有穗，穗閒華」，又復不同。陳藏器謂「天麻」，即益母之紫花者，是《爾雅》所謂「蘈」。李時珍謂「萑」「蘈」同音，乃一類二種。此皆肊説。郭義既未能定，鄭、孫又復兩岐，當在闕疑。

藚，牛脣。《毛詩》傳曰：「水舃也。」如續〔一〕斷，寸寸有節，拔之可復。

《詩》「言采其藚」。傳及《説文》竝云：「藚，水舃也。」不引《爾雅》，疑古本與今異。《詩》正義引李巡曰：「别二名。」陸璣《疏》云：「今澤蕮也。其葉如車前草大。」《本草》：「澤瀉，一名水瀉。」「瀉」與「蕮」同。是藚即澤瀉，與上「蕍蕮」同也。郭云「如續斷」，今驗馬舃生水中者，葉如車前而大，拔之節，節復生，俗名「馬耳」。郭注似指此爲水蕮，而非即澤瀉也。

〔一〕續，《爾雅》宋刊十行本作「藚」。

苹，藾蕭。今藾蒿也。初生亦可食。

《説文》："蕭，艾蒿也。"《管子·地員》篇云："其草宜苹蓨。"《詩·鹿鳴》箋用《爾雅》。《齊民要術》引《詩》疏云："藾蕭，青白色，莖似箸而輕脃，始生可食，又可蒸也。"然則《説文》謂之"艾蒿"，以其色青白似艾耳。樂器簫，一名"籟"，此藾一名"蕭"，古人異物同名，多此比也。《子虚賦》云："薛莎青薠。"張揖注："薛，藾蒿也。"是薛即蕭。"蕭""薛"聲轉。下文"蕭萩"，陸璣《疏》謂："似白蒿，白葉莖麤。"即此藾蕭，非萩蕭也。

連，異翹。一名連苕，又名連草，《本草》云。

"連"，一名"異翹"，《本草》謂之"連翹"。唐本注云："此有兩種：大翹葉狹長，如水蘇，花黄可愛，著子似椿，實之未開者作房，翹出衆草；其小翹葉花實皆似大翹而小細。"按：今所見一如唐注所説。其莖中空，高二三尺，雖名爲"翹"，不能翹出草上也。郭云："一名連苕，又名連草。"今《本草》無之，而云："一名異翹，一名蘭華，一名折根，一名軹，一名三廉。""連""蘭"聲近，"華""草"通名耳。

澤，烏蕵。即上蘾也。

即上「蘾，烏蕵」也。邢疏云：「蘾生於水澤者。」按：《爾雅圖》作「莖岐出，葉如蕙，華生葉閒，在水石側」。

傅，横〔一〕目。一名「結縷」，俗謂之「鼓箏草」。

《一切經音義》十四引孫炎云：「三輔曰結縷。今關西饒之，俗名句屨草也。」按：「句屨」即「結縷」，聲相近。《上林賦》云：「布結縷。」郭注：「結縷，蔓生如縷相結。」《漢書音義》云：「結縷似白茅，蔓聯而生。」顔師古曰：「結縷，著地之處皆生細根，如綫相結，故名結縷。今俗呼鼓箏草者，兩幼童對銜之，手鼓中央，則聲如箏也，因以名焉。」今按：此即今莚草也。葉如茅而細，莖閒節節生根，其節屈曲，故名「句屨」，猶今言「倨僂」也。穗作三四岐，實如秫穀，野人作餅餌食之，其莖柔韌難斷。《晉書·五行志》載武帝太康中，江南童謡曰「局縮肉，數横目」，蓋謂此草句屨不伸，故云「局縮」矣。

〔一〕横，《爾雅》宋刊十行本作「撗」。

蘾，蔓華。一名「蒙華」。

「蘾」，《説文》作「萊」，云：「蔓華也。」「萊」與「蘾」古同聲。《詩》：「北山有萊。」《齊民要術》引《義疏》云：「萊，藜也。莖、葉皆似菉王芻。今兖州人蒸以爲茹，謂之萊蒸。」《玉篇》《廣韵》竝以「萊」爲藜，與《義疏》合。「藜」「蘾」聲相近也。藜即灰藋之屬，説已見前。《義疏》又云：「譙沛人謂雞蘇爲萊，《三倉》以茱萸爲萊，斯皆同名異物，非正稱也。」毛、鄭此條未引《爾雅》，蓋失之。郭云「一名蒙華」，「蒙」「蔓」聲相轉。

蔆，蕨攈。蔆，今水中芰。

《説文》云：「蔆，芰也。楚謂之芰。」《離騷》云：「製芰荷以爲衣。」王逸注：「芰，蔆也。」《釋文》云：「攈，亡悲反，孫居郡反，又居羣反。」是「攈」，孫本作「攟」，旁从「諸侯麇至」之「麇」，與今本異也。蔆名「薢茩」，已詳上文。「芵光」即「薢茩」之音轉，「蕨攈」又即「芵光」之音轉，「芰」又「蕨攈」之合聲也。《蜀本草》云：「生水中，葉浮水上，其華黄白色。實有二種：一四角，一兩角。」唐本注云：「芰作粉極白潤，宜人。」今按：菱角小者，烝曝可以充糧；大者甘脃，可生啖之。《管子·地員》篇有「鴈膳黑實」，今蔆角紫黑色，疑是也。

大菊，蘧麥。一名「麥句薑」，即瞿麥。

《説文》：「大菊，蘧麥。」《繫傳》云：「今謂之瞿麥，又名句麥。其小而華色深者，俗謂石竹。」《本草》云：「瞿麥，一名巨句麥，一名大菊，一名大蘭。」陶注：「一莖生細葉，花紅紫赤可愛，子頗似麥，故名瞿麥。」然則瞿麥一名「巨句麥」，郭據《廣雅》以爲麥句薑，似誤。《本草》「麥句薑」乃「地菘」，即上文「蘮，豕首」也。「麥句」「巨句」二名相亂，遂令薑、麥二種異類同名矣。今按：石竹華大如錢，葉形似竹，莖亦有節，以是得名。其華紅紫赤白，共翠葉相鮮，如陶所云也。「蘧」「瞿」「巨」「句」音俱相近。「巨句」又即「瞿」之合聲。

薜，牡蘩。未詳。

「蘩」，當作「贊」。《説文》：「薜，牡贊也。」郭云「未詳」，今亦未知其審。或云「即薜荔也」，恐非。

葥，山莓。今之木莓也。實似藨莓而大，亦可食。

「莓」，當作「苺」。《説文》云：「葥，山苺也。」《管子·地員》篇云：「其山之末，有箭與菀。」疑「箭」即「葥」，或聲借，抑形借也。莓有數種，茥、藨皆蔓生，説在下文。此則植生，樹高四五尺，枝亦柔輭，莖多逆刺，葉有細齒，頗似櫻桃葉而狹長，四月開白華，結實如覆盆而大。郭氏所云「木莓」，陳藏器所謂「懸鉤子」者也。凡諸莓形狀略同，名稱各異，南人呼爲「普盤」，北人呼爲「媻門」，皆即「藨莓」聲之轉也。劉昭注《後漢·郡國志》「武陵郡」下引《荆州記》云：「郡社中木麃樹，是光武種至今也。」木麃即此木莓。

齧，苦堇。今堇葵也。葉似柳，子如米，汋食之滑。

《説文》：「堇，艸也。根如薺，葉如細柳，蒸食之甘。」《繫傳》云：「《詩》所謂堇荼如飴，然則此菜味苦也。」《夏小正》：「二月榮堇。堇，菜也。」牟應震曰：「野菜也。葉如車前，莖端作紫華，子房微稜。葉長者甘，葉圓者苦。」余按：生下溼者，葉厚而光，細於柳葉，高尺許，莖紫色，味苦，瀹之則甘。郭云「滑」者，《公食大夫禮》云：「鉶芼有滑。」鄭注：「堇荁之屬。」《内則》云：「堇、荁、枌、榆、免、薧，滫瀡以滑之。」是堇味苦，瀹則滑甘，古人芼羹恒用之也。《本草》唐注：「堇菜野生，非人所種，葉似蕺，華紫色。」《爾雅翼》引《三十國春秋》曰：「劉殷曾祖母王氏盛冬思堇，殷入澤中慟，有堇生焉，得斛餘。」又《後魏書》：「崔和爲平昌太守，性鄙悋，其母季春思堇，惜錢不買。」二人用心不同如此。今按：堇類有三：烏頭一也，蒴藋二也，堇菜三也。此堇爲菜，蒴藋即下「芨，堇草」。《詩·緜》正義以此爲烏頭，非。

薄，石衣。水苔也。一名「石髮」，江東食之。或曰薄葉似䪥而大，生水底，亦可食。

《釋文》：「薄，徒南反。」「薄」與「苔」聲相轉。《說文》云：「菭，水衣。」菭即苔也。水衣即石衣。一曰「魚衣」。《醢人》云：「加籩之實有箈菹。」鄭衆注：「箈，水中魚衣也。」一名「石髮」。《廣雅》云：「石髮，石衣也。」郭氏《江賦》云：「緑苔鬖髿乎研上。」李善注引《風土記》云：「石髮，水苔也。青緑色，皆生於石。」《本草別録》：「陟釐生江南池澤。」陶注云：「此即南人用作紙者。」唐本注引《藥對》云：「河中側黎。」《拾遺記》云：「側理紙，水苔爲之，溪人語訛，謂之側理。」然則「側理」「陟釐」聲相近。《釋文》：「菭，或丈之反。」是「菭」古讀若「治」，「陟釐」即「菭」之合聲矣。郭又引或曰「薄葉似䪥而大」，此自別是一種，海藻之屬，說見下文。

蘜，治蘠。今之秋華菊。

《說文》：「蘜，治蘠也。」又云：「蘜，日精也。以秋華。」是郭云「秋華菊」乃「日精」，非「治牆」也。《繫傳》云：「《本草》菊有十名，不言治牆。」又云：「《本草》蘜，即九月黄華者也，一名日精。」是徐鍇據《本草》以駁郭注，其説是也。但《爾雅》「治牆」遂不知爲何物。陶注《本草》：「菊有兩種：一種莖紫，氣香而味甘，葉可作羹食者，爲真；一種青莖而大，作蒿艾氣，味苦，不堪食者，名苦薏，非真也。」今驗莖深紫色，緑葉肥潤，華色深黄而大於錢，俗名「燈下黄」者，乃真菊也。先大夫言《月令》「鞠有黄華」，即此。蓋「蘜」省借作「鞠」，今又借作「菊」耳。懿行按：今秧菊華色豔異，百種千名，大抵蕭艾所爲，都非真菊。陶注之「苦薏」，《秋官・蟈氏》之「牡蘜」，皆此也。《爾雅》「治牆」，未知誰屬。

唐，蒙，女蘿。女蘿，菟絲。別四名。《詩》云：「爰采唐矣。」

《説文》：「蒙，王女也。」説見下文。郭注：「蒙即唐也。」是「唐」「蒙」一物二名。《詩・桑中》傳：「唐，蒙，菜名。」《頍弁》傳云：「女蘿，菟絲，松蘿也。」按：《本草》：「菟絲，一名菟蘆，一名菟縷，一名唐蒙，一名王女。」不言「女蘿」，而《木部》別有「松蘿」，一名女蘿」，似爲二物。故陸璣《疏》云：「今菟絲蔓連草上生，黄赤如金，今合藥菟絲子是也，非松蘿。松蘿，自蔓松上生，枝正青，與菟絲殊異。」陸蓋據《本草》以匡毛，而不知義乖《雅》訓也。且菟絲雖多依草，亦或附木，《爾雅》「女蘿，菟絲」，自足兼有所包。故《頍弁》釋文：「在草曰菟絲，在木曰松蘿。」《吴普本草》亦云：「菟絲，一名松蘿。」竝與《爾雅》合矣。舊説菟絲無根，以茯苓爲根，見《吕覽·精通》篇及《淮南·説山》《説林》篇。亦不必然。今驗菟絲初亦根生，及至蔓延，其根漸絶，因而附物以生，蓋亦寄生之類，故《詩》以「蔦」「蘿」竝稱。一名「兔丘」。《廣雅》云：「兔丘，兔絲也。」本《中山經》。古讀「丘」如「欺」，與「絲」疊韵。又云：「女蘿，松蘿也。」與《詩》及《爾雅》合。郭云「別四名」，《詩》正義引舍人曰：「唐蒙名女蘿，女蘿又名菟絲。」孫炎曰：「別三名。」舍人以唐、蒙爲一物，孫炎以爲別三名，竝與郭異。郭注爲長。

苗[一]，蓨。未詳。

《説文》云：「苗，蓨也。」《類篇》云：「苗，羊蹏草也。」已詳上文「蓧，蓨」下。

茥，蒛葐。覆盆[二]也。實似莓而小，亦可食。

[一] 苗，原誤「苖」，楊胡本同，據《經解》本改。疏文中兩「苗」字同。
[二] 盆，《爾雅》宋刊十行本作「葐」。

「蒛葐」，當作「缺盆」。《説文》：「茥，缺盆也。」《御覽》九百九十八引孫炎云：「青州曰茥。」又引《吴普》云：「缺盆，一名決盆。」「決」「缺」聲同。「茥」，讀若「袿」，與「缺」聲轉。《廣雅》云：「蒛盆、陸英，苺也。」是缺盆即苺。《説文》：「苺，馬苺也。」《類篇》：「即覆盆也。」《本草》云：「蓬蘽，一名覆盆。」陶注：「蓬蘽是根，覆盆是實。」非也。李當之云：「蓬蘽是人所食苺。」又云：「覆盆子是苺子，乃似覆盆之形。」然則蓬蘽、覆盆蓋一類二種。今蓬蘽莖葉大於覆盆，皆蔓生，有刺，覆盆以四五月開白華，結實差小而甘，與麥同熟，俗呼「大麥苺」也。《爾雅》三「苺」，此爲最勝。又有蛇苺，黄華，葉似覆盆，無刺，其子圓赤而無荔枝皴，媖紅可愛，九月方熟，江南謂之「蛇盤子」，云食之傷人。

芨，堇草。即烏頭也。江東呼爲「堇」，音「靳」。

此有二説。郭云「即烏頭也。江東呼堇」，蓋據時驗而言。但檢《本草》，烏頭不名「芨」，而「芨，一名藋」。故《説文》云：「芨，堇艸也。」又云：「藋，堇艸也。」《廣雅》云：「堇，藋也。」是藋一名「堇」，堇一名「芨」，「芨」「堇」聲轉與「烏頭」别。故《詩·緜》釋文引《廣雅》云：「堇，藋也。今三輔之言猶然。」亦據時驗而言也。《爾雅》釋文引《本草》：「蒴藋，一名堇草，一名芨，非烏頭也。」是陸據《本草》及《廣雅》以駁郭注芨爲烏頭之非，陸説是也。蘇頌《圖經》云：「葝藋，生田野，所在有之，春抽苗，莖有節，節閒生枝葉，大如水芹。」寇宗奭《衍義》云：「葝藋華白，子初青熟紅。」皆其形狀也。《爾雅》「芨堇」乃是「葝藋」，郭必以爲「烏頭」者，《晉語》云：「置堇於肉。」賈逵注：「堇，烏頭也。」《淮南·説林》篇云：「蝮蛇螫人，傅以和堇則愈，物固有重爲害反爲利者。」是皆郭所本也。然烏頭名「堇」，不名「芨」，郭特以意説耳。《廣韵》因云：「芨，烏頭別名，又作蒁。」《集韵》亦「芨」「急」通，而以蒁爲葝藋，《集韵》得之。又按：《説文繫傳》「堇」字下引《字書》：「葝藋，一名堇。」《玉篇》：「葝藋有五葉。」「堇，一名芨。」「堇」又作「藎」。《説文》：「藋，堇艸。」一本作「藎艸」。此皆非矣。《廣雅》堇爲羊蹏。「堇」「堇」字形易混，《説文》「藎艸」似又因「堇藎」形聲相近而誤矣。郭此注「堇，音靳」者，别於上文「齧，苦堇」之「堇」，音「謹」也。

瀸，百足。未詳。

《説文》：「韱，山韭也。」此字从艸、从水，疑後人所加。翟氏灝《補郭》云：「今所呼地蜈蚣草也。」

葿，戎葵。今蜀葵也。似葵，華如木槿華。

蜀葵，似葵而高大。「戎」「蜀」皆「大」之名，非自戎、蜀來也。或名「吴葵」「胡葵」，「胡」「吴」亦皆謂「大」也。今蜀葵葉如葵而大，莖高丈許，江南呼爲「丈紅華」，京師呼「秫稭華」，登萊又呼「秫齊華」，竝「蜀葵」之聲相轉耳。《史記·孝武帝紀》：「立后土祠汾陰脽上。」《索隱》云：「脽，音誰，《漢舊儀》作葵上，河東人呼誰，與葵同。」即其例也。《爾雅翼》引《古今注》云：「戎葵，似木槿而光色奪目，有紅，有紫，有青，有白，有黄，莖葉不殊，但花色異耳。」按：此説蜀葵是，而言「黄」則非。黄者名「黄蜀葵」，葉如龍爪，雖冒葵名，實非葵類。崔豹、羅願竝以此爲蜀葵，誤矣。《廣韵》「戎」作「茙」，非。其三十五馬「檕」字下云：「檕穀，南人食之，一云茙葵，丑寡切。」是戎葵又名「檕」。

蘻，狗毒。《樊光》云：「俗語，苦如蘻。」

《説文》：「蘻，狗毒也。」《繫傳》以爲今狼毒。《本草别録》：「狼毒，陳而沈水者良。」陶注云：「與防葵同根類，但置水中沈者便是狼毒，浮者則是防葵。」《博物志》云：「房葵似狼毒。」是陶注所本。《抱朴子·雜應》篇以狼毒治葛治耳聾也。《開寶本草》注云：「狼毒，葉似商陸，及大，黄莖，葉上有毛，根皮黄，肉白，以實重者爲良。」

垂，比葉。未詳。

蕧，盜庚。旋蕧，似菊。

《説文》：「蕧，盜庚也。」《本草》：「旋復，一名金沸草，一名盛椹。」陶注云：「出近道下溼地，似菊花而大。」《蜀圖經》云：「葉似水蘇，黄華如菊。」今按：此有二種。人家庭院植者，華色深黄，名曰「金盞」。生下溼者，華淺黄色，葉有細毛，俗呼「毛耳朵」是矣。

荸，麻母。苴麻盛子者。

「荸」，《説文》作「芓」，云：「麻母也。一曰芓，即枲也。」又云：「莫，芓也。」是芓一名「莫」。《釋文》：「荸，孫音嗣。」《齊民要術》引孫炎曰：「荸，苴麻盛子者。」郭與孫同。又引崔寔曰：「苴麻子黑，又實而重，堪治作燭，不作麻。」又曰：「苴麻，麻之有藴者，荸麻是也。一名黂。」按：苴麻，今曰「種麻」。「苴」「種」聲轉也，已詳上文「黂，枲實」下。

𦬸，九葉。今江東有草，五葉，共叢生一莖，俗因名爲「五葉」，即此類也。

《釋文》引舍人云：「𦬸，九葉，九枚，共一莖。」樊本「𦬸」字作「駁」，釋云：「駁也。一名九葉。」郭氏未詳，故但舉類以言。翟氏灝曰：「《圖經本草》『關中呼淫羊藿爲三枝九葉草』，疑即此也。其草一根數莖，莖三椏，椏三葉，葉形似藿，根似黄連，磊魂相連，因又名黄連祖。」

藐，茈草。可以染紫。一名茈莀，《廣雅》云。

《説文》：「藐，茈草也。」「茈，茈艸也。」又云：「莀，艸也。可以染留黄。」《西山經》云：「勞山多茈草。」郭注：「一名茈莀，中染紫也。」《廣雅》云：「茈莀，茈草也。」鄭注「掌染草」，云：「染草，紫茢之屬。」「紫茢」即「茈莀」，竝聲借字也。「莀」，通作「綟」，又通作「盭」。莀兼紫、緑二色。上云「菉，王芻」，即緑莀也。此云「藐，茈草」，即紫莀也。劉昭《續漢·輿服志》注引徐廣云：「綟，草名也。以染似緑。」又云：「似紫。」《史記·司馬相如傳》云：「攢莀莎。」徐廣注：「草可染紫。」是也。按：今紫草有二種。人所種者，苗葉肥大，以之染色，不及野生者，細小尤良也。《本草》云：「紫草，一名紫丹，一名紫芺。」「芺」「藐」聲近也。唐本注云：「苗似蘭香，莖赤，節青，華紫白色而實白。」

倚商，活脱。即離南也。

「離南」已見上文。《釋文》：「倚，舍人本作猗。活，孫音括。脱，又作莌。」《釋文》「倚，或其綺反」，則讀爲「掎角」之「掎」。

蘵，黄蒢。蘵草葉似酸漿，華〔一〕小而白，中心黄，江東以作葅食。

「蘵」，《玉篇》作「蘵」，云：「蘵草葉似酸漿。」按：「蘵」「蘵」皆或體，古本作「職」。《釋文》：「蘵，又作職。」是也。《説文》：「蒢，黄蒢，職也。」通作「蘵」。《夏小正》：「三月采識。識，草也。」識即職，「職」與「識」古字通。《樊毅脩華嶽廟碑》云：「《周禮·職方氏》是其證也。」《顔氏家訓·書證》篇云：「江南别有苦菜，葉似酸漿，其華或紫或白，子大如珠，熟時或赤或黑，此菜可以釋勞，即《爾雅》『蘵，黄蒢』也。今河北謂之龍葵。」按：此即上文「葴，寒漿」，華小而白，開作五出，中心甚黄，故名「黄蒢」，根味絶苦，故名「苦菜」，又名「苦蘵」。《大觀本〔二〕草》「龍葵」「苦耽」别條，而云：「又有一種小者，名苦

〔一〕華，《爾雅》宋刊十行本作「草」。
〔二〕本，原誤「木」，據楊胡本、《經解》本改。

識。」蓋苦識比苦葴差小也。「識」與「蘵」同。「葴」「耽」「蘵」「蒢」又俱一聲之轉。

藒車，芞輿。藒車，香草。見《離騷》。

《説文》：「藒，芞輿也。」「芞，芞輿也。」竝無「車」字。《釋文》：「車，本多無此字。」與《説文》合。臧氏《經義雜記》十三云：「車即輿字之駁文也。」《離騷》云：「畦留夷與揭車兮。」《上林賦》云：「揭車衡蘭。」「揭」與「藒」同，叚借字耳。《御覽》引《廣志》云：「藒車香，味辛，生彭城，高數尺，黄葉，白華。」《齊民要術》云：「凡諸樹有蛀者，煎此香冷淋之，即辟也。」

權，黄華。今謂牛芸草爲「黄華」，華黄，葉似䔰蓿。

《釋木》有「權，黄英」。《説文》云：「權，黄華木。」加「木」字者，明此爲權，黄華草也。「黄華」，郭云「牛芸」，《説文》：「芸，艸也，似目宿。」按：芸有草，有蒿。邢疏引《雜禮圖》曰：「芸，蒿也。葉似邪蒿，香美可食。」此即《月令》「仲冬芸始生」及《夏小正》「正月采芸，二月榮芸」，皆謂「蒿」也。《説文》及郭注所云則謂「草」也。鄭樵《通志》以爲野決明，是也。今驗野決明，葉似目宿而華黄，枝葉婀娜，人多種之，似不甚香。而王氏

《談録》以爲嗅之尤香，蓋初時香不甚，噀以醋則甚香。凡香草皆然也。

葞，春草。一名芒草，《本草》云。

《本草衍義》引孫炎云：「藥草也。俗呼爲㒺草。」《圖經》引《爾雅》釋曰：「藥草，莽草也。」《本草别録》：「莽草，一名葞，一名春草。」陶注：「今是處皆有。葉青辛烈者良。人用擣以和米内，水中魚吞即死，浮出人取食之無妨。」「莽草」字亦作「㒺」。《御覽》引《萬畢術》曰：「莽草浮魚。」《中山經》云：「朝歌之山，有草名曰莽草，可以毒魚。」是皆陶注所本。今毒魚用水莽草，葉如柳葉而微紫，似水蓼而光澤。郭云「一名芒草」者，《中山經》：「葌山有芒草，可以毒魚。」「芒」與「㒺」聲近，「芒」「莽」「葞」又俱一聲之轉。

蔠葵，蘩露。承露也。大莖，小葉，華紫黄色。

《考工記·玉人》云：「大圭，杼上終葵首。」鄭注：「齊人謂椎曰終葵。」馬融《廣成頌》云：「翬終葵。」是也。此草葉圓而剡上，如椎之形，故曰「終葵」。冕旒所垂，謂之「繁露」。《本草》：「落葵，一名繁露。」陶注：「又名承露。人家多種之。」《蜀圖經》云：

「蔓生，葉圓厚如杏葉，子似五味子，生青熟黑，所在有之。」按：此所説今未見。如郭所説，似今西番蓮，獨莖高大，莖葉俱青，葉小於掌，華大於盤，深黄色，中有紫心，子如松子之形，亦堪箙食。然未知是此否也。

菋，荎藸。五味也。蔓生，子叢在莖頭。

《説文》：「菋，荎藸也。」通作「味」。《本草》：「五味，一名會及。」陶注：「今弟一出高麗，多肉而酸甜；次出青州、冀州，味過酸，其核竝似豬腎。又有建平者，少肉，核形不相似，味苦，亦良。」唐本注云：「五味皮肉甘酸，核中辛苦，都有鹹味，此則五味具也。其葉似杏而大，蔓生木上，子作房如落葵，大如蘡子。」《蜀圖經》云：「莖赤色，華黄白，子生青熟紫，味甘者佳。」

蒤，委葉。《詩》云：「以薅荼蓼。」

「蒤」，當作「荼」，《詩》及《説文》竝同。《良耜》正義引舍人曰：「荼，一名委葉。」某氏引《詩》與郭同。此荼是穢草，非苦菜也，故異其名。

皇，守田。似燕麥，子如彫胡米，可食，生廢田中，一名「守氣」。

陳藏器《本草》云：「菵米可爲飯，生水田中，苗子似小麥而小，四月熟。」此即「皇，守田」也。「皇」「菵」聲亦相轉。

鉤，藈姑。鉤𤬏也。一名「王瓜」，實如瓝瓜，正赤，味苦。

《廣雅》云：「藈菇、𤬪𤬏，王瓜也。」《釋文》：「藈菇，本作睽姑。」又引《字林》云：「𤬪𤬏，王瓜也。」《月令》：「王瓜生。」鄭注：「萆挈也。」「萆挈」與「菝挈」同。《廣雅》：「菝挈，狗脊也。」是菝挈、王瓜非一物，鄭注誤矣。《吕覽·孟夏紀》云：「王菩生。」高誘注：「菩，或作瓜，𤬪𤬏也。」又注《淮南·時則》篇云：「王瓜，括樓也。」「𤬪𤬏」與「括樓」同。以王瓜、括樓爲一物，高注亦誤矣。《本草》：「王瓜，一名土瓜。」陶注云：「今土瓜生籬院閒，亦有子，熟時赤如彈丸。」唐本注云：「蔓生，葉似括樓，圓無叉〔一〕缺，子生青熟赤。」今按：王瓜五月開黄華，華下結子，形似小瓜，今京師名爲「赤雹子」是也。《釋文》：「藈，孫苦圭反。」「鉤」「藈」「姑」俱聲相轉。古讀「瓜」如「姑」，是姑即瓜也。「鉤」

〔一〕叉，原誤「又」，據楊胡本、《經解》本改。

「瓠」亦疊韵字。

望，椉車。可以爲索，長丈餘。

《説文》「蘉」字解云：「牂蘉，可以作麋綆。」《繫傳》云：「芒之屬，可爲汲綆也。」按：牂蘉即望椉。「芒」與「望」古同聲。今黄縣人謂麥芒爲「望」，文登人謂望爲「芒」，證知「芒」「望」聲同也。「芒」即「莣，杜榮」，説見下文。《唐韵》：「蘉，女庚切。」《釋文》：「椉，本又作乘。居，本亦作車。」

困，衱袶。未詳。

《釋文》「衱，居業反。袶，施音絳」，則旁从夅「孫蒲空反」，則旁从「甹夆〔一〕」之「夆」。《廣韵·一東》「蓬」紐下引《爾雅》正作「袶」，與孫本同。

欇，烏階。即烏杷也。子連相著，狀如杷齒，可以染皁。

〔一〕夆，原誤「夅」，楊胡本同，據《經解》本改。

邢疏：「今俗謂之狼杷。」陳藏器《本草》云：「狼杷草，生道旁，秋，穗、子竝染皁。」按：《釋名》云：「齊、魯閒謂四齒杷爲欋。」以證郭注所説子連著如杷齒，則《爾雅》「欔」當作「欋」，今作「欔」，居縛反，恐字形之誤耳。

杜，土鹵。杜衡也。似葵而香。

《説文》：「若，杜若，香艸。」《本草》：「杜若，一名杜衡。」然陶注云：「今復别有杜衡，不相似。」則非一物矣。陶注以爲葉似薑而有文理，根似高良薑而細，味辛香，蓋此即所謂「杜若」也。郭云：「似葵而香。」《本草》：「杜蘅，香人衣體。」唐本注：「葉似葵，形如馬蹏，故俗云馬蹏香。」《史記·司馬相如傳》索隱引《博物志》云：「杜蘅，一名土杏。其根一似細辛，葉似葵。」《西山經》云：「天帝之山有草焉，其狀如葵，其臭如蘼蕪，名曰杜蘅。」此皆郭注所本，《爾雅》所謂杜蘅也。其爲二物甚明，故《本草》「衡」「若」别條。《離騷》《九歌》「杜若」與「杜衡」分舉，《子虛賦》亦以「衡蘭」「芷若」竝稱，皆其證矣。《釋文》據陶注《本草》以議郭誤，非也。《廣雅》云：「楚蘅，杜蘅也。」「杜」「楚」聲近，「杜衡」「土杏」古讀音同，「杜」「土」古字通也。「衡」，古文作「奥」，與「鹵」字形近，疑「土奥」缺脱其下，因誤爲「土鹵」耳。

盱，虺牀。蛇牀也。一名馬牀，《廣雅》云。

《本草》：「蛇牀，一名蛇米。」《别録》：「一名蛇粟，一名虺牀，一名思益，一名蠅毒，一名棗棘，一名牆蘼。」陶注云：「華葉正似蘼蕪。」《淮南·氾論》篇云：「夫亂人者，芎藭之於藁本也，蛇牀之於蘪蕪也。」此皆相似。《説林》篇云：「蛇牀似蘪蕪而不能芳。」是皆陶注所本。《蜀圖經》云：「似小葉芎藭，華白，子如黍粒，黄白色，生下溼地。」今按：蛇牀，高四五尺，華葉繁碎，獨莖作叢，細子攢生，普盤如結，故有「粟」「米」諸名；華白而實繁，故名「牆蘼」，與「虋冬」同矣。

蘇，薂。未聞。

《釋文》引樊本作「蘇，薂麥」。《玉篇》云：「蘇，子菜也。」閻氏若璩《困學紀聞》注：「即上文『薂，蔆蘿』。」

赤，枹薊。即上「枹薊」。

此即赤茮，今之所謂「蒼朮」也。

菟奚，顆涷。款涷也。紫赤華，生水中。

顆涷即款冬，「顆」「款」聲轉，「涷」「冬」聲同也。《本草》：「款冬，一名橐吾，一名顆涷，一名虎鬚，一名菟奚。」《廣雅》云：「苦萃，款涷也。」「涷」與「冬」義亦同。此草冬榮，忍涷而生，故有「款冬」「苦萃」諸名。《西京雜記》引董仲舒曰：「葶藶死於盛夏，款冬華於嚴寒。」《水經注》引《述征記》云：「洛水至歲末凝厲，則款冬茂悅曾冰之中。」按：款冬蓋有二種。《類聚》八十一引《吴普本草》云：「款冬，十二月華，黄色。」陶注《本草》云：「形如宿蓴，未舒者佳，其腹裏有絲，其華乃似大菊華。」如吴、陶所説，華俱黄色，與郭注異。唐本注云：「葉如葵而大，叢生，華出根下。」不言華色。蘇頌《圖經》又有「紅華者，葉如荷」，此説蓋與郭同。又《本草》「款冬」「橐吾」爲一物，如《急就篇》「橐吾」「款冬」又爲二物。顔師古注以「款冬，生水中，華紫赤色」，「橐吾，似款冬而腹中有絲，生陸地，華黄色」。然陶注言「腹有絲」者，即是款冬，非橐吾，則此蓋一類二種也。《類聚》引郭氏《讚》云：「吹萬不同，陽煦陰蒸。款冬之生，擢穎堅冰。物體所安，焉知涣凝。」

中馗，菌。地蕈也。似蓋，今江東名爲「土菌」，亦曰「馗廚」，可啖之。小者菌。大小異名。

《説文》：「菌，地蕈也。」「宍」云：「菌宍，地蕈，叢生田中。」「蕈，桑䓴。」「䓴，木耳也。」《繫傳》云：「地蕈似釘，蓋者名菌。」又云：「蕈多生桑楮之上也。」按：菌有土、木二種。《説文》「桑䓴」即今「桑鵝」。《内則》云：「芝㮕」。「㮕」與「䓴」音義同。《鹽鐵論・散不足》篇云：「豐奕耳菜。」韓愈有《荅道士寄樹雞詩》注云：「樹雞即木耳。」竝指木菌而言也。《爾雅》所説則謂「土菌」。《莊子・逍遥游》篇：「朝菌不知晦朔。」司馬彪云：「大芝也。天陰生糞土，見日則死，一名日及，故不知月之終始。」崔譔云：「糞上芝，朝生暮死。」《廣雅》云：「朝菌，朝生也。」《本草別録》：「鬼蓋，一名地蓋。」陶注云：「今鬼繖。」竝指土菌而言也。今蕈生樹上及樹根者多可食，而生平地者溼熱所蒸，或毒蟲盤踞，食者慎之。《物類相感志》引孫炎云：「聞雷即生，俗呼地菌，白如脂，可食，亦名地蕈、北丁、馗廚，江東人今呼土菌，可食者。」是郭注所本也。邵氏《正義》引。「中馗」，《釋文》引舍人本作「中鳩」，云：「菟奚名顆東，顆東名中鳩。」是讀「中鳩」上屬，與郭氏異。又按：《説文》云：「菌，地蕈。」蓋許亦讀「中馗」屬上，與舍人同，而云「菌，地蕈」，則郭注「地蕈」二字疑古本在正文，寫書者誤入注中，因加「也」字，足句耳。

䒤，小葉。未詳。

《釋文》：「䒤，又作菆。」《説文》：「菆，麻蒸也。」邵氏《正義》引《管子・地員》篇謂麻之細者如蒸。細即小也，莔爲小葉之麻，所以別於山麻。

苕，陵苕。一名陵時，《本草》云。黃華，蔈；白華，茇。苕華色異，名亦不同。音「沛」。

《說文》：「苕，艸也。」「蔈，苕之黃華也。」「艸之白華爲茇。」《詩·苕之華》傳用《爾雅》，箋云：「陵苕之華，紫赤而繁。」陸璣《疏》云：「一名鼠尾，生下溼水中，七八月中華紫，似今紫草，華可染皁，煮以沐髮即黑。」如陸所說，即上文「葝，鼠尾」可染皁者。然鼠尾自名「陸翹」，不名「陵苕」，陸說誤矣。陶注《本草》又引李云：「是瞿麥根。」然《吴普》說「紫葳，一名瞿陵」，不名「瞿麥」，陶注亦誤矣。按：《本草》：「紫葳，一名陵苕。」《廣雅》以紫葳爲瞿麥，蓋異物同名耳。《詩》正義引某氏曰：「《本草》云：『陵時，一名陵苕。』」今《本草》無「陵時」之名，蓋古本有之也。又引舍人曰：「苕，陵苕也。黃華名蔈，白華名茇，別華色之名也。」《齊民要術》引孫炎云：「苕華色異名者。」《御覽》引孫與郭同。《本草》唐注：「即淩霄也。」「霄」「苕」聲近，「蔈」「茇」聲轉也。今驗淩霄引蔓於樹，必造其巔，著處生根，狀如守宮之趾，葉銳而多岐，華似牽牛而大，赭黃色，未見有白華者。唐注云：「山中亦有白華者。」

藨，從水生。生於水中。

《釋文》：「藨，草生江水中。」按：水草交白湄，《詩》借作「藨」，與「藨」聲同，非草名也。

薇，垂水。生於水邊。

《説文》：「薇，菜也，似藿。」《繫傳》云：「薇，似萍。」《御覽》引《廣志》云：「薇葉似萍，可蒸食。」《釋文》引顧云：「水濱生，故曰垂水。」《詩·草蟲》傳：「薇，菜也。」陸璣《疏》云：「山菜也。莖、葉皆似小豆，蔓生，其味亦如小豆，藿可作羹，亦可生食。今官園種之，以供宗廟祭祀。」《公食大夫禮》云：「鉶芼豕以薇。」是薇可芼羹，又可供祀。《大觀本草》引《三秦記》曰：「夷、齊食之，三年顔色不異。武王誡之，不食而死。」然則亦可生食，如陸《疏》所云矣。《六書故》引項安世曰：「今之野豌豆也。莖、葉、華、實皆似豌豆而小，莢可菹。蜀人謂之小巢菜，豌豆謂之大巢也。」今按：《詩》言「采薇」，是生於山者；《爾雅》所言，是生於水者，實一物。或曰：「薇名垂水，非生水濱。」

薜，山麻。似人家麻，生山中。

莽，數節。竹類也。節間促。桃枝，四寸有節。今桃枝節間相去多四寸。鄰，堅中。竹類也。其中實。簢，筡中。言其中空，竹類。仲，無笐。亦竹類。未詳。篙，箭萌。萌，筍屬也。《周禮》曰：「箈菹鴈醢。」篠，箭。别二名。

節，竹約也。數節，促節也。莽竹節短，蓋如今馬鞭竹。《齊民要術》引《異物志》曰：「有竹曰簹，其大數圍，節間相去局促。」《初學記》引戴凱之《竹譜》云：「筮竹，似桂而概節。」又云：「篁竹，堅而促節，皮白如霜。」是皆莽之類也。

桃枝者，《春官·司几筵》云：「加次席黼純。」鄭注：「次席，桃枝席，有次列成文。」《竹譜》云：「桃枝，皮赤，編之滑勁，可以爲席，《顧命》篇所謂『篾席』者也。」《吴都賦》云：「桃笙象簟。」劉逵注：「桃笙，桃枝簟也。」又可爲杖。《蜀都賦》云：「靈壽桃枝。」是也。其類又有鉤端。《西山經》「嶓冢之山」，《中山經》「驕山」「高梁之山」「龍山」，竝云：「多桃枝鉤端。」郭注：「鉤端，桃枝屬也。」

鄰者，《釋文》云：「又作䉮。」《齊民要術》引《字林》曰：「䉮竹實中。」《吴都賦》注：「篻竹，大如戟穫，實中勁强，交阯人鋭以爲矛，甚利。」《初學記》引《廣志》曰：「利竹，蔓生，實中堅韌。」《中山經》云：「雲山有桂竹。」郭注：「交阯有篥竹，實中勁强，有毒，鋭以刺虎，中之則死。」亦此類。又云：「龜山多扶竹。」郭注：「邛竹，高節實中，中杖也，名之扶老竹。」《廣韵》云：「笴，竹名，實中。」《宋書·孝義傳》云：「卜天生乃取實中若竹，剡其端使利。」是皆鄰之類也。

簢者，《釋文》云：「或作⿱竹愍。」筡者，《說文》云：「析竹筤也。」「筤，竹膚也。」《方言》云：「筡，析也。析竹謂之筡。」然則「筡」「筤」皆析竹之名。「筤」「簢」字異音同，聲轉爲「⿱竹爲」。《說文》：「⿱竹爲，筡也。」又轉爲「篾」。《顧命》云：「敷重篾席。」鄭注：「篾，析竹之次青者。」是簢、筡皆析竹。析竹必須中空者，因以爲竹名焉。贊寧《筍譜》云：「簢筍媆而節耎薄，信乎簢中空矣。」《初學記》引沈懷遠《南越志》云：「博羅縣東蒼州足簟竹銘曰：『簟竹既大，薄且空中，節長一丈，其直如松。』」是簟竹即簢屬之大者也。

仲者，郭未詳。牟廷相曰：「鄭樵謂仲爲篔簹竹，篔簹於竹中爲最大。今以《釋樂》篇文參之，籥中『謂之仲』，《釋文》：『仲，或爲䈺。』則仲當爲中竹，非大竹也。」云「無笐」者，《說文》：「笐，竹列也。」養大竹欲得成列，中竹以下任其延布而已。

⿱竹意者，《說文》云：「竹萌也。」上文云：「筍，竹萌」，是「筍」爲總名，「箭」爲小竹，「⿱竹意」爲箭竹之筍名也。《周禮·醢人》：「加豆之實，箈菹、鴈醢、筍菹、魚醢。」鄭注：「箈，箭萌。筍，竹萌。」《釋文》「箈」，《爾雅》作「⿱竹意」同。

篠者，《説文》作「筱」，云：「箭屬，小竹也。」蓋篠可爲箭，因名爲「箭」。《西山經》云：「竹山其陽多竹箭。」郭注：「箭，篠也。」《中山經》云：「暴山其木多竹箭、䉋箘，求山其木多䉋。」郭注：「箘，亦篠類，中箭。䉋，篠屬。」然則惟箘、簵、楛荆邦致貢厥名，故王彪之《閩中賦》云：「竹則粉苞赤箬，縹箭班弓。」是其證也。《竹譜》云：「箭竹高者，不過一丈，節間三尺，堅勁中矢，江南諸山皆有之，會稽所生最精好。」

枹，霍首。素華，軌鬷。皆未詳。

邵氏《正義》云：「枹，通作苞。」《説文》云：「苞，艸也。南陽以爲麤履。」翟氏《補郭》云：「霍，藿省。」《類篇》引《爾雅》直作「藿」字。《釋文》：「鬷，郭音總。」《廣韻》引《爾雅》云：「軌鬷，一名素華。」但其形狀未聞。

芏，夫王。芏草生海邊，似莞藺。今南方越人采以爲席。

《釋文》：「夫，孫音苻。」莞名「苻蘺」，此名「夫王」，「夫」與「苻」同也。《釋文》又云：「今南人以此草作席，呼爲芏，音杜。」按：陸德明即南方人，其言此草作席，呼爲「芏」，則席即名「芏」也。今燈草蓆即芏草席，「杜」「燈」一聲之轉。其草圓細似莞。

蘻，月爾。即紫藄也。似蕨，可食。

《説文》：「蘻，月爾也。」《廣雅》：「茈蘻，蕨也。」茈蘻即紫蘻，是郭所本。下文「蕨，虌」，注又以《廣雅》爲非，似失之矣。紫蘻即紫蕨，以其色紫因而得名。蕨之名爲「蘻」，猶蕨之訓爲其也。以此參證《廣雅》茈蘻爲蕨，蓋不誤矣。《後漢書·馬融傳》：「茈萁芸蒩。」茈萁亦即紫蘻。「萁蘻」「茈紫」俱聲借字也。《齊民要術》引《詩義疏》以蘻菜即莫菜，誤。又按：《釋文》引《説文》云：「蘻，土夫也。」與今本異，所未詳。

葴，馬藍。今大葉冬藍也。

《説文》：「藍，染青艸也。」「葴，馬藍也。」《子虚賦》云：「高燥則生葴菥苞荔。」張揖注用《爾雅》。藍有數種，今所見者，多是小藍，葉如槐。又有蓼藍，葉如蓼，華實亦皆似蓼。影宋圖所繪正如此。而説者謂「馬藍，葉如苦蕒」，乃是大葉冬藍，以未審知，不能定也。

姚莖，涂薺。未詳。

苄，地黄。一名「地髓」，江東呼「苄」，音「怙〔一〕」。

《本草》：「地黄，一名地髓。」《别録》：「一名苄，一名芑。」《公食大夫禮》云：「鉶芼，牛藿、羊苦、豕薇。」鄭注：「苦，苦荼也。今文苦爲苄。」《説文》引正作「苄」。古人芼羹用苄，蓋取新生苗葉，爲其益於人也。蘇頌《圖經》云：「葉似車前葉，上有皺文而不光，花似油麻花而紅紫色。」今按：其華葉亦全似莨蕩子，唯根實形味不同耳。《淮南·覽冥》篇云：「地黄主屬骨而甘草主生肉之藥也。」然地黄亦主生肌肉。張鷟《朝野僉載》云：「雉被鷹傷，銜地黄葉點之。」

蒙，王女。蒙即唐也。女蘿别名。

《詩·桑中》正義引孫炎曰：「蒙，唐也，一名菟絲，一名王女。」錢氏大昕《養新録》云：「女蘿之大者名王女，猶王彗、王芻也。今本譌王爲玉，唯唐石經不誤。」按：宋雪牕本亦不誤，今從之。

〔一〕怙，原誤「怗」，楊胡本同，據《爾雅》宋刊十行本、《經解》本改。

拔，蘢葛。似葛，蔓生，有節。江東呼爲「龍尾」，亦謂之「虎葛」。細葉，赤莖。

北方葛類既稀，此草似葛，有節而葉細，今所未見，無以言焉。

蔜，牡茅。白茅屬。

《説文》：「蔜，牡茅也。」《本草》：「茅根，一名蘭根，一名茹根。」《别録》：「一名地筋。」陶注：「即今白茅菅。《詩》云：『露彼菅茅。』其根如渣芹甜美。」按：今小兒喜啖，謂之「甜草」。其白華初茁，茸茸如鍼，亦中啖也。陸璣《疏》云：「茅之白者，古用包裹禮物，以充祭祀縮酒用之。」然《甸師》「蕭茅共祭祀」，即是白茅。其縮酒乃菁茅，荆州所貢非常茅也。茅曰「牡」者，邢疏云：「茅之不實者也。」

菤耳，苓耳。《廣雅》云：「枲耳也。」亦云：「胡枲。」江東呼爲「常枲」，或曰「苓耳」。形似鼠耳，叢生如盤。

《説文》：「苓，菤耳也。」《詩》傳用《爾雅》。《淮南・覽冥》篇云：「位賤尚葈。」高誘注：「葈，葈耳，菜名也。幽冀謂之檀菜，雒下謂之胡葈，主是官者至微賤也。」今按：《詩序》以爲「求賢審官」，《左氏傳》言「能官人」，襄十五年。《淮南》官名尚枲，皆本《詩》

爲説也。《廣雅》：「苓耳、蒼耳、葹、常枲、胡枲，枲耳也。」《離騷》云：「薋菉葹以盈室。」王逸注：「葹，枲耳也。」《本草》：「枲耳，一名胡枲，一名地葵。」《别録》：「一名葹，一名常思。」陶注：「一名羊負來。昔中國無此，言從外國逐羊毛中來。」按：蒼耳子多刺，故生此説，實未必然。「負」「來」二字，古音相近，「常思」「常枲」其聲又同，此皆方俗異名，未必皆有意義也。陸璣《疏》云：「葉青白色，似胡荽，白華，細莖，蔓生，可煮爲茹，滑而少味，四月中生子，如婦人耳中璫，今或謂之耳璫，幽州人謂之爵耳。」按：今蒼耳葉青黄色，圓鋭而澀，高二三尺，俗言稀見，其華子如蓮實而多刺，嫕時亦堪摘以下酒，未見有「蔓生」者，陸《疏》與郭異。郭云「叢生」，今亦未見。

蕨，虌。《廣雅》云「紫綦」，非也。初生無葉，可食，江西謂之「虌〔一〕」。

《説文》：「蕨，鼈也。」《釋文》：「虌，亦作鼈。葉初出鼈蔽〔二〕，因以名云。」《詩》釋文：「俗云初生似鼈腳，故名焉。」是虌从草，非也。《詩》正義引舍人曰：「蕨，一名鼈。」

〔一〕虌，《爾雅》宋刊十行本作「虌」。

〔二〕蔽，原誤「蔽」，據楊胡本、《經解》本改。

《齊民要術》引《詩義疏》曰：「蕨，山菜也。初生似蒜，莖紫黑色。二月中，高八九寸，老有葉，瀹爲茹，滑美如葵。三月中，其端散爲三枝，枝有數葉，葉似青蒿而麤，堅長，不可食。周、秦曰蕨，齊、魯曰虌。」按：今蕨菜全似貫衆而差小，初出如小兒拳，故名「拳菜」。其莖紫色，故名「紫蕨」。謝靈運詩云：「山桃發紅萼，野蕨漸紫苞。」《廣雅》以爲紫綦，不誤，説已見上。

蕎，邛鉅。今藥草大戟也，《本草》云。

《淮南·繆稱》篇云：「大戟去水。」《本草》云：「大戟，一名邛鉅。」陶注：「近道處處皆有。」《蜀圖經》云：「苗似甘遂高大，葉有白汁，花黄，根似細苦參。」《本草》又有「澤漆」，云：「是大戟苗也。」陶注：「生時摘葉有白汁，故名澤漆，亦能嚙人肉。」今按：此草俗呼「貓眼睛」，高一二尺，華黄而圓如鵝眼錢，其中深黄有似目睛，因以爲名。葉如柳葉而黄，其莖中空，莖頭又攢細葉，摘皆白汁，螯人如漆。

繁，由胡。未詳。

《夏小正》：「二月采蘩。蘩，由胡。由胡者，蘩母也。」陸璣《詩疏》：「皤蒿，一名游胡。」游胡即由胡，「繁」即「蘩」省，詳見上文。

莣，杜榮。今莣草。似茅，皮可以爲繩索、履屩也。

《説文》：「莣，杜榮也。」《釋文》：「莣，字亦作芒。杜，舍人作牡。」按：「芒」與「莣」通。《華嚴經音義》上云：「芒草，一名杜榮。西域既自有之，江東亦多此類。其形似荻，皮重若笋，體質柔弱，不堪勁用。」陳藏器云：「芒，今東人多以爲箔，六七月生穗如荻。」今按：芒草葉如茅而長大，其鋒刺人，長莖，白華，望之如荼而繁，即上文「孟，狼尾」也。一名「芭芒」，一名「芭茅」，「孟」「芒」古同聲，「芒」「茅」聲又相轉。

稂，童粱。稂，莠類也。

《説文》：「蓈，禾粟之采生而不成者，謂之蕫蓈。」「蓈」或作「稂」。《詩·下泉》《大田》傳竝用《爾雅》。《正義》引舍人曰：「稂，一名童粱。」陸璣《疏》云：「禾秀爲穗而不成，崱嶷然，謂之童粱，今人謂之宿田翁，或謂之守田也。」《大田》云：「不稂不莠。」《外傳》曰：「馬餼不過稂莠。」皆是也。陸所云「宿田翁」，今謂之「穀經紀」，穗如亂毳，爲色青黄，中亦有稃而不成米，《魯語》以爲馬餼，今人以飼牛驢。郭云「莠類也」者，《鄭志》：「韋曜問云：『《甫田》維莠，今何草？』荅曰：『今之狗尾也。』」《魯語》注：「莠草似稷而無實。」《魏策》一云：「幽莠之幼也，似禾。」按：今之穀莠子，莖、葉、穗全似穀子，而秕稃外多毛，極似毛狗子草，鄭謂「狗尾草」是矣，而非稂也。《爾雅翼》以稂爲「孟，狼尾」，誤。

藨，麃。麃即莓也。今江東呼爲「藨莓」。子似覆盆而大赤，酢甜可啖。

上文「葥，山莓」，「堇，諸盆」，皆藨也。藨，一名「麃」，通作「苞」。《史記・司馬相如傳》集解引《漢書音義》云：「苞，藨也。」是苞即藨矣。藨類有蓬蘽、覆盆、懸鉤，皆莓屬也，故竝冒「莓」名，莓即藨也，故皆蒙「藨」號，此皆同類而異名。今登萊人謂「藨莓」爲「媻門」，又語聲之轉耳。李時珍《本草》云：「一種蔓小於蓬蘽，一枝三葉，葉面青背淡白而微有毛，開小白華，四月實熟，其色紅如櫻桃，即《爾雅》所謂藨者也。」《淮南・覽冥》篇云：「入榛薄食薦梅。」高誘注：「薦梅，草實也。狀如桑椹，其色赤，生江濱。」今按：薦梅即藨莓。「莓」「梅」聲同，「薦」「藨」形誤。此草處處皆有，非必生於江濱也。

的，薂。即蓮實也。

《釋文》：「菂，今作的。薂，又作敫，户歷反。」按：薂即覈也。蓮實熟時堅覈，即

《本草》「石蓮子」。陶注云：「八九月采，黑堅如石者。」

購，蔏蔞。蔏蔞，蔞蒿也。生下田，初出可啖，江東用羹魚。

《說文》：「蔞，艸也。可以亯魚。」《繫傳》云：「今人所食蔞蒿也。」《詩·漢廣》傳：「蔞，草中之翹翹然。」《正義》引舍人曰：「購，一名蔏蔞。」陸璣《疏》云：「其葉似艾，白色，長數寸，高丈餘，好生水邊及澤中，正月根芽生旁莖，正白，生食之香而脆美，其葉又可蒸爲茹。」按：今京師人以二三月賣之，即名「蔞蒿」，香脆可啖，唯葉不中食。四川人言彼處食之，亦去葉也。今驗其葉似野麻而疏散，嫩亦可啖。陸璣以爲「似艾，白色」，蓋其初生時耳。生水邊者尤香美，《楚辭·大招》所云：「吴酸蒿蔞不沾薄。」是也。蘇軾詩云：「蔞蒿滿地蘆芽短，正是河豚欲上時。」蓋蔞蒿可烹魚，蘆芽解河豚毒，見《本草》。

葝，勃葝。一名石芸，《本草》云。

《范子計然》曰：「石芸出三輔。」《本草别録》：「石芸，味甘，無毒，一名螫烈，一名顧啄。」按：「螫烈」蓋即「勃烈」之異文，其形狀今未聞。

葽繞，棘蒬。今遠志也。似麻黄，赤華，葉鋭而黄，其上謂之「小草」，《廣雅》云。

《説文》：「蒬，棘蒬也。」「葽，艸也。」引《詩》「四月秀葽」，「劉向説：此味苦，苦葽也」。《廣雅》云：「蕀苑，遠志也。其上謂之小草。」「苑」與「蒬」同。《廣雅》不言葽繞，《説文》「葽」不言繞，《詩》傳與《説文》同。「葽」「繞」疊韵，疑《爾雅》古本無「繞」字，或有，而「葽繞」與「棘蒬」別自爲條，《本草》始合爲一，故云：「遠志，一名棘蒬，一名葽繞。葉名小草。」陶注：「小草，狀似麻黄而青。」蘇頌《圖經》云：「亦有似大青而小者，三月開花，白色。泗州出者，花紅，根葉俱大於它處。」是遠志有大葉、小葉二種，陶所説者「小葉」也，圖經所説「大葉」也。大葉者華紅，與郭注合。今惟見小葉者，苗似麻黄而無節，莖葉俱絶細，俗呼「綫兒草」，即小草矣。

茦，刺。草刺針也。關西謂之「刺」，燕北、朝鮮之閒曰「茦」，見《方言》。

「刺」，當作「莿」。「茦」「莿」雙聲兼疊韵，故《説文》互訓。《繫傳》引《爾雅》注：「即草木之莿也。」通作「刺」。《廣雅》云：「茦、刺，箴也。」是郭所本。《方言》云：「凡草木刺人，北燕、朝鮮之閒謂之茦，或謂之壯，自關而東或謂之梗，或謂之劌，自關而西謂之刺，江湘之閒謂之棘。」

蕭，萩。即「蒿」。

「蕭」「萩」古亦疊韵，故《爾雅》與《説文》互訓。《詩·采葛》正義引李巡曰：「萩，一名蕭。」陸璣《疏》云：「今人所謂萩蒿者是也。或云牛尾蒿，似白蒿，白葉，莖麤，科生多者數十莖，可作燭，有香氣，故祭祀以脂爇之爲香。許慎以爲艾蒿，非也。」按：《爾雅》有二「蕭」。許君所謂「艾蒿」乃是蘋蕭。陸所云「似白蒿，白葉，莖麤，科生數十莖」，此即蘋蕭，非萩蕭。陸以此爲牛尾蒿，亦誤矣。牛尾蒿色青不白，細葉直上如牛尾狀，非此也。今萩蒿葉白，似艾而多岐，莖尤高大如蔞蒿，可丈餘。《左·襄十八年傳》：「伐雍門之萩。」是也。萩之言楸，蕭之言脩，以其脩長高大，異於諸蒿，故獨被斯名矣。

薚，海藻。藥草也。一名海蘿，如亂髮，生海中，《本草》云。

「薚」，《玉篇》作「蕁」。上云「蕁，石衣」，孫炎以爲「薚」，古「潭」字，是「蕁」「薚」同，竝是水苔，其生於海者名「海藻」也。《廣雅》云：「海蘿，海藻也。」《本草》：「海藻，一名落首。」《别録》：「一名蕁。」陶注云：「生海島上，黑色，如亂髮而大少許，葉大都似藻葉。」《初學記》引沈懷遠《南越志》云：「海藻，一名海苔，或曰海羅，生研石上。」劉逵《吴都賦》注：「海苔生海水中，正青，狀如亂髮，乾之赤鹽藏有汁，名曰濡苔，臨海出之。」張勃《吴録》云：「薩蘺生海水中，正青，如亂髮。」按：此即海蘿，「蘿」與「蘺」聲相轉。又即海苔，「苔」與「薵」亦聲相轉也。此皆細葉。又有大葉者，陳藏器云：「大葉藻生深海中及新羅，葉如水藻而大。」《博物志》云：「石髮生海中者，長尺餘，大小如韭葉，以肉雜蒸食極美。」此即「藫，石衣」注所云。葉似䪥而大者，即大葉藻也，今海中亦饒之。

長楚，銚芅。今羊桃也。或曰鬼桃，葉似桃，華白，子如小麥，亦似桃。

四字俱雙聲。《説文》：「萇楚，銚弋，一名羊桃。」《詩》傳用《爾雅》，箋云：「銚弋之性，始生正直，及其長大，則其枝猗儺而柔順，不妄尋蔓草木。」《正義》引舍人曰：「萇楚，一名銚弋。」陸璣《疏》云：「今羊桃是也。葉長而狹，華紫赤色，其枝莖弱，過一尺引蔓於草上，今人以爲汲灌，重而善没，不如楊柳也。近下根刀切其皮，著熱灰中脱之，可韜筆管。」陸説「華紫赤」與郭異，知此有二種也。《本草》：「羊桃，一名鬼桃，一名羊腸。」《别録》：「一名御弋，一名銚弋。」陶注：「山野多有，甚似家桃，又非山桃，子小細，苦不堪噉，花甚赤。」按：今羊桃即夾竹桃，華紫赤色，莖葉形狀，鄭箋、陸《疏》得之。《中山經》云：「豐山其木多羊桃，狀如桃而方，莖可以爲皮張。」郭注：「治皮脹起。」田氏雯《黔書》云：「羊桃，藤也。用此汁以合石粉，可固石。」此或言「藤」，或言「木」，蓋皆別種，非草類也。

蘦，大苦。今甘草也。蔓延生，葉似荷，青黄，莖赤有節，節有枝相當。或云：「蘦似地黄。」

《説文》：「苷，甘艸也。」「蘦，大苦也。」通作「苓」。《詩》「隰有苓」、「采苓采苓」，毛傳竝云：「苓，大苦。」《廣雅》云：「美甘，丹草也。」《本草别録》：「一名蜜甘，一名美草，一名蜜草，一名蕗草。」陶注云：「赤皮斷理，看之堅實者，是枹罕草最佳。枹罕，羌地名。亦有火炙乾者，理多虚疎。又有如鯉魚腸者，被刀破不復好。青州閒亦有不如。」《詩》正義引孫炎曰：「《本草》云：蘦，今甘艸是也。蔓延生，葉似荷，青黄，其莖赤有節，節有枝相當。或云蘦似地黄。」郭義同孫炎，云「似地黄」者，地黄名「芐」，「芐」「苦」古字通，已見上文，然則大苦即大芐也。沈括《筆談》云：「郭注乃黄藥也。其味極苦，故謂之大苦，非甘草也。甘草枝葉悉如槐。」蘇頌《圖經》亦同兹説，俱不足信。《廣雅疏證》辨之極當，云：「苦乃芐之叚借，非以其味之苦也。」

芣苢，馬舄。馬舄，車前。今車前草。大葉，長穗，好生道邊。江東呼爲「蝦蟆衣」。

《説文》：「芣苢，一名馬舄。其實如李，令人宜子。《周書》所説。」此本《王會》篇文。《繫傳》亦引《韓詩》：「芣苢，木名，實如李。」竝與《爾雅》不合。《詩》釋文辨其誤也。故《御覽》九百九十八引郭注：「蝦蟆衣」下有「《周書》所載，同名耳，非此芣苢」十一字，爲今本所無，蓋脱去之。《文選》注引《韓詩章句》：「芣苢，澤瀉也。」其序云：「芣苢，傷夫有惡疾也。」然澤瀉是蕍舄，非馬舄，亦誤矣。《詩》釋文又引《韓詩》云：「直曰車前，瞿曰芣苢。」「瞿」謂生於兩旁，然芣苢即車前，何有瞿、直之分？惟毛傳與《爾雅》合。陸璣《疏》云：「馬舄，一名車前，一名當道，喜在牛跡中生，故曰車前、當道也。幽州人謂之牛舌草，可鬻作茹，大滑。其子治婦人難産。」按：毛傳「宜懷妊」，序謂「婦人樂有子」，其義互相備也。《本草》：「車前，一名當道。」《别録》：「一名蝦蟆衣，一名牛遺，一名勝舄。」蘇頌《圖經》：「春初生苗，葉布地如匙面，累年者長及尺餘，抽莖作長穗如鼠尾，花甚細，青色微赤，結實如葶藶，赤黑色。」今驗此有二種。大葉者俗名「馬耳」，小葉者名「驢耳」。《圖經》所説「葉長尺餘」，似是「馬耳」。今藥所收，乃是「驢耳」，野人亦煑啖之。其馬耳水生，不堪啖也。

綸似綸，組似組，東海有之。綸，今有秩嗇夫所帶糾青絲綸。組，綬也。海中草生彩理有象之者，因以名云。

帛似帛，布似布，華山有之。草葉有象布帛者，因以名云，生華山中。

《說文》:「綸,青絲綬也。組,綬屬。」鄭注《緇衣》云:「綸,今有秩嗇夫所佩也。」疏引張華云:「綸如宛轉繩。」《續漢·輿服志》云:「百石青紺綸,一采,宛轉繆織,長丈二尺。」「百石」即「有秩嗇夫」,見《漢書·百官公卿表》,晉仍漢制,故郭據以爲言也。海中草有彩理象綸組者,因以名焉。《御覽》引《吳普本草》云:「綸布,一名昆布。」《別録》「昆布」,陶注云:「今惟出高麗,繩把索之如卷麻,作黄黑色,柔韌可食。」按:今登萊出者,正如此。其可食者,乃是海帶,非昆布也。《釋文》:「綸,古頑反。」「綸」「昆」聲近,故以「昆布」爲綸。陶謂:「青苔、紫菜皆似綸,昆布亦似組。」非矣。《吳都賦》云:「綸組紫絳。」郭氏《江賦》云:「青綸競糾,縟組爭映。」劉逵及李善注竝引《爾雅》。《西山經》:「小華之山,其草有萆荔。」畢氏沅《校正》引《說文》云:「萆蔍似烏韭,《爾雅》帛似帛,布似布,華山有之,疑此草矣。」

苀,東蠡。未詳。

《本草》「蠡實」,《別録》「一名荔實,又名劇草」,《吳普》「一名劇荔華」。《月令》:「仲冬,荔挺出。」鄭注:「荔挺,馬韰也。」《廣雅》云:「馬韰,荔也。」《管子·地員》篇云:「其種大荔、細荔。」《說文》:「荔,似蒲而小,根可爲刷。」「馬韰」,《通俗文》「一名馬藺」，《顏氏家訓·書證》篇「江東呼爲旱蒲」。按：「蒲」「藺」「虉」竝以葉形得名。「荔」「蠡」聲同，「蠡」「藺」聲轉，「馬藺」又轉爲「馬楝」也。蘇頌《圖經》：「蠡實，馬藺子也，北人呼爲馬楝子。葉似薤而長厚，三月開紫碧花，五月結實作角，子如麻大而赤色，有稜，根細長，通黄色，人取以爲刷。」今按：此草北人通呼「馬楝」，所見又有黄白二華，俱香於紫碧華者，然不多有，餘悉如《圖經》所説，參以《本草》「蠡實」疑即《爾雅》「芃，東蠡」也。《集韵》云：「芃，草名，葉似蒲，叢生。」《西京賦》云：「薇蕨荔芃。」蓋荔、芃同類，因同名矣。

緜馬，羊齒。草細葉，葉羅生而毛，有似羊齒。今江東呼爲「鴈齒」，繅者以取繭緒。

郭據目驗，今所未聞。

菺，麋舌。今麋舌草。春生，葉有似於舌。

《釋文》：「麋，俱綸反，本或作麇，音眉。」今從宋本。《釋鳥》有「鶌，麋鴣」，「鴣」「菺」聲同。《本草别録》：「䴢舌生水中，五月採。」「䴢」與「麋」同。

搴，柜胸。未詳。

上文「蘀，蔏」，《釋文》：「蘀，本亦作搴。」然則搴即蘀也，郭俱未詳。「搴」「柜」雙聲，「柜」「胸」疊韵。

蘩之醜，秋爲蒿。醜，類也。春時各有種名，至秋老成，皆通呼爲「蒿」。

蘩之類，莪、蕭皆是，至秋通名爲「蒿」。蒿與蓬異，蓬草秋枯逐風飛轉。蒿之言槁，但色枯槁，或黄或白，乾薨而已，不解飛也。

芺、薊，其實荂。芺與薊莖頭皆有蓊臺，名「荂」。荂即其實，音「俘」。

「芺」「薊」竝見下文，此又釋其實之名也。《説文》云：「薊，芺也。」蓋言薊、芺同類，非即一物。故郭注云：「芺與薊也。」荂即華榮，説見下文。凡草抽莖作蓊臺者，即於其上開華結實，芺、薊亦然，故即以「荂」名其實也。

蔈、荂，荼。即芀。猋、藨，芀。皆芀、荼之别名。方俗異語，所未聞。

荼者，秀也。《地官・掌荼》：「掌以時聚荼。」《考工記》：「鮑人之事，望而眂之，欲其荼白也。」《既夕禮》云：「茵箸用荼。」注皆以「荼」爲茅秀也。「雚葦」之「秀」亦爲「荼」。《夏小正》：「七月灌荼。荼，雚葦之秀。」是也。《荆楚歲時記》引犍爲舍人曰：「杏雩如荼，可耕白沙。」此引即《爾雅》注，見《説文繫傳》「荼」字下，臧氏《漢注》未載。荼又名「蕫」，與「苕，黄華」同。《説文》：「蕫，末也。」華在上，故言「末」。「苕」亦華秀之名，與「蕫」聲近。「苕」即芀也，與「荼」聲轉。荂者，《説文》與「雩」同，詳下文。

苕者，下云：「葦秀」，《釋文》「芀，或作苕，下同」，是「苕」「芀」通。《詩・鴟鴞》傳：「荼，雚苕也。」陸璣《文賦》：「或苕發穎豎。」皆以「苕」爲芀也。苕之爲言猶條繇也，猋藨猶言藨麃，皆以聲爲義。

葦醜，芀。其類皆有芀秀。　葭，華。即今蘆也。

《説文》：「刿，芀也。」「芀，葦華也。」《繫傳》云：「芀者，抽條搖遠，生華而無莩萼也。今人取之以爲帚，曰苕帚是也。」《釋文》：「芀，或作苕。」《荀子・勸學》篇云：「繫之葦苕。」《唐本草》注：「蘆葦花名蓬蕽。」

華亦芀也，葭亦葦也，廣異名耳。《詩》正義引舍人曰：「葭，一名華。」今按：經傳無名「葭」爲「華」者，舍人蓋以「葭」「華」，「蒹」「薕」俱疊韵相屬，故爲此説。今移「葭，華」與「葦，芀」相從，庶乎可通焉。

蒹，薕。似萑而細，高數尺，江東呼爲「薕藡」，音「廉」。葭，蘆。葦也。菼，薍。似葦而小，實中，江東呼爲「烏蓲」，音「丘」。其萌，虇。今江東呼蘆筍〔一〕爲「虇」，然則萑葦之類，其初生者皆名「虇」，音「繾綣」。

《説文》：「薕，蒹也。」「蒹，萑之未秀者。」《繫傳》云：「今人以爲簾薄，疑因此名蒹也。未秀謂其小。」《詩・蒹葭》傳用《爾雅》。陸璣《疏》云：「蒹，水草也。堅實，牛食之，令牛肥彊。青徐州人謂之蒹，兗州、遼東通語也。」郭云「似萑而細，江東呼爲薕藡」者，「藡」與「荻」同。郭注《子虛賦》云：「蒹，荻也，似萑而細小。」《淮南・説林》篇云：「藡苗類絮而不可爲絮。」藡即荻也，今萊陽人謂之「蔣荻」，以爲薄簾，極堅實而中有白瓤。《廣雅》云：「藡，萑也。」《説文》以蒹爲萑之未秀者，是萑、藡、蒹、薕爲一物。郭云「似萑」，則爲二物，恐非。

〔一〕筍，《爾雅》宋刊十行本作「笋」。

葭者，《説文》云：「葦之未秀者。」《詩・騶虞》傳用《爾雅》。《正義》引李巡曰：「葦初生。」郭云：「葭即今蘆。」又云：「葭，葦也。」《詩・七月》傳：「葭爲葦。」是皆一物，隨時異名。故《夏小正》云：「葦未秀爲蘆。」《淮南・修務》篇注：「未秀曰蘆，已秀曰葦。」今按：葦空中而高大，其初苗謂之「葭」。「葭」，古讀如「姑」，與「蘆」疊韵。

菼者，《説文》「薍」或作「菼」，云：「雚之初生。一曰薍，一曰騅。」《釋言》云：「菼，騅也。菼，薍也。」《夏小正》云：「雚未秀爲菼。」是皆《説文》所本。《説文》又云：「雚，薍也。」「薍，菼也。八月薍爲葦。」「葦」字誤，當作「雚」，《七月》傳：「薍爲雚。」是也。《詩》正義引樊光云：「菼初生葸，騂色，海濱曰薍。」郭云「似葦而小，實中」，蓋即上注所謂「藡」也。今驗荻小於葦而實中，菼薍與蒹薕實一物，皆即今之蔣荻。荻即蒹，蒹即菼，已秀爲雚，未秀爲菼，故《詩・碩人》正義引陸璣云：「薍或謂之荻，至秋堅成，則謂之雚。」是矣。郭又云「江東呼烏蓲」者，《釋文》引張揖云：「未秀曰烏蓲。」是亦「菼」之異名。《碩人》正義引李巡曰：「分別葦類之異名。」非也。葭、蘆是葦，菼、薍是雚，故《詩・大車》傳以菼爲蘆之初生，戴氏震以「蘆」當作「雚」，辨其誤是也。此《詩》正義引孫炎、郭璞皆以蘆、薍爲二草，李巡、舍人、樊光以蘆、薍爲一草，竝襲毛傳之誤。孫、郭説是。

萌者，説文云：「艸芽也。」郭云「江東呼蘆筍爲藿」者，《西京雜記》云：「葭蘆之未解葉謂之紫籜。」籜即藿矣。郭又云「萑葦之類，其初生皆名藿」者，《莊子·則陽》篇云：「欲惡之孽，爲性萑葦蒹葭，始萌以扶吾形。」是四者同萌，故同名也。又按：《説文》「蔓」字解云：「灌渝。讀若萌。」是「蔓，灌渝」即《爾雅》「萌，藿蕍」。下文「蕍」字上屬，與郭讀異也。牟廷相《方雅》云：「《説文》之灌渝，《釋草》作藿蕍，《釋詁》作權輿，竝同聲叚借字也。」按：《大戴禮·誥志》篇云：「孟春，百草權輿。」是草之始萌，通名「權輿」矣。

蕍、芛、葟、華，榮。《釋言》云：「華，皇也。」今俗呼草木華初生者爲「芛」，音「豬猶豬」。蕍猶敷蕍，亦華之貌，所未聞。

蕍者，郭云：「猶敷蕍，亦華之貌。」《玉篇》《廣韵》竝云：「茲蕍，花皃。」「蘛」同「蕍」。《吴都賦》云：「異荂蓲蘛。」劉逵注：「敷蘛，華開貌。」李善注：「蓲蘛，與敷蕍同。」然則「蘛」蓋「蕍」之異文，「蕍」省作「蕍」，「蓲」省作「茲」，「蓲」又「敷」之借聲也。干寶注《説卦傳》「震爲旉」，云：「鋪爲花貌，謂之藪。」是也。

芛者，《説文》云：「艸之皇榮也。」《玉篇》：「芛，古文作蕚。」又云：「蘤，華榮也。」

是「虉」「芛」聲義同。《釋文》：「芛，樊本作葦。」亦借聲也。

葟者，《說文》云：「黊，華榮也。」引《爾雅》曰：「黊，華也。」「黊」，或作「葟」，通作「皇」。《釋言》「華，皇」，郭注亦引此文。《詩》云：「皇皇者華。」

卷施草，拔心不死。宿莽也，《離騷》云。

《方言》云：「莽，草也。」是凡草通名「莽」，惟「宿莽」是卷施草之名也。《離騷》云：「夕攬中洲之宿莽。」王逸注：「草冬生不死者，楚人名之曰宿莽。」《類聚》八十一引《南越志》云：「寧鄉縣草多卷施，拔心不死，江淮閒謂之宿莽。」又引郭氏《讚》云：「卷施之草，拔心不死。屈平嘉之，諷詠以此。取類雖邇，興有遠旨。」按：「施」，《玉篇》作「葹」。又《廣雅》云：「無心鼠耳也。」彼草生本無心，與此異。

菂，茭。今江東呼藕紹緒如指，空中可啖者爲茭，茭即此類。

《說文》：「菂，茇也，茅根也。」「茇，草根也。」《方言》亦以根爲茇。是《爾雅》古本「茭」作「茇」，與郭異也。《釋文》：「茭，又作藃，胡巧反，又胡交反。」《廣雅》云：「藃，根也。」《玉篇》：「蔱，黃茅根。」是「蔱」「藃」同。今借作「茭」，與「菰」同名。《廣韵・

十六軫》「葯」字下引《爾雅》而云：「蔈，葦根可食者曰茇。」是草根通名「茇」，郭獨以「藕紹緒」爲言，舉類以曉人也。藕紹，今謂之「藕腸」矣。《玉篇》：「葯，蔌也。」江東人呼藕根爲蔌。」與郭義合。臧氏《經義雜記》四云：「茇即芨之異文。《廣雅》：『杜、蔌、芨、荄、株，根也。』則《爾雅》葯、茇、荄、根者，别四名也。不當分爲二，郭氏誤也。」

荄，根。别二名。俗呼韭根爲「荄」。

《方言》《説文》竝云：「荄，根也。」《韓詩外傳》云：「草木根荄淺。」通作「核」。《漢書·五行志》云：「乃毓根核。」《集注》：「核亦荄字也。」又通作箕。《易》：「箕子之明夷。」劉向云：「今《易》箕子作荄滋。」蓋「箕」「荄」古同聲，「荄」「根」又一聲之轉。

欔，橐含。未詳。

邵氏《正義》云：「上文欔，烏階，郭注以爲染草，鄭注《掌染草》有橐盧，疑鄭所見本，橐含作橐盧，即烏階也。」

華，荂也。今江東呼「華」爲「荂」，音「敷」。華、荂，榮也。轉相解。

《説文》：「華，榮也。」「雩〔一〕，艸木華也。」「雩」或作「荂」。《方言》云：「華、荂，晠也。齊、楚之閒或謂之華，或謂之荂。」郭注：「荂亦華別名。」按：「華」「荂」古音同，「荂」「瓠」俱从夸聲。《郊特牲》注以「瓜瓠」爲瓜華，《説文》「雩」，或作「荂」，是其音同之證也。「華」，或作「花」，别作「蘤」。《後漢書·張衡傳》云：「百卉含蘤。」李賢注引張揖《字詁》云：「蘤，古花字也。」《廣雅》「蘤」「花」竝云：「華也。」顧氏炎武《唐韵正》云：「考花字，自南北朝以上不見於書，晉以下書中閒用花字，或是後人改易。」又云：「始見於《後魏書》。」今按：《廣雅》已有「花」字，則非起於後魏矣。

木謂之華，草謂之榮，不榮而實者謂之秀，榮而不實者謂之英。

《詩·七月》正義引李巡曰：「分别異名，以曉人也。」木謂之華者，《月令》「桃始華」，「桐始華」是也。草謂之榮者，《夏小正》：「榮芸，榮鞠。」是也。然「榮」「華」亦通名，故《月令》「鞠有黄華」，「木堇榮」是也。「不榮而實者謂之秀」，《詩》「四月秀葽」，「實

〔一〕雩，原誤「蕚」，楊胡本同，《經解》本漫漶，據陸刻本改。下一「雩」字同。

發實秀」是也。然《詩》又云：「黍稷方華。」是「華」「秀」通名矣。《爾雅》釋文：「衆家竝無不字，郭雖不注，而《音義》引不榮之物證之，則郭本有不字。」按今推尋上下文義，本無「不」字者。是《類聚》八十一引《爾雅》亦無「不」字，此即《釋文》所謂「衆家本」也。「榮而不實者謂之英」，《説文》：「英，艸榮而不實者。」按：《詩》云：「顔如舜英。」《離騷》云：「夕餐秋菊之落英。」是也。《西山經》云：「嶓冢之山有草焉，其葉如蕙，其本如桔梗，黑華而不實，名曰蓇蓉。」郭注引《爾雅》：「榮而不實者謂之蓇，音骨。」按：「蓇」上脱「英」字。然「英」「華」亦通名耳。故《詩》曰「舜華」，又曰「舜英」矣。